ラシェル・ベルグスタイン 著
下 隆全 訳

ダイヤモンドの語られざる歴史

輝きときらめきの魅惑

国書刊行会

コーネリア・ブラッドレー＝マーチンの肖像画。

260カラットのダイヤモンドを装着した超高級腕時計。2015年のバーゼルフェアーにジェイコブ社が出品し、一般にはビリオネア（億万長者）という名で知られている。

かつて「ダイヤモンドの王様」として知られたチャールズ・ルイス・ティファニー。

ニューヨーク市のシーポートにほど近い、宝石専門街のメイデン・レーン通り。

デビアス社の創業者セシル・ローズは「コロッサス（巨像）」のニックネームで呼ばれていた。

南アフリカのプレミア鉱山では、カリナン・ダイヤモンドとテイラー・バートン・ダイヤモンドが掘り出された。

エレノア・ルーズベルトに贈られた婚約指輪は初期のティファニー・セッティングの一例である。

アニエス・ソレルがモデルになったとされる、ジャン・フーケ作『ムランの聖母子』のマドンナ。

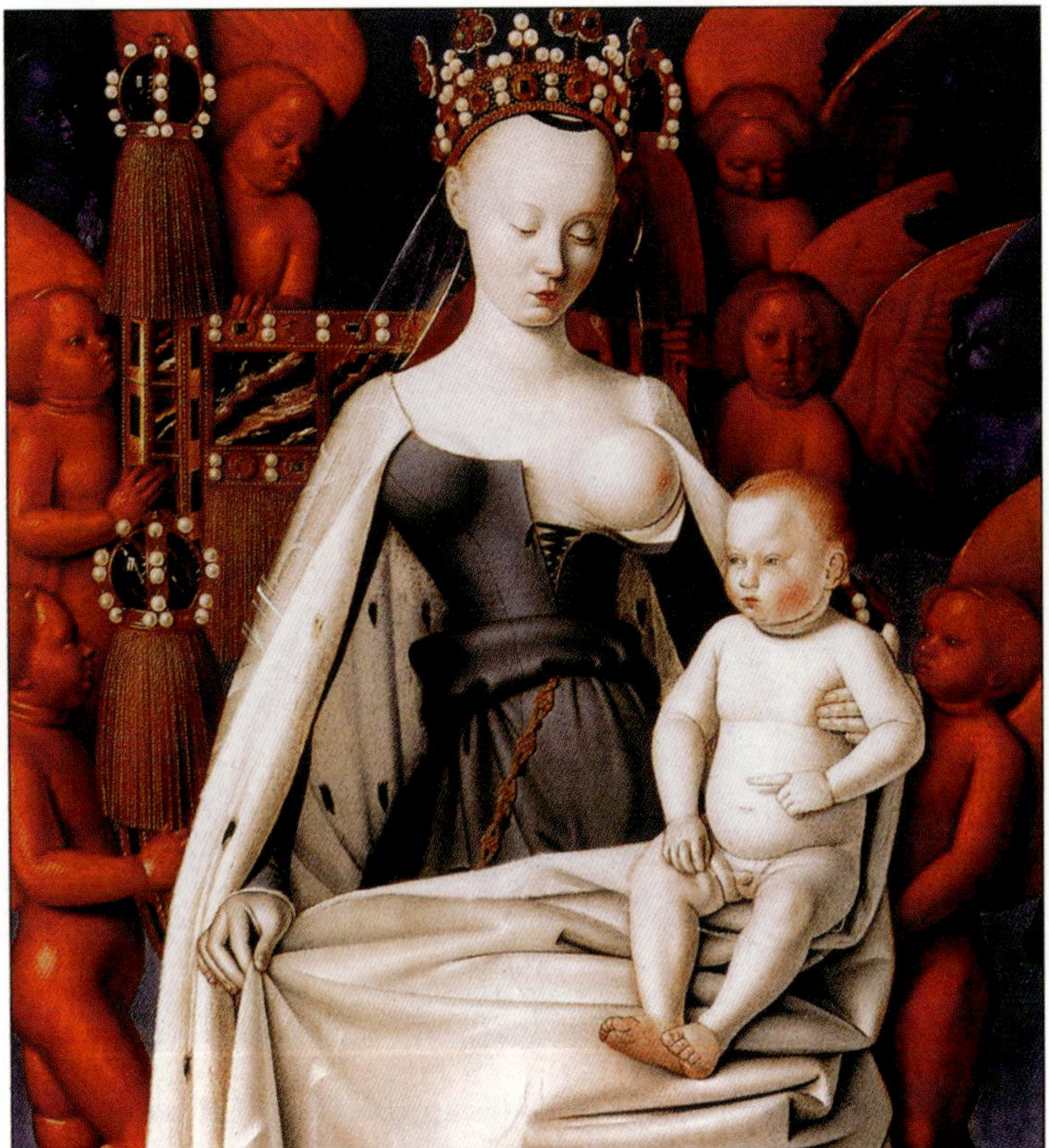

世界的に最も有名な宝石を二つも身に着けてポーズをとる若き日のエヴェリン・ウォルシュ・マクリーン。一つは髪飾りの『スター・オブ・ジ・イースト』で、もう一つは『ホープダイヤモンド』。

見る者を魅了する『ホープダイヤモンド』だが、世間では呪われた宝石と信じられていた。

カルティエ家の三兄弟の一人、ピエール・カルティエは、米国で第一号店を開くためにフランスからニューヨークに移住した。

「ヨンカーダイヤモンド」の原石を掲げて目を丸くしているシャーリー・テンプル。彼女の演技は、ハリー・ウィンストンの広報キャンペーンの一環であった。

『紳士は金髪がお好き』で主役のローレライ・リーを演じたマリリン・モンローにより、多くの人々は「ダイヤモンドは女の一番の友」であることを確信するに至った。

ニューヨークのクイーンズで開催された万国博覧会（1939-40）において、「宝石館」は一般大衆に人気のある展示場だった。

「ポンズ・コールドクリーム」の広告：「彼女は婚約中！」「彼女は美しい！」「彼女はポンズを使っている！」というキャッチフレーズが太字で大きい。「ごほうび」の婚約指輪が宣伝されている。

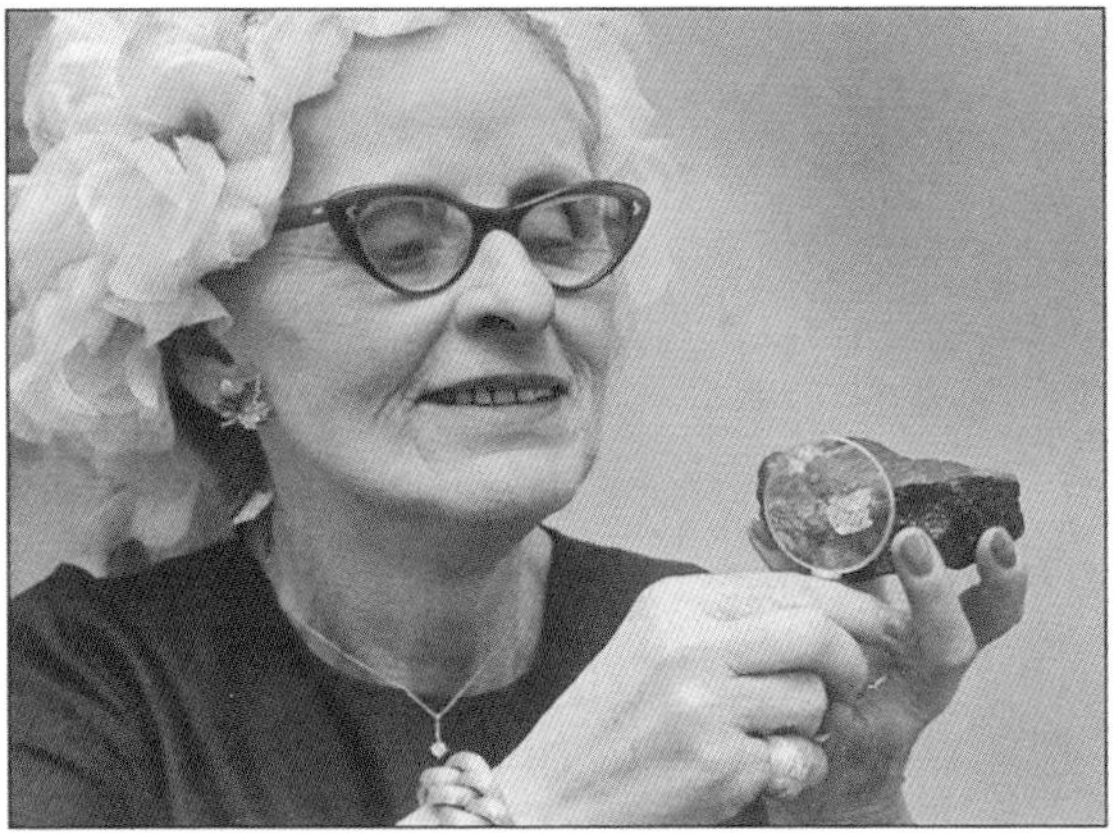

「ダイヤモンドレディ」の異名を持つグラディス・B・ハンナフォードは、デビアス社の移動スポークスパースンとして全国各地を旅行し、一般国民のダイヤモンドに対する理解を深めるべく活躍した。

『ティファニーで朝食を』の主人公ホリー・ゴライトリーを演じたオードリ・ヘプバーンが128.54カラットのティファニー・ダイヤモンドを着けてもらうシーン。セットを企画したのは、ティファニー社の副社長兼ジュエリーデザイナーのジャン・シュランバージェ。

1970年の第42回アカデミー賞授賞式に臨む艶やかなエリザベス・テイラー。彼女が着けているのは、新しく手に入れたテイラー・バートン・ダイヤモンドである。

テイラーがブルガリの店で、どうしても欲しがり、手に入れたのが、このエメラルドとダイヤモンドのネックレスだった。

第二次世界大戦中、ヨーロッパ在住のユダヤ人たちは一斉にパレスチナ（間もなくイスラエルとなる）に逃避し、そこでダイヤモンド・カッティング産業を興し、繁栄させた。

自作の偽造ダイヤモンドのモデルをしているマダム・ウェリントンことヘレン・ヴェル・スタンディグ。

ジェームズ・ブキャナン・ブレイディ（写真左）は宝石をこよなく愛すあまり、「ダイヤモンド・ジム」というあだ名で呼ばれた。

ダイアナ・スペンサーが英皇太子チャールズとの婚約を記念して選んだのは、ガラードのデザインによるサファイアとダイヤモンドの指輪だった。

オーストラリアのアーガイル鉱山で採れるブラウンダイヤモンドには、明るいシャンパン色からコニャック色までの広いバリエーションがある。

アーガイル鉱山でコンスタントに採れる鮮明なピンク色のダイヤモンドは、世界的にも希少な最も価値のあるダイヤモンドである。

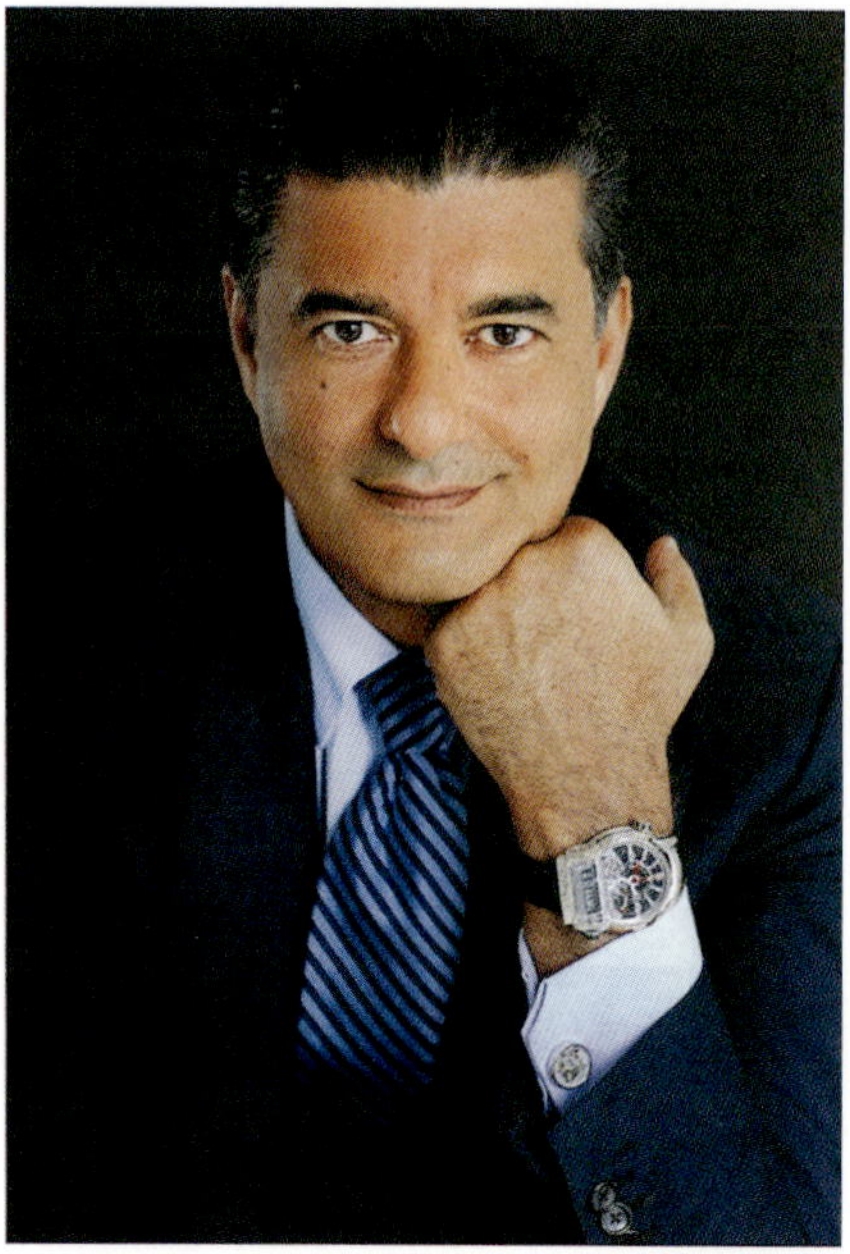

もっぱらセレブを相手にしていた宝石商のジェイコブ・アラボは、今やマスコミ界で「ジェイコブ・ザ・ジュエラー」として知られている。

女優ミシェル・ウィリアムズがアカデミー賞の授賞式で着けるのにふさわしいものを作ろうと、フレッド・レイトンとフォーエバーマーク両社が協力したのがこのダイヤモンドである。

普通にはない特別仕立品を作ることで有名なIF社のベン・ボーラーの作品には、ロサンゼルス・ドジャーズ（LA）の野球帽やエアー・ジョーダン11のバスケット・シューズなどを模って作った47カラットのダイヤモンドのペンダントがある。

ボーラーは、28.5カラットの高級ダイヤモンドを使って、2014 Rolex Day-Date II President時計を改造した。

研究室で造られた2.34カラットの黄色のラディアントカット・ダイヤモンド。

2014年に、ピュア・グロウン・ダイヤモンズ社が発表したこの記録破りの3.04カラットの原石は「机上の鉱山」で造られた最大の人工ダイヤモンドだった。

ダイヤモンドの語られざる歴史

——輝きときらめきの魅惑

BRILLIANCE AND FIRE: A Biography of Diamonds
by Rachelle Bergstein

目次

本文中の（　）の用い方は著者および原著の表現に準じ、＊は訳者によるものです。また、原著の注記は†で示しました。　編集部

序文

彼女の朝はいつも同じだ。台所のテーブルに紅茶のカップを置いて、何時間も座っている。普段着のスラックスとブラウスで、新聞の死亡欄やゴシップ記事に目を通している。朝日が窓からさし込み、指にはめた四・八二カラットのマーキスカットダイヤモンドの指輪に反射している。彼女は七十代の主婦で、子供五人はみんな成人していた。それで、当然、とても退屈している――たまには訪問者があり、夜には夫と一緒に夕食にでかけることもあるが行き先はきまって地元のレストランで、夫はいつも、なじみの店に行きたがる。店のスタッフが彼の名前を憶えているからだ。そんな夫に、彼女が反対することはまずない――どこか新しい店に行きたくても、口に出さない。それに、いつものウェイターにちやほやされるのがまんざらではなかった。

外出するときも、しないときも、彼女はいつもダイヤモンドを身につけていた。

二人とも、両親はヨーロッパからの貧しい移民だった。彼女が育ったのは、ニュージャージー州北部の農場で、ほんの数マイル先では夫が父親から建築技術を教わっていた。その様子からすると、彼らはアメリカン・ドリームの成功組のようだ。第二次世界大戦前に結婚し、夫が海軍での兵役を終えて無事帰国した時、彼女は夫に資金を融通しトラックを一台買った。夫は強い決意で事業に取り組み、妻は立派な成果を期待して夫の背中を押した。そして大いにやる気を出してがんばった夫は、遂に輸送会社を運営するまでになった。彼はまた、屋根ふき業でも一財産築いた。七人家族を養うのに十分な財産で、余裕の資金で、丘の上の大きな植民地風の家屋も購入できた。当時のアメリカは消費全盛の時代で、夫妻も高価な品物を積極的に買っていた。ガレージのなかのキャデラックをはじめ、オーダーメイドのスーツやドレス、毛皮のコート、それに雑誌に載っている美しいハリウッド女優たちが身につけているまばゆいばかりの宝石類である。妻は、ザ・ザ・ガボールやエリザベス・テイラーなど、いつも魅惑的で、素直で、しかも特異な二十世紀半ばの物質主義をリードしている女性たちに惹かれていた。

それでも、この夫妻は自分たちが不幸だと思っていた。夫は大酒を飲み、妻は絶えず金切り声を上げていた。一九五〇年代から一九六〇年代にかけて、郊外で暮らす夫婦の多くがそうしていたように、彼らも飼育と収穫という二つの仕事に携わったが、そのいずれにも満足できないことに気づいたとき、二人の心に怒りが込み上げてきた。夫婦はそれぞれの不満を自分たちの子供に、あるいは互いに相手に向けて発散させた。しかし、事態がいくら悪化しようと、妻の誕生日やクリスマス、あるいは結婚記念日になると、夫は必ず妻にダイヤモンドを買ってプレゼントした。毎年、妻は贈られた小箱をそっと開け、周囲の人たちはそれを見て称賛の声をあげると、彼女はうれしさのあまり息を飲む。しかし、少し経つといつもの現実に立ち戻り、その石が小さすぎるなどと文句を並べ始める。恐らく、それが彼女のやり方なのだろう。どんなにぜいたくな贈り物をもらっても、日ごろの夫の振る舞いを帳消しにはできないことを夫に伝えるつもりなのだろう。たとえ、それが特大のテニス・ブレスレットであれ、氷のように白く光る左右均等のスタッド・イアリングであれ、変わらない。もっとうがった見かたもできる。その贈り物が気に入ったことを正直に認めることは、彼女がそれまで長年がむしゃらに働いてきた歴史をあたりまえのことと認めるだけでなく、将来もっと豊かになろうとする活力を削ぐことにもなりかねないからだった。

夫は夫なりに応酬している。ダイヤモンドのサイズはだんだん大きくなるが、品質は低下し続ける。このことを見抜いていても、彼女は何も言わなかった。彼女は、誰も見ていないときに、贈り物の品をそっと取り出していとおし気に愛でていた。そんな様子に、夫はおそらく気づいていなかっただろう。今、台所のテーブルに座って、自分の手のなかで自然の光にチラチラ揺らめいている宝石を見ながら笑っているのは、北部ニュージャージーのエリザベス・テイラーこと私の祖母である。彼女は、私の人生で知る限り、他の誰よりもダイヤモンドを愛した女性である。

◇◇◇◇◇◇◇◇◇◇◇◇◇◇◇◇◇◇◇◇◇◇◇◇◇◇◇◇◇◇◇◇◇◇

キラキラ光る石が人の心をとらえ、うっとりさせるのはどうしてか？　私がこの本を書き始めたとき、壮大な成功やロマンスだけでなく、恥ずべき強欲の象徴でもあるダイヤモンドという石が基本的に持っている複雑な性格に注目して、それが私たちの文化のなかでどのような役割を果たしているのかを調べてみようと思った。ダイヤモンドがとても美しく、折に触れ蠱惑的《こわくてき》でさえあることは私も十分認めるが、私は祖母ほども強くこの石に憧れている訳ではない。私の嗜好は少々シンプルである。あの金遣いの荒い宝石狂たちのようなせかせかと落ち着きのない気質など私にはない。しかし、私のこのような言いかたは公平とは言えないだろう。時代の違いを考慮しなければならない。私の祖母の時代には、ダイヤモンドは王位や富、それにまぎれもない偉業の象徴であった。そのため、ダイヤモンド産業の舞台裏では、日夜多くの人々が働いていた。今もその状況に変わりはないが、近年になってさまざまなけがらわしい現実との関わり合いが表面化してきた。このため、ダイヤモンドの評判はかなりのダメージを受けている。すなわち、地質破壊、奴隷労働、分断された先住民族、想像を超える暴力などである。確かにダイヤモンドは今でも流行しているが、かつてほどの流行ではない。

この現実認識は本書に反映されている。

ダイヤモンドは文字通り、また比喩的に言っても、びっくりするほど多面的である。今までずっと、ダイヤモンドはさまざまな人にとってさまざまに異なる意味があった。その昔、ダイヤモンドは幽霊を退散させるものと考えられていた。透明なダイヤモンドには死を避ける効果があり、逆に不透明なダイヤモンドは死を招くものと信じられていた。さらに豊穣を促し、内臓切開などの手術を成功させ、夫婦の和解をも促すものと思われていた。もっとも、これらの現象は、当時、ダイヤモンドによってもたらされると信じられていた異世界パワーの一例にすぎない。

また、中世ヨーロッパでは、社会の中枢から外されたユダヤ人たちに仕事の機会を与えたのがダイヤモンドだった。ホロコースト時代のユダヤ人たちには、逃亡に必要な持ち運び可能な財産となった。十七世紀のインドのマハラジャは、ダイヤモンドを超常的な力の源泉として大切に保管した。金ぴか時代のニューヨーク市の富裕層にとっては、世界の檜舞台で認められ、上流階級に受け入れられるための手段であった。

こう考えると、ダイヤモンドが地中から掘り出されたときは、少なくとも完成品とくらべるとまったく見栄えのしない石であることに驚くだろう。典型的なダイヤモンドの原石は形状が不規則で、色は石鹸のような乳白色あるいは黄色味を帯びている。原石をカットして研磨してピカピカ光る完成品を作ろうと最初に言い出した人は偉い。

失われた歴史の年代記に長く名を残す資格がある。初めてロブスターを食べようとした料理の先駆者たちも同じだ。古代の甲殻類（ロブスター）と同様、ダイヤモンドも先史時代の産物である。地球のマントルの深いところで超高温・超高圧のもとで形成された後、地下火山の爆発で地表に噴き上げられたのがダイヤモンド原石だ。科学的に、極めて特殊な物質である。成分は、石炭やグラファイト、それに人間の身体と同じ炭素である。ただ、ダイヤモンド原石は、元素の形状が堅ろうな結晶格子になっていて、人々の欲望をそそるユニークな特質がそこにある。現存の天然物質中の最高硬度を誇るだけでなく、化学的にも安定していて、熱の伝導率も良く、また科学専門用語でいう「光学的分散性」がある。特にこの光学的特質のため、私のようなダイヤモンド愛好者はティファニー社のウィンドウの前で思わず立ち止まってしまう。ダイヤモンドは光をとらえる。ダイヤモンドの研磨師が原石に向かい合うとき第一の目標にするのは、固有の反射性を、いかにして最大にするか、ということだ。それは、その反射性がダイヤモンドの最も抽象的な価値品質を決める要素だからだ。ダイヤモンドが放つまぎれもないほとんど直感的な美しさである。

その美しさを強調し増強するのが宝石商の仕事である。たとえその石が四分の一カラット、つまり八分の一インチ（四・一ミリメートル）強のサイズでも、あるいは一カラット、つまり四分の一インチ（六・五ミリメートル）強のサイズでも、または大きめの三カラット、つまり約八分の三インチ（九・四ミリメートル）のサイズでも、である。平均的な女性の薬指のサイズは一六・五ミリメートル（米国の標準サイズで六号の指輪の大きさ）なので[1]、理論的には三カラットのダイヤでもまだ小さいといえる。

ダイヤモンドの最初の発見から今日《こんにち》まで、工匠たちは成形工程の革新に精力的に取り組んできた。そのおかげで、今や時代を超越したさまざまなカットが行われるようになった。例えば、ブリリアント型、エメラルド型、ペアーズ型、忘れた頃に流行するプリンセス型（通常は四隅の角をしっかり残した正方形）、フットボールのような楕円形のマーキーズ型、そしてロマンティックなハートシェイプなどがある。いずれにせよ、世界で最高級のジュエルズ（宝石類）は、巨匠と言われる画家、建築家、小説家、詩人、映画制作者など情熱的で自らの作品に命をかけている人々が鋭意創造する文句なしの芸術作品と変わらない。ありきたりの宝石には関心のない人でも、例えばジェイコブ社の「二〇一五年のビリオネア（億万長者）」という高級腕時計を見ただけである種の畏敬の念に打たれてしまう。この腕時計には、二六〇カラットのエメラルドカットの白色ダイヤモンドが目立たないくらいに調和してセットされ、ウィンクでもしているようだ。それを一目見たときの感動は、大作小説を読むか、そびえたつ摩天楼を見たときの感じに似ている。それは、壮大な人類の偉業への敬意であり、崇高なものに対する畏敬の念ですらあるようだ。

そうは言っても、この「ビリオネア」の腕時計が「宝石商ジェイコブ」として知られた男と、かの悪名高いイタリア人実業家フラビオ・ブリアトーレとの共同設計だとわかったときの人々の反応は容易に理解できる。過剰な装飾品についた、驚きの一八〇〇万ドルの値札に強い嫌悪感を抱くのは必至となる。これもまた、ダイヤモンドの持つ基本的なパラドックスである。あのファベルジェがロシア皇帝のために宝石を精巧にちりばめた卵を設計したのは十九世紀（当時、百姓たちは飢えに苦しんでいた）のことだったが、それ以来、時代がすっかり変わったと思っている人たちにとっては、現代の「ビリオネア」なる時計はどう控え目に言っても気持ちをいらだたせる物でしかない。

しかし、何度も繰り返すが、ダイヤモンドとその発掘、流通、販促からなる複合産業はいつの時代でも苦境に強いことを証明してきた。千年紀《ミレニアム》の変わり目には、いわゆる「紛争ダイヤモンド」危機が周知となり、ハリウッド映画の大作にもなったが、世の東西を問わず一般の人々はダイヤモンドを買うのを止めなかった。我々はいつもダイヤモンドの魅力に惹かれていると言って間違いない。

ダイヤモンドは我々を夢中にさせると同時に、過去の思い出を忘れさせる力も持っている。例えば、私の夫が私に年代物のダイヤモンドとサファイアの婚約指輪をプレゼントしてくれた時、私の両目に涙があふれたことを今ではすっかり忘れているし、あるいは、私の祖母が台所のテーブルに置いた宝石に反射してゆらめく光のダンスに見入っているときの心境はどうだったのか、見当もつかない。

私にとって、この無色の石は以上述べたことすべてを意味するものである。多くの人たちが、究極の愛情表現でありながら、同時に、醜悪な物質主義の象徴でもあるとみなしていることこそが、ダイヤモンドをこれほど深く魅力的なものにしている決定的な要因である。本書では、ダイヤモンドの持つ数多くの表情を直視しながら、どうしてわれわれの社会で愛されるに至ったのか、またどのような人たちがそれに一生をかけてきたかなど、折に触れ、ユニークなエピソードを交えて披露するつもりだ。

第1章　ダイヤモンドを買う人たち
ダイヤモンドにほれ込んだアメリカの富豪たち

ニューヨーク

一八九七年二月初めのどんよりした冬の日、ニューヨーク市はいつになく活気がみなぎっていた。来る十日に開催されるウォルドルフ・ホテルでの豪華な仮装舞踏会に人々の期待が膨らんでいたからだ。このように人々の話題に上る催しは、当時、世界中どこにもなかった。これは、ニューヨークの上流社会を代表する一二〇〇人の招待客が富の美酒に酔い、市のエリートとしての地位を固める絶好のチャンスであった。また、ジャーナリストや商店主など一般の人たちにとっても、ブラッドレー＝マーチン夫妻の舞踏会(1)ほど興味深い話のネタはなかった。それは、果たして、当時の経済苦境にあえぐ人々の気分を晴らせたのだろうか？　市全体に好景気をもたらしたのだろうか？　それとも、富裕階級の身勝手さを増長させただけだったのか？　連中の醜悪さが衆目にさらされる結果となったのか？

舞踏会前の数週間、招待される予定の人たちは仕立屋でドレスをあつらえたり、金庫から埃をかぶった家宝を取り出したりで忙しかった。その一方で、一般市民や世界中の人々の目は、ニューヨーク市の新貴族たちが五番街で車から降り立ってデビューする姿を見ようと待ちわびていた。

当時の合衆国はひどい不況だった。そのあまりの惨状から、ウィリアム・レインフォードというある地方の牧師は自らの聖ジョージ米国聖公会の教区内の裕福な教区民たちに対して、どんな行事にも参加しないように勧告したほどだった。それでも、舞踏会を主催するコーネリア・ブラッドレー＝マーチンは意気軒高だった。間近に迫った、自らが主催する夕べの宴をいまさら考え直す気はまったくなかった。マーチン夫妻はパーティーの主催に手慣れており、それまでの数年間に二つのイベントを成功させた実績があった。一つは一八八〇年にデルモニコ・レストランで三〇〇人のゲストを集めた晩餐会とその後の舞踏会で、その五年後には自宅で大舞踏会を開いた。これは、アメリカ有数の実業家バンダービルド家のパーティーにも匹敵すると言われた。しかし、コーネリアにとって、今回の舞踏会は過去のケースとはかなり性格の違うものになるはずだった。なぜなら、今回のゲストのリストは膨大だが、当時のニューヨーク市は一八九三年からの「恐慌」のため失業率は高止まりし、かつての勤勉な労働者たちも今は貧しく、パンを買うのに行列をつくり、物乞いまでしていた。富裕階級の人々でさえ、政府の緊縮政策の影響を強く実感していた。しかし、コーネリアには、この現実こそが核心だったのである。「あのウィリアム何とかいう牧師――パーティーに参加しないよう勧告した牧師には、それがわからないのよ」。

コーネリアがこの舞踏会を催そうと思い立ったのは一年ほど前、ウェスト20丁目の20番地と22番地にまたがる棟続き住宅で朝食をとっているときだった。テーブルに広げた朝刊は相変わらず貧しい不幸な人々の記事ばかりで、食事もほとんどのどをとおらなかった。そんな彼女の脳裏にひらめいたのは、「そうだ、舞踏会を主催しよう」という考えだった。それも、今までニューヨーク市が経験したことのないほどの大規模で豪華な舞踏会を開催しようというものだった。いつもは引きこもりがちな人や、けちけち生活している人たちも参加せざるを得なくなるような魅力的で超派手な催しにしよう。仮装パーティーの形にするのがいいだろう。そうすれば、招待客はクローゼットの奥から長らく着ていないガウンを引っ張り出さずに、新しいものを買い求めて婦人用帽子店や婦人服の仕立屋やかつら店や宝石店などに殺到するだろう。それこそが、この計画のすばらしいところだ。彼女が望むのは、ニューヨークの人たちにどしどし買い物をさせることだった。これは、なかなか浮揚しない深刻な経済危機に対して彼女が考え出した景気刺激策だった。豪華な晩餐、ダンス、飛び交うドル札という、コーネリア・ブラッドレー＝マーチン流のやり方で……

夫の了承を得た彼女は、さっそく計画の作成にとりかかった。通常なら舞踏会はホストの広大な屋敷で行われるのだが、彼女は五番街33丁目のウォルドルフ・ホテルをイベント会場として予約した。テーマを「ルイ十四世の宮廷」とした。貴族制度のないアメリカで新貴族を自称するひとたちにおもねったものだ。ブラッドレー＝マーチン夫妻は、晩餐会のメニューについてウォルドルフの有能な料理人のオスカーと綿密に検討したり、ホテル全体をバラやクレマチスや蘭の花で埋め尽くそうと花屋と相談したり、はたまた大舞踏ホールをベルサイユ宮殿の鏡の間に似せて模様替えするなど大胆な計画をたてた。ブラッドレー＝マーチン舞踏会を、かつてのバンダービルド家やハブマイヤー家やストイフェサント家、それにアメリカの保守系エリートの代表であるアスター家などのパーティーに匹敵するものにしようと考えていた。長く続く緊縮経済に我慢を強いられてきたニューヨークの外食産業界は活気づき、仕出し屋や給仕たちの手で何億ドルもの大金が気前よくばらまかれるだろう。一八九七年二月十日の寒い夜は新たな歴史の始まりとなるのだ。

とにかく、コーネリア・ブラッドレー＝マーチンにとっては、少なくとも公然とダイヤモンドを身につけられる日となったのである。

いわゆる「金ピカ時代」とは、思い上がった悪徳資本家と社交界で幅をきかすその妻女《さいじょ》たちが大活躍した時代だった。当時のアメリカでは大陸横断鉄道の建設が大規模に進められ、それにつれて国土の風景が果てしなく変わっていった。その一方で、社会情勢は不安定な状態が続き、その度合いは深刻化する一方であった。ちょうどブラッドレー＝マーチン夫妻の舞踏会が予定されていた年、一八九三年に襲った大恐慌の原因は、鉄道建設が予想以上に順調に進んだため投資資金が回収できず、銀行が次々と破産し、たくさんの失業者が生まれたためだった。線路網を構築する仕事に誇りを持ち、それで生計をたてていた人たちの間に貧困がまん延していった。ボストンとフィラデルフィアに代わってアメリカ商業の中心地となったばかりのマンハッタンでは、島の二二キロにわたって成金と負け犬が軒をならべて住んでいた。勝者が得た財はかつてなく仰々しいもので、例えば、大邸宅や自家用車、美術品、毛皮、銀、金、そして言うまでもなくダイヤモンドだった。

ダイヤモンドは当時の金持ち連中にとって投機の好対象であったが、最も強く人々を惹きつけたのはダイヤモンドの持つ特別な魅力だった。一八九七年にようやく南アフリカで新たにいくつかのダイヤモンドの鉱床が発見されたが、それまでの数百年間はほんの一握りの鉱床がアメリカから遠く離れた異国の地でみつかっただけだった。代表的なのがインドとブラジルで、いずれも川床から採取された原石がインドのゴルコンダ地域のようないわゆるダイヤモンド・シティーで全世界向けに取引されていた。このように、普通の西洋人がまったく訪れない僻地でしか採れない希少資源のダイヤモンドは、法外な価格で取引され、その価値がわかるのは王族か貴族階級の人たちに限られていた。

ヨーロッパの王侯貴族にほぼ独占されていたダイヤモンドは、アメリカの成金たちにとって垂涎の的だった。もっとも、世紀の変わり目のこの時代には、ダイヤモンドを身につける男性はほとんどおらず、もっぱらその妻が夫婦の豊かさを目に見える形で誇示するために着ける習慣であった。それは妻にとって重要な義務であり、同時に何にも代えがたい喜びでもあった。彼女たちは、きらきら光る石が象徴する膨大な遺産を通じて、昔の偉大な王女や女王のイメージを思い描いた。これは、特にコーネリア・ブラッドレー＝マーチンのように富はたくさんあってもニューヨーク市のエリート社会における地位に不安を感じている女性にはたまらない魅力であった。

当時のコーネリアは誰の目にも女王と言える存在ではなかった。夫はアルバニーの出身で、友人の結婚式で花嫁の付添人をしていた金髪でピンク色の頬の彼女を見初めたのがきっかけで結婚したそうだ。結婚後はニューヨークに戻って彼女の父親にすがりながら両親と一緒に住んだ。彼女の父は引退した元商人で、かつてはつましい生活を送りながらこつこつ貯金しているとの評判だった。その父親が亡くなったとき、コーネリアと夫のブラッドレーは、いよいよ自分たちの社会的野心をみたす機会が訪れたと思った。驚いたことに、彼女が父から受け継いだ遺産は実に五〇〇〇万ドルを超えていたからだった。

その思いがけない遺産で、二人はヨーロッパへの長期旅行に出かけた。旅先でブラッドレー＝マーチンは自分より格上の家柄の友だちの気を引こうとして、自分の名前にハイフンをつけて英国貴族風に変えた。そして待望のダイヤモンドを手にいれた――それは彼女が新たな社会的地位を得るためのパスポートだった。そうこうして、宝石は大西洋をまたいで、アメリカの富豪とヨーロッパの古い既得権階級とを結びつける役割を果たしていた。それまでは高級品といえば、カルティエやヴェヴェールやブシュロンのような一流宝石店が軒をならべるパリなど、ヨーロッパの先端都市でしか見られなかった。

鉄道王コリス・ハンチントンの未亡人アラベラ・ハンチントンもまた、生まれは卑しかったが、夫の死後七〇〇〇万ドル（現在の約一九億ドル）とも言われる莫大な遺産を得て、衣装や芸術品や宝石を買いにパリのヴァンドーム広場やラペ通りへ旅立った。そこでのショッピングは商品の豪華さだけではなかった。ブシュロン宝石店に立ち寄って飼い猫のウラジミールを撫でたり、丁寧な字でレシートを書いたり、お世辞を言う店員とフランス語で会話をするのは、彼女の洗練された物腰を引き立てた。一九〇二年二月のハンチントン夫人の帰国を報じた『ロサンゼルス・タイムズ』紙によると、彼女は税関で七万五〇〇〇ドル（今日の約二〇〇万ドル）の港湾史上最高額の申告をしたらしい。[2] コーネリア・ブラッドレー＝マーチンと同様、ハンチントン夫人も自分の卑しい生い立ちを十分に自覚していたらしく、流行の最先端の装飾品を身につけるためなら六〇パーセントの関税を支払っても、少しも惜しくなかった。

ニューヨーク市には秘かに自慢できる宝石専門街があった。シーポートのほど近く、ダウンタウンにあるメイデン・レーンという短い通りに位置していたが、パリの妖艶なきらめきにはとうていかなわない。それでも、アメリカ生まれのある宝石商が手を尽くして、ほかとは一線を画した上流階級並みの体験を顧客に提供していた。その店、ティファニー&ヤングがブロードウェイ259番地に店を開いたのは、一八三七年九月十八日の朝だった。創立者はチャールズ・ルイス・ティファニー[3]とジョン・バーネット・ヤングという二人の小学校時代からの友人で、店は「小間物店」としてわずかの宝石とさまざまな紙製品の他に雨傘やステッキ、磁器の花瓶、シノワズリ、扇子などの珍しい小物類を売り出した。後日、チャールズ・ルイス・ティファニーはジョン・バーネット・ヤングの妹のハリエットを妻に迎え、二人の関係は一層強化された。しかし、創業初日の収入はわずかに四ドル九八セント（現在の一一九ドル）にすぎなかった。ティファニーとヤングは店の位置がメイデン・レーンのアップタウンから離れ過ぎではないかと危惧したものの、二軒先には、アメリカ国内最大の衣類・生地のデパートを経営するアレクサンダー・ターニー・スチュアートの店があったので大丈夫だろうと思い直した。

　思ったとおり事業は着実に伸び、休日毎に目覚ましい業績をあげていった。ところが、一年経って、予期せぬ災難が襲ってきた。年明けの正月、店に強盗が入り商品をごっそり盗まれたのだ。被った四〇〇〇ドル（現在の約一万ドル）の損失は痛手だった。しかし、店の経理担当のチャールズ・ルイス・ティファニーの尽力で、破産や夜逃げをせずに何とか店の経営が維持できた。

　鼻すじの通った整った顔立ちで帯状のあごひげを生やしたチャールズは、当時まだ二十五歳ながら、驚くばかりの豊富な経験を積んでいた。チャールズの父、コンフォート・ティファニーはコネチカットで綿花を生産している実業家だったが、息子の生まれつきの才能を評価し、クワインバーグ川沿いの雑貨店の経営を全面的に任せていた。また、その川沿いにティファニーの新工場を建設中だった父は、いずれ時期がくれば綿花製造会社の全部を息子との共同経営に移行し、名前も「C・ティファニー・アンド・サン」に改名しようと考えていた。

しかし、チャールズは、父の期待に沿おうとせず、名前だけの経営者のままでいた。父の綿花事業にはまったく関心がなかったので、将来それを引き継ぐ気持ちにはなれなかった。今は繁栄していても、綿花の価値は時代と共に下落していくものと考えていた。そんなチャールズ・ルイス・ティファニーの希望は、野望渦巻く浮き沈みの激しいニューヨークのような都会で一旗揚げることだった。幸いにも、彼はニューヨークでその野望をみごとに開花させた。彼のティファニー・アンド・ヤング社は、強盗事件の災難にも耐え、一八四一年にはニューヨーク市の小売業界で一流店の一つとして揺るぎ無い地位を確立するに至った。

しかし、まだまだ改善の余地があった。すでに何年も前から、チャールズ・ルイス・ティファニーは、日課として、波止場までの坂道を下りて、じめじめして騒々しい波止場に停泊中の船から輸入品を直接買い取っていた。これは、海外の製品に目のない客先の趣向をおおいに満足させた。しかし、店が繁栄するにつれ、情報通の客先の数も増えていった。いつまでも今のように限られた窓口から製品を輸入するだけでは、いずれ事情に明るく抜け目のない客先を引き留めておけなくなるだろう。このことに気づいたチャールズとヤングは、新しい仲間を加えることにした。J・ルイス・エリスという富豪だ。彼は客先の渡航費用の立て替えや融資だけでなく、イングランド、ドイツ、イタリア、フランスに多くのコネを持っておりそれらを有効に活用することができた。三人はティファニー・ヤング・アンド・エリス（T・Y&E）という会社を設立し、一八四五年には次のような広告を出した。

「おかげさまで、宝石の取り扱いに精通されたたくさんのお客様からのご要望にお応えして、私たちは選りすぐりのフランス宝石を皆様の前に提供することができるようになりました。」(4) T・Y&E社は、特にこの事業部門に注力する方針をたて、数量の限られたフランスの新しい流行品なら何でも、すべてフランス国籍の船からか郵便で買い受けることにしました」。

そのちょうど一年後には、これが大当たりとなり、時計や銀製品、宝石などのぜいたく品を買いあさる市民の熱意を追い風に、売り場面積を大幅に拡張した。この市民の趣向に磨きをかけるために、会社は銀製品の工房も設立し、それまでの小売商から貴金属商へ転身することにした。更に、「実用的でおしゃれな品物のカタログ」という小冊子を発行した。それは青色で、女性の掌より少し大きめの、ジャケットのポケットに収まるサイズだった。これを機会に、光沢のある青緑色の深いピーコック・ブルーと薄い青緑色の透明なアクアマリンの中間色をT・Y&E社のシンボルカラーとして採用した。さらに一八五三年には、会社の象徴となる青い小箱を創り、広く一般に紹介した。

その同じ年、ジョン・B・ヤングとJ・L・エリスが退職し、四十一歳のチャールズ・ルイス・ティファニーは一人で会社を経営していく決意をした。彼は頑健な身体つきで、帯状の黒々としたあごひげがあり、家庭では五人の子供の父親だった（他にもう一人亡くなった息子がいた）。仕事上で彼が下す選択は、常に会社を業界のトップに位置づけた。彼の決意には並々ならぬものがあり、それだけに誰からも頼りにされた。毎朝、シルクハットを被り、ヴィクトリア朝の燕尾服を着て仕事場へ歩いて通った。九時きっかりに職場に着いてからは、家族との貴重な時間を犠牲にしながら、遅くまで働いた。病気で休むことなど、生涯一度もなかった。店の窓を美しくデザインし、歩道を行く人々の興味を惹きつけた。売り場の商品はすべてセットにして販売し、目立つところに値札をつけた。それは、客が値引き交渉をしてきたときに、公正な価格を明示するためだった。会社にとって飛躍のきっかけとなった最大の出来事は、おそらく一八四八年にジョン・ヤングがフランスへ商品買いつけに出張した時に起こった事件だろう。当時のフランスは七月革命以来続いたオルレアン王朝が倒れ、大混乱の中で貴族階級は自分たちの宝石類を二束三文で売り急いでいた。そこで、ティファニーはヤングに対し、会社の全財産をかけでも可能な限りダイヤモンド宝石を買い占め、アメリカに持ち帰るよう助言した。こうして、格安の値段で仕入れたダイヤモンドを公式価格で売りさばいたチャールズ・ルイス・ティファニーをマスコミは「ダイヤモンドの王様」と呼ぶようになった。そして、今や二人の相棒が去った会社は「ティファニー社*」と改名して新たにスタートすることとなった。

奢侈品の需要が極端に落ち込んだ南北戦争中も、会社は業績を伸ばし続けた。陳列棚には、宝石と同様にさまざまな軍需品、制服、装飾を施した刀剣などを並べた。そして一八六七年、会社はついに大きな成果をあげた。ティファニー社製の艶やかなアメリカ風銀製品がパリの展示会で三位に入賞したのである。これは、在来の名声高い老舗宝石店を打ち負かしたことを意味し、国際的な名声を得た。更には、一八七六年にフィラデルフィアで開催された百周年記念展覧会でも銀製品で入賞を果たし、また、一八七八年のパリの展示会では宝石部門で金メダルを獲得した。これは、正にフランス陣営を敵地で打ち破る快挙であった。ティファニー社はニューヨークのユニオン広場に新しく六階建ての本社ビルを建て、パリとロンドンに支店を設けた。こうして、チャールズ・ルイス・ティファニーの店は彼の責任と指導の下にアメリカで一番競争力のある宝石店という名声を博し、公式に世界最高位の宝石店に格づけされた。

世間の評判という面でも、ティファニー社はヨーロッパの競合相手に追いつき、追い越そうとしていた。宝飾品を取り扱えるのは由緒ある会社だけという従来の常識に挑戦していたのである。しかしながら、ことダイヤモンドとなると、当時のアメリカという土地柄から、アメリカに拠点を置く宝石店は不利な立場にあった。歴史の長い国には、多くの場合、専制君主がいて、自らダイヤモンドやルビーやエメラルド、サファイア、真珠などを蒐集していた。そのため、たとえば世界最大サイズの宝石や、歴史のある貴重な宝石などはアメリカ国外の、ティファニー社の手の届かないところにしかなかった。南アフリカの鉱山がアメリカに供給し続けたのは、従来のものより小粒のダイヤモンドばかりだった。その一方で、フランスのバプスト**やイングランドのガラード***などは各国の王侯貴族との長年にわたる特権的な関係を維持していたのである。だが、例外もあった。それは、ジョン・B・ヤングが一八四八年にどさくさ紛れに他の略奪品と一緒にフランスから持ち帰ったダイヤモンド・ガードルで、噂《うわさ》ではマリー・アントワネットの所蔵品とされていた。

チャールズが一八七八年に二八七・四二カラットもの南アフリカ産の黄色いラフなダイヤモンドを一万八〇〇〇ドル（現在の四一万四〇〇〇ドル）で購入したのは、おそらくこのことを意識していたからだろう。これをカットして二分の一以下の一二八・五四カラットにしても、伝説の「コ・イ・ヌール・ダイヤモンド」に匹敵するサイズのカナリー・ダイヤモンドであった。会社名を冠した「ティファニー・ダイヤモンド」は、将来、ティファニー帽のきらきら光る羽根飾りの原石として人々の目を惹く存在になるが、この時点ではまだ単なる宝石の一つにすぎなかった。折しも、フランス政府が一八八七年五月にパリの中心部チュイルリーにある月花宮殿****で清算セールを催すとい

*ティファニー・アンド・カンパニー
**フランスのルイ十六世のお抱え宝飾品商であった
***英国王室お抱えの宝飾品商
****パヴィリオン・ド・フルール

う驚くべきニュースがとびこんできた。それを聞いたチャールズは居ても立ってもいられなくなった。これはすごい呼び物ではないか？　何百年もの間のフランス人の強欲や放蕩、探検、略奪を清算するというのだ。「フランスの王冠のダイヤモンド*」という名の競売が実施されたのである。

このイベントは政治的要因によるものだった。近年のフランスの政治がたいていそうであったように、競売が決まるまでの意思決定のプロセスは混迷を極めた。ナポレオン三世の没落後にできた第三共和国の政府は、「フランスの王族は永久に葬り去られた」との声明を出した。だが、王政復古を望むボナパルト派やオルレアニストやブルボン家の人たちの目には、競売は茶番劇としか映らなかった。もっとも、ジェルマン・バプストのように父が王室指定の宝石商**で、しかも個人的にナポレオン三世の皇后ウジェニーのための宝飾品をたくさん作ってきた老舗宝石商には大打撃であった。自分たちが競売で被った損失の大きさを大声で訴えていた。別の大手宝石商のジェラルド・ブシュロンなどは、すでに二十四年の歴史があってもバプストに比べるとまだまだ経験が浅いため、普通なら手の届かない宝石類を競売で見つけてとびついていった。もっとも、売りに出された宝飾品の中には修理を要するものが少なからずあった。王様や王妃が一度身につけただけでその後長い間使っていない首飾りや腕輪、指輪がそうであり、また自動車の解体部品のようにバラバラになっているものもあった。しかし、バラバラ状態の商品や持ち主が不明の品物の中には、破格の出物宝飾品が混じっていた。例えば、ロット番号二十五の「コサージュ・ブーケ」は二六三七個のブリリアントカット・ダイヤモンド（合計一三二と一六分の五カラット）と八六〇個のローズカット・ダイヤモンドからなっており、(5)ロット番号二十七の「王冠」は一〇三一個のブリリアントカット・ダイヤモンド（合計一〇七六カラット）と四〇個のエメラルド（七七カラット）からなっていた。ルイ十四世の宰相マザランが自ら再カットしたり、あるいは指示してカットし直させたりした大きくて美しい、いわゆる「マザランカット・ダイヤモンド」が、一六カラットからほぼ二九カラットまで七個も競売カタログに掲載されていた。また、当時のフランス政府が所有していた「リージェント」ダイヤモンドが競売に出されるとの噂が流れたことがあった。これは、もともとインドで発見されて、イギリスで一四〇・六四カラットのクッションシェイプにカットされた後、一七〇七年にフランスのルイ十五世の執政《リージェント》が購入した大きい無色のスクエアーカット・ダイヤモンドである。さんざん検討の末、政府は方針を変更し、このように数少ない無類の品物は国立博物館で保管すべきという批評家たちの考えを受け入れた。

一八八七年五月十二日の午後、六〇〇人の宝石ディーラーと見物客がルーブル美術館の敷地内にあるフロール館にやってきた。そこでは、ほぼ同人数の警官が警備にあたっていた。訪問者の中には、ティファニー社やバプストやブシェロンなどの代表者もいた。しかし、『ニューヨーク・タイムズ』紙の特派員によると、競りの喧騒の中にあっても、フランス人の熱狂ぶりを想像させる兆候は感じられなかったという。「『フランスの王冠の宝石』を競売にかけるというのに、ご当地フランスよりもアメリカの方が沸いていたようだ[6]。フランス人の競売への熱意はほとんど感じられず、またその具体的な兆候すらなかった」。

競売は一つずつ護衛つきで部屋を巡回して行われた。最初の一〇ロットを売り切るのに十一日間かかったが、入

＊ザ・ダイヤモンズ・オブ・ザ・フレンチ・クラウン
＊＊クラウン・ジュエラーのこと

札は丁寧に行われた。ティファニー社はロット番号十番を一八万三〇〇〇フランで買った。ブリリアントカットのダイヤモンドを連ねた房を四本垂れ下げたカスケード・ネックレスだ。大口の買い手にはベルギーの宝石商アルフレッド・ドゥトレロンもいた。しかし、『タイムズ』紙の記者が指摘したように、この競売で本物の宝石を買えるのが保障されているわけではなかった。「一つ確かに言えることは、本物を落札して六カ月もすれば、王室コレクションの十倍の数の偽物が『クラウンジュエル（王冠用宝石）』として個人バイヤー間で流通すること[7]……ティファニーのような宝石商は別だが、世間の信じやすい人々を相手に本物そっくりの偽物を売りさばいてもうける節操のない宝石売人がたくさんいることだ」。

そうなった背景には、競売の数カ月前に政府が一般の要求を受け入れて、写真入りの商品カタログを発行したことがあった。そのため、カタログ上のイメージが広くいきわたり、それらのコピー品を作成する不真面目な業者が続出したのである。[8]彼らは、必ずしも模造品を本物と偽って売りさばいたわけではないが、きらびやかな王室趣味をちらつかせて特売品業者に売りつけることは容易にできた。

それからの数日間、ティファニー社は、周囲の予想をはるかに超える額の買い物をして、競争相手を驚かせた。バプストなど権威ある老舗の宝石商の応札価格をはるかに上回る高値をつけて、宝石の値段をどんどん吊り上げていった。当初の数日間は抑制気味に進められたこの競りも、こうしてだんだん熱気を帯び、積極的になっていった。最終的にティファニー社が落札したのは、何と全ロットの三分の一を占めた。その中には、三二一個のブリリアントカット・ダイヤモンドでできた「セヴィニエ・ブローチ」や一三個の小さなパーツに解体されたダイヤモンドのコサージュ、それに四個のマザランカット・ダイヤモンドがあり、その十一日間に使った金額は手数料を除いて四八万七九五六ドル（現在の一一八〇万ドル以上）になった。しかし、ティファニーの代表者は報道記者に対して、ダイヤモンドには現実の価値の他に歴史的価値があるのを承知しているが、自分たちは現実の価値以上に支払うようなことはしていないと明言している。「私たちは、購買に当たって、ダイヤモンドの価値をその歴史に関連づけて考えることはしなかった。宝石の交換価値だけが唯一の考慮すべき指標であった」。そうかもしれない。しかし、チャールズ・ティファニーとその仲間が各宝石の持つロマンティックな歴史に心を動かされることはなくても、故国アメリカの大金持ちやひそかに期待している社交好きの妻たちが同じように冷静沈着であるはずがなかった。事実、ヨーロッパ大陸で休暇を楽しむアメリカ人の多くは、宝石が母国に出荷される前に、それらを大急ぎで直接ティファニー社から買いとっていた。彼らはいつも、ビジネスライクにすべてを処理していた。「もちろん、わが社からフランスの王冠の宝石を手に入れたアメリカ人が誰であったか、その名前を公表すれば、人々の興味を惹くニュースになることはよくわかっています[9]。しかし、そのような情報を漏らさないのが、われわれティファニー社のルールなのです」。

にもかかわらず、事情通はじっと目を見開いて、次に起こることを期待していた。事実、ジョーセフ・ピューリツァー夫人は、ロット番号十番の四房のダイヤモンド・ネックレスを身につけて競売後のパリの大舞踏会に姿を現し、その正体を暴露した。それでは、他の宝石はどうなったのだろうか？　二〇・〇三カラットのダイヤモンドを中心に置いた吊り下げ式コサージュ・ブローチや、皇后ウジェニーが愛用した二つのルビーとダイヤモンドからなるブレスレットや、さらには、元々はガードルの一部であったが単独でも立派な宝石の束として通用するアイテムなどを自分のコレクションに加えることのできた幸運な女性は、一体誰だったのか？

コーネリア・ブラッドレー＝マーチンこそその幸運な女性で、機会あるごとに、これらの宝石を買い集めたのである。

◇◇◇

ついに、舞踏会の夜がやってきた。さまざまな議論や批判、執拗な報道、そしてあからさまなあざけりなどが渦巻く中で、コーネリア・ブラッドレー＝マーチンはこれから行うイベントの準備に没頭していた。その同じ夜に、流行のオペラ『マルタ』の初演がメトロポリタン・オペラハウスで催されることになっていたが、いささかも気にしていないようだった。事実、オペラの観客は少なかったようだ。やはり、選ばれた上流階級の人たちはオペラよりパーティーの方を楽しむことにしたのだ。すでに、一〇〇〇人を超える招待客の出席通知をコーネリアは受け取っていた。ニューヨーク市の指導者の多くは舞踏会に先立って仮装晩餐会を催していた。そうすることで、夕食後にいそいで仮装の衣装に着替えなくてもすむからだ。

もちろん、ウォルドルフ・ホテルの部屋を借り切って、いつでも都合の良いときに、着替えられるようにしている人もいた。ホテルの前に集まった物見高い見物人や記者や警官の目を避けたい人たちだった。ホテル前の混雑を予測したブラッドレー＝マーチン夫妻は、ウェスト33丁目に面したホテル経営者の私用出入口を使ってゲストを招じ入れることにしていた。そこには、ドアマンが立って、念入りに来客一人ひとりの招待状に目を通し押しかけ客がいないかを見張っていた。招待客が集まりだしたのは午後十時ごろだった。彼らはいったん中に入ると、すぐに更衣室へ案内され、あらかじめ雇われていた専門家の手で、乱れた髪や偏った帽子が整えられた。冬の風の吹きすさぶ中を幌のない大型四輪馬車で長時間の旅をしてきた人たちだ。喫煙室に集まった男性客たちは、仮装用の刀剣を比較し合い、当時ではすでに流行遅れとなっていたショートパンツにタイツの不謹慎な姿を眺めて互いにくすくす笑い合っていた。とはいえ、彼らなりに本物らしく見せようと努力していたわけで、一晩だけ思い切って昔の時代に逆戻りしても悪くないと考えていた。

ゆっくり大広間に案内された招待客は、台座に座ったブラッドレー＝マーチン夫妻の歓迎のあいさつを受け、ようやく大舞踏会場に向かった。この舞踏会場は気絶するほど美しく、銅赤緑色の高い天井張りにはアクセントとなる肖像画があり、隠れバルコニーやコリント風の優雅な円柱があった。オーケストラはリストやフランクやワーグナーを演奏し、舞台裏ではぜいたくな食事の準備にコックが急き立てられていた。カドリールという四組の名誉カップルが古風なフォークダンスをし、それらが終わるころに真夜中の食事が出された。カキ、トリュフつきチキン、フォアグラ、ビーフ・ジャルディニエール、それにハム、そしてデザート、というように温かい料理と冷菜を組み合わせた献立だった。客がダンスの合間に一息いれて空腹を満たせるよう、それらは一晩中用意されていた。また、数分程度の休憩をとりたい客は、わざわざホテルの外に出ることなく、手にモエ・エ・シャンドンのシャンペンなどを持ったまま近くの空いた小部屋を利用することもできた。

招待客の衣装はテーマのルイ十四世のイメージからは少し外れていたが、コーネリアは二つの点で満足していた。一つは、全体の雰囲気が盛り上がる中で各自が自由に趣向をこらしていたことであり、もう一つは、ホスト役の彼女自身がその夜集まった人々の中で最も豪華絢爛な衣装を着ていたことであった。舞踏会の進行役を務めたロードアイランド州の政治家エリシャ・ダイアー・ジュニアは、金色の刺しゅうが施された濃い紫色のベルベットを身につけて、ルネッサンス期のフランス国王フランソワ一世に扮していた。アスター夫人は、特定の人物を真似るというより、歴史的な装いに沿った毛皮とレースで縁取られた青いベルベット・ドレスを着ていた。彼女の夫ジョン・ジェイコブ・アスターは紫色の繻子織《しゅすおり》の衣服を着て、「ナバラのアンリ」と呼ばれた十六世紀後半の名君、アンリ四世に扮していた。また、将来の国会議員の母、ハーバート・ペル夫人はロシアのエカテリーナに扮して注目を浴びた。それに、アメリカ原住民の伝説上の英雄である勇敢な女性ポカホンタスに扮したのはJ・P・モルガンの末娘で、他にも女性の羊飼いに扮した者や、フランス王室の枢機卿リシュリューやマリー・アントワネットに扮した者もいた。ホスト役のブラッドレー＝マーチンはルイ十四世を演じ、その妻コーネリアはスコットランド女王のメアリーに扮した。彼女は由緒のあるレースのハイカラーに繻子のペチコートと、全体が宝石でできているように見える華美なストマッカー（胸衣）に黒のベルベット・ガウンを着ていた。

そして、公開された宝石類は期待どおり途方もないものだった。コーネリアが身につけていたのは、言うまでもなくフランスから持ち帰った「フランスの王冠の宝石」だった。ウジェニー皇后が愛用していたブレスレットをチョーカー・ネックレスにして首にかけ、それに自身のダイヤモンドのベルトとティアラをコーディネイトしていた。ちなみに、当時のニューヨークの夜の娯楽にティアラは欠かせない装飾品だった。今日《こんにち》、招待客が黒の蝶ネクタイの着用を求められるように。[10] この種の頭飾りは、ティファニー社で一五〇ドル（今の四一二三ドル）以上の値段がついていた。[11]

舞踏会までの数日間、準備に明け暮れる金持ち連中の興奮ぶりを、新聞は次のように報じていた。「ブラッドレー＝マーチンの舞踏会で身に着ける古くて珍しい宝石の価格は見積もり不能なほど高騰している[12]。古物を扱う宝石店はどこも手持ちの品を売り切ってしまったと言っている。にもかかわらず、いまだに、古いバックルや嗅ぎたばこ入れ、ローネット（柄つき眼鏡）、ダイヤモンドと真珠をちりばめたガードル（腰帯）、指輪どころか、およそ考えられるあらゆる宝飾品を探し求める人が跡を絶たない……もちろん、これらとは別に、市の由緒ある旧家が遺産として持っている高価な宝石類がたくさんあった。旧家の金庫室から取り出され磨かれた大量の宝石類が今までどこに隠されていたのか、不思議なほどだった」。ハーバート・ペル夫人は、アーミン毛皮で縁取られた金襴《きんらん》のガウンを着、その後部のトレーンを流れるような宝石で飾り、ダイヤモンドをちりばめたストマッカー（胸衣）をつけ、さらには髪の毛を多くのダイヤモンドで飾って、人々を唖然とさせた。また、ある女性はナポレオン・ボナパルトの最初の妻ジョセフィーヌ皇后に扮していたが、彼女はシンプルな白のガウンの両肩に大きなダイヤモンドで紫のケープを留めていた。噂では自分たちの大切な遺産を持ち出さずにライン石製の代替品を持っていくよう勧められた人もいたらしいが、『ニューヨーク・タイムズ』の記者からコメントを求められたティファニー社の代表者は次のように反論している。「そこにいた最年長の紳士が言うには、『このように珍しい高価な宝石を所持しているのは上流階級の人たちであって、彼らが今回のような歴史的イベントにわざわざ偽の装飾品を身につけて参加することなど想像するだけでもばかげた話だ[13]』」。

この「上流階級の人たち」というのは、ティファニー社の代表者が無意識に使った言い回しだが、それはコーネリア・ブラッドレー＝マーチンにとってまさに的を射た表現だった。彼女が自分のことをどう考え、夫や友人に対してどう説明したにしても、ウォルドルフ・ホテルに支払った九〇三六ドル四五セント[14]（現在の二四万八〇〇〇ドル）

――そのうちシャンパン代だけで二九九一ドル七〇セント（現在の八万二二五〇ドル）――は単にニューヨークの経済を刺激するためだけではなかった。彼女が望んだのは、このように画期的なパーティーを成功裏に主催できる資質が自分にも備わっていることをはっきりと証明することだった。コーネリアの招待客の多くは二月十日までの数週間、宝石店から骨とう品屋、帽子屋から美容院と駆けずり回らねばならなかった。そんな人たちがパーティーの成功・不成功の鍵を握っていたことも事実だ。ニューヨークの市民社会は過去何年も、いわゆる「四〇〇人衆」と呼ばれる人たちの影響下にあった。この「頼りになる人たち」の名簿は、アスター夫人の私設秘書であるウォード・マッカリスターが保管していた。その四〇〇人という数はアスター家の舞踏場の最大収容人数だった。コーネリアもその一人だったが、彼女は今回の舞踏会で、四〇〇人衆の枠外の貴婦人たちを救済し、より広く、より斬新な社交集団を創り、自分がそのトップに座ることを目論んでいた。

しかしながら、結果的には、ブラッドレー＝マーチン夫妻はその野望のためにきわめて高価な代償を払う羽目になった。確かに、舞踏会が一面において成功したことはほぼ議論の余地がない――つまり、街のたくさんの熟練工や小売商人、仕出し屋たちに待望の仕事を与えた。しかし、それにしても、舞踏会の夜のあの異常な狂騒（そして自己満悦）ぶりは、一般の市民には耐え難い耳障りな迷惑行為であった。このような世間一般からの非難は当初から予想されたが、イベントが終われば収まるだろうと、ブラッドレー＝マーチン夫妻は安易に考えていた。しかし、現実はまったく逆目になり、夫妻は人々の物笑いの種にされ、皮肉の標的にされ、人々の義憤の対象にすらなった。さらには、直接・間接の侮辱に加えて経済的制裁という実害まで被った。つまり、世間の注目が夫妻の財政状態に向けられ、これに応える形で市会議員たちは夫妻の財産への課税を二倍にしたのである。

舞踏会が終わって程なく、傷心のブラッドレー＝マーチン夫妻はアメリカを去っていった――永遠に。行先は、夫妻の娘が夫のクレーブン伯爵と住むイギリスだった。夫妻はイギリスへ出発する前に、例のごとくお別れパーティーを開いたが、招待者はわずか八十六人で、ウォルドルフ・ホテルでの舞踏会の絢爛ぶりとは比べようもなかった。くしくもブラッドレー＝マーチン夫妻が悟ったように、仮装パーティーには魔法の仕掛けがあった。仮装パーティーの夜になると、参加者はあたかも自分たちが身につけているダイヤモンドのように、きらきら輝く特別な存在になった気分になる。きらきら輝く、特殊でまれな存在――それはまた、ダイヤモンドを熱愛するアメリカ人の想いそのものでもあった。

第2章　ダイヤモンドの原石を探す人たち

一人の病弱なイギリスの少年が、どのようにして世界のダイヤモンドの支配者になったのか

南アフリカ

十七歳の病弱なセシル・ローズ少年が一人で南アフリカにやってきたのは一八七〇年のことだった。彼は金髪で青ざめた顔色をしていた。イングランドのハートフォードシャー州に生まれ、当時牧師だった父の家に十二人もの兄弟や姉妹と一緒に住んでいた。人一倍目立ちたい性格の彼は、いつもごった返している家を早く出て、当時の上流階級の子女には当然とされていたオックスフォード大学で学ぶことを夢見ていた。しかし、ローズ少年に与えられたのは他の道だった。彼は生まれつき肺と心臓が弱く、また無謀な衝動に走りがちな気質があったため、せっかく芽吹き始めた学才も発揮することができずにいた。成績も安定しなかったうえに、とにかく父親には彼を四年間も大学の通わせる十分な資力がなかった。高校卒業のとき、ローズは自分の将来に対して悲観的な展望しか描けなかった。両親は彼に聖職に就くよう勧めたが、教会に対して心から熱心に向き合えなかった。

そんな時、兄のハーバートから手紙をもらった。南アフリカの綿花農場で一緒に働かないか、というものだった。

乾燥した亜熱帯の空気は肺にいいかもしれない、という。いつポックリ死んでもおかしくないと思っていた少年にとって、また故郷を出ていく上手い口実がみつからなかった少年にとって、この手紙はまさに冒険心をくすぐるものだった。思い切って故郷イングランドを離れ遠方の植民地に向かう気になった十七歳の少年は、その時はただ父親の家を出ていきたい一心で占められ、他に何の期待も野望も持ってはいなかった。

しかし、この決断こそが彼の人生の大きな転換点となった。誰にも気づかれることなく、彼はその時すでに自らの運命を意識し、着実に歩み始めていたのである。今振り返ってみると、その時の一歩一歩がその後の運命を決めることになったようだ。後年になって歴史家は、ローズの残した遺産について様々に論評している。彼を「黒幕」と評価するか、「権力欲の権化」と解釈するか、いずれにせよ、ローズは南アフリカにおいてはっきりとした目的意識に目覚め、幼少のころの夢を実現し、最後には人々の記憶に残る人間になったのである。

◇◇◇◇◇◇◇◇◇◇◇◇◇◇◇◇◇◇◇◇◇◇◇◇

ローズが上陸した国は、まさに時代の変わり目にあった。その昔、十七世紀にこの乾いた不毛の土地に入植したのはオランダ人だった。彼らはオランダ東インド会社の人たちと一緒に荒々しい航海の末、嘔吐と栄養失調に苦しみながら、偶然この南アフリカの海岸にたどり着いた。そして、ここに港町を設営し、将来、さらに東方のインドや中国を目指す船舶がドック入りし、休憩し、必需品を調達し、医療も受けられるようにしようとした。その後数年あまりの間に、ケープタウンは活気のある町になり、多くの旅人が海岸沿いに住宅を建てて住むようになった。

新しい農地を求めて内陸に移住していく人も少なくなかった。彼らはボーア人（農民を意味するオランダ語）と呼ばれ、すでに先住民がいたにもかかわらず、耕作困難な土地に自分たちの家を建て、先住のコーイ族をホッテントットと呼んだ。ボーア語で「どもり」という意味である。つまりながら舌打ちをまじえて話す耳慣れない土語を聞いて、彼らが集団言語障害者であるかのように誤解した。彼ら先住民と交流する上で言語はむしろささいな障害で、他にずっとやっかいな問題があった。ボーア人とコーイ族の関係は、そもそも将来の相互理解と尊敬を前提とするものではなかった。宗教心の厚いボーア人は、奴隷を持つのは当然だと信じ、時間をかけて、多数のコーイ族を奴隷にするか、土地から追い出したのである。

それからほぼ二〇〇年も経ったある日、十五歳のボーア人、エラスムス・ステファノス・ジェイコブスが兄弟姉妹と一緒に家の外で遊んでいた。彼の家族は誰も南アフリカから一歩も外国へ出たことがなかった。このころ、南アフリカは英国の正式領土になっていた。もっとも、オランダ系住民のボーア人はアフリカーンスという方言を使い、独自の文化的な影響力を放棄することはなかった。ナポレオン戦争の最中、フランスがオランダを侵略したとき、イギリスがこれに反発してケープタウンを制圧した。しかしそれもつかの間、まるで子供の遊びのように、せっかく奪い取ったおもちゃを投げ出したのである。宗主国となったイギリスは、乾燥して地割れした土地と貧しい住民たちの南アフリカの現状を目の当たりにすると、すぐに別の土地に注意を振り向けたのだ。結局、イギリスの植民地主義者たちは、南アフリカを従来通りオランダ人の支配下に置いたまま、他にもっと望ましい土地をサブサハラ《サハラ砂漠以南》に物色していったのである。その状態が一八〇六年まで続いた。この年、フランスのオランダへの再侵略に刺激されたイギリスは、再度南アフリカの行政に介入していった。オランダ東インド会社の奴隷貿易を禁止し、ボーア人の凝り固まった人種主義を非難し、コーイ族をもっとやさしく扱うよう忠告する伝道の道を開いていった。

ボーア人たちは、これらの変化を歓迎しなかった。多くのボーア人がばらばらに別れて住むようになった一八六七年ごろ、オレンジ川の堤の近くにあるホープタウンの北側にエラスムス・ジェイコブスとその家族の家があった。彼らは、「ファイブ・ストーン」という伝統的なゲーム（今の「ジャックス」遊びに似ている）に使う手ごろな小石を集めて持っていた。ある晴れた春の日、異常に白い小石が一つコレクションに混じっていた。子供たちがそれで遊んでいるのを見ていた隣人のシャルク・ファン・ニーケルクは、その可愛い小石《モーイ・クリップ》が光をとらえているのにふと気づいた。子供たちに訊いてみると、エラスムスは、ある日の午後、水辺で休んでいたときに、地面に光る石を見つけ、ポケットに入れて家に持ち帰り、幼い妹に与えたのだと説明した。ファン・ニーケルクは、もっと良く見たいと言ってそれを手に取り、調べ始めた。ジェイコブス一家が困惑した表情で見ている前で、小石の表面を指でなで、それから奇妙なことにその小石を窓ガラスに押しあてて引っ掻いた。ファン・ニーケルクはそれを買いたいと言ったが、ミセス・ジェイコブスはこんな小石で友達から金をとるなんてバカなことはできない、と断った。しかし、ニーケルクが異常に熱心だったのでそのまま持って帰らせた。

ファン・ニーケルクはみんなと別れて歩きながら、歌をうたいたい気分になった。この小石は確かに窓ガラスに傷をつけた——以前に読んだ本によると、ダイヤモンドは鉱石の中で最も硬いそうだ。それで、彼は、今手にしている小石はダイヤモンドに違いない、と思った。だが、日が経つにつれて疑いが生じてきた。窓ガラスに押しつける力が強すぎたのでは？　本気で押しつけてガラスに傷をつけられる物質はダイヤモンドの他にもあるのではないか？　誰か世知にたけた人物が現れて、この小石がダイヤモンドでないと証明するかもしれない。そうなる前に、売れる値段で売ってしまおう。普通の石よりも、少しでもダイヤモンドの可能性のある石の方が金になるはず、と考えたのだ。結局、彼はこの安易な方法を選択した。ファン・ニーケルクの友人にジャック・オ・ライリーという商人がいて、小石を数ポンドで買い取ってくれた。オ・ライリーはそれを町で売ろうと考えたが、町の人々に冷笑される結果になった。ダイヤモンドなど南アフリカで採れるはずがない、この小石は、きれいなスキッピング《水切り》・ストーン《石》にすぎない、といって相手にされなかった。

オ・ライリーはある男に頼み込んで、グラハムスタウンに住む鉱物学者のドクター・W・ギボン・アサーストンのところへ小石を届けてもらった。すると、アサーストンはファン・ニーケルクのクリップ《小石》が間違いなくダイヤモンドであることを宣言・公表したので、翌日は町中が沸き立った。その後、最終的にロンドンのクラウン《王室専属》・ジュエラー《宝石商》のガラードの手に渡り、そこでこれが本物であることが正式に確認されたのである。それでも、専門家は目を白黒させて、一体どこからこの小石がやってきたものか？　その出所を知ろうとした。それまでずっと、ダイヤモンドの主な鉱床はインドとブラジルにしか見つかっていなかった。だから、当初ガラードによって「ケープ・ダイヤモンド」と名づけられ、後日「ユリーカ*・ダイヤモンド」として知られるようになったこの石も、何かのいたずらに違いない、例えば、南アフリカに経済的な利害関係のある誰かが広く世間の関心を惹こうとして土の中に宝石を埋めたのではないか、と考えられた。この説は、常識的にも科学的にも間違いないと思われた。南アフリカの土壌の質が他のダイヤモンド産地の土質とまったく違うことから、このダイヤモンドが南アフリカ産とはとうてい考えられなかった。つまり、その土地から物理的に採掘されたものではなく、むしろ天から降ってきたかのように思われたのだ。

南アフリカに赴いたもう一人のイギリス人鉱物学者も、ガラードの意見を追認した。人々のダイヤモンドへの熱情がどんなに高まっても、資格を有する多くの宝石専門家たちによるこのような厳しい見分情報は止めようがなく、ついには南アフリカ人も自分たちのケープ・ダイヤモンドがまぐれだったと認めざるを得なくなった。

しかし、その時、思いもよらない別の発見があり、それがこの国の歴史を変えることになった。一八六九年三月、あるグリカ人（通常、ボーア人の父とコーイ族の母の間に生まれた子供をいう）の羊飼いが大きな石を見つけて、シャルク・ファン・ニーケルクのところへ持っていった。当時のニーケルクはダイヤモンドを高値で買い取るとの評判で知られていた。うまくいきそうだと感じた羊飼いは、思い切って、五〇〇匹の羊と一〇頭の牡牛、それに馬を一頭要求した。[1] ニーケルクはこれに同意し、今度は彼自身がその石を持ってケープタウンに赴き、グスタフ・リリエンフェルトという宝石商に鑑定を依頼した。案の定、この大きく不格好な石がまさしく八三・五カラットのダイヤモンドであることに疑いの余地はなかった。ニーケルクが羊飼いに支払った家畜の費用は無駄でなかった。彼はそれをリリエンフェルトに一万一二〇〇ポンドで売り、宝石商はそれに「南アフリカの星《スター・オブ・サウスアフリカ》」という名前をつけた。

それは一旦ケープタウンで展示された後、ロンドンの専門家の手でカット・研磨された。リリエンフェルトはそれをイギリス貴族のダッドリー伯爵に買値の二倍以上で売却した。この取引は世界中のメディアの注目を集め、南アフリカ産のダイヤモンドの噂をロンドンやケープタウンにとどまらず世界中に広めるきっかけとなった。南アフリカの地下には間違いなく豊かな資源が眠っているとの情報はあらゆる人の関心を集めたが、わけてもカリフォル

＊「ユリーカ」というのは偶然に何かを見つけたときに発する言葉で「あっ、見つけた」という意味である

ニアとオーストラリアの探鉱者の注意を惹きつけた。彼らは、それまで両地域で金鉱石を追っていたがそのブームの終焉を実感しているところだった。富を探し求める世界中の人たちが南アフリカに照準をあわせ始めた。事態は信じがたい方向に展開していった。かつては価値のない土地としてイギリスに見放され、オランダの統治にゆだねられた土地、現地のボーア人たちが貧しい木造の小屋に住み、動物の毛皮を被って眠り、戸外の焚火で料理をしていた土地、その同じ土地が一八七〇年には、世界の次なる宝探しの場とみなされるに至った。

セシル・ローズが兄に会うべく旅立ったのは、多くのヨーロッパ人が南アフリカに殺到している時だった。若いローズが兄の農場での生活に慣れていくあいだに、ケープタウンで下船したヨーロッパ人の多くは何カ月もかけてホープタウンやオレンジ川を目指した。あのエラスムス・ジェイコブスのモーイ・クリップ《可愛い小石》が見つかった場所の周辺だ。さらに、オレンジ川最大の支流ヴァール川にまで足を延ばす人たちもいた。彼らの旅はただ長いだけでなく、困難の連続だった。外国育ちの探鉱者たちは、うだるような暑さから、激しい雷雨まで急変するサブサハラの気まぐれな気候に慣れていなかった。それでも、ダイヤモンドの幻影にとりつかれて歩き続けた。もちろん、宝石の原石を実際に見たことのある人はほとんどいなかった。だから、ダイヤモンド・フィールドとやらに到着したとき、さまざまに輝く小石が散らばる地面を見て、ショックを受けた。そこには、キラキラ光るサンドストーン《砂岩》やクオーツ《水晶》、それにアゲート《瑪瑙》、ジャスパー《碧玉》、ガーネット《柘榴石》が混然としており、たとえその中にダイヤモンドが混じっていても、周りの石にまぎれて見分けがつかなかった。しかも、川床にはすでにたくさんの人が群がっていた。あちこちからやってきたボーア人たちがテントを張り、水辺にかがんで拾った石を調べていた。さらに、原住民のコーイ族やグリカ族やコラナ族も集まっていた。重労働に慣れていないボーア人を助けて土地を掘削したり、家畜に餌を与えたりして、給料をもらおうという魂胆だ。

そこへ移民者たちが加わり、現場はラッシュ状態を呈していた。すでに長旅で疲れていた彼らにとって、思っていた以上に熾烈《しれつ》な競争が待っていた。しかし労働条件は比較的平等だった。移民者の人数は多いが、ダイヤモンド探鉱の経験者は皆無だった。ダイヤモンドの原石がどんなものか、ごく大ざっぱな知識以上に知っている者は一人もいなかった。ダイヤモンドは、それを掘り起こして実際に手にするまでは、漠然とした夢にすぎなかった。しかし、その夢があればこそ、人々は灼熱の下で探鉱に出かけ、たとえ背中が焼けつくように痛くなっても土の上にかがみこんだり、背筋を伸ばしたりして耐えた。『南アフリカのダイヤモンド鉱山』の著者、ガードナー・ウィリアムズが言っているように、「ダイヤモンド探鉱は決して退屈な重労働ではない。[2] なぜなら、シャベルの一振りごとに大金を掘り起こす可能性が目前にきらきら輝いて見えるからだ。わけても、初心者には、金などを探すよりずっと刺激的である」。しかし、労働の成果は想像していたほど上がらなかった。探鉱者がクォーツをダイヤモンドと間違えることはたびたび起こった。本物のダイヤモンドをハンマーでたたき割ることもあった。[3] 純粋なダイヤモンド原石なら壊れないはずと思い込んでいたからだ。

それでも、探鉱者は試行錯誤を繰返し、そこここでダイヤモンドが見つけられるようになった。その成功がヴァール川一帯の採掘現場に活力を与え、疲れ果てていた人たちに再び希望を抱かせた。彼らのダイヤモンドの発見方法は複雑ではなく、かつてインドやブラジルなど歴史的なダイヤモンド産地で成功した採鉱者のやり方に似ていた。

南アフリカの採鉱者たちは、ヴァール川に沿って掘削・洗鉱・選別を繰り返した。酷暑の中、掘削現場で発生する岩屑《がんせつ》が熱風に乗って彼らの鼻を詰まらせ、目をちくちく刺激して炎症を起こしても彼らはものともしなかった。産量は多くなかったが、彼らはそこにとどまっていた。一八七〇年には三万英ポンド相当のダイヤモンドが採れた[4]が、労働者一人あたりでは約六〇ポンド（二〇一四年現在では、一人あたり六三八〇ポンド、ドルにして九七八八ドル）にすぎなかった。しかしながら、この貧弱な産量にもかかわらず、一攫千金を試みる旅行者たちは相変わらず大挙して川床を探しまわった。そして、その年の終わりには二つのダイヤモンド・タウンが生まれ、二つのダイヤモンド新聞が創刊された。

しかし、様々な民族の男ばかりの社会は互いの競争力がぶつかりあう戦場であり、競争の激化で落伍した人たちはヴァール川流域から追い出される運命をたどった。彼らは平坦な農地や、時にはアフリカーナがコピー《小さな丘》とよぶ岩山へと移住していった。

ヴァール川沿いの混雑した社会から追い出されるか、あるいは逃げ出した人たちは、結果的に報われることとなった。これまではダイヤモンド鉱石の採集は川や海の水辺であったが、水辺から思いのほか遠く離れた内陸部でも採掘できることがわかったのだ。

一八七一年、内陸部に次々と新しい採掘現場がうまれた。ある未亡人が所有するヤーヘルスフォンテーンという名の農場では、そこの民生委員が五〇カラットのダイヤモンド原石を発見し、世間の注目を浴びた。未亡人は、ちょっとした金もうけのチャンスだと喜び、二平方フィートの土地を掘削する権利を月二ポンドで探鉱者に与えた。[5]他の土地所有者も、これを見習って、月額レンタル料と共に成果の一定割合を徴収する条件で探鉱者に土地を貸与した。南アフリカでのダイヤモンド熱は高まるばかりで、その人口も増える一方であった。新しい探鉱の成功話は、二つの業界紙によってたちまち広がり、人々のひたむきなダイヤモンド熱をあおっていった。当初は一握りの探鉱者だけを受け入れていた農場にも、あっという間に多くの掘削希望者が押し寄せ、あちこちに掘削穴が掘られていった。その代表例がヴォールイツィクトという農場であった（当時デ・ビア氏が地主であったが、現在はデビアス社の所有地となり、通称「ビッグ・ホール」とよばれている）。その農場で最初に有望な鉱脈が見つかるや、たちまち多くの人が殺到し採掘権の交渉が始まった。デ・ビア氏の義理の息子は、採掘されたダイヤモンド原石の二五パーセントを受け取る条件で三〇平方フィートの土地の権利を不本意ながら売却した。

ヴォールイツィクト農場での探査が始まってから数カ月経ったある日、コールズバーグ出身のフリートウッド・ロウストーンというボーア人が農場のあちこちにあるコピー《小丘》の一つに注目した。それまでの探査はエレガントなアカシアの木の下ばかりだったためか、芳しい成果を上げていなかった。一八七一年七月にロウストーンとその友達はそのコピー《小丘》を見てそれまで誰も真剣に探査していないような気がしたので、召使いにシャベルで調べさせた。召使いが偶然にも二カラットの原石を持ち帰ったのを見て、ロウストーンの仲間たちは迷うことなくその小丘の掘削権の手続きをした。こうして、コールズバーグ小丘は豊かなダイヤモンド鉱床として世間に知れ渡ることとなった。[6]

その後、ヴォールイツィクト農場にはたくさんの探鉱者が訪れ、ニュー・ラッシュの現場に変貌した。ニュー・ラッシュとは、かつてヴァール川沿いで見られた第一次ラッシュに対して使われる用語で、デビアス・ラッシュとも呼ばれ、乾燥地におけるダイヤモンド探鉱の中心地となった。当時イギリスの統治下にあったため、この重要なダイヤモンド農場地帯の中心に突然出現した町は、イギリスの植民地担当大臣の名前をとってキンバリーと名づけられた。また、高品質のガラス状の石を大量に産出するというロウストーンの直感が裏づけられたこのコールズバーグ小丘は、改めてキンバリー鉱床と命名された。

しかし、農場の所有者の中には、鉱区内で十分な権益が保証されているにもかかわらず、急激な生活環境の変化についていけず、不快感をあらわにする者が多数いた。彼らにとっては、もともと静かだった自分たちの生活が突然おくりこまれた野蛮で汚らしい開拓者たちのために、台無しにされたという、聖書にも書かれている大災禍に見舞われているのと同じだった。土地が開拓者たちに踏みつぶされたというだけではなかった。質実剛健で思慮深い気質のボーア人たちは、理不尽な富を追って無責任な行動に走る連中とはとうてい融和できなかった。開拓者たちの多くは犯罪者であり、脱走兵であり、逃亡者たちだった。キンバリーの町は「罪業都市*」と化した。通常の規則や習慣、それに家族から離れて生活している男たちはだんだん粗野になり、ギャンブルや売春婦とのセックスや飲酒で時間を過ごすことが多くなった。ヴォールイツィクトの地主ニコラス・デ・ビアは義理の息子が開拓者たちに土地を貸すと決定したことに腹を立て、その土地を投資家グループにわずか六〇〇〇ギニーで売却してしまった。[7]これはダッドリー伯爵があの「南アフリカの星《スター・オブ・サウスアフリカ》」に支払った金額のおよそ半分であった。デ・ビア氏の目的は金銭ではなかった。彼が土地を売ったのは、周囲を覆いつつある貪欲や罪や暴力などの暗黒の社会環境に家族をこれ以上さらさないように護るためであった。こうして、ヨハネス・デ・ビアは家族と共に馬車で住み慣れた地を離れることにした。しかし、その時には考えもつかなかったことだが、後日、彼の一家の名前を記念して「デビアス」と呼ばれる企業が生まれ、後に残してきた土地の資産価値は計り知れない額になっていくのであった。

◇◇◇◇◇◇◇◇◇◇◇◇◇◇◇◇◇◇◇◇◇◇◇◇◇◇◇◇◇◇◇◇◇◇◇

乾燥地でのダイヤモンド掘削熱はいたるところで反響を呼び、キンバリーから七〇〇キロメートル以上離れた、セシル・ローズの兄ハーバートの農園のあるナタール州にまで及んだ。ハーバートとセシルの兄弟はまったく異なる性格の持ち主だった。兄のハーバートは外向的で快活かつ衝動的だった。近所の地下から豊かな富が採れることを聞いたとき、直ちにダイヤモンド鉱床の探鉱に出発することに何のためらいもなかった。農園の経営は内気で経験のない弟に任せることにしたのだ。だが、意外にも、弟のセシルは新しい任務にいち早く順応し、彼の采配で綿花農園の利益は最初のシーズンだけで大きく増加した。その成果に気を良くしたセシル・ローズは、さっそく自分の生活設計にとりかかった。最終目標は子供のころに実現できなかった望みをかなえること、つまりイングランドに戻ってオックスフォード大学で教育を受けることであった。それに必要な資金をここ南アフリカで貯める計画を立てた。その一方で、彼は新しいライフスタイルにも慣れ、大いに楽しんでもいた。身体はすっかり健康になっていた。もっとも、病気の再発を恐れる気持ちがまったくなくなったわけではないが、一日のうち数時間は日光を浴びて平原を見渡しながら過ごし、夕方には学問や研究をするというリズムのある生活を送っていた。また、小規模

＊旧約聖書にあるゴスモという名の都市。住民たちがみんな享楽ばかりを求めたので、最後に神に亡ぼされたという

ながらも大いに繁盛している農園事業の最高責任者として、その能力をいかんなく発揮したことは言うまでもない。

セシルは兄のハーバートに、農園の好調な様子を手紙で報告し、それに対し兄は、ダイヤモンド探索の華々しい物語を書いてよこした。兄の手紙を読んだセシルは呪文にかかったような気分になった。彼には、宝石についての知識はほとんどなかった。知っているのは、『コ・イ・ヌール(光の山)』と呼ばれ、歴代の所有者が命がけで保有したダイヤモンドにまつわる根も葉もない伝説ぐらいだった。ハーバートの手紙には実際の宝石についてのロマンがきらめいていた。彼は故国の家族で最も親しい母親への手紙に「おわかりいただけないでしょうね、ダイヤモンドがどれほど魅惑的なものか」と書いている。セシル自身は一度もキンバリーに行ったことがないのだが、それでもダイヤモンド探索者の覚えるスリルを本能的に体感していた。「いつの日かきっと、世界をあっと驚かせるダイヤモンドを見つけられる[8]」というものだ。

そして、一八七一年、セシル・ローズは再び兄を追って、今度はいわゆるニュー・ラッシュ地帯へ行った。ハーバートはデ・ビア氏の農地の三カ所の採掘権を買い取っていた。一方、セシルは今や身長が六フィートもある体躯に、おしゃれな明るい色の洋服を着こなし、奥まった眼窩《がんか》の青い目が真剣なまなざしで相手を見つめるという、どちらかというと南アフリカの埃っぽい平原よりも学び舎の大講堂にいる方が似合う青年になっていた。彼は今、目の前で兄のしていることに共感を覚え、自分もその仲間になりたくなった。つまるところ、オックスフォードへの道は綿花栽培よりダイヤモンド採掘の方が近道だろう、と考えた。このような高遠な考えが動機になってローズはキンバリーまでやってきたのだが、しかし毎日の単調な採鉱の仕事をみるとたちまち厳しい現実に目が覚めた。

資金力のある多くの白人の探鉱者のように、ローズも何人かの原住民を雇って掘削作業をさせた。つまり、彼は一日中、逆さにしたバケツに腰を掛けて雇人が何か発見物を持って現れるのを待っているだけでよかった。他の連中、例えば兄のハーバートなどは、仲間と雑談したり、笑ったり、他の誰かをからかったりして、気楽に時間をつぶしていたが、セシルはそういう交際にはまったく興味がなかった。女性にもほとんど興味がわかなかったので、男どうしの親しい会話の輪に入れない、いわばはみ出し者だった。彼らがおしゃべりに興じている間、セシルはギリシア語とラテン語の原書テキストをしかめっ面で読んでいた。中でも、マルクス・アウレリウスの『自省録』のような愛読書は何度も繰り返し読んだ。ローズは、その繊細な気質が陰気な性格と相まって、ニュー・ラッシュ地域にはなじまない人間になっていった。そして、雨季に入り、作業そのものも困難さを増していった。

採鉱場は日に日に深く掘り下げられ、そこには水が溜まっていった。そこで、採掘権の保有者にようやくわかったのは、ダイヤモンドの原石を含んだ地面は、当初ヴァール川での探鉱者が想像していたように表面から数フィートの深さでは終わらず、実際には豊かな鉱脈が地下深くに存在していることであった。赤色の表層の下には、黄色、さらには青色の地層があった。この青色の地層は――のちにキンバーライトと称されたが――風雨にさらされると古代の遺物のように粉々に砕け、しかもダイヤモンドが豊富に含まれていた。このことは、採掘権が地表から六〇フィート以上の深さにまで及ぶことを意味していた。このように深い採掘穴の中で現地人労働者がバケツをかついではしごを上り下りするのは、たとえ水に溺れる危険はなくても、十分に危険な作業であった。その上、雨が降ると採掘作業ができなくなった。作業を再開するには、穴に溜まった水を汲み出すしか方法がなかった。

この作業に最適な機器の調達は容易でなかった。しかし、セシル・ローズが南アフリカで徐々に培っていった資本家精神がその時すでに目覚めていたのである。ある考えがひらめくや、彼は早速、近隣でただ一人のポンプ所有者のところへ出かけていき、ポンプと所有者を丸ごと一緒に買収しようとした。ポンプを売りたくない所有者の気持ちが理解できたローズは、結局余分に支払うことになったが、この悪天候下で必死にポンプを手に入れようともがいている掘削権保持者にそれをレンタルすることで早期に元手を回収することができた。一人の採鉱者が採鉱場の排水に成功すると、例外なく他の採鉱者も続いた。彼らはダイヤモンド狩りがいつまでも続く大発見であるように感じていた。ローズは莫大な利益を得たが、そのほとんどを、もっぱら資源の潤沢なデビアス鉱区に投資した。この時期になると採掘権の価格は異常に跳ね上がり、個人投資家は地元企業やヨーロッパの企業から支給された早期退職奨励金を使って採掘権を購入していた。

しかし、ローズは自身の才能を二つの局面で発揮した。一つは、戦略家としての才能を発揮することで、特に自分より才能が劣ると思われる反対者を打ち負かす機会を逃さなかった。今一つは、自分自身の弱点を自覚する才覚で、今日のビジネス界の実力者を探し出して盟友になった。ローズは無骨でつき合いにくい男かもしれないが、同時に頭が切れて、並々ならぬ決断力があり、常に自身の鋭敏な心内羅針盤の判断を信頼してきちんとした方向性をもって行動した。彼の揺るぎない自信は、時として成熟したナルシシズムめいたこともあったが、彼にとって有益で忠実な人たちには強力なカリスマ性を発揮した。

その数年後、セシル・ローズはデビアス鉱区で二番目の大口採掘権者になり、キンバリー地区での重要人物として名を成すに至った。他方、ハーバートは、おろかにも、保有しているダイヤモンドをすべて手放し、南アフリカの金鉱山のうわさに飛びついた。そして、ある寒い夜、野営テントの火災で焼死するという不幸な最期を迎えた。一方で、セシルは、オックスフォードで四年間勉学をするための資金づくりという最初の目標を見失うことはなかった。イングランドを離れた時のあのみじめで内向的だった少年は、今や、裕福で自信にあふれた人物として帰還した。南アフリカにおける鉱山の利権の管理は信頼できる仲間に任せて、セシルはオックスフォード大学のオリオル・カレッジに入学した。

しかし、セシルの大学滞在期間は当初の考えほど長くなかった。大学での勉学期間がほんの数カ月しか続かなかったのは、オックスフォードでの生活が彼の健康を急激に悪化させたからである。結局、南アフリカの気候の方がセシルの肺にいいと言った兄ハーバートは正しかった。資金も続かなかった。キンバリー鉱床で稼いだ資金の一部は授業料と生活費に消え、残りの多くは鉱山での自分の地位を維持するのに費やされた。しかし、これは大した問題ではなかった。結局、彼が思い至ったのは、イングランドでの生活と南アフリカで過ごす時間とを切り離して考える方法だった。彼がオックスフォードで学んだことは念願の「開眼」に匹敵する価値があった。故国に帰ってきて同世代の善意の人々に囲まれ、自分の将来について、そして自分の本当の望みについて考えた上、一つの重要な結論に達した。確かに自分は一流大学に通い多くの教養を身につけたが、これからの自分に必要なのはさらにやる気を起こすもっと大きくて広範囲な野心ではなかろうかと考えた。この世に生を受けてから今までに他人より秀でた何かを達成したと言えるか、とも考えた。その時、突然脳裏にひらめいたのは、自分が求めているのはダイヤモンドで財産を築くことに他ならないのではないか、ということだった。自らが稼いだ資金を使って何をなすべきか、正確に知ったのである。

ローズは、当時オックスフォードで講義をしていた評論家ジョン・ラスキンの思想に触発されていた。断固とした英帝国主義者のラスキンは、英国民にかつての栄光が戻るなら植民地侵略は正当化されるべきだと論じていた。

一方ローズは、いつも古く汚れたリンネルのシャツを着て、時々ポケットにダイヤモンドをバラにして入れている風変わりな生徒だったが、実際は、『信仰宣言』*という哲学論文を書き始めていた。一八七七年ごろには、彼は南アフリカとオックスフォード間を何度も往復して、学位論文に取り組みながら鉱山事業を続けていた。『信仰宣言』の中で、彼は非英国系アフリカ人に対する考え方を次のように書いている。「私の主張は、われわれが世界中で最も優れた人種であり、その住む世界が広ければ広いほど人類のためになるということだ。最も卑劣な人種が住んでいる地域を想像するとよい。もし彼らをアングロ・サクソンの影響下に置けばどれほどその地域が改善されることか」。では、この主張をどう実現するのか? ローズには確かな具体策があった。彼は次のように述べている。「われわれが領土を一エーカー増やすごとに、将来そこで生活する新しいイギリス人種が生まれてくる」(9)。

しかしローズの考えは、ジョン・ラスキンのように帝国主義者の行動をただ煽りたいわけではなかった。むしろ、ナポレオンのように多くの人々に歓迎される征服者になることを想像していた。心の中では、イギリス王室の公的な支援を受けないアレクサンダー大王を自認していた。新たな征服・占領の時代を突き進むイギリスの財政を支えるためにダイヤモンドを使おうと計画した。そうすれば、ゆくゆくは、ロンドン市民の称賛の的、女王陛下の誇りになれると信じていた。なお、キンバリー鉱床には九十八人の掘削権保持者が個別に営業していたが(10)、ローズの快進撃を妨害できる者はいなかった。

それどころか、これらの掘削権保持者たちは、むしろローズの計画を支える重要な役割を果たしてくれた。現状では、一つの鉱区に個別の掘削権が継ぎはぎ細工のように分布しており、ローズの目にはとてもそれが永続できる状態ではなかった。まず、多くの錯綜した利害関係者が競争してダイヤモンドを売ろうとするので、価格の急落が避けられないという問題があった。二番目の問題は、良い鉱脈を掘り当てようとするグループが競ってより深く掘削しようとするので、一つの掘削権に立体的な一体性がなくなり、他の掘削権との区別ができなくなったことだった。そこでローズは、いくつかの鉱区を明確で断固とした目的を持つ一つの組織に統合するという戦略を立て、その実行に着手した。彼が子供のころには思いもつかなかった考えだ。しかし、あいにくなことに、同じ考えを持つ人物がもう一人いて、二人は対決を余儀なくされていった。

◇◇◇◇◇◇◇◇◇◇◇◇◇◇◇◇◇◇◇◇◇◇◇◇◇◇

ローズが現代哲学を学んでいたころ、バーニー・バーナート（本名はバーネット・アイザックス）は自由奔放なキンバリーの町で、ありとあらゆることを楽しんでいた。ローズが内気で遠慮がちだったのに対し、バーナートは気が強くがむしゃらな性格だった。派手なスーツを着、ロンドンでは演芸場に出演し、酒場のバーテンダーをした経歴の持ち主だ。キンバリーで最初に生計を立てた時は、並の品質の葉巻をハバナ製と偽って売りさばいた。しかし、ローズ同様、バーナートも兄を追ってダイヤモンド採掘場へ行き、そこで行われている採掘権の運用システムについて疑問を抱いた。彼もまた、ローズのように野心家で、カードゲームでは相手が賭けを降りるまで勝ち残っていたいと願う人物だった。しかしながら、かつての栄光の大英帝国の再生などという高尚な大義名分には無関心で、

＊「信仰宣言」＝ア・デクラレーション・オブ・フェイス

もっぱらキンバリー鉱床の利権にこだわった。そうすることで、それまではちょっぴりさみしかった自分の財布の中味を膨らませようと思ったのだ。

案の定、バーナートは大金を稼いだ。従来のダイヤモンド層とは別にその下に広がる青色の土層にさらに多くのダイヤモンドが埋まっていることに目をつけた地元の人たちと一緒に、バーナートはその青い土からたくさんのダイヤモンドを掘り出した。バーナートはイングランドの貧しい環境で育ったユダヤ人だ。金儲けためには何でもやった。シェイクスピア風の独白を吟唱しながら逆立ち歩きをしたり、ボクシングのリングで自分よりはるかに大きな選手に挑戦したりした。そんな彼が「成功」に強く惹かれるのはごく自然ななりゆきだった。彼はただ、自分の生き方が真剣に評価されることを願っていた。彼は芸人としての才能に恵まれ、セールスマンとしても生存競争に勝ち残れる能力を潜在的に持ち合わせていた。しかし、イギリス同様にここ南アフリカでも洗練された上品な教養を持ち合わせていないのが決定的な弱みだった。逆に、かつて詐欺師や大道芸人だったという経歴が表に出て、彼にはいつも道化師との評判がついてまわった。彼はキンバリー・セントラル・カンパニーという会社を設立して成功し、町議会議員の地位を得たものの、人々のしかるべき尊敬を得るにはさんざん苦労しなければならなかった。町議会議員として町民の健康改善という重要な仕事をしたものの、彼が町議会議員選挙に初めて立候補した当時に住民から受けた仕打ちは一生忘れられなかった。彼の立候補が冗談であるかのように思われていたため、当選するには票を買収する以外に方法がなかったことである。彼がシルクハットを被って口髭をはやした姿は、現地の人たちの目には「コピーワロパー」、つまりコピー《小丘》をうろついて盗品の石を売買している行商人に見えたのである。

二つの鉱山会社、デビアス社とキンバリー社は互いに少し離れた場所からののしりあっていたが、ローズもバーナートも当面は穏やかに共存していた。しかし、彼らの描く将来の大計画の実現には、互いが自己満足していては何の進展もありえない。やがて、それぞれが相手の掘削権に目をつけるに至るまでに時間はかからなかった。バーナートはわずかな理由で優位な立場にあった。キンバリー鉱山から最高品質の原石が続々と掘り出されたからである。一方のローズはケープ植民地議会の議員を務めてきたので政治的に優位なだけでなく、業界の大物にコネのある有力なアドバイザーを探し出すセンスがあった。ローズは二人の友人の取り計らいで、かの悪名高く見識のある投資家ネイサン・ロスチャイルドを紹介され、ロンドンで会うことになった。「ダイヤモンド産業の将来は南アフリカにただ一人のダイヤモンド王が生まれるかどうかにかかっている」という考えに賛同したロスチャイルドは、バーニー・バーナートを追い出そうとするローズの作戦を支持し、資金面での支援を約束した。

その頃、ローズはある重要な結論を出していた。市場に出回る原石の量を注意深くコントロールすればダイヤモンドの市場価格は安定的に維持できる、というものだ。そして、自分の会社が率先して市場の過当競争を吸収しよう――もちろん、業界全体にとっての最善策を考慮しながら――と考えた。ローズはまずバーナートを説得しようと思い彼の事務所を訪れた。しかし、ローズは、そこで古代ギリシア語の長ったらしい文章を引用して相手を当惑させた。後になってバーナートは仲間にこう語った。「奴がギリシア語を話しているのを聞いて、奴の頭がどうかしているのがわかったよ。(11) 奴はキンバリーの血に飢えた救世主のつもりなんだ」。結局、ローズは競争相手のバーナートを誤解していた。相手に自分を印象づけるつもりが、反対に相手を怒らせ、劣等感に火をつけてしまった。バーナートは取引に応じなかった。そこでローズは、善意を装ってバーナートをデビアス社に招待した。そして、デビアス鉱山の原石がキンバリーのそれに見劣りしないことを証明でもするようにデビアス社のコレクションを見せた。そこでバーナートが目にしたのは、テーブルの上に整然と置かれた高級ダイヤモンドの品ぞろえだった。それらはすでに品位別、価格別にきちんと整理されていた。ローズはこれらの展示品を全部まとめて、手ごろな価格でバーナートに売ってもいいと申し出た。元コピーワロパー（盗品の行商人）のバーナートはこの特売の申し出を拒めないだろうと読んでいたのだ。案の定、バーナートはローズの提示した取引条件に同意した。そこで、ローズはためらうことなく、テーブルを傾けて、その上のすべての陳列物を、あらかじめ準備されていた容器に流し込み、派手な祝賀ムードを演出した。ローズは部屋の人々に向かってこう言った。「バケツ一杯に盛られたダイヤモンドがどんなものか、一度見てみたかったんだよ」。しかし、この時、バーナートは窮地に追いやられていた。特価で買ったダイヤモンドとはいえ、これだけの量をキンバリー・セントラルの手で売りさばいて元をとるには何週間もかかることがわかっていたからだ。そこで、ローズはバーナートの懸念に配慮して提案した。買ったダイヤモンドを一気に市場に放出せずに、価格を安定的に維持しながら自分なりのやり方で時間をかけて売れるよう保証してやったのである。

それはやがて訪れる対決の予兆であった。ロスチャイルドはキンバリー鉱山の資産に弱点があることに以前から気づいていた。それは、一般に「フレンチ・カンパニー」として知られる大株主の存在で、後にローズがバーナートのキンバリー鉱山に足掛かりを築くのに内緒で利用した会社だ。ローズはこの「フレンチ・カンパニー」をどうにか買収しようとフランスへ行き、ロスチャイルドはローズを支援するための資金の調達に動いた。二人の仕事は順調に運び、ローズは意気揚々とヨーロッパから帰国した。しかし、それはバーナートの噂を聞くまでのことだった。その時のバーナートは「フレンチ・カンパニー」の小口株主だったが、ローズと戦うことなく降参するする気にはなれなかった。彼はローズに対抗して「フレンチ・カンパニー」にカウンターオファーをした。いらだったローズは、さらに高値をオファーし、競争を際限なく続けるぞ、とバーナートを脅した。そのため株価は上昇したが、結局ローズは、魅力ある代替案を模索し提案することにした。「二人が同意できる協定を結べないだろうか」と考えたのだ。

ローズの提案はできすぎだった。もし、ローズがフレンチ・カンパニーをいったん買収してから、二人の指値の差額だけでバーナートに売り戻すという裏約束をしたら、バーナートは手を引きローズにフレンチ・カンパニーを買わせてくれるだろうか？　その際にローズがバーナートに要求したのは、キンバリー・セントラル・カンパニーの七〇万株で、自由に使える現金がバーナートの手元に残ることを考慮すると、十分に妥当な提案に思えた。バーナートはこの取引条件を受け入れた。もっとも、ローズという人物にあまり信頼が置けずその背後に強力な利権者がいることを承知の上だった。結局どうにか収まったが、バーナートにとっては、優れた対戦者が丁丁発止と渡り合う友好的なチェスゲームのようなものだった。しかし、ローズにとっては相手をコーナーに追い詰めるしかない一か八かの対決であった。どのみち、バーナートは圧倒的資本主義者セシル・ローズの進路を妨害する存在でしかなかった。バーナードのフレンチ・カンパニー株の分割所有に資金を提供するや、直ちにローズは自らがキンバリー・セントラルの筆頭株主になるべくキンバリー株をコストなど度外視して買い占めるよう投資家に指示した。バーナートが気づいた時は、すでに手遅れだった。バーナートは精一杯の反撃を試みたが、冷酷なローズには太刀打ちできなかった。最終的に、二人はキンバリー・セントラルを解散し、ただちにその株をデビアス社が買い上げるという案で合意した。一八八八年三月、セシル・ローズは彼が取得したすべての資産を集約し、デビアス・コンソリデーテッド・マインズ・リミテッド社を設立した。彼はダイヤモンドをちりばめた王座に正式に座れる王様になった。一方、バーニー・バーナートは、王冠こそあきらめたものの、富への道は見失わなかった。彼はデビアス社の大株主であり、大きな利益を得る地位にあった。

その後、ローズの勢いを止められる者は誰もいなかった。彼は南アフリカの鉱山を次から次に買収し、世界のダイヤモンドの九〇パーセント超を支配するまでになった。採掘現場の労働者の解雇や賃金カットで、時にはたくさんの貧困者や生活の糧のない人たちが生まれたが、当時、彼らが苦境を訴える政党すらなかった。ローズがケープ植民地の首相に選ばれ、「コロッサス（巨像）」というニックネームがつき、その統治のもとでデビアス社と関連会社はアフリカ大陸のさらに北を開拓していった。先住民族を征服しながら、金鉱山を探して富のかさ上げを図って行った。

ローズはマタベレランドという地域（現在のジンバブエ）を征服し、「ローデシア」と名づけた。イングランド女王に新しい領土を献上するという偉業に加えて、そこに自分の名前をつけるという二重の達成感を味わった。彼の業績は故郷でも、南アフリカでも、そして広くイングランドでも祝福された。しかし、先住アフリカ人にとってローズは悪役でしかなかった。彼らは自分たちの土地はおろか、その土地の資源を手にする権利すら失っていった。この点について、「コロッサス」ことローズには何の反省もなかった――先住民はしょせん「子供」にすぎない、それも「野蛮の申し子」だと考えていた。(12) 彼の考えは、ヴィクトリア朝の古い自民族中心主義のそれだった。イギリス文化風に、ランプを持って漆黒の闇の中を歩く旅人に自分をなぞらえていたのだ。

これは、知識人の哲学によって擁護される考え方かもしれないが、とりわけはっきりしているのは、自分の使用人を搾取して利益を得るのは当然と考える男の利己主義であることだ。キンバリーでは、肌の黒い労働者が二流市民であることは以前からはっきりしていた。初期の掘削権保持者は原住民の使用人を対象に強制捜査や夜間外出禁止のような政策を制定した（ただし白人は除かれた）。セシル・ローズは、不法ダイヤモンド購入を規制するためと称して、デビアス鉱山の運営規則を強化した。例えば、現地人労働者を契約の終了時に小屋に閉じ込め、裸にしてさまざまな屈辱的な検査を受けさせたり、ダイヤモンドを飲み込んで持ち出そうとした者がいないことを確かめるため排泄物を調べるなども行った。時が経つにつれて、黒人労働者はより安い賃金、より悪い条件で働かされるのが当然と考えられるようになっていった。一八九四年、このような不平等思想は当時の首相セシル・ローズが承認したグレン・グレイ法によって政治的に確立された。それは土地所有の定義を変更するもので、オランダ人農民と先住アフリカ人が所有を争っている新開拓地に適用された。つまり、従来先住民族が慣習としていた共有地制度を廃止し、よりヨーロッパ的な家族単位の土地保有制度を奨励するものだった。ローズの思いつきで成立したグレン・グレイ法は、以後広域に適用されることになり、数えきれない黒人アフリカ人の家を奪うことになった。彼らは別の土地へ移住するか、新しい白人の土地所有者に雇われるかのいずれかを選択しなければならなくなった。また、いわゆる居住特権には、「穏やかな刺激[13]」（とローズが言った）が設けられたため、住民は新たな関税を課せられたようなものだった。これらの諸法律は南アフリカの他の地域でも導入・採用され、究極的には、不正なアパルトヘイト制度の青写真となった。

ローズは生涯、イギリスによる覇権追求を決してあきらめなかった。一九〇二年、四十八歳で心臓麻痺のため亡くなったが、この未婚で子供のいない大物は、世界中の最優秀人材を集めて母国にもたらすべく十分な育英資金をオックスフォードに残していった。ローズはその非情さ冷酷さにもかかわらず、多くの人の温かい称賛の的でもあった。その一人、あの有名な作家で悪びれることのない帝国主義者ラドヤード・キプリングはローズの葬式に次のような新しい詩を書いている。「かの偉大なる王が土に戻りしとき／あるいは自ら帝王と任ずる人が土に戻りしとき／悲しみに満ちた一日が訪れる」[14]。

さらに、ローズのダイヤモンド産業への貢献は、今日の市場形成にも広い範囲でかかわり続けている。ダイヤモンドの価格が安定するのは、売りに出される原石または加工された石の量が非常に注意深くコントロールされているときに限られている、という理論に従って、ローズはデビアスにおけるダイヤモンドの産出量を地中から掘り出された瞬間から確実にチェックしていた。採掘現場での労働者の解雇は、顕著な計算された生産削減の結果であり、その後は過剰生産物を備蓄することでダイヤモンドが希少であるという幻想――これこそがダイヤモンドの価値を決めるカギであると考えていた――を維持した。ローズは最良の顧客であるアメリカの富豪たちが透明な宝石に完全に魅了されており、喜んで高値を払うことを承知していた。彼らは自分たちのお金と地位故に地上で最も高価な宝物を手に入れる特権が与えられていると信じていた。この幻想を維持し、邪魔者を確実に排除するため、デビアス社に対し、困難でも明確な目標を与えたのである――「市場全体の完全独占」という目標を。

彼の戦術は過酷だが機能した。ダイヤモンドの価格は確実に上昇し、一八九八年から一九〇二年までに、アメリカの宝石輸入額は二倍以上に増えた[15]。

第3章　恋人たち

若い女性がダイヤモンドを欲しがる理由（その一）

アメリカとヨーロッパ

一九〇二年、総額二五四一万二七七五ドル七二セントにものぼる高価なダイヤモンドやその他の宝石[1]が、ニューヨーク港に到着した。そのうち、未カットのダイヤモンドが七〇〇万ドル相当含まれていた。一八九三年に始まった恐慌もおさまり、国全体の景気が上向きはじめた頃のことであった。ブラッドレー＝マーチンのウォルドルフでの舞踏会のおかげとまではいえないものの、その数年後になってようやく国内の消費が増え始め、上流階級は宝石に夢中になり、アメリカは世界有数のダイヤモンド消費国となった。多くのビジネスが台頭し、国内の産業が潤ってきたのが国民のダイヤモンド購買欲を後押しした。それまではオランダのアムステルダムとベルギーのアントワープで独占的に行われていたダイヤモンドのカッティング[2]という難解な技術、それを修得した腕の立つ職人たちのために、アメリカのフィラデルフィアやマンハッタンにも新しいダイヤモンドの加工センターができた。世間が高価な宝石に急激に関心を寄せているのを敏感に察知した宝石商たちは、チャンス到来とばかりに市民の購入機会を増やそうと、さまざまな工夫をこらした。例えば、生まれ月にちなんだ誕生石を贈ったり、身につけたりする習慣をアメリカに導入した。
十月生まれにはオパール、五月生まれにはエメラルドといったように誕生月によって異なる宝石をあてがったイヤリングや指輪やブローチを誇らしげに身につけた女性の姿がそこここに見られるようになった。ティファニー社は、例の青の小冊子を使い、史実に基づく誕生石のリストの周知を図った。このリストは宝石学者のジョージ・フレデリック・クンツが十八世紀のポーランドで考案されたものを参考に作成したものだが、一九一二年、クンツが強く反対したにもかかわらず一部内容が変更された後、全米宝石商協会によって業界の基準とされた。これにより、十二月のルビーが七月のターコイズと入れ替わった。寒色のブルーのターコイズに変わったのは、冬の寒い気温と色調がよくなじむからとの理由だった。同様に、従来九月の誕生石で黄味がかった薄緑色のペリドットは、従来八月の誕生石だった表面の滑らかなサードニクスに代わって八月の正式誕生石になった。宝石の王様、ダイヤモンドは、幸運にも四月生まれの誕生石に指定された。しかし、クンツはダイヤモンドを誕生石のリストに加えるのはまったくふさわしくないと言って反対した。いわく、「ダイヤモンドは古代から親しまれてきたとは思えないし、前世紀までどの誕生石のリストにも入っていない。金やプラチナと同列で、他の宝石の付属品扱いされている。リストから除外したほうがいいのではないだろうか」。[3]
クンツの仲間も同様に猛反発した。ダイヤモンドは費用のかさむ石だから、買い物のしやすい気候が温和な月の四月にするとはとんでもない、と主張した。
宝石商たちはクリスマスやイースター、卒業式の時などのプレゼント選びにこの誕生石のリストを参考にしてもらおうと考えていた。宝石を贈って、特別な人を驚かす最高の瞬間を引き出そうと、一斉に売りこみをかけたのだ。

それに、誕生石には別の意味もあった。クリスマスの木の下に隠してあるプレゼントよりも、気品があってずっと記憶に残るからだ。近年流行している婚約指輪もそうである。昨今の若者は、婚約指輪の習慣が昔からの伝統だと信じ、婚約のために宝石を贈らないと流行に取り残されると思うようになった。プロポーズの場面でたとえるなら、こんなふうになる。結婚してくださいと、青年が若い女性に申し込む。女性はうれしくなってこのことを周囲に吹聴したくなるがじっと抑えて、ひたすら指輪のプレゼントを待つ。どこまでも待つ。未来の花婿がようやく工面した指輪を女性に差し出すまで。

婚約指輪を渡す風習は、歴史上の先例もあったが、今はかつてない広がりをみせている。慣例に従えば、指輪には何らかの高価な宝石がついていることが理想とされたが、お金がないときは準宝石になることもあった。若者が宝石店に一人で入り、整然とならんだ光り輝く宝石を前にすると思わずおじけづくものだが、特定の誕生石を買うのであればそんなに負担にならずにすむ。しかも、誕生石の指輪なら、渡す前に相手を深く想って選んだことが相手に伝わる。もっとも、相手の女性の誕生日が十月でなければの話だ。十月の誕生石であるオパールは不幸を招くという迷信がある。より贅沢のできるカップルなら、ヴィクトリアン・ディアレスト・リングを選ぶだろう。これは小さな石を左から右に、ダイヤモンド・エメラルド・アメジスト・ルビー・エメラルド・サファイア・トパーズの順にならべた虹のようなリングで、それぞれの宝石の頭文字を綴ると「ディアレスト（最愛の人）」となる。また、一粒パールの指輪も流行した。

一八九四年には、婚約指輪の人気が沸騰した。『ボストン・サンデー・イブニング・ガゼット』紙は次のように書いている。「最近の婚約指輪の流行に異論を唱える運動が起こり始めた。[4] 婚約指輪に反対する人たちの理由は、多くの女性が指輪のコレクションを増やすためだけに婚約して、頃合いを見計らってすぐ婚約を破棄してしまうからだ」。

真実のほどはわからないが、それから十年後の一九〇四年になると、こんどは『ニューヨーク・タイムズ』紙が「小売業の秘訣」と題された記事を掲載した。これは、事態があまり変わっていないことを示唆していた。

訪れた客が訊いてくる。

「結婚指輪の在庫はそこにある五、六個だけ[5]？トレイにはたくさんの婚約指輪を並べているのに」。

すると宝石商が答える。

「ええ、お客様、結婚指輪を売るためには、まずトレイの婚約指輪を売りさばく必要がございます」。

この十年でゆっくりだが確実に変化したのは、婚約指輪を贈るというスタイルが、反対派を圧倒して、広く一般化したことだ。そして、誕生石の中でも最も目立つ石といえば、あのディアレスト・リングのなかでひときわ輝いているダイヤモンドに他ならなかった。

一九〇四年、セオドア・ルーズベルト大統領の従弟にあたるフランクリン・デラノ・ルーズベルトが大統領の姪（自身の遠縁でもある）のエレノアに結婚を申し込んだ時のことだった。その際に選ばれたのは、ティファニー社で購入した三・四カラットのダイヤモンドの指輪だった。二人は以前から家族の集まりで顔を合わせていたが、じっさいに恋に落ちたのは列車の中だった。当時ハーバード大学の学生だったフランクリン青年は、すっかり洗練されて自信に満ち溢れたエレノアの姿に見惚れた。エレノアは三年ほど前に見かけた恥ずかしがりやの少女ではなかった。知的で、理路整然として、思いやりがあった。エレノアの通う学校がロンドンにあったので、長い親密な手紙のやりとりだったり時々会ったりすることが四年続いた。エレノアが十九歳、フランクリンが二十一歳になる頃には、結婚を待つばかりになっていた。しかし、息子を自分の思い通りにしたがる母親から結婚に反対されたため、フランクリンは苦労した。若くても、もう妻にしたい女性を見つけた、と言い張って母親を説得しなければならなかったからだ。一年かかったが、その甲斐あって、エレノアが二十歳の誕生日を迎える十月十一日に、ようやく婚約が成立した。[6] フランクリンが婚約の証しとして贈った。指輪の中央の大きなダイヤモンドは、クッションカット（丸みを帯びた四角形）で、八つのプラチナプロング（爪）で留めてある。[7] 指輪はイエロー・ゴールドで、ダイヤモンドの両側に三つの小さなダイヤがあしらわれ、薬指にはめるときらきら輝いた。指輪は美しいばかりでなく、斬新な新しいスタイルを生みだしていた。

一八八六年、ティファニー社は、南アフリカの豊富な鉱山から採取された石をふんだんに使ったティファニー・セッティングを初公開した。このセッティングは、プロング（爪）を使って一粒のダイヤモンドを高い位置に固定するものだった。これまではベゼル・セッティング（宝石のまわりを金属の継ぎ輪で覆い、面や〝クラウン〟だけが出ている方法）だったが、あらたにプロングをつけることで、ダイヤモンドが高い位置に固定されるため、光を集めやすくなり輝きが増した。ティファニー・セッティングは大当たりして、ティファニーの目玉商品となった†。

チャールズ・ティファニーは婚約指輪の動向を見極めていた。宝石にまつわる新たな文化が注目を浴びるなかで、突然膨大な量が手に入るようになったダイヤモンドは、まちがいなく人気に火がつくと踏んだ。実際ダイヤモンドの人気はうなぎのぼりだった。ルーズベルトの婚約成立のちょうど一カ月後の一九〇四年十一月、『シカゴ・トリビューン』紙は報じた。

「今日《こんにち》では、婚約指輪は婚約に欠かせない存在になっている[8]。薬指を輝かせる一粒のダイヤモンドを婚約者が照れながらプレゼントする行為なくして、結婚を承諾する女性はまずいないと言っていい。〝ダイヤモンドなくして、婚約なし〟は現代の恋愛における合い言葉となっている。麗しの乙女の心をその気にさせて、一人の男性につなぎとめておくには、愛の使者・キューピッドだけではいささか心もとない。後押ししてくれるものが必要である。それが細いゴールドの指輪の一粒のダイヤモンドだ」。確かに、プロポーズの適切な方法はダイヤモンドの指輪を用意することであると、専門家も認めている。

ここ数十年間は上流階級の人たちに限られていた物質主義がここにきておおきな広がりを見せている。十九世紀後半までは、男性がダイヤの指輪を差しだしてプロポーズした例は片手で数えられるほどだったことを思うとなおさらだ。二十世紀初頭に若いアメリカ女性の不興を買ったのは、ランドルフ・チャーチル卿（元イギリスの大蔵大臣。ウィンストン・チャーチルの父親）が放った数年前のひと言だった。チャーチル卿は一八九一年はじめにキンバリーを訪れたときに「女性の虚栄心」のために鉱山を穿《ほじく》っているのか、と嘆いたそうだ。もっとも、彼が言うように、ダイヤモンドが女性の虚栄心のためにあったとは必ずしも言えない。十五世紀まで女性はダイヤモンドをまったく身につけなかった。それ以前は、ダイヤモンドは男性の護符や装飾品と見なされていた。南アジアのムガル帝国の王と王子はダイヤモンドの輝きよりも大きさに価値を認め、カットせずに身につけていた。銀色に光り、ガラスの欠片《かけら》のようになめらかな手触りで、悪霊を寄せつけないと伝えらえていたそうだ。ヨーロッパでは、男性が護符として戦場で身につければ、危害を加えられないと信じられていた。男性は命をかけて、目当ての石を自らのものとすべく戦った。例えば、コ・イ・ヌールは、当時最大のダイヤモンドとして有名だが、血塗られた歴史があることで悪名が高い。コ・イ・ヌールを手にした人物は世界を支配するが、その暁には玉座を守って戦うのと同じ猛々しさで、コ・イ・ヌールを守り抜かねばならない、と言い伝えられていた。十九世紀初頭にペルシア（現在のイラン）を統治したアーガー・モハンマド・ハーンは、敵を容赦なく拷問にかけ、コ・イ・ヌールの在りかをはかせようとした。だがそれは無駄な行為だった。捕らえた相手は在りかをまったく知らなかったのだ。その後、かのダイヤモ

†実のところ、このセッティングを発明したのは、ニュージャージー州ニューアークの宝石商ファーディナンド・J・ハーパーズで、一八七二年に「ダイヤモンド・セッティングにおける改良」という特許を取得している。その頃のティファニー社は、かつて受賞に輝いたシルバーなどメタル製品の材料をニューアークの工場から大量に仕入れており、その後一八九〇年代にはそこで自ら製造するまでになった

ンドはペルシアにはなく、アフガニスタンにあることがわかると、北インドのシク王国の君主ランジート・シングが、コ・イ・ヌールの所有者を餓死させようとする。所有者は権力闘争の中で兄を幽閉したこともあった。喉の渇きと空腹で半狂乱状態になった末、シングにコ・イ・ヌールを差し出して自らの命を守ったといわれている。(9)

女性として初めてダイヤモンドを身につけたアニエス・ソレルは、別の意味で制約を受けていた。大きな瞳とキューピッドの弓のような形の上唇が魅力的なソレルは、フランスのシャルル七世の愛妾だった。一四二九年にシャルル七世が戴冠したのは、ジャンヌ・ダルクが神の啓示に従って従軍し、オルレアンの包囲戦でイングランド軍を撤退させたあとだった。ジャンヌ・ダルクが火刑に処せられた頃、シャルル七世はアニエス・ソレルに目をつけ、追いかけていた。ソレルは遠慮がちなそぶりを見せながら、その魅力にものをいわせて王を説得し、オルレアンの包囲戦以来ずっとノルマンディーに陣を張っていたイングランド軍を追い出した。愛をかけた戦いといってもよかった。シャルル七世が勝利をおさめてパリに凱旋したとき、ソレルは右後方につき従った。側近の中でソレルは正妻よりも重要な位置にいた。

しかし、その栄光も長くは続かなかった。宮廷がソレルの本来の身分を認識したからだ。マリー・ダーンジューこそが王妃であり、アニエス・ソレルは王の愛妾にすぎない、と。しかしほどなくして、ソレルもまた王の子供を身ごもった。産みおとした三人の娘は、女王の十四人の王子と王女のなかに迎えられた。しかも、ソレルは王の心の拠りどころとしての立場が一目でわかる装身具をも手に入れていた。ソレルは申し分ない家柄の生まれだが、親の財産分与はなかった。代わりに王の愛妾として美しい装いをすることで自分の中にある幼時の想い出を封印していた。ダイヤモンドを身につけた当初、宮廷の中には恥知らずと噂する者もいたが王の寵愛を受け続け、あたかも太陽すら直視できると過信しているように振る舞った。また、ソレルの友人であり、国王会計方であったジャック・クールも、ソレルと一緒にダイヤモンドに好機を見いだしていた。

クールはソレルがまだ二十代で器量も良く、ミューズめいた雰囲気があるのを見抜く[10]と、最新流行の服装をさせた。裕福な商人でもあったクールは、世界中を航海して、毛皮、スパイス、異国の染料、宝石といった贅沢品を探してはフランスに輸入していた。仕事を通じて、ルイ・デ・ベルケム（ルドウィック・ファン・ベルケムとしても知られる）とも知り合った。ベルケムはベルギー在住のダイヤモンドのカット職人で、新たな美しい形の宝石のファセット（切子面）づくりに挑んでいた。クールはベルケムの繊細な手仕事が宮廷の女性たちを魅了するかどうか判断するためアニエス・ソレルに近づき、クールの格好のモデルに仕立て上げたのである。

クールとベルケムは互恵関係で結ばれていた。クールはベルケムの職人技を利用して利益を得、ベルケムはユダヤ人であるにもかかわらずクールのおかげでシャルル七世の宮廷の高位の者から暗黙のうちに認められ、非キリスト教徒が迫害された時代にベルケムは重要人物扱いで手厚く保護された。彼は言われた通りに仕事をした。

ヨーロッパにおけるユダヤ人がまず手掛けたのはダイヤモンドのカットだった。彼らに対する根強い偏見が割のいい仕事への参入を阻んでいたからだ。ダイヤの粉は死にいたる毒だとする神話など、カットするさいの危険に対する古い迷信があるために、粗い原石を加工する職人はほとんどいなかった。中世に生きるユダヤ人はそこに活路を見いだした。十五世紀なかば、ルイ・デ・ベルケムがクールと取引したとき、ダイヤモンドの形成技術は、過渡期にあった。初期のカット職人はほとんどがシンメトリーに関心をよせていたが、若く仕事熱心なベルケムがパリに赴きダイヤの研究をする頃には、道具が改良され、同業者組合まで結成されていた。腕のよいカット職人はマイスターとして存在し、原石を調べあげ、どこに劈開*すれば、欠陥は最小限にして、美しさを最大限に引きだせるかを正確に把握した。回転砥石を使って形を整え、オイルとダイヤモンド粉末で磨き、ファセットカットにして表面の角を削り、輝きを引き出し、光の揺らめきを際立たせようとしたのだ。

ベルケムの関心事はもっぱら新しいカット技法だった。これはやがてブリリアントカットと呼ばれることになるが、業界の専門用語でいえば、ブリリアンス（白く反射する光）と、ファイア（屈折して虹色に分散する光）の効果を最大限に引き出すべく数学的に計算されたとおりに正確にカットする技法である。ベルケムの宝石からはこれまでのどんなカットにもなかったプリズムが生まれた。ジャック・クールはベルケムの仕事を目の当たりにして、即座に理解した。アニエス・ソレルが虹色にきらめく石を身につけることに抵抗できるはずがない。そんなソレルのか細い指にはめられた指輪に惹かれて、彼女の傍を離れようとしない国王の姿を見る宮廷中の女性たちも、ソレルのように見られたいと思うにちがいない。

クールの直観は冴えわたっていた。ベルケムと、ソレルと、クールはついに不朽の名誉を与えられた。シャルル七世の愛妻であるアニエス・ソレルは、ジャン・フーケが描く『ムランの聖母子』のモデルのためにトップレスでポーズをとるまでになった（その後、彼女は水銀中毒のために二十八歳で謎の死を遂げた）。ベルケムはクールに「見い出されたあと」、シャルル豪胆公、別名ブルゴーニュ公に雇われ、大きな石をカットする機会を得た。なかでも、二つの宝石が有名だ。その一つ、フロレンティンは美しさに比類なしと謳われたが、第二次世界大戦のあと消失した。もう一つのボーサンシーは最終的に教皇に献上された。ベルケムは何人もの若い職人にファセットづくりを指導して、ベルギーでダイヤモンド・カッターたちのギルドを設立した。アントワープにはダイヤを手に持つベルケムの銅像が立っている。ジャック・クールも故郷フランスのブールジュに銅像がある。だが、それはアニエス・ソレル毒殺のかどで罪に問われ、投獄ののちに財産を没収されて以降のことだ。結局、汚名は返上したが、ほどなくしてこの世を去った。

　この三人が存在しなければ、四〇〇年以上後にイギリスやアメリカの若者がダイヤモンドを婚約指輪に使用する足掛かりは得られなかっただろう。少なくともソレルやクールのおかげで、流行に敏感な女性はダイヤモンドを身につけはじめた。ベルケムが考案したブリリアントカットに触発された未来の職人は、反射率や屈折率などの光学的性質の研究に日夜研鑽を積んだ。また、ティファニーのセッティングにぴったり合うこのカット方式は、ダイヤモンドという特別な石の魅力を最大限に生かすように設計されていた。円錐形のパビリオン（石の下部）があって、ガードル（石の最大幅）と、テーブル（一番上にある平らな面）との正確な比率を算定し、注意深くファセットの数が決められた。ブリリアントカットは細心の注意を払って光をとりこむように形成され、ティファニー・セッティングの場合は、プロング（爪）で支えてダイヤモンドを高く持ち上げることで、さらに輝きが増した。ブリリアントカットがなければ、ソリティア（一つはめの宝石）は存在しなかっただろう。

＊劈開《へきかい》とは、原石を割って形を整え、表面を仕上げて研磨する過程をいう

一四七七年、アニエス・ソレルがダイヤモンドを身につけてからまもなく、マクシミリアン大公は、チャールズ豪胆公の娘マリー・ド・ブルゴーニュに、ダイヤモンドの指輪を添えてプロポーズした。宝石好きの義父の歓心を買いたい気持ちもあったのだろう。ダイヤモンドなどの宝石の指輪やアクセサリーを結婚記念に贈る慣習はずっと以前からあり、流行と衰退を繰り返していた。紀元二世紀までさかのぼると、古代ローマ人は結婚の保証として未来の花嫁に指輪を贈っていた。証人の前で、男性が婚約者に将来の結婚を確約するものとして小さくとも価値のある贈り物をしたのである。後世になると、結婚指輪が優先されて祭壇に捧げられたため、婚約指輪は影を潜めたが、それでも妻だけが身につける伝統が残った。結婚指輪はどれもシンプルで、金か銀、鉄で作られていて、婚約指輪と同じく、二つの役割を果たしていた。財産の交換を象徴するものとして、そして女性を自分のものにした証しとしての役割だった（とはいえ、両家の融合を指輪で示すための結婚の誓いのなかで、いわゆる「指輪交換」と呼ばれる儀式が行われたのはかなり遅れて、二十世紀になってからのことである。ロンドンでは、独身と既婚者の男性の見分けがつかず、不愉快な思いをした女性が声高に不満を言っていたそうである）。また、清教徒《ピューリタン》は結婚の前段階で、実用的な指ぬきを交換しあっていた。

ともあれ、婚約指輪や結婚指輪はその美しさや、それを選ぶのにかけた時間とは関係なく、とにかく結婚の契約を交わすという意味を持ち続けている。夫は妻に忠誠と金銭の支援を誓う。これに対して、妻は心身共に誠実でありつづけることを約束する（もっとも、求婚者は金銭的支援というビジネスライクな意味合いのなかにもなんとかロマンスの余地を残そうと長い間がんばってはいるが）。指輪を左手の薬指にはめる慣例は、多くの文化に共通している。これは、薬指の先の血管から血液が流れて、じかに心臓に送られると信じた古代のエジプト人に端を発している。ヴィクトリア朝時代の人々は、ディアレスト・リングやリガーズ・リング*に目がなかった。十九世紀にはロマンティックな組み合わせ指輪が人気になった。重ねるとハート形や、しっかりと握りあう手のデザインになった。それは婚約の際に二つに分けられ、男性と女性がそれぞれ身につけ、結婚式でふたたび合体させて、以後妻が大事に保管したものだ。

二十世紀になって、ダイヤモンドの婚約指輪を贈る習慣が流行したとき、ロマンスと金銭的契約とのバランスは完璧だった。当時の女性が愛する男性にダイヤモンドをねだるのは当然とされており、愛する女性のために指輪を買う男性の行為は本質的な愛そのものだった。しかし、ダイヤモンドの価格は安くはない。だから、結婚の担保物件にもなった。理論的にも、ひとたびダイヤモンドの指輪を贈った男性は、結婚の申し出を取りやめるのを躊躇するだろう。それがまさに肝心なところで、プロポーズはささいな出来事ではないということだ。十三世紀のイングランドで、若い男性が女性に求婚するときに、いたずらでイグサか藁を編んで作った結婚指輪を贈るのが流行《はや》ったことがある。それに気づいたある司祭が、結婚に対する指輪の拘束力は教会も認めるところだとの見解を述べた。しかし、この指輪は、一時的流行で、あっけなく終わってしまった。

当然だが、ダイヤモンドは藁より値が張る。ティファニー・セットのダイヤモンドは、一八九四年には最低でも一〇ドル（現在の二六〇ドル）はした。だが、ほぼ十年後の一九〇八年になると一番安価なものでも二〇ドル（現在の五四〇ドル）へと基準ラインが倍になった。[11] これは一般消費者の支出がかなり増加していることをあらわしている。一〇ドルで買えるオパールが不幸をあらわす石かどうかはともかく、ダイヤの代替品として購入したくなる消費者が出てくるかもしれない。だが、自分の靴さえ磨けない貧乏な男性は、新品の光輝くダイヤに夢中になっている女

＊リガーズ・リングとはディアレストのトパーズの代わりにガーネットが入ったものをいう

性の心をつかむにはどうすればいいのだろうか。そうした男性にはティファニー以外の選択肢があった。

そんな男性は例の青い小冊子を脇へやり、別のカタログに手を伸ばす。母親であれば雑貨を、父親なら新しいショットガンを買うためのカタログだ。一九〇六年六月、シカゴの百貨店シアーズ・ローバック[12]は市場で四〇〇〇万ドル、現在価値で一〇億ドル相当のプレーヤーになった。ゴールドマン・サックスとリーマンが資金を調達して提携を進め、合資会社になって以降のことだ。ニュースはウォール街を駆けめぐった。つま先でそっと歩いていた巨人がいきなり正面玄関から突入してきたかのようだった。共同創設者で取締役社長のリチャード・ウォーレン・シアーズ[12]は、ほんの二〇年前までは、故郷のミネソタ州と西海岸の間を結ぶ大陸横断鉄道ノーザン・パシフィック・レールウェイのまじめな電報オペレーターだった。だが、シアーズは壮大な野望の持ち主だった。鉄道会社で働いていた当時に知り合いになった様々な人たち、顔なじみの農業経営者や鉄道会社の従業員、勤勉な労働者たち、そんな人たちを惹きつけるビジネスを創業したいと願っていた。よくよく観察しているうちに、自分と同じような生活を送る人々は、仕事と家庭生活、家事に追われて、買い物に出かける時間がないことに気づいた。そこで、彼らが何を必要としているのか、どういう買い物の癖があるのか、どういうものを好んで買うのかを研究する中で、シアーズは通信販売の仕組みを考え出すに到った。

一八九四年版シアーズ・ローバック社のカタログは、自店を「世界一安価な家庭用品店」と宣伝して、不景気のなかでも需要の衰えない生活必需品を中心に売りつづけた。十年後には、陶磁器とか銀食器とかのささやかな贅沢品の販売が中止された。一八九九年春号のカタログは、その大きさと膨大なページ数から「ビッグ・ブック」と呼ばれ、なかには、結婚をプロポーズする男性向けに特価のダイヤモンド指輪のイメージを並べたページも割かれていた。下は四・五〇ドル（現在の一二二ドル）から、上は一二二・五〇ドル（現在の三三二六ドル）まであり、一〇ドル（現在の二七五ドル）以下の手ごろな品が充実していた。ダイヤモンドはアムステルダムから輸入した本物である。七・九五ドルのマンドリンや七・八五ドルの揺りかごなどの商品と同じように、ダイヤモンドの指輪も郵便で注文すると、最寄りの郵便局に配送され、若者がそこで真剣に吟味して購入する、しないを決められた。横柄なセールスマンなどおらず、プレッシャーを感じることなく購入できた。シアーズ・ローバック社は、ティファニー社のような実店舗のある店と比べて何が不足しているのかを把握し、すべての男性にアピールすることで利益を得た。「弊社はこれまで時計の価格を破壊してきました。これからはダイヤモンドの価格破壊に挑みます」と、一八九六年の秋・冬号のカタログで豪語した。「ダイヤモンドを小売業者の言い値で買ってはいけません。弊社は常にお求めの商品を手ごろな値段で提供しております。ダイヤモンドは耐久性があり、価値が変わらず、常に美しいものです。ですが、これまで法外な値段で販売され、ごくわずかの裕福な人しか身につけられなかったのです」。

この直截な物言いと、自信に満ちた売り口上が、顧客の心をとらえ、シアーズ・ローバック社は一時期アメリカ一のダイヤモンド販売業者だと言われた。だが、本来の宝石商からビジネスを奪おうとしたのはシアーズだけではなかった。一八九〇年代後半には、ジョン・ワナメーカーがニューヨーク市とフィラデルフィアに革新的な百貨店を開店した。宝石商が怒りをあらわにしたのは、ワナメーカーが宝石部門を拡大し、予算を念頭に置く買い物客に一カ所で何でも買ってもらおうとしたときだ。「宝石を仕入れの二倍の価格で売る日々はもう終わったのです」。これが新たなデパートとして打ちだした最初の謳い文句だった。さらに「宝石商は、ブランド品の名目で割り増し料金を請求している。また、宝石商が稼ぐ時期はクリスマスシーズンなどの短い期間だ」、などとでっちあげた。「そんな宝石商に対して百貨店は一年を通してバラエティに富んだ商品を定価で販売する余裕がある」とワナメーカーは考えたのである。この闘志むき出しの宣伝への返信として、一人の著者が宝石流通雑誌の『キーストン』誌のなかで、辛辣なひと言を放っている。「ワナメーカーの広告文の愚かしさについては何も申し上げることはないが[13]、ワナメーカーは高い給料を餌に優秀な人材を獲得している。中には極めて優秀な宝石のエキスパートがいる。彼らが一月には昇進してネクタイやグローブ部門へ移るだろうという人もいるが、ほんとうにそうなるのだろうか、はなはだ疑問である[14]」。

宝石商は自らの立場が脅かされているように感じた。そう思うのも当然だった。ワナメーカーのごくシンプルな宝石の売り方は、『キーストン』の記者さえ、実にうまく考えられていると感服するほどだった。ワナメーカーは広告の中で、「購入する気がなくてもかまいません、百貨店を自由に見て回ってください」、と言って顧客を誘っていた。つまり、宝石に興味はあるけれども、近くの宝石店にて一対一で接客される心の準備ができていなかったり、ティファニーなどのきらびやかな店舗に尻込みしてしまう人も、どうぞいらしてください、と言っているのだ。批評家はワナメーカーの手の内を明かす。「頻繁に宝石を見に行っていたら誰でも、遅かれ早かれそれを自分のものにしたいという誘惑に勝てなくなる」。皮肉なことに、以前より多くの小売業者が激しく競合しあう環境で、チャールズ・ティファニーにはじまりリチャード・シアーズやジョン・ワナメーカーにいたる小売業者はみな、どんな形で販売しようとダイヤモンドは必ず売れる、という自信を持ちあわせていたようだ。

百貨店でダイヤモンドが販売されるようになり、すべての花嫁の左手に輝く指輪をはめるという新しい慣習が流行していった。かつては王家や裕福な人々だけの物だったダイヤモンドがいまや大衆化した。しばらくの間、特権階級だけに認められたステータスをみんなが少しだけ味わうことができた。しかしながら、ダイヤモンドを本当に求める人たちにはわかっていたが、このことは死を意味した。つまり、多くの人がダイヤモンドを手に入れた結果、ステータスの象徴は崩壊したのだ。デビアス鉱業会社の創設者であるセシル・ローズは宝石が最も輝きを増すのはそれを持てない人の目に映ったときだと知っていた。突然、自分が持っているのと同じティファニーのダイヤモンドを農家の娘が持っていたら、社交界の淑女はどうするのか。答えは単純明快。昔から揺るぎない真実がある。

当然の答えは、より大きなものを求めよ、である。

第4章　ホープダイヤモンド

持つ人を魅了した青いダイヤモンド

ワシントンDC、パリ

エヴェリン・ウォルシュ・マクリーンにとって、目にしたダイヤモンドはどれも一つ残らず魅力的だった。エヴェリンの父親はコロラドで金鉱を掘り当てて大金持ちになり、一家は裕福な人々が集うワシントンDCの社交界をのし上がった。エヴェリンはそこで、上等な服に身を包んだ名士や政治家の妻たちにあこがれを抱きながら育った。実業家として成功していたポッター・パーマーの夫人、バーサ・パーマーはその一人で、ウォルシュ家とは家族ぐるみのつき合いがあった。倍以上も年の離れた相手の妻となった若いバーサは、美しさと社交の才を備えた魅力を発揮し、夫妻は社交界の花形だった。エヴェリンが幼いころ、バーサの手をとると、その指にはめられたダイヤモンドの指輪の角が指にごつごつと当たり、電気が走ったようなその感触が忘れられなかった。エヴェリンはおてんばな少女だったが、女優にあこがれ、レースに縁どられたシルクのドレスをまとってパーマー夫人と同様に美しい宝石を身につけるのを夢みていた。きらびやかで魅惑的な女性にはすぐに影響を受けた。女優のエドナ・メイがウェーブのかかった髪を真ん中でわけて耳が隠れる長さまで垂らすと、エヴェリンもまねて、両親や学校の教師たちを困らせた。ほかの女生徒と同じように髪をきちんとまとめるよう注意されても聞き入れず、父親が交換条件にダイヤの指輪を与えるとようやく従った。

このとき、父親のトーマス・ウォルシュは、自分が与えた小さなダイヤモンドの指輪が娘の人生を変えることになるとは思いもしなかった。若さにあふれ感受性の強い十代の少女だったエヴェリンは、初めて本物の宝石を手にし、手にはめてうっとりと眺め、友人たちの前で見せびらかして、思っていたとおりの満ち足りた気持ちになるのだった。しかも、ダイヤモンドはいとも簡単に転がり込んできたのだ。手に入れようと何か努力したわけではない。トーマスは妻と二人の娘に甘く、母と娘はティファニーやワナメーカーの百貨店をはじめ、お気に入りの店をめぐっては気の向くままに買いものをした。そして決定的だったのは、ある少年がエヴェリンのダイヤモンドの指輪に目をとめたことだった。同じワシントンDCの裕福な家に育った少年は、ダイヤモンドを見て、婚約のしるしに誰かにもらったのだなと考えた。少年はネッドことエドワード・マクリーンといい、ワシントン・ポスト紙のオーナー、ジョン・ロール・マクリーンの息子として何不自由ない生活をしていた。欲しいものはすべて母親から与えられていたネッドは、部屋が六〇もある大邸宅に住んでいたウォルシュ家の面々にさえ過剰に甘やかされていると映った。エヴェリンの指輪を見たネッドは、目をつけた相手が他の誰かのものになる前にとすぐさま結婚を申し込んだ。当然エヴェリンは断った。まだ十四歳、相手が誰だろうと結婚自体がまだ早すぎた。しかしそれ以来、ネッドの存在はパーマー夫人の輝く宝石のように心の中にしぶとく居座った。結婚相手にふさわしい若い男性にどれだけ会っても、ヨーロッパの高貴な男性たちがどれだけ言い寄っても、母親が反対しても、エヴェリンの心はネッドのもとへ戻ってきた。一九〇八年七月、エヴェリンとネッドは二十二歳で結婚した。二人の父親はそれぞれ一〇万ドル（現在の二四八万ドル相当）ずつを結婚祝いとして贈り、札束を手に二人はハネムーンへ旅立った。

二人は船でヨーロッパへ向かい、到着すると黄色に輝くパッカードのロードスターがすでに用意されていたにもかかわらず，まずメルセデスの車を手に入れた。オランダのアムステルダムに着くと、買ったばかりの車に乗り込んでベルリンへ向かった。数名のつき添いが同行し、お抱え運転手が二人の荷物を積んだパッカードで後を追った。若い二人は行く先々で派手な買いものをして散財しながらドイツをまわり、ライプチヒでメルセデスをもう一台購入して締めくくった。F1グランプリで勝利したベンツを、その母国で手に入れる機会に魅かれたのかもしれない。二人はうなるほど金があり、自由の身で、地位も身分も不足なかった。さらには米国を発つ前、エヴェリンは父親から、結婚の記念になる特別な品をヨーロッパで見つけてくるといい、と言われていた。もちろん、エヴェリンとしてはよろこんで受け入れる提案であった。だが、奔放な買いもの三昧も永遠には続かない。ウィーン、コンスタンチノープル、パリ、と順に巡るうち、手持ちの金は底をつき、ホテル代が払えなくなった。二人はエヴェリンの父親に資金の提供を頼まざるを得なくなった。それでも、エヴェリンはパリのラペ通りのカルティエを訪ねるのは忘れなかった。それまでの道中で、チンチラのコート、金のトランク、高級車二台を手に入れてきた。だが、マクリーン夫人になりたてのエヴェリンは、結婚記念にふさわしい品をまだ探し求めている途中だった。すでに二〇万ドルを使っていた。であれば、もう一つくらいキラキラした何かを買ってもどうということはない。あるいは、エヴェリンにとっては、アメリカ社交界の一員として実際にカルティエを見ておくのは自分の務めと考えたのかも知れない。

一九〇八年当時、カルティエは富裕層の妻や娘たちなら訪れておくべき宝石店としての評価をすでに確立していた。一八九九年、創業から五〇年余りを経て、二代目アルフレッド・カルティエはイタリアン大通りにあったさほど大きくない店をファッションの中心地ラペ通りへと移した。ラペ通りは堂々たるブロンズの柱が立つヴァンドーム広場を起点とし、石を敷きつめた広い通りだ。アルフレッドは父から事業を引き継ぎ、三人の息子ルイ、ピエール、ジャックとともに経営にあたり、宝石をはじめとする高級品取扱店という創業時のスタイルから、一流のジュエリーメーカーへの転換をはかろうとしていた。当時、英国王エドワード七世に「宝石商の王、王の宝石商」とたたえられたカルティエにとって、ラペ通りは店を構えるのに理想の場所だった。カルティエはすでにいくつもの王室から王室御用達の認定を受けていた。新しい店舗の場所は、一気に高まった名声をまさに反映していた。オートクチュールのウォルト、香水のゲラン、宝石のヴェヴェール、英国銀製品のマッピン・アンド・ウェッブなど、裕福できらびやかな人々を相手にする店が軒を連ねる一帯に、カルティエも加わった。足を踏み入れ品々を見てまわれば、心が軽やかに浮き立つと同時に財布も軽くなる場所であった。パリを訪れた裕福な若い娘が立ち寄って、ウォルトで新しいドレスを仕立て、その足ですぐさまカルティエへ向かって、新調したドレスに合わせた宝石を買い求める場所だった。

カルティエはボザール様式の邸宅の一階を店舗にし、豪華なシャンデリアで飾りたて、商品を引き立てる凝ったガラスケースに品々を並べた。そこへ端正で美しく、完璧なまでに髪を整えた若きエヴェリンが現れたとき、店にいた男性はひと目で彼女を見抜き、何を望んでいるかを見てとった。店員の男性はきりっとした紳士で、温和な下がり目にフランス人らしい鼻をしていた。そして大きな笑みは、威勢がいいだけのアメリカ人二人にとっては親しみが持てたのかもしれない。男性はエヴェリンの訴えに耳を傾けた。ハネムーンで心浮き立っているが、結婚の記念にふさわしい品をヨーロッパのあちこちで探しまわったのにこれというものが見つからない、どうしたらいいのでしょう、という。「トルコではアブドゥル・ハミト二世を訪ね宮殿を拝見しましたが、遠く離れた異国情緒あふれるその地で女性たちが身につけていた宝石ほど美しいものは見たことがありませんでした」。目を輝かせて語る彼女の話を、カルティエの男性はじっと聞いていた。そしてエヴェリンが話し終えたところで、店員なら誰もがいつでも用意しているせりふを口にした。

「それでしたら、お客さまにぴったりの品がございます」。

相手は名高いカルティエだ。エヴェリンもここなら本当にあるかもしれない、と思っただろう。それにハネムーンの旅も終わりに近づいている。たとえありきたりの宝石でもいいから何かきらびやかなものを最後に手に入れて帰ろう、と思ったのかもしれない。だが男性が持って現れたのはありきたりの宝石ではなかった。エヴェリンはのちに回想録『クイーン・オブ・ダイヤモンド』でこう記している。「プラチナをつないだ四角いチェーンにダイヤモンドの虹色のきらめきが連なり(1)、私の首元にふれるところで三連の輪になって、一番下の輪の先にうっとりするようなパールが一粒ついている。小指の先ほどの大きさで、重さは三二・五グレーン。だがパールはその下のもう一つの石への橋渡しにすぎない。そこには、私がひと目見て欲しいと強く魅かれたエメラルドがあった。きらめきを増すためか、少なくとも分散光の軌跡が見てとれるようにするためなのだろうか、宝石職人の手で見事に六角形にかたどられている。重さは三四・五カラット。そしてこの緑の石も、『スター・オブ・ジ・イースト』につながっている。このペアーシェイプのブリリアントカット・ダイヤモンドは、世界で最も有名な石の一つで九二・五カラットあり、宝石を扱う者なら誰でも知っている」。

示された値段は六〇万フラン、一二万米ドル（現在の三〇〇万ドル近くに相当）だった。浪費家で知られる夫のネッドも躊躇した。だがエヴェリンは、税関に見つからないようにこっそり持ち込んで、高い関税を払わなくてすむようにするから、と訴えた。ネッドは折れた。「スター・オブ・ジ・イースト」はエヴェリンのものになった。

エヴェリンがネックレスを持ち帰ると、父親のトーマスは見境のない娘の行動をおもしろがった。一方、夫のマクリーン家は、結婚祝いの一〇万ドルは、ヨーロッパで多少買いものをして、車を買って、旅先でホテルに泊まるには十分すぎるくらいだろうと思っていたため、あまりいい顔をしなかった。いずれにしてもエヴェリンは新たに自分のものになったダイヤモンドをこよなく愛で、またその限りない美しさに魅了されていた。そして、身につけるたび、夢のように愛おしく奔放に過ごしたハネムーンを懐かしく思い出すのだった。

このとき店でエヴェリンに応対した笑顔の男性、ピエール・カルティエも、エヴェリンは忘れることのできない存在となった。

◇◇◇◇◇◇◇◇◇◇◇◇◇◇◇◇◇◇◇◇◇◇◇◇◇◇

エヴェリンが生きた時代は、社交界の住人こそが真のセレブリティだった。大衆紙のゴシップ面をにぎわせたのは、現代のようなモデルや俳優やミュージシャンのうわさ話ではなく、社交界に出入りする人々の気まぐれな生活ぶりや奇抜な装いを伝える記事だった。マンハッタンのメトロポリタン・オペラハウスには社交界のエリートたちが座る「ダイヤモンド・ホースシュー」と呼ばれる特等席があり、きらびやかな宝石を身につけてここに集う人々にまつわる内幕話にアメリカの大衆は引きつけられた。常連はモルガン家、アスター家、ロックフェラー家、ヴァンダービルト家など、カルティエを世界的なブランドに押し上げるのに一役買った人たちだ。ラペ通りへ移転したころ、アルフレッド・カルティエと事業拡大をねらう三人の息子たちはさらなる変革をもくろんでいた。店をフランスの外でも展開するのは急務だった。あとはどの町に店を出すかを決めるだけだった。

一八四七年の創業時、カルティエが扱っていたのは、既存の宝石メーカーが製作した品だった。インペリアル・イースターエッグで知られるファベルジェもその一人で、フランスからロシアへ移住し、きらびやかな装飾をほどこした宝飾品でロマノフ王朝の皇帝たちに愛された。その後、カルティエはみずから宝石のデザインを手がけるようになった。プラチナ製品の開発もその一環だった。高密度で銀に似たプラチナは融点が高く、長いあいだ宝石職人を手こずらせてきた。カルティエは業界の中でも早い段階でプラチナの加工法を編み出し、ダイヤモンドを引き立てるのにふさわしい貴金属として活かす道を開いた。それまで長年、白系の宝石には銀がふさわしい素材とされてきた。銀は青い色調を引き立てる分、黄色い色調を目立たなくする特性がある（つまり、青には、宝石としてはあまり質の高くない琥珀（アンバー）や黄土（オークル）系の色調を抑える効果がある。現在でも宝石商が青いベルベット地を背景にして客にダイヤモンドを見せるのはそのため）。だが銀は変質しやすい。変色の他に、曲げやすいのは加工職人にとっては扱いやすくていいが、宝飾品としては耐久性に欠ける。プラチナの加工法を編み出すと、それまで難点とされてきた曲げにくさが大きな売りになった。銀とくらべ、プラチナを加工した製品は変質せず耐久性に優れている。

カルティエは十七世紀から十八世紀にさかのぼるベルサイユ宮殿時代のスタイルやナポレオン三世の皇妃ウジェニーが身につけた宝飾品にヒントを得、人々を魅了するティアラやネックレス、ブレスレット、イヤリング、ブローチの数々を送り出し、インドのマハラジャやマハラニから西洋の王族まで愛用者を獲得した。当時、即位して間もない英国王エドワード七世とアレクサンドラ王妃も熱心なカルティエのファンであり、次のステップとして一九〇二年にロンドン支店を開いたのは自然の流れだった。ロンドン支店を任されたのは、三兄弟の中で一番物静かで旅に興味を示した三男ジャックだった。芸術的センスが最も優れた長男ルイはパリで父親とともに事業を手がけることになる。残るは二男のピエールだ。一九〇四年、ルイとピエールは三軒目の店舗を開く候補地として検討していたロシアのサンクト・ペテルブルグを訪れた。だが最終的には時の皇帝ニコライ二世のもとを年に二度訪問することで落ち着き、新天地開拓をする労力は別の場所にかける決断をする。一九〇七年に、ピエールはアメリカ人実業家の娘エルマ・ラムジーと知り合い、恋に落ちた(2)。エルマはミズーリ州セントルイスの出身で、父親の遺産を引き継ぐ立場にあった。エルマとピエールとの婚約が報じられたとき、人々に唯一意外だったのは、ピエールに爵位の称号がなかった点だった。アメリカとヨーロッパの大陸をまたぐ結婚が決まり、ピエール・カルティエはニューヨークへ向かった。

三十歳のピエールは自信にあふれ、人あたりがよく、するどい洞察力をもっていた。こうした資質は、エルマとの結婚でピエールが仲間入りした裕福なアメリカ人社会にも好感をもって迎えられた。ピエールはＪ・Ｐ・モルガンともすでにつながりがあった。鉄鋼業界で圧倒的な力をもつモルガンは設立時のゼネラル・エレクトリックにも出資しており、妻と三人の娘（と息子一人）のいる家庭人としてカルティエの上客だった。一方、兄ルイは固めた口ひげと山高帽にステッキという伝統的なヨーロッパのスタイルを踏襲し、伯爵号をもつハンガリー人と結婚して、ヨーロッパ貴族社会に足場を築いていた。弟のピエールにとっては、もっと気安く陽気で堅苦しくないアメリカ人といるほうが居心地はよかった。パリの店でアメリカからやってきたマクリーン夫妻に「スター・オブ・ジ・イースト」を売り込んだとき、ピエールはニューヨーク進出の準備をすでに進めていた。このときのマクリーン夫妻はまさにカルティエがねらっていたアメリカ人顧客層だった。すなわち、ありあまる金を惜しみなく使う、名うての富裕層であった。

ピエールは報道が持つ力を、とりわけワシントンDCやニューヨークのようなメディアの中心地において直感的に嗅ぎとっていた。おそらくそれも頭にあったのだろう。マンハッタンの五番街712番地に店を開き、三カ国目の進出を果たしてわずか一年後の一九一〇年にカルティエは大きく動いた。いわくつきのダイヤモンドとして知られる「ホープ」を買い取ったのだ。ホープは四五・五二カラット、クッションカットの見事なブルーダイヤモンド(3)で、少し前にフランスの宝石商の手に渡っていた。価格は一一万ドル（現在の価値でおよそ二七〇万ドル）(4)で、色付きダイヤモンドに特に人気があるわけではなかった当時、青いダイヤモンドへの投資はリスクが大きかった。だがホープには人の興味を引かずにおかない来歴があり、人々の心の中にはすでにそれなりのイメージができあがっていた。これは売れるはずだ。ピエールはそう踏んだ。

実際、ホープは当時の新聞記事に登場した。一九〇九年十一月、『ニューヨーク・タイムズ』紙は、フランスの蒸気船ラ・セーヌ号が霧の深い早朝にシンガポール沖二二キロの海上でほかの船と衝突して沈没し、一〇一人が命を落とした件を伝えている。この犠牲者の中にトルコの宝石商セリム・ハビブがいた。このとき、ハビブが悪名高い青いダイヤモンドを持っていた、というのだ。一年後、ピエール・カルティエが買い取ったのがそのダイヤモンドだった。

奔放な社交界の花形と同じように、ホープにはありとあらゆるうわさがついてまわったようだ。コーンフラワーブルー（矢車菊の青に似たブルー）とスチールブルー（青みがかった灰色、鋼色）の中間の魅惑的な色のせいかもしれない。だが『タイムズ』紙の記事では、この海難事故について「ホープは海の底へと消えた」との誤報を伝えただけでなく、まるでダイヤモンドが事故を呼び寄せたかのように書いていた。記事は「これもまた、この名高い宝石の持ち主に訪れた不幸の一つに数えられる」と記し、それまで起きた不幸の数々を並べあげた。

ハビブが過去にホープを所有していたのは事実で、そこは間違っていない。だがハビブは、海へ沈んだラ・セーヌ号に乗船するずっと前にホープを売りはらっていた。ホープの評判を広めるためには、実際にホープが船に持ち込まれていたかどうかは大事なことではない。もっとセンセーショナルなのは、ハビブが早すぎる不幸な死を遂げたそのことだった。これはホープの周囲でじわじわと築かれていた「持ち主は破滅する」という物語とも矛盾しない。ホープそのものは難を免れ、船とともに海の底へ消えはしなかったという事実は、不幸をもたらす石のイメージを一層強めただけだった。

ではなぜピエール・カルティエはあえてホープに手を出すリスクをとったのか。それは単に、ピエールがホープの呪いを信じていなかったからだ。カルティエ家は三代にわたってダイヤモンドを扱う商売をしてきたが、彼の知るかぎりダイヤモンドは幸運しかもたらしていない。生まれながら商才のあったピエールは、逆にこのうわさを利用しようと考えた。売り込み口上がすでに頭の中をぐるぐる駆け巡り、それを聞かせる顧客も思い浮かんでいた。

エヴェリンとネッドのマクリーン夫妻が贅と放蕩のかぎりをつくしたハネムーンから数年の時が流れ、二人の幸せな人生は続いていた。人生には手にした富によってつくられる面もあれば、奇妙にも富には左右されない面もある。一九〇九年十二月、二人の間に長男ヴィンソンが誕生した。家族ぐるみのつき合いがあったベルギー国王から贈られた金のゆりかごで眠るヴィンソンは、新聞から「一億ドルベビー」とあだ名をつけられた。世話をする対象を得たエヴェリンは新たな自分の役割に嬉々とし、自分や夫がそうされて育ったように幼いわが子を大事に甘やかす機会に心を躍らせた。しかし母親となった喜びにもほどなく影がさした。愛する父親が病に倒れたのだ。ヴィンソンの誕生からわずか数カ月後、エヴェリンの父トーマス・ウォルシュは米国一腕のいい医者でも治せない悪性の病気でこの世を去った。遺産は妻と娘に半分ずつ渡すと言い残していた。父親を見送ったあと頭を切り替えるため、そして気力をなくしてしまった母に立ち直ってもらうため、エヴェリンは幼い息子の世話を母親に頼み、夫ネッドとともにパリを訪ねた。

二人は華やかなフォーブル・サントノレ通りの名門ホテル、ブリストルに宿をとった。ある朝、酒好きのネッドが二日酔いのままバスローブ姿でルームサービスの朝食をとっていると、一人の男が訪ねてきた。ピエール・カルティエだった。シルクハットにプレスの効いたズボン、しみ一つないクリーム色のゲートルという完璧な出で立ちを、エヴェリンはピエールの敬意と受け止めた。皿を前にしたネッドが赤い目で無愛想な視線を送る前で、箱を抱えたカルティエは椅子に座った。

指で箱を軽くたたくしぐさをしながらも、特にそれにはふれないままカルティエはエヴェリンと世間話を始めた。そして不意に青年トルコ革命の話を持ち出した。

エヴェリンはハネムーンでトルコのコンスタンチノープルを訪れた話をした。そのころ、革命の足音はすでに聞こえていた。

「ええ、そのお話は忘れていませんよ」とカルティエは答えた。「結婚記念の品に『スター・オブ・ジ・イースト』をお求めになった際に話してくださいましたね。よく覚えています。ハーレム（宮殿／女性たちの居室）で目にした、スルタンお気に入りの愛妾の首元を飾っていた立派な青い宝石のことをお話しになりましたよね。すてきな首元だった、と」。

エヴェリンはカルティエの話にとりあえずうなずいた。青い宝石といわれてもまったく思い出せなかったが、目にしたのならばきっとそんな話をしたに違いない、と疑いはしなかった。

カルティエは続けた。「スルタンの手からその石を授けられた女性は、刺されて命を落としたと聞きました」。

エヴェリンが興味を示したのがカルティエにはわかった。なかなか首を縦に振らない客に対しても、これは決して難しい売り込みではなかった。相手の興味を引いたのを見て、カルティエは話し始めた。きっちり包装された箱を近づけて、エヴェリンによく見えるようにした。

カルティエの話はこうだった。ホープダイヤモンドはもともとインドで見つかった石で、ヒンドゥー教の神の彫像の額に埋め込まれていた。ルイ十四世の使者でもあったジャン＝バティスト・タヴェルニエという宝石商が旅の途中で見つけ、フランスへ持ち帰った。希少な宝石に対する王の貪欲さと異国趣味とを考えれば、青い宝石は高く売れるはずだと考えた。果たしてルイ十四世はこの青い石が気に入り、王の所有する宝飾品を象徴する愛用の品になった。ルイ十四世が狩猟で負った傷の壊疽《えそ》でこの世を去った後、青いダイヤは王室のもとに置かれ、やがて若き王妃マリー・アントワネットが身につけることになる。王妃がたどった道はご存知のとおり、あまり幸せな末路とはいえない。ところで宝石商タヴェルニエはどうなったか。それまでプロテスタントの権利を保護していたナントの勅令をルイ十四世が廃止すると、プロテスタントのタヴェルニエは追放され、スイスで極貧生活を送ったあげく、野犬に襲われて命を落としたそうだ。この不幸な運命は彼が青いダイヤを持ち去ったときからの定めなのだとカルティエは語った。彫像から石を盗んだことでヒンドゥーの神の怒りを買い、呪われた石を手にした彼と、後に続く代々の持ち主は彼が犯した過ちの報いを受けることになったのだという。

フランス革命後、しばらく青いダイヤの行方はわからなくなり、半世紀後にロンドンの著名な実業家の手元にあることがわかった。そして一八三〇年ごろ、イギリス系オランダ人三世でロンドンを拠点にした銀行家で宝石コレクターだったヘンリー・フィリップ・ホープ（金融業などを手がけた名高いホープ商会一族の子息でもある）が購入し、みずからの名を石につけた。ダイヤを所有したホープ自身はそれほど災いを被ることなく人生をまっとうしたが、跡継ぎとなる子がなく、遺言でダイヤの扱いについて指示しないままこの世を去った。結果、ホープダイヤモンドをめぐって三人の甥が十年にわたって法廷で争い、その間のホープ家内の欲望のぶつかり合いと対立は人々の知るところとなった。ダイヤモンドはホープ家で引き継がれ、一九〇一年、破産の憂き目にあって苦しんでいたヘンリー・フランシス・ペラム＝クリントン＝ホープ公がそれを売却した。プレイボーイだった彼は、ほかの男性のもとへ走ったアメリカ人女優の妻に逃げられていた。その後ホープダイヤモンドはのちに沈没事故で海に散ったセリム・ハビブの手元に短期間おかれていた。ハビブは当時のスルタン、アブドゥル・ハミド二世のもとで男女の仲介役を務めたと考えられ、ハミド二世が目をかけていた愛妾の首元を青いダイヤが飾っていたのはそのためのようだ。「そして彼女の運命がどうなったかはさっきお話ししたとおりです」とカルティエは締めくくった。

エヴェリン・ウォルシュ・マクリーンは夢中になって聞いていた。相手が芝居仕立てに脚色していることは何となくわかっていたが、それにしてもなんと興味深い芝居だろう。ピエール・カルティエは寄席芸人も顔負けのみごとなストーリーを紡ぎ出したのだ。この一風変わった商売人は、目の前でいまだ朝食の卵と格闘している夫よりもよっぽどおもしろい話し相手だった。エヴェリンはすぐに折れた。「実物を見せてちょうだい」と告げた。

カルティエは自分の演じる役柄を崩さなかった。うやうやしく箱に手をかけ、指を差し込んで蠟で留めた封をあけ、ごくゆっくりと包みを開いた。エヴェリンは息をのんだ。現れた石はさっきの話のとおり、うっとりさせるものだった。サファイアのようなディープブルーだが、ダイヤモンドの硬質さが見てとれた。色は角度によって海のようにも、嵐が吹き荒れる空のようにも見えた。「不運をもたらす呪いの石です」とカルティエはもう一度言った。するとエヴェリンはきっぱり言った。

「不運を招くと言われるものは、私には幸運を呼ぶの」。

妻が気まぐれで買うと言い出しそうに感じた夫ネッドは、「いくらだ？」と、割り込んで聞いた。

しかしカルティエが答えるより早く、エヴェリンが口を開いた。「いらない」と言ったのだ。石のセッティングが気に入らないという。取引は成立しなかった。魔法は解けたのだ。[5]

ピエール・カルティエは残念な思いでホテルを後にしたが、あきらめてはいなかった。ホープをうっとりながめるエヴェリンの目つきをカルティエは見逃していなかった。エヴェリンが青いダイヤモンドにすっかり魅了されているのをプロの目でしっかり見てとったのだ。ピエールはダイヤモンドを手にニューヨークへ戻ると、すぐさまプラチナをあしらった時代の先端をいくスタイルに作り直し[6]、当時流行していたバンドー（額の上から後頭部にかけてつける帯状のアクセサリー）としてもネックレスとしても使えるようにした。そして一九一〇年十一月、ワシントンDCのマクリーン家に手紙を出し、再びニューヨークを訪れるので会ってもらえないかと願い出た。夫のネッドが返事の電話をかけたとき、カルティエは決定打となる二度目の売り込みに出た。エヴェリンに向けた提案だった。週末に実物を持ち帰ってゆっくり考えていただくのはいかがでしょう？　購入なさらなくても構いません。

かくしてエヴェリンはホープを手にし、土曜日には単なる好奇心だった気持ちが、月曜日にはこのダイヤモンドを自分のものにしたいという明確な願望に変わっていた。カルティエの思ったとおりエヴェリンは最初からホープが欲しかったのかもしれないし、あるいは悪魔のかぎ爪にかかったのかもしれない。エヴェリンはホープを買うつもりだと夫の母親に話した。エヴェリンほどのダイヤモンド好きではなかった姑はひどく驚き、そんな呪いのかかったものには手を出さないほうがいいと意見した。

◇◇◇

その後のいきさつは新聞の記事にされ、人々の知るところとなった。エヴェリンは回想録の中で、ダイヤモンドを返却しようとしたがピエール・カルティエが受け取らなかったと記している。一九一一年一月二十九日付『ニューヨーク・タイムズ』は、マクリーン夫妻が三〇万ドル（現在の約七三〇万ドルに相当）でホープを購入したと伝え、夫妻がダイヤを安全に運ぶため、私立探偵を二人雇い、自宅と保管庫の間を輸送するための専用車を買って万全の対策をとったと詳述した。さらに記事は「呪いを呼ぶダイヤモンド」の「不吉な歴史」として、宝石商のタヴェルニエが野犬に襲われた話を初め、パリでカルティエがエヴェリンに語ったのと不思議なほどそっくりの来歴を紹介した。[7] だがそのひと月ほど後、同じ『ニューヨーク・タイムズ』は三月九日付で、マクリーン夫妻がホープの価格として合意した一八万ドル（先に報じた三〇万ドルでなく）の支払いを怠っている、としてカルティエ側が夫妻に対して訴訟を起こしたと報じた。記事は支払い計画の内容にもふれ、頭金としての四万ドル（現在の九七万三〇〇〇ドル相当）に加え、エヴェリンが所有するコレクションから二万六〇〇〇ドル（現在の六三万二〇〇〇ドル）相当のペンダントを資金の一部として納めることで夫妻は合意している、と記した（このペンダントは以前購入した「スター・オブ・ジ・イースト」を飾っていたエメラルドとパールだったことがのちに判明している）。一方、マクリーン夫妻の主張を擁護する関係者の話も引き、「マクリーン夫妻の友人の話によると、ダイヤモンドの所有権が二人に移った事実はないという。二人は石を詳しく見るために持ち帰っただけで、引き取ってもらうようカルティエ側に何度か働きかけたが受けつけてもらえない、と語った」とも書いた。同紙の記事は終始、法的措置にまで発展した一連のやりとりもホープがもたらした不幸の一つ、との論調だった。また、三月十日付『タイムズ』の記事は、カルティエ社とマクリーン夫妻が一月二十八日に交わしたとされる契約書の内容を報じ、ピエール・カルティエとネッド・マクリーンは署名後、ワシントン・ポスト紙の事務所において、シャンパンで祝杯を交わしたとある。記事によると、契約書には支払い条件（頭金四万ドル、二万六〇〇〇ドル相当のブローチ、残り一一万四〇〇〇ドルを三回の分割払い）が記されていたほか、次のような驚くべき一文が盛り込まれていたという。いわく、「六カ月以内にエドワード・マクリーン氏の親族に死者が出た場合、(8)このホープダイヤモンドは同等の価値を有する宝石と交換されることで合意する」。

両者の争いは翌年二月までもつれた。最後はマクリーン夫妻が折れ、一八万ドル（現在の四二〇万ドル相当）でホープを買い取ることで合意した。金のある若い二人がなかなか支払いに応じなかったのは、交渉を引きのばす作戦だったのか、はたまたすべては自分たちの名を世に知らしめるために計算された芝居だったのかははっきりしない。いずれにしても、長期間にわたる争いになったせいで、ホープダイヤモンドが呪いの宝石であるというイメージは人々の間にすっかり定着した。カルティエとマクリーン家のあいだでのごたごたが続くなか、業界専門誌『ジュエラーズ・サーキュラー・ウィークリー』の当時の編集者T・エドガー・ウィルソンは、宝石に詳しい一人として冷静な見解を述べた次のような文章を寄せ、ホープをめぐるうわさを収束させようと試みている。「筆者は二〇年近く宝石業界誌に関係し、世界の優れたダイヤモンドの歴史にとりわけ関心をもってきたが、一九〇一年にホープダイヤモンドがわが国へ持ち込まれてまもなくセンセーショナルな記事が書きたてられるまでは、このダイヤモンドにまつわる話など一切耳にしたことがなかった(9)……ホープの名が新聞に出るたび、こうした話が繰り返し持ち出されるだけでなく、架空の不幸な話までが上乗せされてきたのだ」。

新たなホープの持ち主となり、怒れるヒンドゥーの神と魔力をもつ石の呪いを受ける立場になったエヴェリンは、こうしたホープのうわさを否定する文章に多少は慰められたかもしれない。エヴェリン自身は、呪いのうわさについてはあまり深刻に考えず楽観的に構えていた。十代の少女があえて心霊ゲームに臨むみたいなものだった。エヴェリンはことあるごとにホープを身につけたが[10]、友人や家族には触れさせなかった。購入後まもなく、教会から聖職者を呼んで念のため祈りを捧げて清めてもらっているが、それは、エヴェリンの言葉でいえば、「呪いと祝福とを互いに戦わせる[11]」ためだった。

では、ホープの呪いの話はいったいどこからきたのだろうか。ピエール・カルティエはもともとあった話を拝借し、つなぎ合わせて語ったにすぎない。ホープにまつわる事実はそこまで奇妙に謎めいてはいないが、ある意味では二十世紀初頭の新聞に書かれた数々の逸話よりも複雑でベールに包まれていたとも言える。ホープがたどった歴史の大部分はきちんとした記録が残されていないため、今日でも学者や専門家のあいだで議論になっている。事実としてわかっているのは次のとおりだ。青いダイヤモンドはヘンリー・フィリップ・ホープが所蔵した膨大な宝石コレクションをまとめた一八三九年の目録に初めて登場した。同年、ヘンリー・フィリップが死去すると、ダイヤは甥の中で最年長のヘンリー・トーマス・ホープが買い取り、その後は遺言で妻に託された。妻は一八八四年に亡くなるまで所有し、二つの条件をつけて孫のヘンリー・フランシス・ペラム゠クリントン公爵に相続させると遺言に残した。一つは名前に「ホープ」姓をつけることで、もう一つはダイヤモンドの所有権を「生涯不動産権《ライフエステート》」とすること、つまり存命中は彼が所有するが、死後は相続されず親族の誰かに所有権が移ることだった。フランシスは条件を受け入れ、ダイヤモンドを引き継いだ。ところが一八九九年、長年の賭けごとと事業の失敗から破産したフランシスは、ホープの売却許可を裁判所に願い出た。ホープ家側はこれに反対し、いったん請求は退けられたものの、フランシスが粘った結果、一九〇一年に二度の法廷論争を経て買い手がつき、青いダイヤモンドは名づけ親の一族の手を永遠に離れることになった。

ホープはしばらくニューヨークの宝石商「ジョセフ・フランケルズ・サンズ」のサイモン・フランケルの手にあったが、その後セリム・ハビブが購入した。一九〇九年に、ハビブが蒸気船ラ・セーヌ号の沈没事故で亡くなる前にホープはパリの宝石商へ売られ、そこからカルティエのもとに渡った。

ホープダイヤモンドについて、これ以外で信じられているエピソードは、歴史上の逸話と、科学捜査、情報筋の推測とが入り混じってできたものだ。タヴェルニエが六回におよぶインドへの宝石買いつけの旅について記した書『ジャン・バティスト・タヴェルニエの六回の旅』の中に、「ボー・ヴィオレ（美しきバイオレット）」と呼ばれる約一一二カラットの石が出てくるが、これをホープの原石とする説が有力だ。タヴェルニエ・ブルーとも称されるこのダイヤモンドは、同書に登場するほかの石と違って来歴が記載されておらず、購入には何らかのいわくがあったのではないか、との憶測を呼んだ。あるいはより想像力をはばたかせるならば、夜の闇にまぎれてヒンドゥー教の寺院から盗まれたものかもしれない、ということになる。どうやら後者はカルティエ独自の脚色のようだ。インドからフランスへ戻ったタヴェルニエは青いダイヤモンドをルイ十四世に売り、王はその後しばらくして石に手を加えてハート形に作り直し、サイズは六七・二五カラットになった。当世風のスタイルにするため、重量を犠牲にして見た目の美しさをとったのだ。

ルイ十四世が所有したハート形の青いダイヤモンドは「王冠の青ダイヤ」と称され、「フレンチ・ブルー」として広く知られるようになった。ルイ十四世は宝石を好んで身につけたが、中でもこの青いダイヤモンドは頻繁に登場し、長く愛用された。王位を引き継いだルイ十五世は、カトリック教会の守護を目的とした金羊毛騎士団に叙任され、その栄誉を記念した「金羊毛騎士勲章」を持っていた。フランス語でトワゾン・ドール（英語でゴールデン・フリース）と自ら呼んだこの勲章は豪勢な宝石を用い、希少な黄色のサファイアに多数のブリリアントカット、大きな三つのカラーダイヤモンドがあしらわれ、その一つがフレンチ・ブルーだった。その後ルイ十六世が継承したが、宝石の歴史を研究しているイアン・バルフォーは、当時、金羊毛勲章は「男性のみに与えられる勲章」だったことから、王妃マリー・アントワネットがこの青いダイヤモンドを身につけたという説に反論している。(12)

フランス革命の足音が近づくと、王所有の宝物は一時的に保管庫へ移されたが、警備が手薄でほどなく略奪にあってしまう。フレンチ・ブルーは行方知れずとなり、その歴史に大きな空白ができ、これが人々の興味を引くことにもなった。さらにことを複雑にしているのが、現在のホープダイヤモンドはルイ十四世の元にあったときより一三カラットほど小さくなっている事実だ。現在は専門家によってフレンチ・ブルーとホープは科学的に確かに同一の石であると証明されているが、以前は空白の期間にたどった運命について事実とは異なる諸説が出回っていた（極端な話として、フランス革命で石が重要な役割を担ったとの説もあった）。実際のところは、当時の持ち主が誰であったにせよ、盗難の訴追期間である二〇年が過ぎるまで沈黙を守っていたのではないかと言われている。石が小さくなった点については、フレンチ・ブルーとわからないようにわざと形を変え、出所をたどってもパリでの盗品であることがわからないようにするためだった、というのが事実らしく、ダイヤモンドの歴史の専門家の多くもその説を有力としている。

その後、青いダイヤモンドはヘンリー・フィリップ・ホープのコレクションに加えられた。どのような道をたどってホープの手に渡ったのかはやはり謎なのだが、ある宝石商が英国王ジョージ四世にこの青いダイヤモンドを売ろうとしたとき、ヘンリー・フィリップの叔父にあたる人物が同席していた、とする興味深い説もある。[13] ホープのたどった歴史には多くの謎が残されているが、それゆえに人は空白の部分に陰謀説や悲劇の物語をあてはめてみたくなるのかもしれない。登場するのが著名人であればなおさらだ。だが実際のところは、ヘンリー・フランシス・ホープが所蔵していた時代まで、ホープの呪いの伝説を裏づける証拠はない。タヴェルニエがモスクワで生涯を閉じたのは八十四歳のときで、野犬に襲われて殺されたという記述はない。いくつかの大きな不幸に見舞われたフランシス・ホープの場合も、どれもみずから招いた結果と言ってよさそうだ。

また、ダイヤモンドであれ花瓶であれ銀の燭台であれ、数世紀にわたって受け継がれてきたような品であれば、それなりに何らかの不幸や不運にまつわる逸話がついてくるのは自然だとも言える。欲と権力をめぐるぶつかり合いに巻き込まれれば、その確率はさらに高まるだろう。とはいえ、そうしたもっともな分析は脇において、ホープにまつわる呪いの伝説が興味深い物語なのは間違いない。二十世紀初頭を生きた人々はその物語を好んで読んだ。ホープは裕福な人々を魅了し、やがてその身を滅ぼす謎めいた宝石だった。経済的な格差の著しかった当時、それが市井の人々にとっていかに溜飲を下げる物語だったのかは想像に難くない。

カルティエとの訴訟が決着し、ダイヤモンドを清めてもらったエヴェリン・ウォルシュ・マクリーンには、あまり不安はなかった。確かにエヴェリンのもとには、破滅をもたらすそんな宝石からはさっさと身を引くように諭す手紙が毎日のように送られてきた。ヘンリー・フランシス・ホープの妻だったアメリカ人女優メイ・ヨーへが、みずから招いた災いをホープのせいだと言わんばかりに書き送った手紙は滑稽なほどだ。ヨーへはエヴェリンにホープを粉砕してほしいとまで頼んでいた。だがホープを手に入れて舞い上がっているエヴェリンがそんなことをするはずもなかった。エヴェリンはマクリーン家とつき合いのあった駐ロシア大使のために開いたパーティーで初めてホープを身につけて現れ、お披露目の場とした。その日エヴェリンがホープをつけてくるらしいと『タイムズ』が事前に報じていたため、招待客も注目していた。ここでも新聞は二人が主催した途方もない贅をつくした宴の詳細を伝えている。[14]部屋を飾るため英国から輸入した黄色のユリが八〇〇〇ドル（現在の一九万一〇〇〇ドル相当）で、わずか五〇名の著名な各界要人のために用意した料理、飲み物、音楽がしめて三万ドル（七一万六〇〇〇ドル）だった。

エヴェリンは予告どおり、ホープのネックレスに合わせて「スター・オブ・ジ・イースト」をあしらった髪飾りを着けて現れた（宝石に関してはたくさんつけるほどいい、というのがエヴェリンのスタイルだった）。ホープダイヤモンドはエヴェリンのコレクションを代表する宝石となり、エヴェリンはこれを好んで身につけて、シャンパングラスが交わされる快楽の限りをつくした社交パーティーに出た。ときにはややはめを外したこともあったようだ。ある年、ワシントンＤＣの邸宅で新年を迎えるパーティーを開いたとき、エヴェリンはホープダイヤモンドのほかはごくわずかのものしか身にまとわず、肌もあらわな姿で招待客を迎え、パーティーの注目を一身に集めたという。[15]

とはいえ――おそらく本人以外の人にとっては至極当然に思えたことだろうが――青いダイヤモンドの持ち主の

人生がいつも花とカクテルに囲まれていたわけではなかった。歴代の所有者のうち、ホープの呪いが本物だと語る者がいたとすれば、それはエヴェリン・マクリーンだったろう。マクリーン夫妻とカルティエの間でホープをめぐる騒動に決着がついたのは一九一二年二月だった。その年の九月、青いダイヤモンドの購入に強く反対していた夫ネッドの母親エミリーが世を去った。その時の気持ちをエヴェリンは回想録で述べている。「私は自分のホープダイヤモンドが憎らしかった」と。だがこのときの心痛も次に訪れる試練にくらべれば一時的なものだった。一九一七年、マクリーン夫妻には三人の息子がいたが、九歳の長男ヴィンソンが自宅の前で車にはねられてしまったのだ。事故の直後は、衝撃はあったものの大事には至らないように見えた。だが午後になると状態が悪化し、身体に麻痺が出てその日の夜に息を引き取った。エヴェリンはこう記している。「このとき起きたことは、私だけでなく家族全員が悪魔の石を身につけていたかと思うような悲劇だった」。ある意味では、人生がふともたらす冷酷な仕打ちは呪いよりも非情なものだ。

エヴェリンの夫ネッドは長年、大酒飲みと本格的なアルコール中毒との境界を行ったり来たりしていたが、息子ヴィンソンを亡くしてからは酒におぼれ、みずから深みに落ちていった。エヴェリンは夫のために何とかしようとしたこともあったが、一切を無視するほうが楽だった。そして一九二八年、娘が生まれてから二人は別居した。それまで長年一緒に生きてきた二人は、それぞれが自分の力で人生を立て直さなければならなかったが、ネッドにその力はなかった。ネッドは親から引き継いだワシントン・ポスト紙を破産へ追いやり、自身は酒におぼれて精神を病んでしまった。一九三三年、このままではネッドは浮浪者になってしまうと医師から告げられたエヴェリンは、夫を作家フィッツジェラルドの妻ゼルダと同じサナトリウムへ入れた。エヴェリンは足しげく通ったが、ネッドは言葉を交わそうとしなかった。ネッドがこの世を去った際、遺言に妻エヴェリンの名は一切書かれていなかったが、正式に離婚していなかったエヴェリンはネッドが残した多額の債務を背負うことになった。それより前の一九三〇年代前半、すでに経済的に困窮していたエヴェリンはニューヨークへ赴き、ホープダイヤモンドを三万七五〇〇ドル（現在の五九万八〇〇〇ドル相当）で質に入れていた[16]。

その後、持ち直したエヴェリンは再びダイヤモンドを買い戻した。しかし、不幸のとどめをさしたのは、それから数年後、娘のエヴィーことエヴェリン・マクリーン・レイノルズ（倍以上年の離れたアメリカの上院議員の妻であり幼い娘の母でもあった）が睡眠薬の過剰摂取が原因とみられる死を遂げたときだった。翌年、エヴェリン自身もあとを追うように、肺炎で六十一歳の生涯を閉じた。

◇◇◇

ホープの呪いが実際に存在したと考える人にとっては、エヴェリンの生涯はその主張を裏づけるかっこうの材料を提供したと言える。だがエヴェリン自身はその回想録からもわかるとおり、不幸なできごとを青いダイヤモンドのせいにしてはいない。もっとも、ちょっぴり弱気になることは何度かあったが。彼女が立派だったのは、迷信のせいにしてその陰に隠れるようなことをしなかったことだ。代わりに、自身の人生で金にまつわることは――購入した物を言っているのではない――すべては自らの責に帰するものとしている。エヴェリンとネッドにとって、金《かね》は麻薬のようなものだった。金《かね》は二人を怠惰でわがままにし、うっとりするような幸福感をもたらしてくれたが、結局のところ、いつだって一時的な幸福にすぎなかった。家族の死や経済的な困窮を経たエヴェリンは後年、再び身を立てるべく、退役軍人の支援活動を行い、『ワシントン・タイムズ・ヘラルド』紙に真面目なコラムを寄せ、リンドバーグの子息の誘拐事件では、犯人と接点があると偽った男ガストン・ミーンズに多額の身代金を渡し、救出に協力しようとした。

いずれにしても、自分のダイヤモンドを責めるのは、エヴェリンにとって、つらいできごとの多かった人生におけるささやかな喜びを否定することにもなった。エヴェリンはこう書いている。「私が宝石を好むのをとがめる人がいても、それは無意味なことよ……宝石は私を心地よく、幸せにすらしてくれるのだから」[17]。

第5章　楽天家たち

二つの大戦と大恐慌を生き延びたダイヤモンド業界

ニューヨーク

美しいダイヤモンドのほとんど蠱惑的な魅力を誰よりも理解していた人間がいたとすれば、それはアメリカのハリー・ウィンストンをおいて他にいないだろう。ニューヨークの小さな宝石商の家に生まれたウィンストンは、少年時代から鑑定眼を磨き、業界有数の大物に成長する頃には、宝石への愛着心はすさまじい執念に変わっていた。もっとも、本人は黒い中折れ帽をかぶった背の低い男で、決して宝飾品を身につけないことで有名だったが、例えば一点物の高価なダイヤモンドが売れると、他の商人のようには喜ばず、ふくれ面をした。ウィンストンにとって、ダイヤモンドを売ること、特に原石から完成品へ手ずから仕上げたダイヤモンドを売ることは、もう少し手元においておきたかった愛娘とヴァージンロードを歩くようなほろ苦い経験で、いくらで売れたかはどうでもよかった。実際、手元のダイヤモンドについて話すときのウィンストンの口ぶりは、まるで自分の子供の話をしているようだった。

「こっちはうちの『おちびちゃん』、あっちはうちの『赤ちゃん』」。

ウィンストンの目には、ダイヤモンドを身に着ける女たちにはその魔法がまるでわかっていないように見えた。『ニューヨーカー』誌のある記事で、ウィンストンはこう嘲っている。

「様々な装身具を身につけている女たち！　連中は、まるでそれがお洒落だとでもいうように、ダイヤモンドを足首に巻き、鼻に刺している。[1]ダイヤモンドへの感性など無いにひとしい」。

こうした姿勢、言うなれば、商品から子離れできないウィンストンの性格は、のちに妻になる女性にとって初めは大変な苦痛で、実際、関係は破綻寸前までいった。ウィンストンが細身で快活なエドナと出会ったのは、アトランティックシティへ向かう列車の中だった。扁桃腺の切除手術を受けたエドナは、父親の勧めで、アトランティックシティの海辺へ療養に行くところだった。二人はすぐに正式につき合うようになった。

しかし、ウィンストンを知れば知るほど、エドナは恋人が心のどこかで別の女性とも言える宝石に思い焦がれているのを痛感した。この人とつき合い続けて、自分は幸せになれるのかしら。確信が持てなかったエドナは、別のもっと素朴な男性からの婚約の申し出を受け入れた。ハリー・ウィンストンから電話がかかってきたのは、披露宴の二日前のことだった。

「代わりに、僕と結婚してくれないか[2]」。

結局、エドナは自分の本当の気持ちを裏切れず、翌日、ニューヨークでウィンストンと結婚した。ところが新婚旅行でも、話すのはダイヤモンドのことばかり。ハリー・ウィンストンを愛する以上、夫の心が半分は家庭に、しかしもう半分は仕事に向いていることを受け入れなければならない。ウィンストンにとって、宝石は本物の息子や娘と変わらない存在だった。それでもエドナは、「夫には血肉を分けた二人の実子の他に、きらきらした無数の子供たちがいるのだわ」と思うことにした。少なくとも、妻は自分一人だけだったからだ。

それに、そこまでダイヤモンドに入れ込んでいたからこそ、ウィンストンは大きな成功をつかめた、と言える。生い立ちから言えば、業界きっての宝石商になれる要素はどこにもなかった。ウィンストンは一八九六年、ニューヨークのとある宝石商の三男としてこの世に生を受けた。一家が住んでいたのはエレベーターのないアパートの三階だったし、アパートのあるウェスト１０６丁目は、並木道に沿ってユダヤ移民やイタリア移民用の長屋が建ち並ぶ労働者階級の区画だった。父親はコロンバス街で小さな宝石店を営んでいて、わんぱく小僧のハリーはよく店へ遊びに行った。母親がこの世を去ると、ぜんそく持ちの父親は、暖かくて空気の乾いたロサンゼルスへ一家で移り、フィゲロア通りで新たに店を開いた。

まだ十二歳だったある日、ウィンストンは近くの質屋で宝石の模造品が投げ売りされているのを見つけ、その前で足を止めた。紙には「一個二五セント。お好きなものをどうぞ」と書かれていた。箱の中に一つ、陽光の中で際立った輝きを放つ緑色の石があった。ウィンストンがそれを買い、父親のもとへ持っていくと、予想通り石はエメラルドで、父親は仰天した。一説によると、幼いウィンストンは二日後に石を売って七九九ドル七五セント（現在の価格で一万九八〇〇ドル）の利益を出したという。

ウィンストンは宝石の虜《とりこ》になった。学校には十五歳まで通ったが、その後、退学して家業を手伝った。父親は息子の天賦の才に舌を巻いたが、同時に危険な兆候も感じて不安になっていた。一九五四年の『ニューヨーカー』誌で、ウィンストンはこう話している。

「父はいつも、私がいずれ宝石に取り殺されるのではと心配していた。よくこう言っていたよ。『ハリー、今はお前が宝石を支配しているが、いずれ（油断していると）宝石に支配されるぞ』とね」。

ロサンゼルスでの数年間を経て、ウィンストンは生まれ故郷のニューヨークへ戻った。西海岸は石油成金であふれていたが、アメリカの産業の中心はやはり東海岸だった。事務所を借りたのは五番街の535番地。理由は、街のダイヤモンド地区が風光明媚なメイデン・レーンから最近47丁目へ移ってきていたからだった。そこならグランド・セントラル駅やペンシルベニア駅といった列車の駅にも近いし、ホテルやデパートの集まるミッドタウンにも歩いて行けた。(3) 以前は上流階級の邸宅が建ち並んでいたミッドタウンも、今では喧噪渦巻く商業地区に様変わりしていた。だから、何人かの名のある宝石商が店を移すと、残りも慌てて後を追った。そのなかで、ウィンストンの新事務所は申し分のない場所にあった。そこでは、宝石商なら誰もが知っている「ジェイガー」という南アフリカのヤーヘルスフォンテーンで採れる澄んだ青白色のダイヤモンドを、独自のコネで取引することが出来た。当初のウィンストンの会社は、プレミア・ダイヤモンド・カンパニーという名前だった。

当時は、ダイヤモンドで財を成した者たちの目がヨーロッパからアメリカへ移り始めている時期だった。第一次世界大戦の幕が開き、戦火が拡大していくと、ヨーロッパからの注文は激減し、ダイヤモンドにお金を使う余裕のあるお客は、朝刊を読んで戦況に注目しているアメリカ人だけになった。だからヨーロッパの宝石商は、在庫を船に載せて大西洋の向こうへ送った。ぜいたく品が慌ただしく取引される場所は、バザールの露店が中心になった。ラペ通りの店は軒並みシャッターを下ろした。フランスに爆弾の雨が降る中、洒落た趣は消え失せていった。

ヨーロッパの人々は宝石どころではなかったが、その差し迫った状況は、裕福なアメリカ人には願ってもないことだった。アメリカ人たちは、元の持ち主が必要に駆られて、あるいはやけを起こして手放した宝石類をこれでもかと買いあさった。その後、大英帝国とドイツがそれぞれ領土を保有するアフリカ南部まで戦線が下る中、宝石鉱山が閉鎖されていった。デビアス社は、世界のダイヤモンド需要が某国を除いて落ち込んでいるという、至極真っ当な判断をしていた。一九一六年、『ニューヨーク・タイムズ』紙の編集者は、世界が苦しむ中でやかましく宝石を追い求めるアメリカ人の無節操ぶりをこう指摘した。「経済の独裁者たるドイツは食料消費の制限を強化し、[4]イギリス政府は勅令を出して石けんも含めたぜいたく品の輸入を禁止しているのに、ニューヨークの全国宝石商組合の福利厚生委員会議長は、南アフリカの鉱山再開が遅れているせいでダイヤモンド飢饉が起こり、同時に宝石需要が増加しているなどと不謹慎極まりないことを言っている。なんという異常な世界だ。ある場所では食料が足りず、別の場所では宝石が足りないとは」。

それでも、なんと言われようとアメリカ人の面の皮は厚かった。品薄感が価格の上昇を招き、とりわけ精巧な台座に乗せる小粒の石は高騰した。一九一九年までに、平均的な品質のダイヤモンドの値段は一カラットあたり三〇〇ドル（現在の価格で四二四〇ドル）に、一方でメレと呼ばれる白い小粒のダイヤモンドは一カラット分の値段が四五〇ドルから五〇〇ドル（およそ六七〇〇ドル）にまで上昇した。[5]小さいダイヤモンドの方が大きいダイヤモンドより値段が高いのは不自然に思えるが、よく考えるとこれは当たり前だった。というのも、小さな石を加工するには正確かつ専門的な技術が必要で、そして世界の三大加工地であるアントワープ、アムステルダム、ニューヨークのうち、二カ所は灯が消えたも同然だったからだ。一九一九年の夏にシカゴで開かれた全国小売宝石商協会の集会で、会長のジョゼフ・メイザーは、宝石には確かな未来が待っていると予測した。[6]小切手がかつてない勢いで切られているし、禁酒法の影響で、働く男は今まで以上に妻と娘に金を使うようになり、ゆったりした不格好な服を着て、髪を短く切り、耳や首を出しているフラッパーは宝石の愛好者であり、うす暗いナイトクラブでは、輝く宝石を数多くまとっている方が見栄えが良いからだという。

このように、アメリカのダイヤモンド業界には、楽観的になる理由がたっぷりあった。当時の国内の宝石商には、行く手に荒波が待ち受けていることなど知る由もなかった。

ハリー・ウィンストンは確かに大胆だったが、新参者であることに変わりはなく、業界が好調だとはいっても乗り越えなければならない大きな壁があった。ウィンストンは身長が一六〇センチもなく、丸顔と相まって、ほとんど妖精のような目をしていた。二十四歳の頃、融資の相談にニューヨークのニューネーデルランド銀行へ行った際には、素性を説明しないうちに門前払いを食い、ちゃんとした人間を連れてこいと言われた。この件をきっかけにウィンストンは、白髪で堂々とした事業の「顔」となる人物を雇うようになり、その後は自ら表舞台に出ることを控えた。「ダイヤモンドの王」の地位を継承した後も、保険会社ロイズ・オブ・ロンドンからは、誘拐されるといけないので写真は撮らないようにと言い渡されたそうだ。壁はほかにもあった。戦争という明らかな逆風の中でも、デビアス社はまだ世界のダイヤの九割を所有していて、優れた人脈と揺るぎない名声を備えていない人間がデビアス社からダイヤモンドを仕入れるのは、ほとんど不可能だった。当然だが、デビアス社は第二のティファニーを夢みるアメリカの青二才たちとの取引には乗り気ではなかった。ハリー・ウィンストンは食べ物よりダイヤモンドを愛していて、砂糖入りコーヒー一杯で勤務時間を乗り切った逸話の持ち主であったが、そんな彼にも、良質のダイヤモンドを手に入れる方法はなかなか見つからなかった。

しかし、難題解決の答えは競売と遺品整理に見出すことができた。そこには、古くさくとも質の高いダイヤモンドがごろごろしていて、きちんとした技術で研磨し直し、あるいは台座にはめ直せば、時代に合った魅力的な品に生まれ変わらせることができた。かつて「ダイヤモンド・ホースシュー」に集ったコーネリア・ブラッドレー＝マーチン世代の富豪たちが遺していった精緻な品々は非常に高価であったが、これらを保有する旧家、特に宝飾品を好んで身に着ける女性のいなくなった旧家の人たちにとっては手元に置いておくのが難しくなった品物である。宝石を大いに愛したアラベラ・ハンチントンの場合もまさにそうで、彼女が一九二四年に死去すると、後には合計で一二七万五〇〇〇ドル（現在の価格で一六七〇万ドル）相当の品と、莫大な額の税金の支払いが残された。相続人である一人息子のアーチャーも、その妻のアンナ・ハイアットも、ダイヤには関心がなかった。アンナ・ハイアットはサンフランシスコで彫刻に打ち込む質素な女性で、古くさいティアラやカクテルリングなどは必要もなければほしくもなかった。

それでも、一部の人たちにはそうした収集品の数々は垂涎の的だった。美しいだけでなく、まさに宝石の歴史をめぐる旅のように思えたからだ。ハンチントンはその生涯で、無数のダイヤをかき集めていた。カルティエやティファニー社からは職人の技術の粋を尽くした名品を買い、個人的につき合いのある美術商からも、古くてやや質の劣る品をも買い取っていた。その中には、ニューヨークのダウンタウンにある輸入宝石店、アルフレッド・Ｈ・スミス社で買ったダイヤモンドの鎖（七カラットの梨形のエメラルドから、同じ梨形の天然真珠が下がるペンダントをあしらったもの）もあれば、ティファニーのダイヤモンドと黒真珠のブローチもあった。貴重な黒真珠を連ねた有名なネックレスは、前の持ち主のハミルトン公爵夫人から一〇万フランで買い取ったものだった。[7] ハンチントンの息子と義理の娘は、こうした遺産のほとんどすべてを競売で整理できて喜んだ。[8] そうした品々に最高値をつけて買っていったのが、新進気鋭の宝石商ハリー・ウィンストンだった。そのための資金として、ウィンストンは、ニューヨークのニューネーデルランド銀行から一五〇万ドル（現在で二〇二〇万ドル）もの多額の融資を受けた。[9]

こうしてウィンストンがようやく頭角を現し始めたところで、一九二九年十月二十九日に、ぜいたく品産業の死を告げる鐘の音が鳴り響いた。そう、闇黒の火曜日だ。しかし心配ご無用。王に必要な資質は傲慢さだけでよかった。少なくともダイヤモンドは、株式市場の影響をさほど受けなかった。大恐慌が街を直撃する中、ウィンストンは47丁目の他のダイヤモンド商たちと同じように、危機を乗り切っていった。不安を抱いていたとしても、表には出さなかった。一九三二年に、プレミア・ダイヤモンド・カンパニーを閉じ、ハリー・ウィンストン社を創設した。

◇◇◇◇◇◇◇◇◇◇◇◇◇◇◇◇◇◇◇◇◇◇◇◇◇◇

業界の誰もが、金融市場の崩壊から生き残れたわけではなかった。一九二九年、ヨーロッパの宝石業界に強固な地盤を築いていた気さくな兄弟の宝石商が、そのヴァンドーム広場の旗艦店の人気にあやかり、思い切ってニューヨークに賃貸契約のブティックを出店した。ルイ・アーペルとジュリアン・アーペルという長男と義理の弟が世紀の変わり目に興した店の名は、ヴァンクリーフ&アーペルといった。だが、兄弟がニューヨークで店を開いた十月二十四日は、ウォール街の大暴落が始まった日だった。二人は直後に店を閉じた。アーペル兄弟は負けを認め、しばらくの間、全米展開を諦めた。

一方、十分勢いのあったハリー・ウィンストンは好調な業績を維持していた。というより、激変する環境の中でどんどん事業を伸ばしていき、ダイヤモンド業界を「シンデレラの世界」とまで豪語するまでになった。[10] 富豪の遺品整理を通じて名品や希少宝石を次々に見つけ出していったのだ。自分には世界中から最高の石を買い集める使命があるとの思い込みも強まっていった。売り込みの達人でもあったウィンストンは、ニューヨークの事務所で、大恐慌後の世界に閃光を炸裂させる方法をあれこれ思案していた。かつてホープダイヤモンドのように巨大なダイヤモンドが世界を熱狂させたことを思い出した。優れた宝石はただの石ではない。そこには、「地球は寛大で奇跡的ですらある」という輝かしいメッセージが込められている。真っ暗闇のどん底の先には、きらびやかな何かが待ち受けているということをわかってもらうのに、今以上にふさわしい時期があるだろうか？

そして絶好のタイミングで、ヨンカーが掘り出されたのだった。

それまでの南アフリカでは、巨大ダイヤは一九〇五年にプレミア鉱山で発見された史上最大の原石、三一〇六カラットのカリナンを最後にしばらく見つかっていなかった。この新しい宝石を見つけたのは、ヨハネス・ヤコブス・ヨンカーという、オランダ系の昔気質のダイヤモンド掘りだった。彼は十八年を費やして人生を一変させるカリナンのような宝石を追い求めていた。一九三四年一月十七日、七人の子持ちの六十二歳の父親は、しかし疲れ切っていた。同じことの繰り返しがもう何年も続いていた。家族とともに鉱山から鉱山へと渡り歩いては、毎朝今日こそはという希望を抱いて出かけ、毎晩空きっ腹を抱えて土まみれの姿で家へ戻り、今晩は子供たちに何を食べさせてやれるだろうかと思い悩む日々だった。しかもその朝は嵐の直後だった。こういう日は土が水を含んで重くなるのをヨンカーは知っていた。風も吹き荒れていた。希望だけでは、貧しさの鈍い痛みをごまかせない日もあると達観して、ヨンカーは二度寝することにした。

しかし、一家に一日中休む余裕はなく、ヨンカーは息子のヘルトと現地の作業員二人を鉱山へ送りだした。そしてやがて、知らせがもたらされた。事の顚末はこうだ。大量の岩をゆすいでいたヨハネス・マカーニという作業員が、ある石に他とは違う固い感触を感じ取り、全身をこわばらせた。マカーニが卵形の石をそっとこすっていくと、氷のような表面が現れた。マカーニは帽子を放り投げて叫んだ。

「やったぞ、旦那、ついにみっけた！」[11]

急いで帰ったヘルトに石を見せてもらった老ヨンカーは、膝から崩れ落ちた。世界で四番目に大きい、七二六カラットのダイヤモンドだった。金庫に預けに行く時間がなかったので、その晩は妻が石をくるんだ布を首に巻いて眠り、ヨンカーと息子たちが銃に弾を込め、交代で番をした。[12] 翌朝には発見の報は広がっていて、ヨンカーが青白色の石をヨハネスブルグに持っていくことにした。そこで石はヨンカーダイヤモンドという名を正式に授かり、デビアス社が「有限会社ダイヤモンド（ダイヤモンドの流通を担当するデビアス社の支部）」を代理者にして六万三〇〇〇ポンド（現在では四〇〇万ポンド、または六二〇万ドル）で買い上げた。ヨンカーは、このお金でトランスヴァールに二〇〇〇エーカーの土地を買って農業を始めるつもりだと得意満面で記者に語った。そしてもう一人のヨハネス、つまり実際に石を見つけた作業員については、農場でも雇って「十分な贈り物をする」と約束した。[13]

その後すぐに、ヨンカーをめぐる憶測が業界内でささやかれるようになった。今回の石をカットするのは、かつてイングランド王室のために カリナン宝石の仕上げを行ったことで有名なジョセフ・アッシャーなのだろうか。ヨンカーの出土場所がカリナンの発掘地点から一〇キロも離れておらず、形状や色合いが似ていることから、元は同じ岩の一部と考える専門家もいた（この説は後に否定された）。ジョージ五世王の即位二十五周年を祝う記念祭が間近に迫っていたことから、国王とメアリー王妃へのまたとない献上品になると言う専門家（おそらく二人に近い筋）が何人か現れた。カリナンやホープと同様、ヨンカーは多くの人の心をつかんだ。その中に、遠く離れたアメリカから鋭い視線を送るハリー・ウィンストンの姿もあった。

ウィンストンの動きは速かった。部下をダイヤモンド業者の人脈網に送り込み、デビアス社がヨンカーを売る気があるかどうか探らせた。交渉には何カ月もかかり、その間にダイヤモンド社が支払った保険料は年一万五〇〇〇ドル（現在で二六万五〇〇〇ドル）と言われている。[14] そして一九三五年五月十六日、『ニューヨーク・タイムズ』紙は「有名ダイヤモンド、その行き先はアメリカ」と報じた。そして、七三万ドル（現在でなんと一二五〇万ドル）で購入したハリー・ウィンストンを、自己犠牲の精神を持った愛国者のように扱った。ウィンストンは、アメリカの大洋航路船で原石を運ぶと報道陣に請け合った。そして実際に約束を守り、陸に上がってからはわずか六五セントの郵便でそれを送った。その後ウィンストンは、貴重な宝石を郵送するのが通例になったが、本人はその理由について、それが自分にとっても、従業員にとっても、そして宝石自身にとっても一番安全だからだと話した。恐らくその通りだったろう。だが、カリナンが同じ方法でヨハネスブルグからロンドンに送られ、見出しを飾ったことも、ウィンストンは知っていたのかもしれない。

ヨンカーを手に入れたウィンストンは、あの手この手で注目を集めようとした。原石がニューヨークへ到着すると、ハリー・ウィンストン社の事務所ではなく、手はず通りセントラルパーク・ウェストのアメリカ自然史博物館にいったん運び込まれた。ヨンカーは未加工の状態でアメリカに持ち込まれたのだ。その方がウィンストン自身で作業を監督できるし、原石の方が磨いた石よりも関税が安いという別の利点もあった。一九三五年六月二十日、武装警備員の一団が、何の変哲もない木箱を携えて博物館の石段を上り、モルガン記念宝石展示室の黒いビロードを敷いた台座の上にその箱を置いた。署名を行ったのは、ハリー・ウィンストン社のグラディス・B・ハンナフォード女史（数年後にデビアス社で特別な広報の仕事を任され、「ダイヤモンドレディ」の異名を授かる女性）だった。お披露目にはあえて儀式的な色合いを持たせ、館長の司会の下、五〇人の特別招待記者の前で「秘密の式典」が執り行われた。カメラのフラッシュが焚かれる中、館長が箱を開け、綿とティッシュペーパーの覆いを取った。そしてついに原石が姿を見せると、あまりにも仰々しい雰囲気と肝心の石の平凡さとの落差に、少なくとも一人の記者が卒倒した。「どう見ても、昔よく主婦が洗面所に常備していた軟膏の塊にしか思えなかった。[15] 大きさも、同じく主婦が台所のバケツに入れていた石炭の欠片ほどだった」。

それでも、どんなに拍子抜けだろうが、アメリカ人はその「軟膏」を自分の目で見ようと博物館に殺到した。博物館の発表によると、その後の三日間で五〇〇〇人以上がヨンカーを表敬訪問した。石は防弾ガラスで厳重に覆われていたが、ウィンストンと契約した保険会社はそれでもまだ安全ではないと主張した。いずれにせよ、その週末で一般の関心は十分に引きつけられたが、万が一の失敗に備えて、ハリー・ウィンストンはもう一つの切り札を用意していた。ヨンカーを会社の安全な場所に移すとすぐに、ウィンストンは二十世紀フォックスに電話をかけ、宣伝用に女優のシャーリー・テンプルが未加工のヨンカーと一緒に写っている写真を撮らせた。「国民の天使」と言われた巻き毛のテンプルは、七歳を迎えたばかりだというのに、『輝く瞳』の劇中歌「こんぺい糖のお舟」や、『小連隊長』でのビル・「ボージャングル」・ロビンソンとのタップダンスで観客を魅了していた。写真の中でテンプルは自分の掌ほどのダイヤモンドを、胸の中央の襟元の黒い蝶ネクタイの上に載せ、まるで「動かないで、私の輝く心臓」と言っているようだった。また別の写真では、テンプルはまるで紙飛行機で遊ぶかのように空高く上げた原石を動かし、横目でそれを追っている。その視線には、ウィンストンが大衆に抱いてほしい気持ちが完璧に表れていた。おっとっと。

こうして原石をきっちり印象づけた後は、加工の段階が待っていた。下調べはすでにヨーロッパの専門家が済ませていて、カット方法の助言ももらっていた。それでも、自分で作業を仕切りたかったウィンストンは、ラザール・キャプランというベルギー出身の職人を雇うことにした。キャプランは二十世紀初頭にニューヨークへやって来て、自らもダイヤモンドを扱う商売を始めていた。実質的にはキャプランはウィンストンのライバルだったが、それでも、二十代前半の息子のレオに大きな石の切り方を伝授する機会は魅力的で、断るのは難しかった。ウィンストンが合意した三万ドル（現在の五二万二〇〇〇ドル）の報酬も悪くなかった。

キャプランは、後日になって認めているが、すでに欧州の職人が予備調査を終わらせている以上、これは割合に楽な仕事だろうと高をくくっていた。[16] 助言に従ってさえいれば、多少は緊張しても、息子に「ほらご覧よ、このとおりだよ」と見せることができ、しかも多額の報酬がもらえる、と思っていた。ところが、事はそう簡単ではなかった。腰を落ち着けて自分でじっくり調べてみると、すぐに厄介な点に気づいた。岩石には、欧州の専門家が見落としていた、活断層のような細かい段差が入っていた。ヨーロッパ案に従えば破滅につながるところだった。その上、ロイド・オブ・ロンドン社は、石の分割作業を保険の対象に含めることを拒否していた。一人の職人の専門知識と巧みな指さばきに、ウィンストンの約七五万ドルの賭けがかかっていることをキャプランは実感した。

何カ月もかけて、キャプランはヨンカーを調べ上げた。石膏で型を取って、取って、何度も取っているうちに、気づけば型の数は一〇〇〇個を超えていた。鉛でも型を取り、それに墨汁で印をつけ、切り込みを入れる場所や、それぞれの塊の大きさ、そして無駄にしてしまう部分を最小限に抑えつつ、同時に石本来の良さを損なわない割り方を定めていった。そして準備ができたと感じ、別のダイヤモンドで小さな刻み目を入れる作業まで終わらせたところで、見落としていた曲面に気づき、再検討を強いられた。仕事を引き受けてから一年、ラザール・キャプランはようやく転換点に行き当たり、これは作戦を一から練り直さなければどうしようもないと悟った。カットの準備のため、キャプランは丸一週間かけて表面に溝を刻んでいった。すでに多くの時間を無駄にしていたから、今さら怖い物はなく、いくらでも慎重になれた。

一九三六年四月二十七日（月）、キャプランと息子のレオがようやくヨンカーの分割の準備を終えたという知らせを受け、ハリー・ウィンストン社の現場には報道陣が詰めかけ、見学が始まるのを待っていた。電話の向こうのウィンストン社の女性社員はそう約束していた。「作業過程を記事にしていただくため、記者の方々をご招待します」。ところがいざ着いてみると、記者もカメラマンも、キャプラン親子がダイヤモンドを分割している部屋には入れないと言われた。ヨンカーの持ち主であるハリー・ウィンストン自身も、その朝の作業を目撃できなかった。何が起こるかは、父と息子、そして石の間の秘密となった。

閉じた扉の向こう側で、レオ・キャプランは型を使って何度も練習してきた通り、原石を留め金に固定した。レオ自身も二十三歳にしてすでに熟練の職人で、父と二人で無数の宝石をカットしてきていた。外にいる記者の集団を気にしなければ、そしてくさびの刃を入れる間だけヨンカーの金銭的価値を忘れることができれば、計画は失敗するはずがなかった。最初のカットはすでに終わらせ、端から小さなマーキスカット用の石を切り出してあった。しかし、本当の勝負は次だった。正しく切り込みを入れれば、ダイヤは石本来の目に沿って割れていき、二つに分かれるはずだった。石を固定したところで、刻んであった溝に息子がくさびを当てた。キャプランが息子に覆いかぶさるようにして立ち、くさびを素早く、正確に一回打った。

「完璧だよ、父さん！」[17]とレオが快哉を叫ぶと、ヨンカーはきれいに半分になった。

翌日、キャプラン親子は快挙の一部始終を記事用に再現してみせた。『ニューヨーク・タイムズ』紙に載った写真では、二人は完全に集中しているように見えるが、レオの方は笑いをこらえきれないかのように唇の端がわずかに上がっていた。

その後、ヨンカーの原石は美しく整えられた一二個の宝石に生まれ変わった。一一個はエメラルドカットで、大きさは三・五カラットの小さなものから、「ナンバーワン」と名づけられた一四三カラットまでさまざまだった。残りの一つは一五・八カラットのマーキスカットで、最初にカットされたせいか、どことなく趣があった。それでも、ヨンカーの目玉であるナンバーワンはやはり別格だった。エドワード七世へ贈られた「偉大なアフリカの星（カリナンの原石からカットされたもの）」に大きさでは劣るものの、完璧さは上だと言われた。一二個を合わせた推定価値は二〇〇万ドル（現在で三三七〇万ドル）ほどで、いざ販売のときが来ると、子煩悩なパパであるウィンストンは、一人の買い手がまとめて買ってくれればいいんだが、そうすればこれからもみんな一緒でいられると、心の内を打ち明けていた[18]。それが現実に可能だったかは別にして、ハリー・ウィンストン、さらにはラザール・キャプランが、ヨンカーに首ったけだったのを誰も咎めることはできない。ヨンカーダイヤモンドが分割され、研磨され、売られてから二十年後、二人はどちらが本当の生みの親かをめぐり、『ニューヨーカー』誌上で別れた夫婦のような小競り合いを起こした。キャプランは、ウィンストンの手腕ばかりが称賛されるのは納得できないとこぼし[19]、一方のウィンストンは、一二個のうち一〇個は自分でカットし直さなくてはならなかったと言い返した。

例のごとく、ハリー・ウィンストンは作品を再び自然史博物館に展示し、原石のときを上回る数の見物客を集めた。展示期間は三日間だけで、武装警備員による二十四時間体制の警備、ダイヤモンドを保護する鋼鉄の天蓋、そして防弾ガラスは、保険会社による防犯対策の意味合いもあったろうが、おそらく記事ねたを提供するためでもあったのだろう。ナンバーワンは美しさも驚愕なら、十年以上も買い手が見つからず、ウィンストンがその後の十年で幾度も展示に出したこともまた驚きだった。一九三九年、上流階級のダイヤモンドのお披露目の場であるニューヨークのザ・リッツ・カールトンで、ジャズ・エイジの宝石商ポール・フラットが宝飾展を開催した際、ナンバーワン（この頃には、もうヨンカーと呼ばれていた）が主役を務めた。一九四九年になって、石はようやくエジプトのファールーク国王に買われていった。ずっと一緒にいてほしいというウィンストンの希望もむなしく、ヨンカーたちは世界中に散らばり、最後はインドールのマハラジャや、ジョン・D・ロックフェラー・ジュニアといった著名人の手に渡ったといううわさも立った。ヨハネス・ヤコブス・ヨンカーはと言うと、彼のつましい財産は、自身の名を冠した宝石と同じように飛散したと言われている。彼は土地を買い、家畜を買い、さらにはリムジンまで買ったが、残った金は浪費してしまったようだ。農業を営む平凡な日々は性に合わず[20]、ヨンカーが見つかってからほんの数年で、彼は名もない流浪のダイヤモンド掘りに戻った。

◇◇◇◇◇◇◇◇◇◇◇◇◇◇◇◇◇◇◇◇◇◇◇◇◇◇◇◇◇◇

大恐慌のどん底から這い上がろうとあがいていた宝石業界の人間は、ハリー・ウィンストンだけではなかった。倹約の歳月は、ティファニー社にとっても厳しいものだった。一九三三年になっても売上がまだ回復せず、会社はあらゆる職種での人員削減を強いられた。苦渋の決断の繰り返しは一九三九年まで続いた。一方でカルティエは、競争に置いて行かれないよう、ニューヨーク店用のカタログを出し始めていたが、一九三二年号では経済状況を鑑みて「一ドルからの贈り物(21)」を特集した。あえて言うなら、高級ブランド受難の時代だった。そんな中、一九三七年、大々的に宣伝されること間違いない国際的な祭典が開かれることを耳にしたピエール・カルティエは、大いに興味をそそられた。窮乏状態とパニック状態にどっぷりつかっている消費者は、宝石を手の届かない高嶺の花とみなすようになっていたし、それどころか宝石のことを考える余裕すらない人がほとんどだった。今こそ消費者に、ダイヤモンドはどれも心が躍る、エキゾチックで魅力的な品だと気づいてもらいたいと思ったカルティエは何本かの電話をかけた。

一九三九年の万国博覧会は、ニューヨーク市の大御所たちの創意工夫の結晶だった。彼らは、「はがれたものはまた貼り直せばいい」と市民に思い起こしてもらうには、どうすればいいか考え、何かどでかいことをする必要があると思い至った。一九三七年十一月、主催者は、カルティエとティファニー社、マーカス社（ティファニーの元社員であるドイツ移民ハーマン・マーカスと、二人の息子が開いた宝石店）の競合三社が提出した共同出展の申込書を受理した。そして、出展企業の多くがやっているからと、自前の展示館を作るよう求めたところ、「宝石店連合」が費用に尻込みしたので、それなら万博を機に少しばかり露出を増やしたがっていた会社、つまりデビアス社に支援を求めてはどうかと提案した。デビアス社は喜んで協賛し、さらにユードル＆バルー（ニューヨークの宝石店）、ブラック・スター・フロスト＆ゴーラム（一八一〇年創業の老舗宝石店）も仲間に加わり、「宝石館」ができあがった。

　一九三九年大会は、一九〇四年のセントルイス万博に次ぐアメリカでは二番目の規模の万博で、クイーンズの広大なフラッシング・メドウズ公園で開催された。開催の目的は、過去の偉大なアメリカの再現で、開幕が四月三十日に設定されたのは、ジョージ・ワシントン初代大統領の就任というアメリカの輝ける未来が約束された日からちょうど一五〇年に合わせるためだった。テーマは「明日の世界」で、それだけではメッセージが伝わりきらない場合に備え、「新しい日の夜明け」というスローガンをつけ加えた。フォードやゼネラルモーターズ、ＲＣＡといった企業の多くは、進歩と革新の連携を強調した。入場料は大人が七五セントで、子供が二五セントだったから、四人家族なら二ドル（二〇一四年の三三ドル二九セント相当）で朝十時から夜十時まで、無数の出し物が楽しめた。宝石館はかなり小さめだったが、公園の中心に位置していた。一般向け開館日の一九三九年五月十六日には、万博の主催会社の社長に就任していたグローバー・ウェーランが、ピエール・カルティエに感謝を伝え、それから展示に関する詩を詠んだ。「宝石はまとうだけのものにあらず。[22] 製作過程における構想と技術の最も美しく最も全き表れなり」。

　当然ながら、来場客は宝石店連合の無駄のない白い建物に吸い寄せられた。その簡素さは、色鮮やかな他の建物や、総額五〇〇万ドル（現在で八三二〇万ドル）以上の貴重な宝石を収めた館内とは対照的だった。展示はまず、合計二〇〇万ドル（現在で三三三〇万ドル）相当の原石と研磨した石という、デビアス社の印象的な提供品の数々から始まる。静かな音楽とダイヤモンドの物語を伝える音声が、ぞろぞろ入ってくるお客を迎え、[23]巧みに配されたスポットライトが明滅して物語の別の部分である原石の発見と、その後の世界周回の旅を強調した。続けて、宝石がガラスめいた岩から憧れの品への生まれ変わりだということを実物で確かめてもらおうと、最近のコレクションから万博向け特別作品まで、ニューヨークの参加五店それぞれの秀作が陳列された。中でもティファニー社は目を見張る品々を出した。[24]最大の目玉は、一二八・五一カラットのクッションカットのティファニー・ダイヤモンドで、まわりには形も重さもさまざまに異なる、合計で三六二・六四カラット、金額にして二〇〇万ドル（現在で三三三〇万ドル）相当の六三五個の宝石が敷きつめてあった。他にも、九〇六個の宝石を使った一一万ドル（一八〇万ドル）相当のエメラルドとダイヤモンドのティアラや、ラウンドカットのダイヤモンドを三重の輪にして、中央に二一七・五七カラットのアクアマリンを配したネックレスもあった。展示の締めくくりは、指輪にブローチ、真珠、金銀のアクセサリーの数々だった。どれも開催期間中は非売品だったが、閉会後は57丁目の店へ移され、多くの品がお金持ちの客に買われていった。

一九三九年の万国博覧会は、大変な人気を博した。[25]四月から十月までに、フラッシング・メドウズ公園を訪れた有料入場者は二六〇〇万人に達した。実績が示されたことを受け、万博は一九四〇年夏に再び開催される運びとなり、宝石館も再び展示を出した。今度のテーマは「平和と自由」だった。その頃には、ヨーロッパの戦争は局地戦から総力戦に膨れあがり、一九三九年万博に出展したヨーロッパ企業の一部が故国へ帰れなくなっていた。その中には、ルイとジュリアンのアーペル兄弟もいた。一九二九年にはニューヨークで初めて挫折を味わった兄弟だが、フラッシング・メドウズでは違っていた。だからナチスに支配された故国へ戻るか、それともニューヨークで再挑戦するかの選択を迫られたルイとジュリアン、そしてジュリアンの息子のクロードは、残ることに決めた。

一九四二年、ヴァンクリーフ&アーペルは、アラベラの夫である鉄道王コリス・ハンチントンのかつての所有地がある五番街の744番地にアメリカ旗艦店を移した。はす向かいの727番地にあるティファニーの店は、ハンチントン一家が住んでいた五階建ての邸宅を改装したものだった。宝石商たちは、逆境を耐え忍ぶことにはもう慣れっこになっていた。しかし、第二次世界大戦が長引く中で、ダイヤモンドの王たちは、確かに作戦は申し分ないものの、業界の衰退を防ぐには、ヨンカーの興奮や見事な宝石館以上のものが必要なことを痛感していた。確かに、富裕層ならいつだって宝飾品を買うかもしれないが、これほどつらく深刻な状況の中で、貧乏な人たちが同じようにするだろうか。大恐慌と悲惨な二つの大戦の後では、ダイヤモンドで飾り立てた女はひどく場違いだった。新しい流行では、おそらくそのスタイルは完全に否定されるだろう。業界のためには、宝石は常に希望の象徴でなければならない。時代遅れや、ましてや不快に見えることなどあってはならなかった。

幸運にも、ダイヤモンドの世界の実質的な支配者と言えるデビアス社のある人物が、その点について一計を案じていた。

第6章　ダイヤモンドを売る人たち

若い女性がダイヤモンドを欲しがる理由（その二）

ニューヨークとフィラデルフィア

デビアス社は強大だったが、完璧というわけではなかった。この会社は第一次世界大戦と世界恐慌という国難を、当時の経営者であるアーネスト・オッペンハイマーの能力で乗り切った。創業者セシル・ローズの後を継いだアーネストは、ドイツ生まれのユダヤ人で中産階級出身という、前任者のローズとはまったく異なる経歴の持ち主だった。アーネストは強固な目的意識を持って会長の地位を勝ち取った。ローズがその様子を見ていたら、きっと誇りに思ったことだろう。英国王室に最大限の忠誠心を持ち続けたアーネストは、英国人ではないにもかかわらず、戦時中に英国のために力を尽くしたとして、一九二一年に英国王ジョージ五世からナイトの称号を与えられていた。こうして、アーネスト・オッペンハイマーは英国で確固たる地位を築いていたが、それまでの道のりが順風満帆というわけではなかった。

第一次世界大戦中、アーネストがまだ正式にデビアス社を買収する前のことだ。ダイヤモンドの全世界的需要の減少に対して、デビアス社は価格引き下げという方針で対応した。セシル・ローズが培ってきた戦略を完全に覆したのである。その上、南アフリカの現地の政治社会情勢は混とんとしていた。一九一三年には南アフリカ政府によって、悪法といわれている「グレン・グレイ法」の付加法である「先住民土地法」が制定された。この「先住民土地法」によって、黒人は国のごくわずかな地域を除き、基本的に土地の所有を禁止されることになった。家族経営の農場は一夜にして非合法となり、広範な地域に住んでいた人々が、何の支援もなく自力での移転を迫られることになってしまった。こうした人々に残された選択肢は鉱山で働くことだけだった。鉱山での労働で得られる給金はごくわずかなうえに、環境は劣悪で、安全面での保障も皆無だった。

これはデビアス社にとって安い賃金で労働者を独占的に確保する機会となった。しかも、それまでどおりシンジケートによってダイヤモンドの供給を自由に統制することができた。しかしながら、この会社には経営陣を悩ます根本的な弱点があった。それは、世界的に落ち込んだ景気の中でダイヤモンドの需要低迷をどうすることもできないことだった。もちろん、どの商売にもこれはアキレス腱と言える課題である。でも、もしこの状況を変えられるとしたら?

一九三八年、アーネスト・オッペンハイマーの聡明な息子であり、デビアス社の家族経営陣に加わったばかりの二十九歳のハリー・オッペンハイマーは、米国の消費者たちの購買意欲を高めるための方策を探るべくニューヨークへと向かった。J・P・モルガンの金融会社で通称「ハウス・オブ・モルガン」の推薦で、ある若いビジネスマンを紹介された。ハリーは自分と同様に若い、二十一歳になったばかりのジェロード・ラウックというイェール大出身の広告担当幹部と面談した。

ラウックはマンハッタンにも支店があるN・W・エイヤー親子商会のフィラデルフィア本社で働いていた。ラウックは生真面目な男で、堂々としていたが、どこか憂鬱そうな雰囲気も漂わせていた。ハリー・オッペンハイマーは、ラウックとの初めての打ち合わせで、広告がダイヤモンドの販売をどう変えられるかについて彼の意見を求め、デビアス社のために具体的な提案書を作成するように依頼した。ハリーはこの新たな知り合いに、デビアス社がＮ・Ｗ・エイヤーと契約すれば、Ｎ・Ｗ・エイヤーは米国におけるデビアス社の独占的な広告代理店になることを請け合った。ジェロード・ラウックは、当時すでにグッドイヤー・タイヤや、ニットウエアで知られるヘインズなどの顧客を抱えていたが、大型顧客をもっと増やしてＮ・Ｗ・エイヤー親子商会を改革し、さらに成長させたいと考えていた。ヨーロッパの状況が芳しくないことから、米国に全精力を注いでいたデビアス社は、さらに、アメリカの一般の人々の宝石に対する考え方についての調査の費用をも同社がすべて持つことにした。ラウックにとって、デビアス社からの申し出は願ったり叶ったりだった。

しかし、このプロジェクトには元から大きな課題があった。ハリー・オッペンハイマーが求めていたのは、実は今まで考えられなかった種類の広告だった。ハリーが自覚していたかどうかは定かではないが、今回の広告の目標は従来のようなブランド認知の向上ではなかった。これはシアーズ・ローバックやティファニーなどの「名前」を浸透させるための宣伝ではなかった。シャーマン反トラスト法の条項によって、シンジケートのメンバーである会社はダイヤモンドを米国の消費者に直接売ることができなかった。ラウックは、ダイヤモンドが消費者に届くまでの過程が長すぎることをよく理解していた。したがって、宝石が素晴らしいものだという認識が一般に広がれば、関係者すべてが利益を得ることができるのではないか、と考えていた。オッペンハイマーも同様で、たとえ遠まわりしてもダイヤモンドが売れることはデビアス社にとっても得なことに間違いなかった。

その後、ジェロード・ラウックがヨハネスブルグを訪問して自分の見解を発表した結果、ラウックとハリー・オッペンハイマーは取引の約束をし、デビアス社は正式にエイヤー商会のクライアントとなった。将来、このダイヤモンド企業と広告会社があまりにも緊密になり、N・W・エイヤー親子商会の仕事から膨大な利益が生まれたため、両者の関係は米国政府から問題視されるようになる。しかし、それはまだ先のことだ。二回目の会議で、ラウックはオッペンハイマーにこう明言した。

「ダイヤモンドを巡る商売は厳しい状況にありますが、それは不況だけのせいではありません。何年もの間、ダイヤモンドの販売量が減り続けているのは経済的な状況も無関係ではないものの、問題は若い世代の人々がダイヤモンドを時代遅れと考えていることにあるのです。エイヤー商会のアンケートや面接調査の結果でわかったことは、つい二十年前まではプロポーズにはダイヤモンドの婚約指輪が欠かせなかったが、今や婚約指輪の宝石としてはダイヤモンド以外の宝石のパールなどが人気を博していることだった。さらにまずいことに、プロポーズが指輪なしで行われることも多いことです。しかし、私は広告によってこの状況を変えられるとにらんでいます」。

ラウックは、ダイヤモンドのイメージにかかっていた埃を払い落とし、人々がもう一度ダイヤモンドを欲しがるようにするための計画を説明した。デビアス社の資金はあまり潤沢とはいえなかったが、一応財源を用意することに同意し、N・W・エイヤーチームの活動が開始された。

当時の広告の定石に従えば、次の仕事は、宝石で着飾った、若く、美しい女性を雇うはずだった。けれども、ラウックは使い古された手法に興味はなかった。ヨハネスブルグからフィラデルフィアに戻ったラウックは、ポール・ダロウという若いデザイナーをオフィスに呼んだ。N・W・エイヤーで働き始めたばかりのダロウは、ラウックの構想に耳を傾けた。それは、デビアス社の新しい広告に、ペン画や水彩画のような洗練された技術を用いたいというものだった。その目的は、ダイヤモンドの持つ威厳とロマンティックな雰囲気を伝えることであり、ダイヤモンドのイメージを新鮮で先鋭的にしようというものではなかった。ラウックは、普通の方向ではなく、あえて逆に、ダイヤモンドの持つエレガントな歴史をもう一度呼び起こすことにしたのだ。宝石の売り手たちが、宝石を芝刈り機か何かと同じように値下げや特売で売り込み、わざわざダイヤモンドの地位を低下させている様子をラウックは嫌というほど目にしてきた。けれども、ダイヤモンドは芝刈り機ではなく、最高級の贅沢品で、消費者たちが手にしたいと憧れるべきものだ。ダイヤモンドは時代を超えた宝物なのだ(1)。さて、アート部門はこの課題に対処できるのだろうか？

ダロウにとって、答えは唯一つ「イエス」しかなかった。それは「エイヤーにおけるキャリアの中で最も重要な出来事(2)」だった。自分が他の社員とは違うというところを見せるチャンスが訪れたのだ。ダロウとエイヤー商会のアートディレクターのチャールズ・T・コイナーとコピーライターたちは、すぐさま任務に取りかかった。商会が実施した市場調査とラウックからの指示を基に、担当者たちは広告の目的を四つにまとめあげた(3)。その一つ目は「婚約指輪の伝統を守り、周知させること」、二つ目は「ファッションの世界でのダイヤモンドとダイヤモンドを使った宝飾品の地位を高め、ダイヤモンドの需要を回復させること」、三つ目は「贅沢品の市場全般において、ダイヤモンドを使った宝飾品が他の贅沢品との競争に勝てるようにすること」、そして四つ目は「ダイヤモンドの大きさと価格について、一般の人々を啓蒙すること」というものだった。

これは決して簡単な仕事ではなかった。一般人への啓蒙という最後の課題は、婚約指輪を選ぶのに男女が一緒に店舗を訪れていた戦前と違い、今では男性が一人で買いに来ることが多い[4]という調査結果から導き出されたもので、こうした購買行動の変化から、新たな問題が浮上することになった。一人で宝石店に入った男性は、その後どうすればよいのかまったくわからないというのだ。ダイヤモンドの値段はいったいいくらなのか？　いったい、いくらぐらいのものを買えばよいのか？　こうした様々な問題は、広告によって解決できるはずだ、と考えたN・W・エイヤー親子商会は、ニューヨーク支店（商会の宣伝部門が置かれていた）を中心に、一斉攻撃を仕掛ける計画をすでに立てていた。

一九三九年、『ザ・ニューヨーカー』誌をはじめとする富裕層向けの媒体に、最初の広告が載った。それはページ全面を使った広告で、目を引くのはその極端なまでのシンプルさだった。費用節約のために二色刷りの誌面にした。[5]真っ白な背景に、文字とイラストは黒で、エイヤー商会内部で「ダイヤモンドブルー」と呼ばれることになった矢車草の色に似た淡い青がハイライトになっていた。広告の上部には、若い男女が開かれた丘陵地帯を見下ろしている印象的な瞬間をとらえた優美なスケッチが描かれていた。スケッチの中に描かれているのは自然の景色だけで、唯一の例外は、遠くに見える教会の尖った屋根だった。その画の下にはJ・T・トローブリッジの詩「彼が今うっとり眺めているのは、美しきリングの中に輝く夜明けのダイヤ……」が引用されていた。さらにその下には、エイヤー商会による高尚な文章が添えられていた。「婚約したての若者なら、この詩人と同じ気持ちを心のどこかで感じているのではないでしょうか。この若者は思いもよらない美の世界を――結ばれる運命の男女の中に輝く未来の黄金時代を感じ取っているのです。このようなムードの恋人たちなら、天空のダイヤモンドは簡単に見つけられるはずです。だからといって、彼らが地上でも天空と同じぐらい素晴らしいダイヤモンドが手に入るとは限りません。ダイヤモンドの婚約指輪という、一世一代の重要な買い物をする男性には、考慮すべきことが多くあるのです」。

続いて、「二人の新しい王朝」のシンボルとなる宝石を購入する際のアドバイスが述べられている。購入する若者は、「重さ、色、品質、そしてカッティング」によって支払う金額が変わるというのだ。当時はまだ、今のように明快でわかりやすいダイヤモンドの4C（色、透明度、カット、カラット）の概念が使われていなかった時代だった。自信のない若いカップルに照準を定めたエイヤーのチームは、ダイヤモンドの品質を差別化する他の方法を考えなければならなかったのだ。そのために、アート担当のチームはページの一番下に、「高品質なダイヤモンドの現在の価格」というタイトルをつけた説明図を掲載することにした。この図では、半カラットから三カラットまでのブリリアントカットのダイヤモンドが四つに分類され、それぞれを二方向から見た様子とパビリオン部分や先端のキューレットの形状を示すためのイラスト（実物との縮尺はそれぞれ異なっていた）と、価格の目安が添えられていた。品質が低めの半カラットのダイヤモンドは一〇〇ドル。高品質の二カラットダイヤモンドなら最高一七五〇ドルだ。エイヤーの見立てでは、三カラットなら一五〇〇ドルはすることになる。当時、婚約指輪を買おうというごく普通の男性が、将来を決めるかもしれないアクセサリーに払う金額は平均で八〇ドル以下だった。(6) こうした人たちにとって、デビアス社が提示した価格はさぞかし法外に思われたことだろう。

この広告と同年中に発表された同タイプの広告には、一見親切なアドバイスのようでいて、実は、倹約を考えている未来の花婿たちに警告する文言が盛り込まれていた。「ダイヤモンドの美しい輝きを消すことはできません。あなたが選んだダイヤモンドは、あなたの人生において、そしてその後も長く永遠のシンボルとなるでしょう。どんなに控えめなダイヤモンドでも、あなたの奥様がより豊かな境遇を得るためにそれを手放すことはないでしょう」。これは、実はこういう意味の警告文だ。「指輪を用意しておかないと、奥さんに捨てられるかもしれないぞ」、もっと言うと、ダイヤモンドは保険証券のようなもので、どちらも高額であればあるほど、安心感も高まるというのだ。

この広告は、ダイヤモンドをクリスマスシーズン用のロマンティックな贈り物として売り込むものでもあった。結果は上々で、大勢の男性が宝飾店へ足を運ぶことになった。ただし、エイヤーとデビアスは、せっかく店舗まで来てくれた男性たちに尻込みさせることなく、それぞれの宝石店の販売目標を達成させねばならなかった。ここで、エイヤーのニューヨーク事務所、もっと具体的には、別名「ミス・ディッグ」のドロシー・ディグナムの出番となった。この気丈で、かつ仕事中毒気味の広告担当者は毎朝、トレードマークのお気に入りの帽子をかぶってアベニュー・オブ・アメリカスにある事務所に現れ、ダイヤモンドを売るという任務に一途に取り組むのだった。

ドロシーは若いころから、ライターとしてキャリアを積むべきだと考えていた。シカゴの広告業界の先駆者的な存在であった父を持つドロシーは、「四つのF」を扱う典型的な女性向けの記事、つまりフード（食品）、ファミリー（家族）、ファーニチャー（家具）、ファッション（衣服）に関する記事を『シカゴ・ヘラルド』紙に執筆するようになった。その後、一九二九年に、N・W・エイヤー親子商会のフィラデルフィア本社で、唯一の女性コピーライターとしての仕事を獲得した。エイヤー商会に勤めた十年間、ドロシーは世界中を回るようになり、ファッションに対する見識を深めた。四十三歳になり、洗練された知識を身につけていたドロシーは、年老いた母親を伴ってニューヨークへ異動し、エイヤーの広告チームで仕事をすることになった。

ドロシーは外交的かつ快活な性格で、同僚に肩身の狭い思いをさせることなく仕事を引き受ける能力に長けていた。生涯独身ではあったが、広告業界における女性の地位向上を目的とした組織でボランティアとして働いたり、戦時中はロックフェラー・センターの防空教室で講師をしたりするなど、仕事以外でも活動的に過ごしていた。だが、ドロシーが最も落ち着くのは仕事をしているときで、デビアス担当となって自らを輝かせる機会を手に入れることになった。フィラデルフィアのメンバーの公式業務はダイヤモンドのイメージを磨き上げることだったが、ディグナムの活動はもっと広い範囲に及んだ。ディグナムの日常業務の中には、富裕層の女性たちに婚約指輪にまつわる最高の思い出について執筆してもらい、それを一般の人々向けに公開するという業務があった。ドロシーは、雑誌や新聞向けにプレスリリースを執筆することで、「四つのF」業界の関係者たちに、ダイヤモンドが再び流行していることを宣伝していった。彼女はオフィスで長時間過ごした後、夜遅くに公立図書館に出向いてはダイヤモンドの歴史について調べ上げた（「これだからニューヨークって素晴らしい！」と、ドロシーはフィラデルフィアの友人あての手紙にうれしそうに書いている）。

さて、ポケットには金が、胸には愛があるのに、次の一歩が踏み出せない若い男性はいったいどうしたらよいのだろう？　ドロシーは二冊セットのパンフレットを製作した。一冊は宝飾店向け、もう一冊は花婿候補が見るためのものだ。宝飾店向けには、ダイヤモンドの販売量を増やし、もっと大きなダイヤモンドを売ろうと奮闘している販売員を助けるための情報ツールとして書かれていた。もう一冊には、「あなたがダイヤモンドを買う日」というタイトルがつけられていて、宝飾店が顧客に親しみやすく、使いやすいガイドとして渡すことが想定されていた。ドロシー・ディグナムの尽力によって、N・W・エイヤー親子商会に、デビアス社が出資する二つの広告部門が設立されることになった。「ダイヤモンド・プロモーション・サービス」と「ダイヤモンド情報センター」だ。一連の広告が功を奏したのか、最初の広告が発表された一九三九年から一九四一年までに、ダイヤモンドの売り上げは五五パーセント増加していた。[7]

エイヤー商会の仕事が功を奏したのは確かだが、指輪を買い求める男たちが増えた理由は、おそらくダイヤモンド業界の外側の世界にもあった。一九四一年、米国が第二次世界大戦に参戦すると、結婚に関する統計に驚くべき変化が現れた。結婚件数が急増したのだ。前線に送られる若い男たちの不安は、未だ見ぬ未来をより確かなものにしようとして、行く末を楽観し、今を大切にし、愛をたたえる気持ちをさらに高揚させていった。また、戦争は、不況によって長らく停滞していた米国経済を刺激することにもなり、経済的な事情から結婚を長年先延ばししていたカップルにとっては、またとないチャンスの到来となった。一九四三年の『ヴォーグ』誌の記事はこの新しい潮流を「加速する結婚」と題して興奮気味に伝えている。

「女性たちはもはや、男性が兵役を終えるのを待ったりはしない。[8] 卒業を待つこともない。彼女たちは待たない。

戦争も待ってはくれない。女性たちは混雑した列車に乗って国を横断する。軍の一時帰休の間に結婚する者もいれば、一週間か数日で結婚を決める者もいる。結婚を成立させる美しい身だしなみをあきらめる花嫁など一人もいないし、またあきらめる必要もない。こうした女性たちは恍惚としているわけでも、身勝手な感傷におぼれているわけでもない。彼女たちは、ごく冷静な現実主義者なのだ」。

こうした中、兵役の合間を縫って婚約や結婚したカップルにとって、指輪は、当事者の気持ちを確認する目に見える象徴として完ぺきだった。先ほどのヴォーグの記事は、「大きなラウンドカットのダイヤモンドが、結婚を誓うための指輪として再び人気を集めている」と述べている。その一方で、「同じく愛を象徴するものとして、ルビーを選ぶ層もいる」とも伝えていた。しかも、一九四二年、ヴォーグは別の記事でダイヤモンド以外の宝石を薦めていた。「婚約指輪としてまずおすすめするのは、ゴールドの指輪で大きな養殖真珠を置き、その周囲に小さな天然真珠をあしらったものです[9]」。

パールもルビーも美しいが、デビアス社のダイヤモンドとは別物だ。つまり、N・W・エイヤー親子商会にはまだやるべき仕事が残っていたということだ。音声付きニュース映画、フォックス・ムービートン・ニュースのファッション記事の責任者であるヴィヴアン・ドナーにあてた一九四〇年十一月十一日付の「ダイヤモンドと草案」という宣伝メモを見ると、エイヤーの人員たちが、外的要因がもたらす社会の変化にいかに関心を持っていたかがわかる。「ある結婚指輪のメーカーは、結婚指輪の売り上げが、現時点で昨年の二・五倍になっていると報告していま す[10]。ニューヨークで第二位の指輪メーカーによると、自社の業績が現時点で昨年の五倍増に達したとのことです。そのメーカーの外部営業員は十二名すべてが、外回りでダイヤモンドの婚約指輪と結婚指輪のそろいのセットを販売しています。この現象は兵役が原因と言われていますが、決してそれだけではないでしょう。決して犯人を取り逃さないカナダの騎馬警官隊*のように、米国の若い女性たちは必ず夫を手に入れるのです」。

女性たちは夫を必ず手に入れる。そして宝石も。ドロシー・ディグナムの努力がいくらかは実を結び、メディアでは婚約指輪の再流行が取り上げられるようになった。そもそも婚約指輪が流行遅れになったことなどなかったかのように扱われることもあった。メディアの記事の中には、一九四〇年に『アトランタ・コンスティテューション』紙に掲載された「ダイヤモンドは今でも男性の理想であるロマンスのシンボル」という、まるでデビアス社の宣伝コピーのような内容のものもあった。「大地は隆起し、星は墜ち、月は欠けるだろう。(11) ファッションは流行遅れになり、習慣は移り変わる。けれども、いつまでも確固として永遠に変わらないものがある。それは男性の理想であるロマンスだ。そして、その理想を象徴するのがダイヤモンドなのだ」。

また、一九四一年二月の『ワシントン・ポスト』紙に掲載された「ダイヤモンドが婚約指輪の宝石として再び人気に」という記事は、サービス面に注目して冷静な内容になっていた。「シンプルなデザインに良質なダイヤを一粒配置した婚約指輪が再び流行している。(12) 支払った金額に最も見合った値打ちがあるのはこの種の指輪である。細かい宝石をたくさんカットするための作業費が要らないからだ」。エチケットの権威のエミリー・ポストも、一九四〇年に、相続したダイヤモンドを左手に着けてよいかという、ある若い独身女性から寄せられた相談に対して次のように答え、ダイヤモンドが婚約の象徴であるとの認識を示した。「左手に指輪を着けることは、必ずしも婚約を意味するものではありません。(13) けれども、ダイヤモンドは誰にとっても『婚約』を連想させるものでしょう」。

しかし、別の相談者からの「プラチナにダイヤモンドの指輪は婚約に必須ですか」という問いに対するポストの回答は、エイヤーのチームに戦いが未だ終わっていないことを感じさせるものだった。「自分好みの指輪を選ぶのは、花嫁の権利です！」[14]と、ポストはアドバイスしている。これは、若い女性に対して、もし望むならダイヤモンド以外のものを選んでもよいという宣言がされたようなものだ。エイヤーのニューヨーク事務所でディグナムの上司だったジョージ・D・スキナーは「残念ながらエミリー・ポストは買収できなかった」という内部メモを残していた。[15]つまり、女性の消費者たちに、結婚指輪ならダイヤだと納得させるような理由を考えねばならないということだった。

同じころ、宝石類の市場は混乱していたが、工業用ダイヤモンド市場は活況を呈していた。ドリルの刃から、研磨剤、自動車・飛行機用部品まで、さまざまな製品にダイヤモンドが使われていた。宝飾品としては使い物にならない工業用ダイヤモンドは、業界では「ボルト（下等ダイヤ）」と揶揄されていたが、戦争が続き、防衛予算が拡大するにつれて需要が高騰するようになったからだ。米国の参戦を受けて、ルーズベルト政権とデビアス社の間の緊張が高まり、ついに米国政府は、「デビアス社のシンジケートが、工場で必要な工業用ダイヤモンドをため込んでいるため、同盟による作戦に重大な影響が出ている」と、表立って非難するようになった。資本主義企業としての

＊カナダの国家警察。「王立カナダ騎馬警察」ともいい、自動車が発明される前の時代から存在した

姿勢を貫くデビアス社は、大義への忠誠は誓っていたものの、自社の備蓄を危うくするのを嫌ってあらゆるダイヤモンドの放出を拒否した。その報復として、米国司法省はデビアス社に対する調査を開始した。調査対象には、特にデビアス社が、米国地域における独占やカルテルを禁止したシャーマン法をすり抜けるために、N・W・エイヤー親子商会を利用しているのではないかという疑惑が含まれていた。そのため、デビアス社の代理店であるエイヤー商会に対する世間の風当たりは強まっていった。戦争が終結するころには、ダイヤモンドが希少だとして米国民を欺いてきたのではないかとする漠然とした非難に始まり、ダイヤモンド販売の闇取引に加担していたとする明らかな犯罪行為の検証に至るまで、広範囲にわたって攻撃された。

デビアス社が産業用ダイヤモンドを巡って米国政府と対決している間も、N・W・エイヤー親子商会は、女性がダイヤモンドを欲しがり、男性にダイヤモンドを買わせるための広告活動を引き続き行っていた。一九四〇年代初頭の『ヴォーグ』に掲載された一連の広告では、ダイヤモンドは家財として重みがあり、個人の歴史を情感豊かに伝えるものだということが強調されていた。

一九四一年の広告ページには、博物館に展示されているような淑女の肖像画の下に、次の言葉が添えられていた。「彼女の宝石箱の中、繻子のクッションの上に置かれているのは、単なる宝石やアクセサリーを超えるものです。それは彼女にまつわるかずかずの想い出なのです」。[16]

一九四二年の別の広告は、明言はされていないものの、戦争を思わせる内容になっている。「時間と状況、そして数千マイルの距離[17]が、波瀾万丈の二人の結婚生活に何度も立ちふさがりました。夫からの贈り物、家庭を想う心の象徴であるダイヤモンドは、贈られるたびに豪華さを増します。そして妻は、毎回の再会の喜びが輝きとして結晶化されたダイヤモンドを慈しむのです」。

この『ヴォーグ』の一連の広告では、ダイヤモンドは「コレクションするもの」との考えが強調された。はじめは一粒だったダイヤモンドが、夫婦の愛情と同じように（あくまでも理想だが）、人生の節目となる出来事のたびに増えていく。これは、一生に一度の贈り物は、必ずしも婚約指輪だけではないとの考えを広めるためのエイヤー商会の作戦だった。婚約指輪を皮切りに、喜ばしい機会にはダイヤモンドが贈られるべきなのだと妻の意識にすり込むことで、彼女たちが人前で堂々と宝石を身につけても構わないのだという認識を社会に広めようとしたのだ。こうして、結婚指輪がいかに重要かというメッセージは、あらゆる方面からヴォーグの読者に伝えられた。

化粧品のポンズ・クリームで有名なポンズ・エクストラクト社は結婚や婚約のファッション性を認め、広告代理店のJ・ウォルター・トンプソン社とともに、同社の最も有名な製品である「ポンズ・コールドクリーム」のキャンペーンを立ち上げた。美しい女性のアップと、身ぎれいな人々の写真が掲載された広告には、次のようなキャッチフレーズが添えられていた。「彼女は婚約中！　彼女は美しい！　彼女はポンズを使っている！」この広告シリーズには、モデルとなった女性たちの婚約にまつわる話題に加えて、指輪の写真と説明も掲載された。戦況の進行につれて、広告の内容は愛国心を強調したものになり、婚約者が外国にいて、工場で銃後の務めを果たしている若い女性たちが取り上げられるようになった。こうしたカップルのためのダイヤモンドの指輪は引き続き紹介され、コピーも以前と同じように楽しげに締めくくられた。「これほど美しい女性たち、そして、これほどたくさんの婚約している女性たちがポンズを使っているのは偶然ではありません！」

こうした広告によって、若い女性たちにとって婚約は素晴らしいゴールだと見なされるようになった。適切なスキンクリームを使えば、成功はもう目の前だ。そして彼女たちにとって、左手の薬指に輝くダイヤモンドの指輪は勲章であり、トロフィーだった。自分の勲章の輝きが他の人のものより鈍くてもよいという女性がいるのだろうか？　男性も女性も、ダイヤモンドの説明や比較を素人の印象にとどめず、専門的で普遍的な用語を使うようになるのに時間はかからなかった。デビアス社、N・W・エイヤー親子商会、そして米国宝石学会（GIA）という比較的新しい団体のおかげで、米国では宝石の知識が広まってきていた。結局のところ、低品質のダイヤモンドと、もっと見栄えの良いダイヤモンドとの見分けができる女性ならば、後者を欲しがらないわけがない。それよりも、わが家にはちょっとした宝石の専門家が自分の帰りを待っていて、自分自身も立ち寄った宝石店でダイヤモンドの品質の細部まで教わり、すっかり理解したと思っている男性ならば、指輪にもう少し金を使おうと思うのが自然ではないだろうか。

◇◇◇

GIAはロサンゼルスに拠点を置く組織で、米国の宝石鑑定人の教育を専門としていた。元々はロバート・M・シプリーという男が始めた家族ビジネスだった。シプリーは中西部で宝石商を営み、自分の取り扱っている商品に対する知識がまったくないことを嫌というほど自覚していた。ある日、オクラホマ州タルサから、フランク・フィリップスという石油王がシプリーの店にやってきた。妻のためにとびきり豪勢な光り物を買ってやろうとするフィリップスの頭にあったのはエメラルドの指輪だった。シプリーは一〇ドル相当の最高級のエメラルドをいくつか取り寄せ、そこから顧客に選んでもらうことにした。フィリップス夫妻は案内された金ぴかの客間に座り、並べられたいくつかの宝石を前に、宝石同士の違いをどのように見分けるのか、尋ねた。困惑したシプリーは、まごつき、鉱物学の本で読んだことのある豆知識のようなものしか伝えられなかった。その様子から、フィリップスにはシプリーがその知識を持ち合わせていないことがわかった。顧客の信頼が損なわれ、取引は別の宝石商で行われることになった。

シプリーは恥をかいたが、次第に自分のような宝石商が他にも大勢いることがわかってきた。これといった専門知識を身につけてこなかったために、高価な宝石を不本意ながら買い叩かれている宝石商たちもいた。シプリーはヨーロッパで学んだ後、残りの人生を米国の宝石商に商品について教育する任務に捧げた。

ダイヤモンドの「4C」は、ダイヤモンドの品質を、カット（cut）、カラー（color）、透明度（clarity）、カラット（carat）の四点に絞って説明する、覚えやすい概念だ。デビアス社、N・W・エイヤー親子商会、GIAはいずれも、4Cを広めたのは自分たちだと自負しているようだ。結局、どの組織がこの4Cを使い始めたのかはっきりしないが、第二次世界大戦後、ダイヤモンド業界が総力をあげてこの4Cの概念を標準にしようと尽力したことは明らかだ。その狙いは、4Cという共通用語によって、ダイヤモンドの販売業者に一定の権威や信頼性を保たせると同時に、買う側も、買ったダイヤの品質を信頼できるようにするものだった。

けれども、結局のところ、どの「C」よりも、消費者の心をとらえたのは、数年後の一九四八年に発表された広告の一節だった。ある日の午後、ジェロード・ラウックは、フランシス・ゲレティという若い女性コピーライターをオフィスに呼んだ。ラウックのデスクには、次の広告印刷物の試作版が置かれていた。試作版はこれまでキャンペーンで使用されてきた広告と同じように高級感があり、同じように夢想的で優雅な雰囲気があった。だが、ラウックには不満だった。今までと同じように、手書きのダイヤモンドのイラストを目立たせているが、この広告全体をまとめあげ、これがダイヤモンドの広告なんだと瞬時に伝えるには、ページの下部に何かが欲しいとラウックは考えていた。前任者の引退後、デビアス社のコピーライトを担当していたゲレティは、新しいキャッチフレーズが期待されていることにそれほど不安は感じなかった。他の人々はジェード・ラウックを怖がっていたが、ゲレティは違った。ゲレティにとって、ラウックは聡明で、見習うべき人物だった。たしかに、切れ者すぎて予想が追いつけないところはあったが、その何が問題だというのだろう?

ゲレティはその四年前の二十八歳のときにエイヤー商会で働き始めた。ちょうどライターを探していたエイヤー商会を訪れたゲレティは、本人曰く、とんとん拍子に偉い人と面談することができ、その都度「いいところに来てくれた」と言われたそうだ。当時、エイヤーのコピーチームには十六人のメンバーがいた。そのうち三人が独身女性だったが、その中の一人が辞めたところだった。その当時の多くの広告会社と同じように、エイヤーもせっけん、歯磨き粉、下着類など「柔らかもの」の顧客担当用に女性を雇っていた。愛やロマンスと結びつけられるようになったダイヤモンドも、いつの間にか「柔らかもの」のカテゴリーになっていた。ゲレティはすぐに頭角を現した。ゲレティは女性ならではの視点と、言葉に対する鋭く、気取らない感性を持ち合わせた貴重な人材だった。ゲレティの仕事は常に的確だった。別のライターが先に「あなたのダイヤモンドは永遠の宝物。あなたはダイヤモンドを今日のためにではなく、これからの思い出のために買うのです」という案を出していても、ゲレティはこんなキャッチフレーズを相手にしようとしなかった。やはり、この案はキャッチフレーズとしては複雑すぎるということで、案の定採用されずに終わった。

フランシス・ゲレティは仕事に延々と時間をかける人物でもあった。その結果、今回もまた、コピーの編集中にアート部門が仕事を終えてしまっていても、ゲレティは、まだこれといった、思いを的確に伝えるようなキャッチフレーズを書き上げられずにいた。自称夜型のゲレティは、ある晩広告の原稿を家に持ち帰った。ジェロード・ラウックが翌朝にヨハネスブルグに持っていく予定の原稿をまとめて、準備しなければならない。ヨハネスブルグでオッペンハイマーに承認してもらわないといけないからだ。午前四時、原稿用紙はベッド脇のテーブルに置かれたままで、ゲレティはずっと悶々としていた。「神様、どうか私にコピーをお与えください」とゲレティは願い続けた。そして何かを書き留めたゲレティは、満足したというより憔悴し切った様子で、いつの間にか眠ってしまった。

翌朝、ゲレティは自分が書き留めたものをもう一度読んだ。「ダイヤモンドは永遠*」。それほど目新しくはないが、興味深いフレーズだ。N・W・エイヤー親子商会の上司たちもそう思ってくれたらいいのだが、とゲレティは思った。ゲレティはこのコピーをラウックと、コピーの責任者であるジョージ・セシルに見せた。「特に劇的な反応は誰からもありませんでした」と、ゲレティは後に回想している。保守的なセシルは、このコピーが正しい英語なのかどうか不安がっていたぐらいだ。ゲレティ自身も、このフレーズが数時間前に見たときほど印象深くないかもしれないと思い始めた。「私の考えでは、『ダイヤモンドは永遠に存在する』という意味になるかと」。

最終的に、チームはこのコピーを採用することにした。広告の一部にすぎないし、他にもっと良い案があるわけ

＊「ダイヤモンド・イズ・フォーエヴァー」。日本では「ダイヤモンドは永遠の輝き」と訳されている

でもないからだ。「ダイヤモンドは永遠」はカラー版に刷新された広告とともにデビューした。いったい誰がこのコピー自体も永遠になると想像しただろうか？　後年、ゲレティは、エイヤーの副社長にあてた手紙でこう回想している。「もっと良いコピーが要求されていたらどうなっていたかと思うとぞっとします。[18]広告部門のコピーライター全員が何百ものアイデアを出し、その結果、本当に素晴らしいコピーが埋もれていたかもしれないのですから」。

「ダイヤモンドは永遠」は、デビアス社の広告がさらに前進するきっかけになった。エイヤー商会の予算が増えて、広告は元の二色刷りより豪華で手の込んだものになってきた。ディレクターのチャールズ・T・コイナーは粘り強い性格で、才能を見抜く目を持っていた。コイナーは、パブロ・ピカソ、アンドレ・ドレイン、サルバトール・ダリなど、さまざまな大物芸術家に仕事を依頼していた。パリにあったダリの自宅をコイナーが訪れたときには、ダリの具合が悪いと言っていったんは追い返された（当時ダリは奇妙な食事法を実践しており、食べるべきものの中に人間の髪の毛が含まれていた）。[19]デビアス社の広告は今までよりやや目立つものになっていたが、希望に満ちた喜びを想起させる点では以前のものと共通していた。教会、田園風景、結婚式、新婚旅行というモチーフはすべて、前と同じように使われ続けた。

確かに印刷媒体による広告は効果的ではあったが、ダイヤモンド業界が戦後に投入したさまざまなキャンペーンにおける武器の一つにすぎなかった。N・W・エイヤーの人々は、一般社会での「慣習」を作るという取り組みに専念していた。そのためには、お手本となる人材を生み出す必要があった。地位と魅力を兼ね備え、ダイヤモンドをさらに魅力的に見せることができる女性が求められたのだ。

第7章　王妃たちのダイヤモンド

ウォリス・シンプソンはいかにしてダイヤモンドを手に入れたか

ロンドン、南アフリカ、ニューヨーク

世界中をとりこにするファッション・リーダーには二種類ある。意識的につくりだされるタイプと、予想外の出来事が重なって生まれるタイプだ。ウォリス・シンプソンは後者だった。金銭的に恵まれているとはいえないボルティモア出身のアメリカ人で、二度の離婚歴がある女性だった。彼女が三十代半ばで出会ったのがエドワード、すなわちイギリスの第一王位継承者だった。

ウォリス・シンプソンは、ベッシー・ウォリス・ウォーフィールドという名前でメリーランド州の旧家に生まれたが、父親が亡くなってから、母親は経済的苦況に陥った。ウォリスの子供時代を通じて、一家は親戚からの金銭的援助に頼らなければならなかった。年ごろになると、ウォリスはアメリカ海軍の士官ウィン・スペンサーと結婚した。夫が士官ということで、二人はそれなりの尊敬と信望を得ていたが、軍服に隠された夫の本性は、軍人らしさとはかけ離れたものだった。ウィン・スペンサーは紳士でもなんでもなかった。短気な酔っ払いで、若い妻に気まぐれで暴力を振るった。初めのうちは耐えようとしたウォリスだったが、最終的には自分自身を救うために、結

婚から逃げるしかなかった。

ウォリスは、二番目の夫となったアーネスト・シンプソンと一緒にイギリスへ行った。アーネストはハーバード卒の洗練された着こなしの海運会社幹部で、世界をまたにかけた仕事をしていた。ウォリスは、ロンドンで別人に生まれ変わった。ワシントンDCの社交界の近くで育ったおかげで、同級生と同じものは買えなくても、上流階級の好みやマナーを吸収していた彼女は、ロンドンで洗練された外国人やイギリス貴族たちと交流することになった。アメリカ出身のエレガントな夫婦は、ほどなく社交界に受け入れられた。ウォリスは頭の回転が速く、異性を誘うような雰囲気をかもしだしていたので、ゲストとして魅力があった。さらに、心の奥底で自分には場違いだと思っていたとしても、興味深い人々との交流を好んだ。絶世の美女とはいえないものの、すらっとしていて、人目をひく特徴的な顔立ちをしていた。鼻が高く、下あごの輪郭はほとんど男性のようで、感情のこもったまなざしとやわらかい口元はサイレント映画のスターを思わせた。しかし、悲しいことには、お金の問題が依然としてついて回った。ヨーロッパ各地の戦争とアメリカの大恐慌が、成功していた夫の事業にも大きな傷痕を残していたからだ。だからといって、ウォリスが晩餐会に通い、自宅でのカクテル・パーティーを主催するのをやめることはなかった。おしゃれ上手のウォリスは、ごくわずかな最先端の品を駆使して、皆がうらやむほどの衣装持ちに見せかけることができた。さらに、伯母のベッシーからの援助にも恵まれた。伯母は、定期的な手紙以外の見返りをいっさい求めずに、アメリカから定期的に小切手を送ってくれた。

ウォリスが愛嬌のある上品な顔立ちのエドワード王子に初めて出会ったのは、ウォリスの友人で、王子の公認の恋人でもあったテルマ・ファーネスを通じてのことだった。外交官の娘で、アメリカ社交界の一員でもあったテルマは王子とともにロンドンに残る気はさらさらなかったが、ウォリスのほうは皇太子に惹かれたようで、伯母に「あの方に会うことに決めました」[1]と打ち明けた。これはたやすくいき、招待客が七人しかいない、ごく内輪のパーティーで自己紹介することができた。しかし、のちに自身の完全なとりこになる男性に、後々まで残る印象を初めて与えたのは、それから数カ月先のことだった。当時、社交シーズンの幕が開く晩春に、多くの女性が宮殿から招待され、着飾って王族に謁見する行事があった。その目的は主に、適齢期の女性が、ふさわしい独身男性たちの前に顔見せをすることだった。ただし、しかるべきコネがある場合は、年齢がやや上の既婚女性も加わることがあった。ウォリスの場合、一九三一年の三十四歳での「デビュー」は、イギリスの上流階級の世界に夫婦で公に受け入れられた証という、象徴の意味合いが強かった。

こうして新たな地位を得たにもかかわらず、ウォリスが着たイギリスの伝統的なデビュー衣装は、借りものの白いサテンの裾長のドレスと羽根帽子だった。ウォリスが大枚をはたいたのは宝石だった。ダイヤモンドは高すぎて手が届かなかったので、大きな十字のペンダントがついたアクアマリンと水晶のロング・ネックレスを、伯母の援助で購入した。夫にエスコートされ、ウォリスは国家君主のジョージ五世とメアリー王妃への謁見をそわそわしながら待った。そこに王子が通りかかり、叔父にこうささやいた。「照明をどうにかしないといけませんね[2]。女性がみんな青ざめて見えますよ」。

王子は誰にも聞かれていないと思ってそう言ったのだろうが、この日の大げさな儀式に畏敬の念を抱きつつも、少しばからしくなっていたウォリスは、漏れ聞こえてきた言葉にうれしくなった。その夜、ウォリスはテルマ・ファーネスの祝賀会にも参列したが、そこへＨＲＨ（「殿下」の意。伯母への手紙ではそう言及するようになっていた）が夜遅くに現れた。王子がドレスを褒めたのを、ウォリスはチャンスととらえた。「しかしながら、殿下。わたくしどもはみんな青ざめて見えたのではございませんか」。

王子は不意を突かれ、いったいこの生意気なアメリカ人は何者だろう、と思いつつも、にっこり笑った。そして、聞かれているとは思わなかったんだ、と正直に認めた。ウォリスにとっては、王子を一瞬はずかしめたとしても構わなかった。ついに、王子に自分を印象づけることができたのだ。気を惹くつもりはまったくなかった。夫がいるし、王子は友人の交際相手だ。しかし、王子の親しい友人の輪に入ろう、とは心に決めていた。パーティーの終わりに、エドワード王子はシンプソン夫妻を車で送ろうと申し出た。車の中で王子は、フォート・ベルヴェディアの別荘を改装していることや、午前中は長い時間庭いじりをしていることなどを話した。こうしたとりとめのない話を別の状況で聞いたら、ウォリスもうんざりしたかもしれないが、話し手が次期国王なだけに、ひと言も聞き漏らさないよう耳を傾けた。

到着すると、皇太子は夫妻を降ろし、またお会いしましょうと礼儀正しく挨拶を交わした。再会の日はすぐには訪れなかったが、夫妻、特にウォリスは、王子の社交生活にしっかり入り込んでいった。夏になると、夫妻は別荘に招待されて長い週末を過ごした。ウォリスと王子は友人として文通を始めた。一九三四年の初めにはすっかり親しくなっていて、飾りつけのコツから親身なアドバイスまでなんでも話し合える仲になっていた。あまりに親密なので、テルマ・ファーネスが冬の間ニューヨークに戻ることになったとき、ウォリスに「王子のお世話」をお願いしたほどだった。(3)

テルマは目を輝かせて「お世話」を頼んだ。手のかかる恋人に嫌気が差していたのかもしれない。なにせ、愛情に飢えているだけでなく、母親がするようになんでもやってやらないといけないのだ。だからこそ既婚とはいえ、やる気のある友人に、喜んで代わりを任せた。しかし、ウォリスのやる気を見抜いていたテルマでも、その後の展開は予想できなかっただろう。

◇◇◇◇◇◇◇◇◇◇◇◇◇◇◇◇◇◇◇◇◇◇◇◇◇◇◇◇◇◇

イギリス王室に魅せられた外国人は、ウォリス・シンプソンの他にもたくさんいた。とりわけ、アメリカ人はウィンザー家のとりこになり、王家ならではの風格と、自分たちの先祖が一五〇年以上前に闘った強固な権力そのものが放つ輝きに魅了されてきた。

一九四七年、ウォリスが実質的にイギリス上流階級の一員となってからかなり時間が経ち、第二次世界大戦も終わって少したった頃、デビアス社はイギリス王室の圧倒的な人気を利用しようと考えた。治世を通じてダイヤモンドを熱心に愛し、収集してきたウィンザー家は、デビアス社のイメージにぴったりだっただけでなく、先の大戦で安全な海外に逃げださずにイギリスにとどまる決断をして、世界を感服させたばかりだった。デビアス社は早速、ウィンザー家を南アフリカに招待し、鉱山を案内することにした。おそらく、マスコミにとって絶好のシャッターチャンスになる、と十分に計算してのことだったろう。この旅行は王室にもメリットがあった。南アフリカはイギリスの植民地ではなくなっていたが、ダイヤモンドの原石を販売するデビアス社の子会社、中央販売機構（ＣＳＯ）はロンドンに本社を置いていたからだ。一月三十一日の昼、五〇〇〇人以上のイギリス国民が真冬の寒さに耐えながら見物するなか、エドワードの弟、国王ジョージ六世とエリザベス王妃が、娘のエリザベス王女とマーガレット・ローズ王女を連れて戦艦ヴァンガード号に乗り込んだ。ジョージ六世たちは、駆逐艦を脇に従え、ナチスが繰り返し爆撃した傷痕の残るポーツマスの町をあとにした。

三週間ほどして、一行はセ氏四十五度の暑さのケープタウンに降り立ち、ここでもたくさんのファンに迎えられた。『ニューヨーク・タイムズ』は次のように報じた。「ケープタウンは人種差別制度の解釈が国内で最もリベラルだ[4]。有名なアダレイ通りやあちこちの街路には、イギリスやオランダの移民の子孫がインド人、マレー人、黒人、混血の人々と並んで立ち、一斉に歓声を送った（中略）ケープタウンの歩道で何時間もおとなしく待った人々は、細かい作法はあまり気にせず、それぞれの言葉で歓迎の意を表した」。

ウィンザー家の滞在予定は三カ月間だった。滞在に政治的、帝国主義的な意図が隠されているとの憶測も飛び交うなか、メディアの話題はダイヤモンドにも及んだ。報道は、一行が乾燥したケープタウンの地に降り立つはるか前から始まっていた。徐々に批判的な論調が強まる中[5]、ある記事で、二十一歳の誕生日を当地で迎えるエリザベス王女が時価一〇万ドル以上に相当する四〇〇個のダイヤモンドを受け取る予定と報じられると、イギリス政府は公式の訂正文を発表した。それによれば、エリザベス王女が受け取るのはわずか二一個のブリリアントカット・ダイヤモンドであり、同時にマーガレット王女も一七個の研磨済みダイヤモンドを受け取ることになっていた。

しかしこの数字には、三月四日に南アフリカ鉄道港湾庁がエリザベス王女に贈呈した一万五〇〇〇ドル（現在の一六万三〇〇〇ドル）分のダイヤモンドは含まれていなかった。この日、チャーミングな王女は、自らの名を冠したドックの開渠式に出席していた。また、誕生パーティーの二日前には、アーネスト・オッペンハイマーの孫娘でわずか三歳のメアリー・オッペンハイマーから、約六〇〇〇ドル（現在の六万五〇〇〇ドル）相当の六カラットのダイヤモンドを贈呈されたが、こちらも政府の発表した数字には含まれていなかった。『シカゴ・トリビューン』紙によれば、メアリーがはにかみながらお辞儀をすると、エリザベスは「まあ、なんてすてきなプレゼントでしょう、うれしいわ！」と優雅に喜び、老オッペンハイマーが「完璧なブルーホワイトダイヤモンドです」と請け合ったという。(6) 同じ記事には、王女が誕生日に二一個のダイヤモンドを受け取るのは事実だが、最大九・五五カラットの石を含む合計七一・三一カラット分のダイヤモンドは「主だったもの」で、さらには六六個の小さなダイヤモンドを受け取って見事なネックレスに仕立てる予定、とも書かれていた。マーガレット王女への贈り物も見過ごせず、メアリー・オッペンハイマーから、四〇〇〇ドル（現在の四万三〇〇〇ドル）相当の四・五カラットのダイヤモンドに加え、ブレスレット用に合計四一・五七カラット相当の五三個のダイヤモンドを受け取ったとされた。さらに、王女たちの母親であるエリザベス王妃は、八・五五カラットのマーキーズのソリテール（一つ石の宝石）を受け取り、父親のジョージ六世王までもが、スプリングボック（南アフリカに棲息する偶蹄類）に似せて造った三九九個のダイヤモンドを贈呈されたと言われた。

こうした記事には誇張が含まれていたかもしれないが、たとえそうであったとしても、記事の見出しに「ダイヤモンド」を繰り返し登場させるとともに、影響力の強い玉座を間もなく継ぐ人気者の王女と宝石とのつながりを印象づける効果があった。エリザベス王女の誕生日に、オッペンハイマー家は王女を資源の枯渇したキンバリー鉱山に案内し、観光名所としてそのままにしてある中心の大穴、通称「ビッグ・ホール」を見せた。案内が終わった後のキンバリー・クラブでは、業界の重鎮たちが王女にひと目会おうと待ち受けていた。

宝飾品の象徴という王女の役割は、アフリカを離れたあとも続いた。王室一行がロンドンに帰るとすぐに、十一月に控えたエリザベス王女の結婚式の準備が始まった。お相手はフィリップ・マウントバッテン海軍中尉で、彼はのちにエディンバラ公の爵位が与えられることになっていた。九月になる頃には、新聞の紙面はどれもウェストミンスター寺院でもうすぐ執り行われる結婚式に関する憶測と、ゆっくり少しずつ漏れてくる情報でいっぱいだった。いわく、四段重ねのケーキはこんな感じ。いわく、運良くパレードの通り道に土地を持っている人間が特等席に一四〇ドル（現在の一五〇〇ドル）を徴収するらしい、などなどである。ちなみに、結婚祝いの品々は式の数週間前からセント・ジェイムズ宮殿に陳列され、一般の人も眺めることができた。特に衝撃的だったのが宝飾品だ。国王ジョージ六世とエリザベス王妃からは、ルビーとダイヤモンドのネックレスが、花嫁の祖母であるメアリー王太后からは、ダイヤモンドのティアラ、ブローチ、スタマッカー（胸当て）が贈られた。気前よく贈り物をした一二〇〇人の一般人は内々のレセプションに招待され、そこで何人かの人は王女の手に光っている婚約指輪を見ることができた。それは、フィリップの母のティアラを手直しして造ったプラチナとダイヤモンドの指輪で、三カラットのラウンドブリリアントカット・ダイヤモンドの両側に、ダイヤモンドが五個ずつあしらわれていた。

十一月二十日の結婚式では、王女は一九一九年に王室御用達の宝石商ガラードが祖母メアリー王太后のために仕上げたフリンジティアラを着けた。王太后が、王女の母でもある義理の娘、エリザベス王妃に贈ったひと品だ。母はこのティアラを、サムシング・フォー（イギリスの結婚式で花嫁の幸せを願う四つのアイテム）の一つ「借り受けし物」として、娘に貸し出したのだ。王女は、ホワイトダイヤモンドをぜいたくに使ったティアラを着けて、ヴァージンロードを歩いた。さらに、両親から贈られた二連のパール・ネックレスと、二十世紀はじめに作られ、かつては祖母が所有していた、パールを八個のダイヤモンドで囲んだイヤリングも着けていた。

結婚式は広くアメリカでも報道され、『ヴォーグ』、『ライフ』、『リーダーズ・ダイジェスト』といった雑誌で特集が組まれた。戦後まもない時期だったため、王族の結婚式としてはこぢんまりとした控えめな内容だったが、若い女性たちが花嫁の真似をするのを止めることはできなかった。むしろ、制約があったからこそ、手の届く存在に見えたのかもしれない。ペニー・プロドーとマリオン・ファゼルは、共著『ダイヤモンド―華やかな宝石の一世紀』でこう述べた。「まるでおとぎ話のように魅惑的な（エリザベス王女の）結婚式には、堅苦しい儀式を、おしゃれで身の丈に合ったものに見せる一面もあった。(7)ダイヤモンドのジュエリーを身につけたエリザベスと貴族たちのイメージは鮮烈な印象を与えた」。

◇◇◇◇◇◇◇◇◇◇◇◇◇◇◇◇◇◇◇◇◇◇◇◇

驚くべきことに、ダイヤモンドに彩られた王室の南アフリカ旅行も、上品で魅力的な結婚式も、ウォリス・シンプソンの存在なしには実現していなかった。ウォリスがいなければ、王子は別の人物だったからだ。テルマ・ファーネスがロンドンを発つと、ウォリスは王子の「お世話」をする約束を守り、週に何度も王子を自宅に招いて夕食を共にした。王子は依存体質で、公式日程の管理をウォリスに任せ、一緒に食事をとった夜はなかなか帰ろうとしなかった。ウォリスはすぐに疲れたが、甘えん坊でおっとりした王子を放っておくことはできなかった。皇太子はカルティエ、ヴァンクリーフ&アーペル、ハリー・ウィンストンの高価なジュエリーに加え、服をはじめとするぜいたくな贈り物をシャワーのように次々と買い与えたので、ウォリスのいかにもお金のかかっていそうな身なりはたちまちロンドン社交界の話題をさらった。(8) アクアマリンのネックレスのために倹約していた日々は、もはや過去のものとなった。しかし、ウォリスにしてみると、王子が本気で自分に夢中らしいという衝撃の事実が、いま一つ腑に落ちなかった。自分でもできすぎに思えたのだ。ウォリスは自身の回想録に、恋愛関係が始まった頃のことを次のように記している。「私は明らかに美人ではなかった。(9) 彼は世界中の美女から相手を選べたはずだった。私は明らかに若くなかった。実際、母国ならとうが立っているとみなされただろう」。

しかも、ウォリスは既婚者だった。アーネストとの関係は金銭トラブルによって緊張していたうえに、王子との現在進行形の恋愛で傷ついていた。彼女のやっていたことが不倫の定義に当てはまるかどうかは別として（その点についてはいまだに議論がある）、ウォリスは王族のお供を優先し、夫を二番手として扱った。そして、一九三五年末、ウォリスが四十歳になる直前、病床にあった王が崩御し、家族が親しみを、そしてウォリスが愛情を込めて「デイヴィッド」と呼んでいたエドワード王子が王位をつぐことになった。突然、ウォリス・シンプソンはイギリス国王と不適切な関係を結んでいるとみなされ、欧米のゴシップコラムで盛んに取り上げられるようになった（イギリスの新聞は、王室に遠慮して彼女を無視した）。しかし、エドワードはウォリスとの結婚の意思をはっきり示した。それはウォリスにとってうれしくもあり、怖くもあった。エドワードはもろもろの影響に関心がなさそうだったが、結婚するために、ウォリスはキリスト教の教義にのっとって現在の夫であるアーネストと離婚しなければならない。キリスト教の世界では、ウィンザー家、国会、イギリス国教会のいずれの関係者も、ふしだらなアメリカ人と国王が同衾《どうきん》することを許してはくれない。

ウォリスはタブロイド新聞で「ウォリー」とあだ名され、本来なら人気者のはずだった若い国王を毒牙にかけるためならどんなことでもする、悪辣な金の亡者として描かれた。もちろん、エドワードが大金を貢いでいたのは事実だった。ウォリスも伯母に、もうお金の心配は要りません、と手紙を書き送っていた。しかし、ウォリスは王子との関係を続けることをためらってもいた。エドワードから、結婚するためならどんなことでもする、と伝えられると、なおさら迷いは深まった。ウォリスはエドワードに、自分はアーネストとの生活に満足している、と説得しようとした。もっとも、その時点ではすでに、アーネストも外に恋人をつくっていたのだが。ウォリスは王子宛に次のように書いた。

「正直に申し上げて、わたくしどもは貧しいがゆえに、わたくしが本当にこよなく愛し、好むような魅力的で愉快なことができずにおります(10)。それに、美しいものを持つと心が躍りますので、贈り物をいただけることは感謝にたえません。ですが、ぜいたくな生活と、静かで身の丈にあった生活のどちらかを選べと言われれば、わたくしは後者を選びます」。

それでもエドワードはくじけなかった。ゴシップ誌にはウォリスがエドワードを操っているかのように書かれていたが、実際にはエドワードがついに愛する人を見つけたというのが真実だった。ウォリスが別れを切り出した後、エドワード自身がアーネストに連絡を取り、国王エドワード八世としての権力を使ってアーネストに別れを迫った、と見る向きもある(11)。

一九三六年十二月十一日、エドワード八世は世界を驚かせた。物議を醸しているアメリカ人の恋人を捨てるくらいなら退位すると発表したのだ。この声明がラジオで放送されたとき、カンヌの友人宅に隠れていたウォリスは両手で顔を覆った。ただでさえ四面楚歌なのに、イギリスの政治を混乱させたことで責められることになるのだ。それでも、ウォリスは心のどこかで、エドワードの究極の意思表示に感謝した。今までの魅力的な裏側人生の（見ようによっては、ひねくれた）おとぎ話が意外な結末を迎えることになったのである。ボルティモアの中流家庭に生まれ、並々ならぬ魅力を備えたウォリスの物語は、従来のヒロインのように王宮に移り住んでめでたし、めでたしで終わらなかった。彼女のとりこになった国王は、思いもよらない行動に出て、正当な王冠を捨て去ったのである。

ところで、その王冠とは果たしてどんなものなのだろうか。国王エドワード八世が衝撃の声明を出すとすぐに、メディアはジュエリーの行く末を詮索し始めた。退位の当日、『シカゴ・トリビューン』紙は、バッキンガム宮殿を去ることになったエドワード八世とウォリスにはもはや手の届かないものとなった王冠の実物を記事で解説した。[12]『デイリー・ボストン・グローブ』紙はウォリスを取り上げ、「イギリス上流階級をいらつかせている苦々しい疑問」[13]を記事にした。それは、「ウォリスは王室のジュエリーを持って『逃げ切れるか』」というものであった。国王は王室の金庫から装飾品を恋人に貸しているらしいとの憶測が広まり、一部の口さがない評論家は、あの魔性の女が持ち逃げするのではないかと憂いた。しかし実際には、ウォリスは自分のジュエリーを十分に持っていた。一目惚れをしたエドワードが、王子時代から大量に買い与えていたからである。

エドワードとの結婚を機にウィンザー公爵夫人と呼ばれるようになったウォリス・シンプソンは、後半生を『ヴォーグ』誌の恋人として過ごした。非凡な顔立ちは謎めいて映り、新聞各紙のコラムが当初から取り上げていた「国王の地位を返上させるほどの魅力が、彼女のどこにあるのか」という疑問も、世界中の人々を相変わらず惹きつけてやまなかった。『デイリー・ボストン・グローブ』紙は、「ウィンザー公爵夫人が『最もおしゃれな人物』

ランキングを総なめするのはなぜか」[14]という記事を一九四八年に発表した。「顔ではない。彼女は美人ではない。スタイルではない。彼女の顔は体とのバランスを考えるとやや大きい」。とすると、カギは装飾品にありそうだった。エドワードはウォリスに、世界でも指折りのブランドから最も高価な最先端のジュエリーを買い与えただけでなく、多くの作品を特注した。ヴァンクリーフ&アーペルのルビーとダイヤモンドのブレスレットは、追放されて不遇の日々を送っているウォリスにエドワードが贈ったもので、『27―Ⅲ―36』という日付と、「はなさないで」という言葉が彫られていた。ウォリスの離婚手続きが完了するのを待つ間、会えない二人のための、ある種のおまじないであった。ヴァンクリーフ&アーペルからはもう一点が、ウォリスの四十歳の誕生日に届いた。[15]ダイヤモンドのベースにルビーの鎖をより合わせた見事なネックレスで、サイドからルビーのテールが垂れ下がっていた。これにも「私のウォリスへ、君のデイヴィッドより」という、シンプルだが情熱的な文言が彫られていた。

もっと大胆なデザインは、カルティエのジュエリーだった。カルティエにとって戦争はとりわけ厳しかった。ヴァンドーム広場が炎に包まれ、プラチナが禁輸になっただけでなく、ルイ・カルティエとジャック・カルティエの両人がその時期に亡くなったからだ。ニューヨーク万博からわずか五年後の一九四五年、ピエール・カルティエは五番街の華美な店舗に別れを告げた。実業家モートン・F・プラントにわずか一〇〇ドルの金銭を支払い、最高級の天然真珠で仕立てた二重のネックレスをプラントの妻に贈って手に入れた店舗だった。[16]帰国したピエールは、亡くなった兄に代わってカルティエ・パリを取り仕切った。パリでは、アーティスティック・ディレクターのジャンヌ・トゥーサンと協力して仕事を進めた。[17]トゥーサンは、彼女のデザインしたハンドバッグを見て、ルイ・カルティエがひき抜いた人物だった。図面が引けず、ジュエリーデザインの経験もなかったが、ルイ・カルティエの愛人であった。しかし、そんなことはピエールにとって問題にならなかった。トゥーサンはカルティエに、既存の発想に縛られない奇抜な要素をもたらしていた。ウォリスのためのジュエリーも多く手がけた。ナチスの占領時には、愛国的な表現をそれとなく取り入れたモチーフを製作したことがある。[18] トゥーサンはウォリスに似てどこか破壊的なところのある女性だった。ウォリスの伝記作家のアン・セッバによると、二人の女性は必ずしも政治的思想が一致しているわけではなかったが、それでも互いを理解していたという。[19]

ウォリスのためにトゥーサンがデザインした作品の中でも特に有名なのが、一九四〇年のフラミンゴ・ブローチだった。エドワードは、開戦直前にお忍びでパリに赴き、これを注文した。トゥーサンと共同デザイナーのピーター・ルマルシャンは、さまざまな工夫を凝らした動物のデザインを好んだが、このブローチは繊細なくちばしと細い脚、ホワイトダイヤモンドのボディに、ルビー・サファイア・エメラルドの羽根という大胆な色使いが美しい。ウォリスは亡くなるまでこのブローチを愛用したそうだ。また、パンテール《クロヒョウ》がカルティエの代名詞となった経緯にもウォリスが絡んでいる。二十世紀初頭から、カルティエは、ダイヤモンドとオニキスを敷石《パヴェ》にして試行錯誤を重ねていた。二種類の宝石が白と黒の玉石のようにぎゅっと敷き詰められたデザインは、ヒョウ柄の毛皮に見えることからやがて「クロヒョウの毛皮」の愛称がつき、ブレスレットから腕時計までさまざまなものに応用されるようになった。これがやがて、ヒョウそのものをかたどった立体的なジュエリーを生み出したのである。これをきっかけにトゥーサンは、「ラ・パンテール」の異名で呼ばれるようになった。

その最初期の作品が、一九四九年のブローチだった。ダイヤモンドとサファイアでできた小さく優美なヒョウが、巨大な一五二・三五カラットのカボッション（ファセットをつくらずに半球形の面を磨いたもの）サファイアにつかまっている。この品は店の備品として、買い手や使い手を想定せずにつくられたが、エドワードがそれに目をつけウォリスのために購入したのだ。ウォリスはすっかり気に入ったようで、一九五二年にエドワードはもう一頭特注した。こちらは伝統のダイヤモンドとオニキスを毛皮に見立てたブレスレットだった。[20] ウォリスが手に巻くと、頭が手首に載り、エメラルドの目は光り、前脚を腕の先まで伸ばして、何かに跳びかかろうとしているように見えた。

ウォリスには王室のジュエリーは必要なかった。一九四六年にイギリスの別荘に泥棒が入ったことがあるが、[21] その時点ですでにウォリスのコレクションは推定一〇〇万ドル（現在の約一二二〇万ドル）を超えていた。ウォリスの死後、二〇一〇年にサザビーズ・ロンドンが行ったオークションでは、トゥーサンのパンテールのブレスレットがなんと四五〇万ポンド（現在の七〇〇万ドル以上）で落札され、当時の最高値のブレスレットとなった。[22] このオークションでのブレスレットの写真が久々にマスコミを賑わせると、野次馬たちはこれがゴージャスなのか、グロテスクなのかと議論した。二つとないアートなのか、下品な子供だましなのか。いみじくもそれは、ウォリス自身に投げかけられていた疑問そのものでもあった。

◇◇◇◇◇◇◇◇◇◇◇◇◇◇◇◇◇◇◇◇◇◇

ウィンザー家が純粋にダイヤモンドを愛好し、楽しんでいる様子は、宝石業界に多大な恩恵をもたらした。デビアス社や高級宝飾店は、そのイメージを、戦後の復興期に大いに利用した。しかし海の向こうでは、マスコミ好きで愛国的なハリー・ウィンストンが、アメリカにもイギリス王室のように影響力のある存在がないか、つまり、自らの知名度を生かしてジュエリーを普及させ、一般の市民がうらやんで買い求めるようにする存在があらわれるのを望んでいた。アメリカは戦争に勝ったのだから、市民は誇りを持って立ち、新たな富と、世界での地位を受け入れるべきだと、ウィンストンは考えていた。アメリカ全体が豊かになったという印象を広めるため、彼は自作のジュエリーをキャデラック、パーラメント、レブロンのようなトップブランドの広告用に貸し出し始めた。しかし、N・W・エイヤーの関係者と同様に、ウィンストンもまた伝統的な印刷広告の限界を自覚せざるをえなかった。

この頃までに、ハリー・ウィンストンは五番街と51丁目の角に、さる伯爵夫人が以前所有していた建物を購入していた。ティファニー、ヴァンクリーフ&アーペル、カルティエのすぐ近くだ。一九五三年、五番街を紹介する文章で、『ワシントン・ポスト』紙はこの有名な通りを「宝石商のショーケース」と呼んだ。この記事でハリー・ウィンストン社は「きらめく半マイルの中で最も異色の企業の一つ」[23]と称された。ウィンストンは、何らかの理由でニューヨークの街をぶらつく機会に恵まれない人たちにも、是非このショーケースを見てもらいたいものと願っていた。彼はまた、ホワイトハウスへのロビー活動を行い、数多くの国際的なイベントや夜会に出席するファーストレディーに利用してもらえるように、ヨーロッパの王室のようなジュエリーのナショナル・コレクションの整備を訴えたこともあった[24]。もっとも、この考えはあまりに貴族主義的で、民主主義国家の理念に反する、という理由で却下されたが。

そこで、ウィンストンは王族らしさを自分なりに真似てみることにした。そして「コート・オブ・ジュエルズ」という、自分で集めた華麗な宝石の移動展示会を開き、研磨されたヨンカー（以前はナンバーワンという名前だった）、アイドルズ・アイ（十七世紀のインドのゴルコンダ産といわれる薄いブルーの七〇・二一カラットのダイヤモンド）、そして、かつてピエール・カルティエが新婚旅行中のエヴェリン・ウォルシュ・マクリーンに売った「スター・オブ・ジ・イースト」などを披露した。ハリー・ウィンストンは、エヴェリン没後の一九四九年四月にこの石を入手した。エヴェリンの遺書には、宝石を最年少の孫が二十五歳になる一九六七年十月二十五日まで信託しておくように書かれていたが、遺族は借金返済のために、コレクションを前倒しで売りたいと申し立てていた。購入を検討した買い手は多かったが、ハリー・ウィンストンがさっと割り込み、一括で買い取った。[25] 推定価格は一二五万ドルから一五〇万ドルの間（現代の一三〇〇万ドル以上）とされた。

これによって、「スター・オブ・ジ・イースト」よりさらにセンセーショナルな宝石がハリー・ウィンストンの手に渡ることになった。アメリカ一の悪名を誇る、あのホープダイヤモンドである。ピエール・カルティエと同様に、ウィンストンはホープの恐ろしい呪いにひるまなかった――しかし、呪いのダイヤモンドが他者に与える影響の大きさはたっぷり堪能していた。ホープを入手してまもなく、ハリー・ウィンストンと妻のエドナは、リスボンからニューヨークへ別々の飛行機で帰宅することにした。[26] 万一事故が起こっても、二人の小さい息子が孤児にならないようにと考えてのことだった。エドナ・ウィンストンがまず発ち、翌日、無事に着いたとの電報に励まされつつ、ハリーが搭乗した。飛行機でハリーの隣に座った男が、他愛ない雑談でこう言った。実は、ハリー・ウィンストンの奥さんと同じ飛行機に乗ることになったので、予定を変えたんですよ。不幸の石に触ったかもしれない人と一緒の飛行機には乗りたくないですからね。だいたい、あの飛行機は無事に着陸したんですかね。ハリーは無言でポケットから妻の電報を出して渡した。その後ずっと、隣の男は黙りこくっていたそうだ。

ホープは「コート・オブ・ジュエルズ」のラインナップの中では主役だった。ほとんど誰もが名前は聞いたことがあったが、実物を見たことがある人はごくわずかだった。一九四九年十一月十五日、リッツ・カールトン・ホテルでのパーティーの後、展示会が少し離れたロックフェラー・センターで開幕した。入場料は、大人五〇セント（現在の約五ドル）、子供二五セント（同二ドル五〇セント）で、売り上げはアメリカ病院基金に寄付されることになっていた。展示会は華やかさが伝わるように設計されていて、入場者は赤い階段を上がり、王宮風の噴水の横を通ってホープに向かった。

見物客の多くは、ホープにまつわる話題になじみがあったが、実物を見てショックを受けたという。『ハートフォード・クーラント』にはこう書かれていた。「ほとんどの人が驚いたのは、（ホープが）白ではなくダークブルーだったことだ。[27]『私の紫のイブニングドレスには合わないわ』、と語る女性や『白いダイヤモンドのほうがきれいに光って見えるのにね』、と感想を述べる南部なまりの男もいた」。幸いにも、展示の目玉はそれだけではなかった。ロックフェラー・センターでは、ダイヤモンドのカットの実演会が行われた。

「コート・オブ・ジュエルズ」が五年をかけて全国を回る間に、アメリカ人たちは合計で一二〇〇万ドル相当の貴重なジュエルズを実際に見るチャンスを得たのである。アメリカ人には、高級ジュエリーを愛でるのに、自分たちの女王や王女など要らなかったのかもしれない。

アメリカ大陸の西部に目を向ければ、バッキンガム宮殿とはまた違った可能性を秘めた場所があった。そこに王族はいないが、商業的にもっと強く人をひきつける魅力があった、ハリウッドのきらめきと魔法である。もっとはっきり言おう。砂漠を覆う暗い夜空にきらめくハリウッドの星たち《スターズ》だ。

第８章　スターたちの力

ダイヤモンドが注目を浴びた理由

ロサンゼルス

広告には金がかからないにこしたことはない。一九二五年に出版されたユーモア作家アニタ・ルースのベストセラーを原作としたブロードウェイ・ミュージカルで、のちに映画化された『紳士は金髪がお好き』は、直接投資したわけではないのに願ってもない宣伝効果を発揮してくれた。一九四九年、コメディ女優のキャロル・チャニングが、ブロードウェイの舞台で主役のローレライ・リーを演じた。ローレライはアーカンソー州の下町出身のばか娘で、典型的な玉の輿狙い。けれども天真爛漫な性格だ。原作は、読者にジョークが通じることを前提に皮肉を効かせていたので、読者はローレライの本当の姿をはっきりイメージすることができた。自分の価値は社会的名声と所有物で決まると思っている、頼りない女主人公の物語だった。これをミュージカル化するにあたり、制作者らはチャニングの存在感――長くてバランスの悪い手足、かすれ声、陽気な目、今にも笑い出しそうな大きな口――が、小説と同じように観客に皮肉を伝える役割を果たしてくれるはずだと確信していた。客席を沸かせるナンバー「ダイヤモンドは女の一番の友」がかかると、チャニングはその目を輝かせ、くすくす笑いながら歌った。

といっても、この歌詞はローレライの視点で書かれているため、実に淡々としていた。ローレライにとってダイヤモンドは、みずからのステータスの象徴であり、経済的保証であり、キスやロマンス、継続的な恋愛関係よりも大切なものだった。主人公があっさりとダイヤモンドが一番と言い切るようすを見て、N・W・エイヤーの宣伝チームは誇らしい気持ちになったに違いない。実際、ドロシー・ディグナムは、このミュージカルがもたらした新しいマーケティングのチャンスをすばやくつかんで行動に移した。当時のダイヤモンド市場は低迷状態が続き、戦後の景気の浮き沈みの影響をおおいに受けていたため、『紳士は金髪がお好き』のような大ヒットが生まれたのは予想外の出来事だった。

ドロシー・ディグナムは「ダイヤモンドは女の一番の友」という新しいスローガンを掲げて広告を派手に展開した。「ダイヤモンドは女の一番の友」の楽曲は、フランシス・ゲレティが考案した効果的なキャッチコピー「ダイヤモンドは永遠」とともに、宝石が人々の人生に果たす役割を誇示する、ポップカルチャー史上の二大宣伝文句となった。二十世紀フォックスがマリリン・モンロー主演の映画版『紳士は金髪がお好き』を公開した一九五三年には、ダイヤモンドに関するこれらの印象深いメッセージは人々の間に浸透しはじめていた。チャニングは、皮肉交じりの表現や大胆な目つきをすることで、みずからが演じている愚かな女よりも自分のほうが聡明なことをほのめかしていたが、モンローが演じたローレライは違っていた。目をみはるほど美しく、小生意気な様子を隠そうともしないのがモンローのローレライだった。モンローもコメディを演じる女優だった。しかし、彼女がピンク色のサテンドレスを身にまとい、本物のダイヤモンド――首元にネックレスが二つ、腕にブレスレットが四つ、そして耳には鎖骨まで届きそうなイヤリング――で自分を飾り立て、腰を揺らしながらスクリーンに登場すると、その魅力に、どんなに冷静な女性も思わず理性を失いそうになるのだった。そして、映画を観た直後の女性――または彼女の胸の高鳴りに気づき隣でやきもきしていたパートナー――が揃ってショッピングに行くとしたら……「ダイヤは女の一番の友」を聴いた二人の向かう先は、すでに決まっていた。「ティファニー！　カルティエ！　ブラック・スター&フロスト！　それからハリー・ウィンストン、どんなダイヤモンドでもいい、とにかくダイヤモンドのお話をして！」

どんな広告も、ヴォーグ誌の見開き写真も、立派な博物館の展示物も、マリリン・モンローが真っ赤なくちびるをすぼめ、ブランド名をささやくことがもたらす影響にはかなわなかった。それはまさにスターの力だった。それはハリウッドの輝きのなせるわざだった。そして、ダイヤモンドに深くかかわる人たちはその恩恵にあずかろうともくろんでいた。

◇◇◇◇◇◇◇◇◇◇◇◇◇◇◇◇◇◇◇◇◇◇◇◇◇◇◇◇

ハリウッドがもたらすかつてない宣伝効果に目をつけたのはN・W・エイヤーグループが初めてではなかった。先に目をつけていたのは、東海岸の裕福な宝石商ポール・フラトウだった。一九三八年に公開されたキャサリン・ヘプバーンとケーリー・グラント主演の映画『素晴らしき休日』の制作にともない、フラトウはその監督をつとめたジョージ・キューカーから、映画で使用するジュエリーのデザインを頼まれた。そして映画の公開後、フラトウはロサンゼルスに店舗をオープンした。この映画の最後には、制作協力者としてフラトウの名が表示された。当時の宝石商としては異例の功績だった。フラトウは自分を売り込むのが得意だったので、そう仕向けたのは彼自身だったにちがいない。カラメル色の肌をしたプレイボーイで、なかなかまめな男だった。テキサス州の裕福な開拓者の息子に生まれ、ふるさとを離れてニューヨークに向い、コロンビア・ビジネス・スクールのキャンパスで金持ちたちとの社交を通じて自信をつけた。友愛会のメンバーとなり、進学校の女性たちとのデートにいそしみ、ウォルドルフやプラザなどの一流ホテルで開かれるパーティーにも積極的に顔をだした。二十七歳までに結婚を二度経験し、ニューヨーク市に構えた瀟洒《しょうしゃ》なブティックの経営に忙殺され、億万長者と言っていいくらい稼いでいた。フラトウは、第一次世界大戦後から大恐慌までの自由で退廃的であったジャズ時代のなか、流行の宝石商として道を切り開き、世界中の裕福なジュエリーコレクターを相手に取引を重ねて不況の波を乗り切った。

ロサンゼルスに拠点を移してからのフラトウは、タブロイド紙が注目するタイプの人間と意識的につき合った。その結果、ポーレット・ゴダードやジンジャー・ロジャース、ヴィヴィアン・リー、マレーネ・ディートリヒなど、そうそうたる女優陣が、フラトウのジュエリーを身につけて、人々の注目が集まるイベントに登場してくれるようになった。確実に写真が撮られる映画のプレミア・ショー《試写会》やアカデミー賞などのイベントも例外ではなかった。やがて、フラトウの作品は映画のなかにも登場するようになり、『淑女超特急』ではマール・オベロンが、『血と砂』ではリタ・ヘイワースが身につけていた。さらには、名作詞家のコール・ポーターまでもが、フラトウの影響力を認めてこのような歌詞をつくった。

フラトウのイヤリングをじゃらつかせたり、

苦労してフランス製フロックコートを着てみるのは、
これから起こる愛とロマンスを期待して
自意識過剰になっているからなんだ。(1)

ポール・フラトウはデザイナーであると同時に、新進気鋭の起業家でもあり、映画女優の持つ影響力を見抜いていた。女優と社交界の有名人はよく似ているが、商業的な視点からは女優のほうがずっと価値があった。女優は社交界の有名人とは違って、見た目がよくないとつとまらない。なにしろ彼女たちにとっては、美しくあることが仕事なのだから（そういう意味ではモデルも同じだが、彼女たちは見た目がよいだけで、個性という魅力はない）。さらにいえば、女優にはアメリカで最も裕福な女性でさえ手に入れることのできない基盤があった。それは、当時の映画スターの特権とされていた、スタジオ・システムのサポートであり、フラトウは女優の特性のなかで何よりもそれを重視していた。スタジオの幹部らは、売り出し中の若手女優が有名になり、世間に評価され、さらには敬愛の的になることを望んでいたので、それを実現するためなら自分たちの財力や影響力を喜んで差し出した。

フラトウ同様にデビアス社も終戦前からハリウッドに狙いを定めていたのは当然の流れだった。一九三〇年代後半、マンハッタンに対抗する場所として注目を集めていたのは、流行の最先端をゆく陽気なロサンゼルスの街だった。そこは、新興成金たちが集い、ブロンド娘は揃いも揃って若くて美しく、青い空にヤシの木が映えるにぎやかな場所だった。N・W・エイヤーはそこで、マギーことマーガレット・エッティンガーに接触した。エッティンガーの仕事は映画の広報であり、ハリウッド大通りとヴァイン通りの好立地に複数のオフィスを構えていた。MG

Mでキャリアをスタートさせ、取引先であった意欲的なフィルム処理会社を、カラー映画彩色技術の開発会社として再生させた手腕の持ち主だ。(2)エッティンガーには、映画制作会社時代に培った幅広い人脈があった。しかも、いとこにゴシップコラムニストのローレラ・パーソンズがいたので、マスコミの通行証を特別に所持していた。エイヤーとデビアス社にとって、エッティンガーは月々四二五ドル（現在の六八〇〇ドル）の報酬を支払うだけの価値がある存在だった。彼女がいれば、ハリウッドでダイヤモンドの評判を高め、その名声を守ることができると考えたからだ。男が恋人にキラキラ光るネックレスを贈るシーンなど、映画にダイヤモンドを登場させるようにプロデューサーを説得するのはもちろんのこと、広告用写真で人気女優たちにさまざまな宝石を身につけさせることなど、あらゆることをエッティンガーの力で実現できる、と。さらに都合のよいことに、エッティンガーがN・W・エイヤーと手を組んだのとちょうど同じころ、いとこのパーソンズも著名人の婚約指輪をテーマにしたコラムに力を注いでいた。イングリッド・バーグマンは「結婚指輪とダイヤの婚約指輪をはめて」戦線からの夫の帰りを涙しながら待っていたとか、(3)「ジェフリー・リンがダナ・デールに贈った婚約指輪は、ダイヤモンドがあしらわれたスターサファイアだった(4)」とか、そのコラムは短くてさりげない文体で書かれ、これといって刺激的な内容ではないものの、実は宝石業界の戦略が二つ、みごとに盛り込まれていた。それは、読者に婚約指輪のしきたりを現代的なものであることを認識させるのと、著名人とダイヤモンドとの結びつきを強く印象づけることだった。

一方、エッティンガーはあらゆる機会を利用して、映画でダイヤモンドを使用することを推奨した。『淑女超特急』でフラトウの作品を身につけたマール・オベロンもエッティンガーの顧客だった。一九四一年にこの風変わりなロマンティックコメディが公開されると、エッティンガーはアーモンド形の瞳が印象的な主演女優だけでなく、ジュエリーの宣伝も怠らなかった。同じ年、アカデミー賞主演女優賞の受賞歴を持つクローデット・コルベール主演の映画『ひばり』が公開された。夫に失望した若い妻である主人公がダイヤモンドを買い求める長いシーンがつくられたのは、創造性に富んだエッティンガーの提案によるものだった。しかし、エッティンガーの手腕が最大限に発揮されたのは、『ダイヤモンズ・アー・デンジャラス（ダイヤモンドは危険）』というタイトルの映画が制作されていることを耳にしたときだろう。誠実な空軍大尉が南アフリカへ旅行中、美しい宝石泥棒の女の色香にあやうく惑わされそうになりながらも、任務を遂行したうえで女泥棒の心を射止め、更生に向かわせるというストーリーだった。どんな手を使ったのかはわからないが、エッティンガーはパラマウント社の幹部を説き伏せ、この映画のタイトルを『アドベンチャー・イン・ダイヤモンズ（ダイヤモンドの冒険）』に変更させた——映画の内容はまったく変わっていないにもかかわらず。ストーリーそのものはロマンティックでワクワクする内容であっても、タイトルがネガティブだと潜在的顧客を躊躇させてしまうかもしれない。マギー・エッティンガーへの支払い小切手にサインした人は誰であれ、きっとそう思ったことだろう。[5]

エッティンガーがハリウッドを巧みに操っているころ、ドロシー・ディグナムはマンハッタンにとどまり、西海岸の成功に対抗していた。ディグナムは女性著名人の婚約指輪にまつわるエピソードを募り、それらを記事にまとめて宣伝した。一九五九年四月発行の『モーション・ピクチャー』誌では、「わたしがダイヤモンドを手に入れた日」という記事を特集し、ソフィア・ローレンやシド・チャリシーなど、そうそうたる有名女優たちのエピソードを紹介した。そのなかでもジェーン・マンスフィールドのエピソードは抜群にロマンティックなうえに、何が一番大事かについて彼女の本心をうまく伝えていた。

「『運命の人』が私の手を取ったの」とマンスフィールドはうれしそうにしゃべりたてた。「彼は私の左手の薬指を取り、そこにキスをしてから、そっとていねいに指輪をはめてくれた。ふつうのプラチナの指輪かと思ったわ。でも、くるっと回してみたら、そこにはかつてなかったすてきなサプライズがあったの。そう、キラキラ輝く石がついていたの。見たこともない大きな大きなダイヤモンドが」。マンスフィールドはさらに続けた。「夫のミッキー(ハージティ)が、愛をこめてプレゼントしてくれたの[6]。新居にはまだ家具もそろっていなかったけれど、ちいさなダイニングテーブルでキャンドルの灯りをともすと、指輪の影が壁と部屋いっぱいに映し出され、幸せな家庭がさらに明るくなったわ」。大きなダイヤモンド以上に大切なものがあるだろうか? 答えはわかりきっている。誰もがうらやむようなジュエリーが手に輝いてさえいれば、家具だって、いや家電だって必要ないはずだ。

『モーション・ピクチャー』誌が店頭に並んだ日、結婚歴のないドロシー・ディグナムは、帰宅後に独りでマティーニのダブルをつくって飲んだ。そしていつもどおり、先日もらったサプライズギフトの置いてある机に向かって、仕事を再開したに違いない。そのギフトとは、エイヤーでの勤続二十五年祝いに同僚たちから贈られた、「仕事大好き人間」の彼女にぴったりのプレゼントだった[7]。それはダイヤモンドでもジュエリーでもなく、重さ四キロにもなるスイス製のエルメスの携帯式タイプライターだった。

◇◇◇◇◇◇◇◇◇◇◇◇◇◇◇◇◇◇◇◇◇◇◇◇◇◇◇◇◇◇◇◇◇◇

『紳士は金髪がお好き』が公開された一九五三年は、ダイヤモンド業界にとって好都合な時期だった。その夏、イギリスではプリンセス・エリザベスが女王として戴冠した。宝石が散りばめられた王冠をかぶったエリザベス女王の姿は、大英帝国の国境を越えて市民を魅了した。一方、アメリカでは、名家出身の端正な顔立ちをした人気者ジョン・F・ケネディ上院議員が、同じく上流階級の子女で、黒髪のおしゃれな若い女性ジャクリーン・ブーヴィエにプロポーズしていた。ジャクリーンの指には、驚くほど個性的なヴァンクリーフ&アーペルの婚約指輪が光っていた。中央部に二・八八カラットのダイヤモンドと並んで二・八四カラットの正方形のエメラルドがあしらわれ、マーキスカットとバゲットカットを施した宝石がブーケをかたどっていた。宝石が一つだけのよくある「一つはめ」ジュエリーとは明らかに違っていたし、その個性的なスタイルの裏に、熟練した職人の技が感じられた。ファーストレディーとなったジャクリーンは、それから生涯にわたりヴァンクリーフ&アーペルのジュエリーを愛し続け、夫とともに出席する行事の場で頻繁に身につけた。

一九五四年には、マリリン・モンローがジョー・ディマジオと結婚した。ディマジオは熱烈な求婚の末、永遠の愛を象徴する三十六粒のバゲットダイヤモンドを並べたエタニティリングをモンローへ贈った。この結婚は話題を呼んだが、それとは比べものにならない大きなニュースが一九五六年の冬に飛びこんできた。『ダイヤルMを廻せ!』や『裏窓』でヒロインを演じたグレース・ケリーが、モナコ大公三世と婚約したのだ。これから執り行われる結婚式を経て、ケリーはハリウッドスターから本物のプリンセスへ、普通ならありえない飛躍を果たすことになった。当然ながら、彼女のファンは、お気に入りの女優がこのような稀有な機会に恵まれたことに驚きや喜びをかくし切れずにいた。その一方、グレース・ケリー自身は、王族に心を奪われるアメリカ人たちがちっとも理解できていなかった。フィラデルフィアの裕福な名家に生まれ、少なくともメディアの報道では、両親の目から見てきょうだいのなかで最も期待できそうにない子供だった。そんなケリーが、女王らしい落ちついた優雅な物腰で報道陣に対応したときに打ち明けたところによると、初対面のときはレーニエ大公に対して何も感じなかったのに、二回目にフィラデルフィアの実家で会ったときにピンときたという（これについてケリーは「ふた目」惚れでした、と愛きょうたっぷりにおどけてみせた）[8]。大公は一九五五年の十二月三十一日、ケリーの父の承諾を得てプロポーズをしたという。ケリーはレーニエ大公からの贈りものをうれしそうに披露した。それは、モナコ硬貨をモチーフにしたコインがぶら下がったゴールドリンク・ブレスレットと、彼らの婚約を誇らし気に象徴するルビーとダイヤモンドが並んだカルティエの指輪だった。

いや、実際にはそれほど誇らしいものではなかったのかもしれない。というのは、一九五六年の一月、その婚約指輪をはめて報道陣に対応していたケリーが、翌二月にはどうみてもそれとは別の指輪をはめていたからだ。こちらもカルティエの指輪で、目を引くものだった。プラチナの素材に、エメラルドカットを施した一〇・四七カラットの一粒ダイヤモンドが輝き、その両側に、それより小さなサイズのダイヤモンドが寄りそうようにあしらわれていた。やけに目を引く新しい指輪について、未来のプリンセスに関する当たり障りのない記事が紙面をにぎわせた。『ワシントン・ポスト』紙は、「グレースは二つの指輪を手に入れた」というタイトルの記事のなかで、レーニエ大公は婚約者に贈った最初の指輪を、失くしたわけでもないのに「取り替えた」と書き立てた。彼女は二つの指輪を手に入れた幸せものだ、と。

社交界の著名人であり映画スターでもあり王妃でもある女性にとってなら、どんな贈り物もぜいたくすぎるということはない。だから、カルティエの婚約指輪を二つ手に入れた女性のニュースを見て、ファン以外の人は眉をひそめたかもしれないが、ケリーのファンは「誰もがうらやむあのブロンド女優にとってはごくふつうのことだ」とうなずいた。そして、結婚式の準備が進むなか、レーニエ大公は花嫁のために、さらに立派なジュエリーを注文した。それは、ネックレス、指輪、イヤリング、ブレスレットからなるヴァンクリーフ&アーペルのウェディングジュエリー一式だった。いずれも輝くホワイトダイヤモンドと天然のパールでつくられていた。一年も経たないうちに、レーニエ大公はカルティエを「モナコ公国の公認宝石商《サプライヤー》」に任命し、[9] グレース妃は、上質のジュエリーには一生困らない、ウォリス・シンプソンやジャクリーン・ケネディのような上流階級の女性の仲間入りを果たした。

しばらくの間は、婚約指輪を新しくした事情、つまり、ルビーとダイヤモンドがあしらわれた完璧なまでに美しい指輪をすぐに交換するに至った理由を知っているのは、ケリーとレーニエ大公だけだった。しかし、いつまでもかくし切れなかった。それはこういう事情だった。レーニエ大公はプロポーズをしてまもなく、自分が大きな間違いを犯していたことに気づいた。それは、婚約者とともにアメリカを訪れ、彼女の友人の裕福な有名人たちを紹介されたときのことで、見るからにみな、大きくて派手なダイヤモンドを好んでいるのがわかった。アメリカではジュエリーといえば大きいほうがいいに決まっていた。レーニエ大公がそれに気づいてくれて、ケリーの両親はとても喜んだことだろう。あり余るほどお金を持っている大公は、すぐにカルティエに連絡し、もっと伝統が感じられて、もっと息を呑むほどに美しい、ロマンティックなダイヤモンドをつくるよう注文した。こうして、二人はひそかに指輪を新調し、その事情を公に説明する必要はないと思っていた。どのみちケリーの女優としての活動は終わろうとしていたからだ。

ケリーは婚約が決まるとすぐに、ＭＧＭの『上流社会[†]』が最後の映画出演になると発表した。『ニューヨーク・

ヘラルド・トリビューン』紙は、この作品のよい評判を耳にすると「この映画は、低迷にあえいでいたティファニーの評判を高めてくれる、ケリーからのはなむけだ」と称えた。[10] ロードアイランドの社交界の華を演じたグレース・ケリーが、この映画のなかで私物のカルティエのダイヤモンドリングをつけるのには十分な理由があった。ハリウッド女優が全員そうしていたわけではないが、メイ・ウエスト[††]やジョーン・クロフォードなど、成功を収めているスターたちは私物のジュエリーを映画のなかで身につけていた。マギー・エッティンガーが広告で辣腕をふるっていた時代だったことを考えると、ケリーがこの映画の宣伝写真で私物の婚約指輪をつけたのも理解できる。スタジオはそうした点について、別に気にしていなかったようだ。オリジナル版の『フィラデルフィア物語』は内容もよく、二人の共演男優も有名ではあったが、映画『上流社会』が受けたのは人気絶頂期にあるこの美人女優の魅力のおかげだったことをＭＧＭはよく理解していた。ケリーの婚約指輪はいくつものことを物語っていた。それはハリウッドが最も輝くスターを失おうとしていることを思い出させるものでもあった。観客は大画面に映る彼女の姿を見て恋に落ち、そうすることで、もうすぐモナコの王妃になる女優を最後に愛でる機会を得たのだ。

◇◇◇◇◇◇◇◇◇◇◇◇◇◇◇◇◇◇◇◇◇◇◇◇◇◇◇◇◇◇◇◇

ジュエリー業界は安泰といってよかった。ハリウッドスターたちにその自覚があるかどうかはともかく、彼らは自分たちのことを記事にしてくれる新聞やタブロイド紙の記者と一緒になり、ダイヤモンドの戦略を推し進めてくれる頼もしい存在となっていた。けれどもＮ・Ｗ・エイヤーの幹部たちは厳しく抜け目がなかった。従業員たちを勝手気ままに浮かれさせたり、ロサンゼルスの気まぐれで熱気のある雰囲気にのめりこんだりさせなかった。

状況に応じてエイヤーは、映画制作事業にも手を伸ばし、『エターナル・ジェム（永遠の宝石）』（一九四五年）と『マジック・ストーン（魔法の石）』（一九四六年）の二作の短編映画を自作し売り込んだ。どちらも学校や社交クラブの場で上映されたが、後者はロウズ・シアターで取り上げられ、ニューヨークからサンフランシスコまでの全米都市部で公開された。『マジック・ストーン（魔法の石）』の成功を受けて、エイヤーとデビアス社は一九五三年に、三作目の映画を制作した。タイトルはわかりやすく『ダイヤモンドは永遠』とした。この二十七分間のカラー映画は同年、コロンビア・ピクチャーズの配給によって三五〇〇館で上映され、[11] 一九五四年と一九五五年にはテレビでも放映された。『ダイヤモンドは永遠』は、幸せいっぱいの若いカップルが婚約指輪を買いに行くというストーリーで、五〇万ドル相当のデビアス社のダイヤモンドが登場した。テレビ放映されたことで、この映画を映画館よりもくつろげる自宅のリビングで楽しんだ人は延べ二三〇〇万人以上に達した。カーラーを巻いたままやスリッパを履いて、視聴者たちは思い思いの恰好で鑑賞した。婚約中のメアリーとトッドが、親切そうな宝石商の話を熱心に聞いている。それは、ダイヤモンドの採掘の難しさから、骨の折れる成形加工のプロセスに至るまでの宝石にまつわるあれこれだ。『ダイヤモンドは永遠』には、エイヤーが入念につくりあげたあらゆるセールスポイントが盛り込まれていた。ダイヤモンドは人を幸せにする――メアリーがそう日記に記すところから、この映画は始まる。

†キャサリン・ヘプバーン主演の『フィラデルフィア物語』をもとにしたミュージカル映画。ケリーが主演を務め、ささやくように歌う男性歌手のビング・クロスビーとフランク・シナトラの二人が、主人公に求婚する青年役として出演している

††ダイヤモンド・リルと呼ばれるキャラクターを演じたことで有名

メアリーは「自分の人生で一番幸せな日」についてどう書き表せばよいのか悩んだすえ、[12]「指輪がすべてを物語っている！」ことに気づく。そして、物語はその日のジュエリーショップでの回想場面へと続く。宝石商が宝石づくりの苦労話やその他この天然の宝物にまつわる様々な話をする場面では、南アフリカの鉱山の貴重な映像と、ダイヤモンドカット職人の作業場がスクリーンに映し出された。

Ｎ・Ｗ・エイヤーの任務は複雑だった。一見正反対ともいえる二つの特徴を同時にアピールしなければならなかった。一つは、ダイヤモンドの近寄りがたさと本来備わっている魅力、そしてもう一つは、ダイヤモンドの手に入れやすさと万人受けする魅力だ。前者をアピールするには、このままばらくハリウッドの力に頼ればよさそうだった。しかし、宝石の大衆的側面を宣伝するとなると、もっと独創的な戦略に頼らねばならない。広告や情報誌だけでなく、映画などの手段を通じて潜在顧客に宝石の知識を深めて貰《もら》い気楽に話題にしてもらう必要があった。米国宝石学会（ＧＩＡ）のロバート・Ｍ・シプリーとともにエイヤーの人たちの判断が一致したのは、アメリカ人に宝石の情報を広めるには、彼らに宝石を見せびらかして欲求をかき立てるほどのことをしなければならないということだった。

そこで登場したのが、エイヤーの一員になったグラディス・Ｂ・ハンナフォードだった。

ハンナフォードは一九三〇年代半ばに宝石業界に入り、ハリー・ウィンストンでキャリアをスタートした。伝説のダイヤモンド「ヨンカー」がアメリカ自然史博物館に運び込まれたときは、ペンを片手に石段で待機し、ハリー・ウィンストン社を代表して署名を行った。その二十年後、キャッツアイグラスをかけた痩せ型で白髪まじりのハンナフォード女史はＮ・Ｗ・エイヤー所属の講師となり、全国各地の教会や高校、クラブ、大学に車で駆けつけて「ダイヤモンドのロマンス」などをテーマに講演を行った。ハンナフォードはキャリアウーマンと呼ばれ、一九五一年に『ブルックリン・イーグル』紙の「四十代以降の美しさ」で取り上げられたこともあるが、そうなることをいつも夢見ていたわけではない[13]。けれど、人生は思いもよらぬ方向に展開した。まさか自分が、赤道を越えて何千マイルも彼方にある南アフリカの鉱山を訪れる日が来るとは思いもよらなかった。若いころは、どちらかといえば型どおりの選択をしていればよかった。それが結婚して一女をもうけ、その後夫を突然亡くし、幼い子を抱えた片親として自力でやっていくことになった。これからどんな仕事をして食べていくか考えねばならなくなったとき、ふと思い起こしたのは、妻としてまた母としての役割を担うようになる前に地元の大衆劇団で芝居を演じて楽しんでいたことだった。舞台の上で磨いてきた技能は、N・W・エイヤーでの仕事におおいに役立った。一日に何度講演があろうと、どれだけ疲れていようと、ハンナフォードはダイヤモンドレディとしての役柄を演じきった。集まった人たちからは、彼女の話には魅力があり、テーマへの情熱が感じられるという感想が必ず寄せられた。

ハンナフォードは機転の利く人物だった。一九五二年の夏、アメリカ中西部で行われたラジオ番組の公開生放送の観覧に参加したとき、観客はみな専業主婦で、番組は質疑応答形式で進行した。観客に向けられた最初の質問は「ダイヤモンドを買うことはよい投資になると思いますか?」というすごいものだった[14]。ハンナフォードは、こうしたお金がらみのやっかいな話題でダイヤモンドを効果的にアピールするにはどうすればよいか考えながら、みなの様子を眺めていた。やがて自分の順番が回ってくると、にっこり微笑み、「ダイヤモンドを買うことはよい投資になると思いますか?」と聞くインタビュアーに訊《たず》ね返した。「逆に、あなたに質問します。若い男性にとっては、自分のために料理をつくり、洗濯をし、ボタンをつけ替え、永遠の伴侶となってくれる女性をたった二〇〇ドルで手に入れられるのに、その二〇〇ドルをほかのどこに投資するというのでしょうか？　ダイヤモンドの婚約指輪や結婚指輪以外に、いったいどこに？」ハンナフォードは主婦たちが笑っている様子を見てニンマリした。

ハンナフォードは概して親しみやすかった。女学生が、はずんだ足取りで近づいてきて、婚約者にもらった「高価な」指輪をうれしそうに見せることもあった。そんなときハンナフォードは、その指輪が彼女の婚約者が言うよりもずっと安いものであることを見抜いてしまうのだった。講演の内容そのものは、いつも簡潔明瞭だった。テーマにしていたのは、ヨンカーやホープ、コ・イ・ヌールなどの有名なダイヤモンドで、それらのレプリカを持っていき、極上の宝石とそっくりなものを直接手に触れるスリルを出席者に味わってもらうこともあった。また、南アフリカを訪れたときのスライドを流し、地中の奥底に眠っていたダイヤモンドがたどる魔法のような旅路を紹介した。ごつごつした原石がイスラエルやアントワープなどの地に運ばれ、そこでカットされ、研磨される。その後、ニューヨークのダイヤモンド・ディーラーズ・クラブに運ばれると、ポケットにルーペをしのばせた髭の男性が現れ、価格交渉となる。そうして、品質が高いものはティファニーの工房や、クリスマスシーズンの華やかなショーウィンドウへとたどり着く。４Ｃについて話すこともあった。このようにしてハンナフォードは、聞き手の層やその日の講演のテーマに合わせて、最先端の流行《トレンド》から、芸術や文学上のダイヤモンドの歴史に至るまで、あらゆることについて話す準備を整えていた。重要なのは、いつも人々の宝石への好奇心を刺激し、宝石はとても価値あるものだが気後れする必要はないということを理解してもらうことだった。

Ｎ・Ｗ・エイヤーは、学校での講演を特に歓迎していた。そこでは、ハンナフォード一人の力で、影響を受けやすい年ごろの学生たちを感化することができた。卒業、そして婚約というイベントを控えている彼らは、まもなく次世代のダイヤモンド購入者となったり、それをプレゼントされたりする立場になる。その境目に立っているターゲットに対し、ハンナフォードは常に細心の注意を払って接した。ハンナフォードは何が自分の利益になるかがわかっていたし、自分がこんなにワクワクした毎日を過ごせていることは、同世代の女性に比べて幸運だと感じていた。ビンガムトンで開催された第五十二回ニューヨーク州宝石小売商会議《リテール・ジュエラーズ・コンベンション》のセッションで、[15]「これからは幅広の結婚指輪が流行《はや》るのか」と訊かれると、きっぱりこう答えた。「絶対にあり得ません！」当時、幅広の結婚指輪は一部の宝石商がすすめる新しいスタイルの指輪だった。ハンナフォードは自分の所属する代理店がこれをひどく嫌っていることを知っていた。というのは、幅広の結婚指輪をつけると、ダイヤモンドの婚約指輪をつける場所がなくなってしまうからだ。ハンナフォードは、貴重な石について話すときも、込み入った内容について話すときも、聞き手に明確かつ簡潔に要点を伝えるようにしていた。ネブラスカ州オマハのベンソン高校で講演したときには、こんなことを言った。

「一番価値のあるダイヤモンドは、アメリカの女の子の左手薬指に光るダイヤモンドです[16]」。

一九六〇年、エイヤーはアメリカの二万世帯を対象に調査を行い、同社が二〇年間にわたって実施してきたキャンペーンの効果を調べた。調査結果は驚くべきものだった。一九五九年にダイヤモンドの婚約指輪を受け取った新婦は、全新婦の八〇パーセントを占め、過去最高を記録したばかりか、カラット数も着実に増えているようだった。この事実は、ダイヤモンドの指輪を渡してプロポーズするという儀式が、現代文化にうまく取り入れられたことを意味する。さらに、全米家族評論社（この調査を実施した会社）によれば、この数字がどうやら上限値と言えそうだった。調査員の見解は「結婚するときにダイヤモンドの婚約指輪をもらわなかった女性の特徴[17]を調べてみました。どうやら、この状況には、どうにもできない力が働いているようです。相手に収入がない、教育を受けていない、年齢、過去の婚姻歴、急な入籍などを理由に、婚約指輪をもらっていない」というものだった。

つまり、ダイヤモンドの売上げを増やすためには、結婚する人が増えるよう促すしかなかった。幸い、一九六〇年代初めから半ばにかけては、宝石商にとって喜ばしい時期となった。一九六二年一月の『ニューヨーク・タイムズ』紙の記事にはこう書かれていた。「戦後のベビーブーマー世代が一九六三年に高校卒業の年齢に達し、[18]婚約と結婚というイベントを迎えることになる。昨今の早婚の傾向（六七パーセントの女性が二十四歳までに結婚している）と相まって、宝石の売上げも増加することになるだろう」。

◇◇◇◇◇◇◇◇◇◇◇◇◇◇◇◇◇◇◇◇◇◇◇◇◇◇◇◇◇◇

ハリウッドの影響力も手伝って、一九六一年はティファニー社にとって驚くべき年になった。その原因となるのは、会社の収益が前年比四〇パーセント増と大きく向上したことや、この流れを維持しようと意気込む新しいリーダーが就任したことだけではない。この年の秋、パラマウントが公開したある映画が、ティファニーというブランド名をすべてのアメリカ人の心に植えつけ、今をときめく女優の口からその名を何度も語らせた。その女優とは、誰からも愛されるオードリー・ヘプバーンだった。

タイトルはもちろん、『ティファニーで朝食を』。一九五八年に出版されたトルーマン・カポーティの作品が原作の映画だ。ヘプバーン演じる息を呑むほど美しいホリー・ゴライトリーは、独立心の強い女性だが、そのためにはお金持ちの男性に囲われることをいとわないという、二つのちぐはぐな衝動にとらわれていた。そんなホリーにとって、自宅のように最高に心地よいと思える場所が五番街にあるティファニー本店であり、この映画のタイトルにもなっている。ホリーは謎めいた隣人ポール・バージャクと初めて顔を合わせたとき、「私はティファニーに夢中なの」と言った。「穏やかな空気が流れていて、たたずまいが凛としている。あそこにいれば悪いことなんて起きないわ」。

予告編にも使われた『ティファニーで朝食を』のオープニングシーンでは、入口の扉の上にメタリック文字で堂々と示されたティファニーの名が大きく映し出される。人通りのない早朝、ホリーがタクシーでニューヨーク五番街に現れる。恰好は昨晩のまま（ジバンシィのリトル・ブラック・ドレスも、大ぶりのオリバー・ゴールドスミスのサングラスも、この映画でオードリーが着用したことで有名になった）。そしてティファニーの前でタクシーを降り、ショーウィンドウをうっとり眺めながら、コーヒーを片手に朝食のペストリーをほおばる。ニューヨークの象徴的存在であるこのティファニー本店は、ホリーとポールの初デートの場面にも登場する。二人は何か一〇ドルで買えるものはないかと、店内のショーケースを見てまわる。豪奢《ごうしゃ》な建物のこの一階部分は天井が高く、壁は木造パネルで壮観さが感じられる。ここでホリーは、ひときわ大きく精巧なつくりの宝石を指さして「ジュエリーがほしいわけじゃないのよ、もちろんダイヤモンドは別だけれど」と口にする。しかしその目は、あれも欲しい、これも欲しいと言っている。二人がティファニーで一番値段の安い商品を訊ねると、店員は少し皮肉を込めながらも対応する。二人は純銀製の電話のダイヤル回しをすすめられるが、ポールが持っていたスナック菓子のおまけの指輪に文字を刻んでもらうことにした。

ティファニー社はこの映画における自社の役割を喜んで受け入れ、パラマウントと協力して初の映画撮影を実現させた。[19] パラマウントはそのことに感謝の気持ちを込めて、『ティファニーで朝食を』の劇場公開に先立ち、ティファニー社の従業員のために特別上映会を開いた。[20] ティファニー社もまた、ティファニーを代表する一二八・五四カラットのクッションカット仕上げのファンシー・イエロー・ダイヤモンドを、オードリー・ヘプバーンに貸し出し、映画公開までのプロモーションや宣伝写真に使うことを許可した。このとてつもなく大きな宝石は、一八七八年にティファニーが購入してからというもの、このブランドの看板的存在となっていたが、格調高いブルーのベルベットのネックレス・ディスプレイを背景に輝いているだけで、人が実際に身につけたことはなかった。

しかしその伝統も、ホービング・コーポレーションのウォルター・ホービングが一九五五年にティファニーの会長に就任したことをきっかけに変化した。ティファニー家が長きにわたり統率してきたセールスの体制が終わりを告げたのである。ホービングはこのティファニー・ダイヤモンドを売り物にしようと考えた。そのため、副社長兼ジュエリーデザイナーに任命したばかりのジャン・シュランバージェに、件《くだん》のカナリーイエローの宝石のセッティングを考案するよう指示した。身につけられるジュエリーにしてほしい。何と言っても、あのホープダイヤモンドの三倍もの大きさがあるのだから。

彫刻を施したようなデザインのジュエリーや、一風変わったジュエリーをつくることで知られていたシュランバージェは、この挑戦を喜んで受け入れた。デザインを描いては試作することを繰り返し、最終的に三つのセッティングにたどりついた。いずれもホワイトダイヤモンドとプラチナをほぼ全面にあしらい、金色に輝くこの宝石を引き立たせるデザインだった。最も有名な一つ目は、ティファニー・ダイヤモンドのまわりをライオンのたてがみのように囲んでいる、らせん状のリボンクリップ。単独でブローチとして、またはリボンの装飾がらせん状に施されたネックレスとしても着用できる。ネックレスにした場合は、ダイヤモンドがデコルテのすぐ上におさまり、そこからリボンがらせん状に交差する。二つ目もブローチクリップで、こちらは天使のような可憐な羽を生やした鳥がダイヤモンドの上に立っている。そして三つ目は自然をモチーフにしたデザインのブレスレットで、花と蔓の間にティファニー・ダイヤモンドが顔をのぞかせている。一九五六年十一月、『ヴォーグ』十月号で表紙モデルがシュランバージェのピンを身につけて登場してからわずか一カ月後[21]、三つの新しいセッティングは、一式五八万三〇〇〇ドル（現在の五〇〇万ドル）という価格情報とともに同誌の見開きページで特集された。また、ティファニー社は、セッティングを施す前のティファニー・ダイヤモンドを写真におさめ、一九五九年版のブルーブックの表紙にも採用した。

　シュランバージェのネックレスは、すらりとしたエレガントなたたずまいのヘプバーンにぴったりだった。ヘプバーンは『ティファニーで朝食を』のオープニングシーンの撮影後、宣伝写真用にこれを身につけていた[22]。映画のなかでつけることはなかったが、映画には違う形で登場している。そう、ポール・バージャクとのデートの場面でホリーが「これもね」と目を止めたのがこのネックレスだ。このティファニー・ダイヤモンドを一躍有名にしたのはヘプバーンだったが、初めて身につけたのは別の女性だった。その栄誉を手にしたのは、ミセス・シェルドン・ホワイトハウスという、一九五七年の夏にロードアイランド州のニューポートで開催されたティファニー主催の舞踏会でホストをつとめた女性だった。舞踏会まであと数週間というタイミングで、ティファニー社は「ティファニー・ダイヤモンドを一人の女性に着用してもらう予定だ」と発表したが、誰が選ばれるのかは謎につつまれていた。たちまち、上流婦人たちから「私こそは」という手紙がティファニー社に殺到した。舞踏会本番を控えた土曜日、武装した二人の護衛がロードアイランド州にやってきて、ホワイトダイヤモンドのチェーンにぶら下がったこの宝石を運びこんだ。ミセス・ホワイトハウスはそれをイブニングドレスと白い手袋、そして自前のイヤリングとブレスレットに合わせてコーディネイトした。彼女が会場のマーブル・ハウスに到着すると、東海岸の華やかな婦人たちがひしめき合い、あの有名なティファニー・ダイヤモンドをつけられる幸運な女性は誰なの、といわんばかりに首をのばして待っていた。ミセス・ホワイトハウスは二人の護衛付きで、ゲストの間をねり歩いた。ミセス・ホワイトハウスが身につけていたジュエリーはどれも美しかったが、首元で輝くイエロー・ダイヤモンドとは比べものにならなかった。

ウォルター・ホービングはその夜、ホストをつとめたミセス・ホワイトハウスを褒めちぎった。しかし、彼女はそれを受け流して、『ニューヨーク・タイムズ』にこう語っている。「若い女性が身につけたほうがもっと魅力的だったでしょうね[23]」。おそらく、オードリー・ヘプバーンのような女性を指しているのだろう。

ホービングはみずからの強い信念を誇りにしていた。彼がティファニー社の経営者になったときにまずはっきりさせたことは、何をおいても、ブランド自体にすばらしい品格を持たせることだった。一九六五年には『ニューヨーク・タイムズ』の取材に応じてこのように語った。「当社は男性用のダイヤモンドの指輪は好ましいと考えていないため、販売いたしません[24]。シルバーのジュエリーも好ましいとは考えていません。お客様にはティファニーの考え方に慣れていただきたいと思っておりますし、私たちは特定のコミュニティのために主義を変えることはいたしません」。こうした頑な態度は、顧客に「自分たちが何か悪いことでもしたのだろうか」と思わせるのではないか、と危惧する人たちもいた。そこで、ホービングはすぐさま社員たちに、自分が就任する前のティファニー社の状況を思い出させた——あのときの、低迷にあえいでいた時代のことを。ティファニー社にとって一九五五年といえば、ビジネスが低迷し、商品の売れ行きが鈍り、先行きが不安なぼんやりしていた時期であった。苦境に立たされた同社は、古き良き伝統を尊重するいっぽうで、新しい世代に求められているものをすばやく察知した。ホービングが会長に就任して早々に取り組んだのは、処分特売の実施だった。「在庫一掃」と「ティファニー」という言葉の組み合わせは顧客にとってかなりの衝撃だったが、ホービングにしてみれば、そんなことはどうでもよかった。アンティークシルバーや昔ながらの文房具、時代遅れの陶磁器をとにかく売り払ってしまいたかった。それでも売れ残ったものはごみとして処分した。

ホービングはジャン・シュランバージェなどのデザイナーを雇い入れた。シュランバージェに対しては、ティファニーの店舗内に彼の名を冠したブティックをつくることを約束し、アメリカに来るよう誘っていた。しかし、ホービングがティファニー社で行った変革のなかで最も重要であり最も物議を醸したのは、製品の価格の引き下げに踏み切ったことだろう。ティファニーのそれまでの製品といえば、目の肥えた裕福な顧客を引きつけるものが中心だった。ところがホービングは、もっと若くて、裕福とはいえない層を引きつける、低価格帯の製品を展開することにも目をつけた。一九六〇年、同社の広報担当者は『ニューズデイ』紙の取材に「若いお客様の審美眼が養われてきています[25]。彼らは一つ一二ドルのティファニーのハイボールグラスをまとめて購入してくださいます。ゆくゆくは、他の製品、たとえば一つ五四〇ドルのものもまとめて購入していただけるようになるでしょう」と語った。ゆくこれはつまり、ハイボールグラスが若者にとって、ダイヤモンドの婚約指輪と同じように、ティファニーの製品を初めて購入するきっかけとなっていたということだ。同時期、ティファニー社は印刷広告のスタイルを見直し、艶やかで、これまでよりも遊び心を感じさせるものに一新した。新しい広告では、過去のキャンペーンの特徴であった華美な文体や美しい字体、そしてダイヤモンドを並べ立てることを止めた。その結果、これまでとまったく違う、セクシーで大胆なものができあがった。[26]一九六三年の『ザ・ニューヨーカー』誌に掲載された広告には、大きなエメラルドカットの一粒ダイヤモンドが、無地の黒色を背景にクモの巣にかかったように映し出されていて、文字は一切なかった。その二年後の『タウンアンドカントリー』誌には、薬瓶に入ったダイヤモンドが「プロポーズの前に忘れずにお一つ」というキャッチコピーとともに掲載された。一九六五年の別の広告には、猫のしっぽにはめられたダイヤモンドの指輪が掲載され、その下に「人生は一度きり」という文言があった。

ホービングのこの新しいやり方に賛成できなかった人でも、彼の出した成果については異を唱えようがなかった。ティファニー社の利益が年々増加するにつれ、長年ティファニーを支持してきた客（少なくとも株主たち）は、「細部にまでこだわりが見られる宝石商」として評判だったかつてのティファニーを懐かしむ気持ちが薄らいできた。ティファニー社の躍進は株価の急騰だけではなかった。サンフランシスコやヒューストン、ビバリーヒルズ、シカゴなどの市場にも続々と店舗を展開した。ティファニー社は、その昔ながらのスタイルを、カルティエやヴァンクリーフ&アーペルなどヨーロッパのブランドに近づけるという課題には背を向け、その代わりにブランドを改革し、勢いのある購入層を取り込みやすくした。『ニューズデイ』誌はそうした購入層を「小型車で乗りつける常連客」と揶揄した。

一方、ハリー・ウィンストンは、大きな宝石のコレクションと成長著しいダイヤモンドビジネス、そして時おり行う宣伝目的のパフォーマンスとともに、勢いよく成長していた。一九五八年、ウィンストンはワシントンDCにあるスミソニアン博物館に「ホープダイヤモンド」を寄贈した。スミソニアン博物館は、イギリス人に対抗できる宝石のコレクションをアメリカにも築こうとしていた。ウィンストンはヨンカーのときと同じように、ホープを郵便で寄贈した。(27)郵便料金と保険料、保管料が総額一四五・二九ドル（現在の一一九〇ドル）かかった。† 報道陣が殺到する事態となったが、当然ながらウィンストンは、一切姿を現さずにすべての手続きを完了させた。

一九六〇年代半ばには、カルティエ、ティファニー、ヴァンクリーフ&アーペル、ハリー・ウィンストンの四大宝石商は、それぞれの個性を伸ばし、顧客基盤を築いていた。しかしやがて、裕福なアメリカ人にとってもう一つの選択肢となるジュエリーブランドが登場することになる。そのブランドとは、アメリカ人が高級宝石《ファインジュエリー》に望んでいるすべての条件を満たすべく注力していた。果たして、五番街で五つ目となるこの宝石商は、アメリカの地で受け入れられるのだろうか。どうやらこのブランド、つまりブルガリには、地中海沿岸という未知の地域ならではの異国情緒が強みのようだった。

†その後、米国郵政公社は集計に誤りがあったことに気づき、ハリー・ウィンストンに一二・三五ドルの追加請求を行っている。その結果、ホープダイヤモンドの郵送費用総額は一五七・六四ドル（現在の一二九七ドル）になった

第9章　勝利者たち

イタリアでのエリザベス・テイラー⑴

アメリカとイタリア

ヨーロッパにおいて王侯貴族の果した役割を、アメリカではハリウッドスターに演じさせる傾向が顕著になってきた。この現象に注目したのは、宝石商や広告業者だけではなかった。かつてブロードウェイの舞台女優として活躍し、その後魅力的なロンドン郊外で二人の子供の養育に専念しているサラ・サザーンもこれに気づかない訳がなかった。サザーンの娘エリザベスは、今はほんの小さな子供だが、大人になれば特別な人物になるのは、母の目にも明らかだった。温厚で、優しく、その振る舞いにはほとんど貴族を思わせる雰囲気があった。それにとても可愛い。髪の毛は黒々として美しく、青い目は情熱的で、角度によってはすみれ色にも見えた。母親のサザーンは、画廊の経営者と結婚したアメリカ移民だが、いつの日か娘のエリザベスが爵位のあるイギリス紳士と結婚するのを夢みるのだった。もっとも、エリザベス自身はそんな風に階級に心を悩ましたり、上流階級の人々にうまく取り入ったりしたわけではなかった。

しかし、ヨーロッパで戦争が勃発したため、サラ・サザーンの夢は、不幸にも砕けちった。家族はアメリカに帰る決心をした。一九三〇年代後半のイギリスは危険なだけでなく、芸術品を売って全生計を立てている画商にとっては住みにくい場所だった。サザーンの夫――名前をフランシス・テイラーという――は、日のよく照るカリフォルニアのビバリーヒルズ地区に家族と移転した。そこで、サザーンは、かつて娘にかけた野望を再燃させることとなった。たとえ侯爵夫人や子爵夫人になれなくても、女優にはなれる――そう思ったのである。当初の目標とは違っても、この新しい考えの利点は明らかだった。イギリスで母親の夢をかなえるにはエリザベスが結婚適齢期になるまで待たねばならなかったが、ここロサンゼルスではすぐにでも希望をかなえるチャンスがあったからだ。ハリウッドではカリスマ性のある子役が求められていた。実際、エリザベス親子はロンドンから乗った船の中でシャーリー・テンプル出演の『テンプルちゃんの小公女』を観たが、母親のサザーンにとって、子役のテンプルは娘エリザベスと比べて少しもいいところがなかった。九歳の現役の子役テンプルよりも年下のエリザベスの方がずっと魅力的だった。

その後テイラー一家は、社交界とのつながりを着実に築いていき、エリザベスをユニバーサル映画に引き合わせるまでになった。この映画会社の重役たちはサラ・サザーンがうすうす感じていたことを確かめてくれた。この少女には何か違ったものがある――それも、スターとして売り出せる何かを生来的に持っていると。そこで、エリザベスと契約が結ばれた。しかし、ちょうどその一年後に彼女の映画女優としての可能性が生かされないまま契約は解除されてしまった。この挫折を味わったテイラー一家はユニバーサル映画をあきらめ、メトロ・ゴールデン・メイヤー社の門をたたいた。MGM社のルイス・B・メイヤーはエリザベスと七年契約を結び、数年後に、彼女の人生を変える一冊の台本を与えた。エリザベスはいつも動物をかわいがっていて、ロンドン郊外に広がる一家の敷地で乗馬をこなしていたので、この台本『緑園の天使《ナショナル・ヴェルヴェット》』の主役に抜擢されることを知ると、当時十三歳の少女でも自分こそがはまり役だと思った。彼女は相手役の去勢馬「パイ」とすっかり仲良しになった。また、母親は毎日撮影現場にやってきては、傍について、一途な性格の主人公ヴェルヴェット・ブラウン役をどう演じるべきか、あれこれアドバイスした。

『緑園の天使』は母サラ・サザーンの夢の実現に役立っただけでなく、時とともにエリザベス自身の夢にもなっていった。エリザベス・テイラーは根っからのスターだった。しかし、いくら有名になっても、この少女の心は晴れなかった。映画俳優としての人生を送るには数々の犠牲を払わねばならない。それを思うと、未成年の彼女にふつふつと怒りがわいてきた。エリザベスは何年も学校へ行っておらず、また同年代の友だちもほとんどいなかった。メイヤーにいわせれば、学校のプロム（ダンスパーティー）にも参加しようとしなかったそうだ。母親のあくことない干渉には我慢していたが、一度怒りを爆発させたことがあった。映画会社の重役たちとは頻繁に口論し、またメイヤーにも食ってかかり自分を解雇させようとしたこともあった。メイヤーはテイラーを解雇しなかった。結果、テイラーは、自分がＭＧＭを必要とする以上にＭＧＭが自分を必要としている、との自惚れをますます強くするだけだった。

テイラーには持って生まれた女優としての才能があったが、自らを積極的に鍛えようとはせず、仕事にもそれほど熱が入らなかった。そうこうしているうちに、十代の後半になると、自尊心に目覚め、今までとは違った目標を探し始めた。そしてついに、自分の求めているものを異性の中に見出し、それ以降、結婚相手を探すのに熱中していった。母サザーンは口癖で、結婚は女性の価値を測る真の判断材料と言っていたが、エリザベスの思いも同じで、早くいい結婚相手を見つけて自分自身の家庭を持ちたかった。彼女が思い描く家庭は、母のサザーンに左右された子供時代とは一線を画した独立した大人の生活であった。しかし、映画という魔法の世界以外にはほとんど何も経験したことのないエリザベスは、恋愛にうとく、おとぎ話のような世界を想像していた。十八歳の時、彼女はコンラッド・「ニッキー」・ヒルトン・ジュニアに出会い、彼が申し分のないハンサムで魅力的な金持ちであることをその場でさとった。ヒルトンは物語に出てくる王子のようだった。わずか四カ月の交際期間を経て二人は結婚した。

ところが、その後の二人の関係はエリザベス・テイラーにとって予想外の展開となった。長期のハネムーン旅行をヨーロッパで過ごしている間に、ヒルトンは大酒飲みでギャンブル好きという本性を現したのだ。ギャンブルで負けると怒りを妻にぶつけた。人目を引いた結婚式――テイラーはやはり映画スターだった――の後だけに、彼女は精神的なショックだけでなく、大きな屈辱を味わう結果となり、六カ月後に離婚届けが出された。ヒルトンとの結婚に失敗した後、テイラーはさらに深い失望を二度味わうことになった。まず、彼女の二倍近い年齢の俳優マイケル・ワイルディングと結婚し、二人の息子をもうけたが、その後彼女が名声と成功を積み重ねたのに反し、マイケルの仕事は行き詰まり、二人の結婚生活は破綻を迎えた。エリザベスが次に出会ったのはハリウッドのプロデューサー、マイク・トッドだった。彼の個性的な人柄と下品なユーモアセンスはテイラーのような華麗だが口うるさい女と好一対を成した。エリザベス・テイラーの二人の前夫が共に金持ちで、それぞれが身分相応の贈り物をしたのを知っているマイクは、両者に負けない贈り物をしようと心に決め、二九・四カラットのエメラルドカットのダイヤモンドの指輪を贈りプロポーズした。テイラーが妊娠したときは、息をのむほど美しいルビーとダイヤモンドのネックレス、それと釣り合うイヤリングとブレスレットのひと揃えをカルティエであつらえてプレゼントし、彼女を驚かせた。友人たちは、彼女がついに似合いの伴侶を得たと言って喜び、彼女は娘リザを生んだ。しかし、トッドは間もなく自分の自家用飛行機で事故を起こし死んでしまう。気も狂わんばかりに悲しみに打ちひしがれたテイラーは言った。

「本来なら私も一緒に飛行機に乗っていたはずなのよ。でも、たまたま肺炎にかかったため、同行できなかったの」。

二十代後半になってもテイラーは、いつかまたすばらしい王子さまが現れるものと期待していた。たとえ、過去の苦《にが》い試練の結果、ほんとうに長続きする愛などあり得ないと悲観してはいても。だから、どんなに辛い経験をしても、男性とのデートを止めなかった。ただ、彼女が以前よりも向こう見ずになり、身勝手になっていったのはまず間違いない。場所を問わず、ロマンスの見込みがあればどんな機会も逃さなかった。

ともあれ、テイラーの人生には、過去三回の結婚の失敗が残した心の空白を埋めるものが他にあった。それは、彼女が心から称賛してやまない宝石だった。購入代金以外にはほとんど見返りを求めない宝石があった。多分、結婚というのは、彼女の両親がそうであったように、永遠に続くものではない。彼女にはわかっていた――「永遠」を約束できるものが他にあること、そしてそれが手のひらに入る大きさで、絶えずキラキラ光る希少のダイヤモンドだということが。

壮大な映画『クレオパトラ』のセットでテイラーがローマ滞在の最後を迎える頃、彼女は最も親しい友人カップルの結婚生活を台無しにする事件を起こしてしまった。そのカップルとはエディ・フィッシャーとデビー・レイノルズ夫妻のことである。彼らはテイラーのマイク・トッドとの結婚式では花婿・花嫁の付添人を務めるほどテイラーと親しかったが、そのテイラーがこともあろうにエディ・フィッシャーと結婚したのだ。結果、彼女はタブロイド紙でこっぴどく叩かれ、米国で最も悪名高い家庭破壊人だとしてマスコミの厳しい非難を受けた。そこへ、さらなる悲劇がテイラーを襲ってきた。それは、『クレオパトラ』の撮影の最中におこった。最初にフォックスから声がかかった時、テイラーはこの映画に出たいとすら思わなかった。台本を読んだがひどい内容だった。しかし、プロデューサーたちがしつこく彼女を追いかけるので、彼らを黙らせようとしてきわめて非常識な案を提示した。それは、主役をする報酬として百万ドル以上の給与と総収入の一〇パーセントを求めるものだった。まさかと思っていたが、驚いたことに、彼女の条件はすべて受け入れられたのだ。

このようにして、テイラーとフィッシャーの出演が決まった問題作の撮影がイギリスでおこなわれることになったが、そこでは、コスト超過と悪天候のため作品全体の制作がピンチに陥った。さらに、主演女優のテイラーがマルタ熱（波状熱）にかかった。これは細菌性疾患で、ほとんどの場合低温殺菌されていない牛乳で感染した。彼女は入院を余儀なくされたが、その時突然、今までテイラーを悪者扱いしてきたメディアが彼女の早期回復を祈るよう読者に呼び掛けたのだ。監督が辞任し、テイラーの病状は最終的に改善したが、すぐに仕事を始めるだけの体力はなかった。

結局のところ、『クレオパトラ』の撮影は、新任の監督と新しい主演男優の下にスケジュールが組みなおされた。

今回のロケ地はローマだった。

戦後数年で、イタリアの評判はずい分良くなっていた。ムッソリーニ政権の暗黒時代には、イタリア文化は世界中から非難の対象にされ、アメリカやカナダに住むイタリア人は「敵国語を話す」との理由で捕虜収容所に入れられ、えらの張った唇の厚い悪人の人相が英語の書籍や映画のいたるところに漫画風に掲載された。それにもかかわらず、イタリアが降伏した後は、連合国の国民はかつての敵国の古い神秘的な雰囲気を探し始めた。映画産業がこの傾向を助長した。映画会社は制作費を抑えるためローマで撮影を始めたからだ。そのためローマはアメリカ映画のスタッフやカリフォルニアの魅惑的なスターたちでにぎわい、「テベレ川のハリウッド」と呼ばれた。

そこでは、エリザベス・テイラーをはじめ有名な女優たちがローマの食べ物やファッションにすっかりほれ込んでいた。それに、テイラーの共演スターであり新しい恋人でもあるリチャード・バートンは危険なほどローマの宝石類にほれ込んでいた。

一九六〇年代前半には、アメリカ在住のダイヤモンド通の人たちの耳に新進気鋭の宝石商ブルガリの噂が届いていた。言うまでもなく、ブルガリは母国イタリアでは老舗の宝石商だが、大西洋を越えてアメリカでも知られるようになったのは、エリザベス・テイラーやアメリカの洗練されたイタリア大使、クレア・ブース・リュスのような魅力的な女性たちをうまく取り込んだからだ。一九四九年、ファッション誌『ヴォーグ』は、『イタリア・ハンドブック』の中でブルガリを「イタリアのカルティエ」と紹介した。(2)

オードリー・ヘプバーン主演の映画『ローマの休日』やフェリーニ監督の映画『甘い生活』のおかげで、ローマへの観光旅行者は増加する一方だったが、いずれの映画においても、現実の市街そのものがキャラクターとして登場し、狭い街路や古代建築物と共に独特の雰囲気をかもしていた。魅力的なコンドッティ通りにあるブルガリの店は、ごく普通の一般の買い物客にとって、アスター家の人たちやウールワースの女性相続人バーバラ・ハットンやベイブ・ペーリー、さらにはケネディ家の人たちといった著名人らと交流できる一つの訪問スポットになっていた。彼らはみな、超高級宝石に目がなく、いともたやすく持ち金を費やすことができた。

ブルガリの店は一九〇五年以降ずっと同じ場所で営業してきた。ギリシア出身の工匠ソティリオ・ヴォルガリ（銀細工師の家庭に生まれた）が古い家具や骨董品、宝飾品を扱う小さな店舗を数軒先の現住所へ移転させた。そのヴォルガリがかつて祖国を捨てて父と共にイタリアへ移住したのが二十歳の時だった。折しも、ギリシアではトルコ人とキリスト教徒との暴力事件が続発し、ヴォルガリ一家が安住できないほど不安定な状態になっていた。ソティリオは一八九四年にコンドッティ通りに最初の店を開いた。その時のソティリオは丸顔に口髭をはやし、小ぎれいな身なりをした、六人の子供の父親だった。彼はギリシア語の名前を変形して、「ソティリオ・ブルガリ、店主」とした。そして、店は「S・ブルガリ」と呼ばれ、外国人旅行者、とりわけアメリカとイギリスからの旅行者の間で評判になった。ソティリオは子供のころ、父親が銀製品を行商するのを見ていたので、今より多くの客を呼び込むにはどうすればいいかを本能的に知っていた。彼が新たにそれまでより大きな店舗を開いた時、「S・ブルガリ」という従来の名前に「骨董屋」というラベルをつけた。(3) チャールズ・ディケンズの同名の小説からとったものだ。もし、英語をしゃべる客がイタリア通貨のリラで支払いたいと言ったら、いつでも間違いなく大歓迎であることを客に周知させた。

彼は二つの世界大戦に挟まれた一九三二年に亡くなった。折しも、ヨーロッパにおける小売業界が不安定で心もとなない状態にあった時期だ。それでも、父の下で熱心に修練してきた二人の年長兄弟、コスタンティノとジョルジオは、こんな時こそ事業を拡大すべきと考えた。二人は、父が死ぬ前に、S・ブルガリ店を古風な街角の店から本格的な宝石店に改造した。そして自分たちが苦労して勝ち取ったステータスにもっと相応しい店にしたいと思った。改修された店舗にはクリスタル・シャンデリアと大理石の柱が備えられた。兄も弟もそれぞれの趣味と能力に応じたやり方でこの家族事業に全力を注いだ。学者肌のコスタンティノは装飾美術の専門家で、ブルガリ家の伝統と遺産を忠実に守り、世界中を旅しながら銀についての知識を深めていった。一方、ジョルジオは兄より商売気が強かった。彼もまたよく旅に出たが、関心の的は宝石用原石だった。彼が特に影響を受けたのは、ブシュロンやカルティエのようなパリ在住の宝石商だった。彼らからさまざまなことを学びながら、母国イタリアで「王の宝石商」に指定されるまでに成功した[4]。

「王の宝石商」としてイギリス王室御用達に指定されることは、確かに、立派な顧客を得る効果があった。しかし、一九五〇年代末から六〇年代初めにかけてはマスコミを通して、映画俳優をターゲットにする方が賢明なやり方だった。その頃のブルガリ店はジョルジオの三人の息子が仕切っていた。ジョバンニ（ジャンニの名前で知られていた）とパオロとニコラである。長男のハンサムなジャンニは、父親の宝石への愛着心とデザイン能力を受けついでいた。彼は生まれながらのセールスマンでもあった。

三十歳になったエリザベス・テイラーには宝石コレクションが潤沢にあった。マイク・トッドからもらった燃え立つようなルビーや、金ぴか時代にさかのぼる一連の優美なダイヤモンドなどである。彼女に良い印象を与えようと思えば、とにかく金持ちだった三人の前夫の影を薄くする壮大な意思表示をしなければならなかった。彼女が男性に宝飾品をねだるときの気持ちは挑発半分いたずら半分だった。トッドが彼女の尻を追いかけまわしていた頃、彼女はトッドに、ダイヤモンドとエメラルドのピンを買ってくれるならデートしてもいい、と言ったそうだ。

ただし、テイラーはそれらをもらってばかりいた訳でもなかった。十二歳の時、ＭＧＭとの契約金を貯金して本物のダイヤモンドと金とサファイアのブローチを母親に買ってやったことがあり、その後は宝石を選ぶ目に磨きをかけることも怠らなかった。その時の母は驚きもし感動もしていたが、テイラー自身も、美しい宝石がこれほどまでに人を喜ばせ感謝の気持ちを抱かせることを知り、それ以来忘れることができなくなっていた。

ある日の午後、つやつやした黒髪にすみれ色の目をしたあでやかな女優がブルガリの店に入ってきた。映画『クレオパトラ』の撮影中であった。この荒唐無稽な映画はあいかわらず予算不足の逆風下にあったが、最も大きな問題はテイラーとリチャード・バートンの情事のうわさだった。劇中でマーク・アントニー役を演じたバートンは青い目のあごの張った俳優で、偉大な俳優ローレンス・オリヴィエの後継者とみなされていた。二人は互いのトレーラーの中で何時間も一緒に過ごした。おそらく、ディレクターがカットを宣言してからもラブシーンを長々と続けたのだろう。このロマンスは、二人が独身ならショッキングな宣伝材料として歓迎されもしただろうが、実際は、テイラーを寝取られたエディ・フィッシャーもローマで暮らしていた。これをパパラッチが格好の不倫スキャンダルとして熱心に追いかけ、地方紙が群がり、テイラーとバートンが共にそれぞれの配偶者を欺いている事実を証明しようとした。フィッシャーが荷物をまとめてイタリアを去った時、タブロイド紙の記者たちは自分たちの疑念が裏づけられたものと考えた。その後、のぼせ上がった二人は、ますますずうずうしく振る舞うようになっていった。二人一緒に何時間も姿を見せないため映画の撮影スケジュールが遅れることがしばしばあった。休憩時間に二人がいちゃついているのが望遠レンズで撮影されていた。

ある午後のこと、気前のいいバートンがテイラーに何かプレゼントを買いたいと申し入れたが、その時、二人がどこへ行くべきか、テイラーにはわかっていた。彼女はバートンを連れてコンドッティ通りへ向かった。テイラーはその著書『マイ・ラブ・アフェア・ウイズ・ジュエリー』で次のように回想している。

「ローマで仕事をしていて一番良かったのは、『ブルガリの小さな素敵なお店』へ行けることだった」[5]。

リチャード・バートンも後日冗談で言った。「『クレオパトラ』の撮影で彼女が覚えた唯一のイタリア語が『ブルガリ』だった」。

その後ずっとローマに住んでいたテイラーはジャンニとの友好を深めていたが、ある日、テイラーとバートンがそろってブルガリの店にやってきた。その時、たまたま店で応対したのがジャンニ・ブルガリだった。バートンは恋人テイラーの性格をよくわきまえていたので、ジャンニに対していきなり一〇万ドル（現在価値は七七万七〇〇〇ドル）の予算を提示した。しかし、高貴な生まれの優雅さと物腰を身につけ、ジェット機で各地を飛び回っているプレイボーイのジャンニもまた、自分の顧客であるテイラーとバートンの性向を見抜いていた。ジャンニは茶目っ気たっぷりにそっと金庫室へ入り、一対の小さなイヤリングを持って戻ってきた。それはあまりにも小さくて、相手の女性を失望させるのは間違いなかった。というのは、彼女は前の夫からゴルフボール大のダイヤモンドを提示されたことがあるからだ。テイラーはひどくがっかりした様子だったが、ジャンニはき然としていた。「それが一〇万ドルでございます」。

案の定、バートンはジャンニを促して別の物をもってこさせた。

おとりのイヤリングを拒否されたジャンニは、宝物庫の奥に入り、提示できる最高級品を取り出し、客前で誇示し始めた。ブルガリ店ではつい最近デザインの傾向を変えたところだが、エリザベス・テイラーこそまさしく当該シーズン切っての新しいスタイルを身につけるにふさわしい大胆さを持つ女性の一人であるとジャンニは心得ていた。一九五〇年代のファッションは女性らしくデリケートであったが、ブルガリは「トレンブランブローチ《揺れるブローチ》」で有名だった。それは、十八世紀の小物にヒントを得て考え出されたもので、ピカピカ光る小さな花のついた小枝の形をしていた。「トレンブラン」はフランス語の「アン・トレンブラン」から来たもので「揺れている」という意味だ。ブルガリは、ホワイトダイヤモンドと色のついた宝石を小さな小枝に取りつけて、まるで風に揺らぐ木の葉のように見せたのである。しかし、これらはすでに著名な女性の間で人気があり、テイラーもエメラルドとダイヤモンドを使ったのを持っていた。エディ・フィッシャーとの結婚が破綻する前に彼が贈ってくれたものだった。揺れるブローチは一九五〇年代末から一九六〇年代初めまでのブルガリ店の象徴とされていた。

しかし、その間にもブルガリはより重くてより派手な宝石を取り扱い始めていた。例えば、クラシックな白色ダイヤモンドと他の高価な明るい色の石を組み合わせたり、時にはカボションカットと呼ばれる古い技術でカットした石を使ったりした色彩豊かなネックレスなどがあった。例えば、カボション・ルビーは石の面を刻まずに磨くことで、赤い数珠玉のように表面がスムースで丸みを帯びている。キラキラ光るダイヤモンドと不透明なガラス状の石を混ぜることによって、あたかも海辺の砂の中にたまたま見つかった色付きの宝石のように自然で、しかも優雅な効果を創り出すことができる。これなどは、間違いなく熟練した宝石職人の作品だった。

店頭では、ジャンニがエメラルドとルビーとダイヤモンドからなる「緑色の炎《グリーン・フレイム》」というネックレスを披露し、(6) テイラーの胸をドキドキさせていた。ただ、ジャンニは一見申し訳なさそうに、それが一〇〇万ドル以上の値段であることを打ち明けると、バートンは拒否し、テイラーは譲歩した――どのみち、彼女にはすでにマイク・トッドがカルティエで買ってくれたルビーとダイヤモンドからなるネックレスがあった。最終的に、テイラーは自分が今欲しいのはエメラルドだと決めた。そこで、エメラルドとダイヤモンドを組み合わせた大小二本のネックレスを試着してみた。いずれも、一〇万ドルをはるかに超えていた。結局、小さい方のネックレスが自分の好みに合っていると思った。取り外し可能なエメラルド・ダイヤモンドのペンダントがついていて、それだけで単体のブローチにもなったからだ。「二つのものがみごとに合体したようね」(7) と、彼女は快活に言い切った。後援者のバートンは明らかに、当初考えていたよりはるかに大がかりな買い物になるだろうと予測し、すでに腹をくくっていた。彼にはどうすることもできなかった。完全にしてやられたのだ。この取り外し可能なペンダントは二三・四四カラットだった。(8) 後日、二人はこれを婚約指輪の代わりにすることで合意することになる。そして、このペンダントを取りつけるネックレスは、いろいろな大きさの一六個のエメラルドとそれを取り囲むもっと多くのブリリアント、ペアーシェイプ、マーキスカットのダイヤモンドからなっており、最終的に結婚の贈り物にすることになった。

映画の仕事をすべてやり終えたテイラーは、今や自分は誰からも非難を受けない立場にあるかのようにちょっぴり思い上がっていたに違いない。バートンは彼女のために、十四年連れ添った妻と別れることに同意した。ローマ法王が姦婦だとして公然と非難したにもかかわらず、ファンはテイラーに忠誠心を示した。『クレオパトラ』の撮影で大勢の群衆が集まるシーンでは、バルコニーに立つ女王を称賛する臣民の叫び声に合わせて、ファンたちもまた大声で叫ぶのが聞こえた。ただ、マスコミがあまりにも彼女に否定的な論評をしたため、プロデューサーは群衆に紛れて暗殺者がいるのではないかと恐れた程だった。だが実際にはエキストラの人たちもこぞって彼女への支持を表明していた。彼らは、クレオパトラに対してではなく、「リズ」ことエリザベス・テイラーにエールを送っていたのだ。

封切られた映画の評判は良くなかったが、テイラーにとってはローマ滞在で得た収穫が二つあった。さっそうとした新しい夫と彼女が生涯ずっと身に着けることになるブルガリの宝石だった。なお、それとおそろいの宝石として、彼女の三十二歳の誕生日にバートンからもらった一対のエメラルド・ダイヤモンドのイヤリング、それに加えてブルガリのエメラルド・ダイヤモンドのブレスレットやカクテルリングなども一緒に着用した。『クレオパトラ』の後に公開された一九六三年のイギリス映画『予期せぬ出来事』では、テイラーとバートンが疎遠になった夫婦役で出演したが、そこでのテイラーはあでやかな映画女優の役をこなしていた。その時の衣装は、ブルガリ製「震えるブローチ」、エメラルドのイヤリング、それに白のオフショルダー・ガウンによく似合う婚約ペンダントなど彼女自身の持っている宝石類だった。

テイラーは婚約記念のブローチをできるだけ頻繁に着けるようにしていた。一九六四年のリチャード・バートンとの結婚式にはそれをドレスにピンで止めていたが、その他にも、二人の人生を充実させるさまざまの粋な催しには必ず着用した。例えば、ニューヨークのコパカバーナ（ナイトクラブ）でのサミー・デイヴィス・ジュニアの公演初日の夜や、『アラビアのロレンス』のパリでのプレミア試写会などである。一九六七年、英国映画テレビ芸術アカデミー（BAFTA）がテイラーとバートンの『バージニア・ウルフなんかこわくない』での演技を表彰した時には、テイラーはフル・ネックレスを着けて授賞式に出席した。ひと握りの宝石商にはすでにわかっていたことだが、スターたちは授賞式に出ることでマスコミに注目される機会がずいぶん増えたのである。

エリザベス・テイラーのように、自分自身の能力で裕福になり、また他人から数えきれない数の「愛の印」を受け入れることのできた幸運な女性は、たくさんの宝飾品を所有しており、その中からこの種の催しに着ていく衣服に適した宝石を前もって選ぶことができた。しかし、例えばあの魅惑的なイタリア人のジーナ・ロロブリジーダのような新進女優にとっては、どこか適切な宝石店と提携するのが賢明な宝石選びの方法の一つであった。

◇◇◇

イタリアの女優、ジーナ・ロロブリジーダはその黒髪といい、美貌といい、実にテイラーに似ていた。ただ、エキゾチックなアーモンド色の目が山猫のような印象を与え、若くてセクシーなイメージを強めていた。ピンナップ・ガールのようにセクシーな肉体をことさらに見せびらかそうとしたのは、そうすることで、戦時の故国イタリアに対する世界の人々のネガティブな連想を断ち切るのに少しでも役立ちたいという気持ちの現れだった。スクリーンの上では、イタリア映画の女神ソフィア・ローレンほどのカリスマ性はなかったが、同じ官能的効果を自分の出演する映画でも十分に出していた。ロロブリジーダはブルガリにとって最高の顧客だった。しかし、彼女とブルガリ店との関係は恐ろしいほどに相互依存的でもあった。というのは、彼女は宝石を一つ買うたびにもう一つ別の宝石を借り出し、その借り出した方を身に着けて映画の試写会など目立つ場所へ出かけたからだ。

最初のアカデミー賞授賞式は一九二九年、ハリウッド・ルーズベルト・ホテルで静かに行われた。そこでは、受賞者の名前が前もって出席者本人に知らされていた。選考結果を秘密にし始めたのは一九四一年以降である。当日になってのサプライズ演出は大衆のさらなる興味を引き出す要因となった。これを自己宣伝のチャンスと直感したニューヨークの宝石商ポール・フラトウは、この時期に最も名誉あるアカデミー賞の候補にあがっている女優たちをターゲットに商品の宝石の貸出しを始めた。一九四〇年、ジンジャー・ロジャースが『恋愛手帖』でアカデミー主演女優賞を受賞した際、彼女はユニークなフローラル・ダイヤモンド・カスケード・ネックレスを着けてオスカー像を受け取った。首から垂らされたこのネックレスは、正面で広く開き、白い石がちりばめられていた。また、これを補充する形で、ポール・フラトウが貸し出したブレスレットや指輪も着けていた。しかしながら、受賞を目指す著名な女優たちに宝石を貸し出すという今日の慣行を「発明」したのはフラトウではなくハリー・ウィンストンだとされている。一九四四年の初めにウィンストンはMGMのプロデューサー、デーヴィッド・O・セルズニックからの招待を受けた(9)。初めてアカデミー賞授賞式典に出席する筆頭女優のジェニファー・ジョーンズのアクセサリーをコーディネイトしてくれないか、というものだった。セルズニックは二十四歳のジョーンズが一九四三年の映画『聖処女』でアカデミー主演女優賞を受賞するものと確信しており、彼女に優勝者にふさわしい身なりをさせたいと願っていた。アカデミー賞発表の夜、彼女はフリルのついた黒のドレスを着て、チェリーレッドのマニキュアをぬり、キラキラ光るハリー・ウィンストンの宝石を着けていた。やがて、受賞者が発表され、ジョーンズが主演女優賞を獲得した。彼女がオスカー像を手にした時、カメラが近づいてきて写しだしたのは、あの世間から誤解され続けた十代の聖女を描いたフォックス映画ですっかり有名になったジョーンズの無垢な喜びの顔だった。

アカデミー賞が初めてテレビで放送された一九五三年には、宝石商と受賞者との互恵関係はいっそうはっきりしていた。その頃、アカデミー賞に次ぐ二番目に大きなゴールデン・グローブ賞が誕生していた。そこでは、つまるところ、宝石商は女優をモデルに使って自分たちの創作した宝石を豪華な舞台で発表することができたのである。この賞は、ロサンゼルスに本拠を置く外国人記者団が創設し、一九四四年に二十世紀フォックス映画の撮影所でささやかなセレモニーを行ってスタートした。これは、海外記者団（最終的には「ハリウッド外国人記者協会」とよばれる）がその年の最有力映画への自分たちの評価見解を表明するための公開フォーラムと考えられ、ここでもジェニファー・ジョーンズがその年の最優秀女優に選ばれた。そして、ゴールデン・グローブ賞は一九四五年、開催場所をビバリーヒルズ・ホテルに移して、より流行に即したセッティングで開かれることになった。

一九六一年のゴールデン・グローブ賞では、ジーナ・ロロブリジーダがヘンリエッタ賞にノミネートされた。この賞は、その年に上映された国際映画の中で最も優秀な男女の俳優を選ぶ目的で、一九五〇年にゴールデン・グローブ賞に追加して設けられた賞である。きらびやかなロサンゼルスにさっそうと姿を見せたロロブリジーダは燦然と光り輝いて見えた。彼女はかつてこの町に移住することを強く求められたことがあったが、その時はローマを愛するあまりに拒絶していた。授賞式の夜、彼女はウェーブのかかった髪をピンでアップにまとめ、胸の大きく開いたスクープネックの白いテクスチャー・ガウンを着ていた。宝石はすべてブルガリで調達したもので、ダイヤモンドを滝状に連ねた一対のイヤリング、幾何学模様のブレスレット、そして最も有名なあの半月バゲットで囲まれたラウンドブリリアントカットの優美なアールデコ風ダイヤモンド・ネックレスだった。彼女はまた、一九六九年にイタリアのダヴィッド・ディ・ドナテッロ賞の主演女優賞（モニカ・ヴィッティと同票）を受賞した際も同じネックレスをした。ただ、その時はネックレスをティアラとして髪に挿していた。ちなみに、このときの賞は、映画『ボナ・セーラ、ミセス・キャンベル（こんばんわ、ミセス・キャンベル）』における優秀な演技に対して贈られたものであった。更には、彼女の宣伝用拡大スチール写真にもこのネックレスが登場し、人目を引く彼女のローマ人らしいプロフィールと共にネックレスに施された卓越した職人技が強調されていた。以来、このブレスレットとネックレスの組み合わせはロロブリジーダの代名詞となり、二〇一三年のサザビーズ・ジュネーブのオークションでは当初の見積価格の五〇万ドルを数十万ドル上回る七八万三八五一ドルで落札された。

タブロイド紙はしばしば、ロロブリジーダをジャンニ・ブルガリと結びつけて報じた。だが、彼女の恋心はおおむね報われなかった。例えば、ジャンニが未婚であることを『ヴォーグ』誌が報じたすぐ後に、ジャンニは『ボストン・グローブ』紙に「ブロンドの方が好きなんだ」と語った。[10]ジャンニは特定の誰かとの愛情を長続きさせるために一カ所に長時間とどまることはなかった。レーシングカーに夢中になった後は、飛行機の操縦を習い、世界中を旅して宝石やデザインのヒントを集めた。

一九六七年、事業の国際展開を目指すジャンヌ・ブルガリは初めてアメリカの『ヴォーグ』誌に印刷広告を掲載した。その四年後には、ニューヨークに店を持つという夢がかなえられ、セントラルパーク南端にある堂々としたビルのピエール・ホテルにブルガリの支店が開店した。そこで売り出されるのは、花を模ったブローチ、ローマ時代のコインを用いたネックレス、蛇のように巻きつくスネーク・ブレスレットだった。スネーク（蛇）はブルガリの象徴になりつつあった。ブティックの開店に合わせて催された昼食会には、ライバルの宝石商も含めて二〇〇人の客が招かれた。ヴァンクリーフ&アーペルのクロード・アーペルやティファニー社の会長ウォルター・ホービングも出席していた。ウォルター・ホービングは『ニューヨーク・タイムズ』紙に次のような善意の寄稿をしている。

私は（ブルガリがニューヨークに来てくれたのが）うれしくてたまらない[11]。われわれはこれまでよりずっと多くのビジネスをすることになろう。なぜなら、彼らブルガリが一緒にここにいるから。これで、ニューヨークは名実ともに世界の宝石ビジネスの中心になる。われわれには、今や、パリやローマのようにあらゆるものが揃っている。

一九七一年十二月のその日*、世界中のほとんどの宝石商が自分たちの成功を祝していた。ダイヤモンドも他の宝石も世界中いたるところで珍重されていた。ハリウッドからローマまで、さらにボンベイまで、いや、時間の流れから言うと、その逆方向なのかもしれない。すでに当時の最も偉大な振付師の一人で、クロード・アーペルの親友のジョージ・バランシンは、「エメラルド」「ルビー」「ダイヤモンド」の三楽章からなる『ジュエルズ（宝石）』というバレエを作曲していた。ブルガリがニューヨークに店を開いてから数年後に、アンディ・ウォーホルは「ぼくがいつもブルガリを訪ねるのは、そこが現代芸術の最も重要な博物館だからだ」と語った。宝石は単なるロマンティックな記念品でもステータス・シンボルでもない――今や宝石は現代の高級文化《ハイカルチャー》を表象するものである。売り手から見れば、宝石の価格は宝石自らが稼ぎだしたものである。「われわれは宝石を芸術と考えたい[12]」と、ジャンニ・ブルガリが開店の日に『ニューヨーク・タイムズ』紙に語った。「アメリカ人は芸術品に何十万ドルものお金を払うのだから、宝石にお金を使わない理由はないじゃないか」。これこそ、エリザベス・テイラーとリチャード・バートンがアメリカに帰国した時、二人の心をとらえた言葉そのものであった。

＊ブルガリがニューヨークに店を開いた日

第10章　干渉する人たち

小さいダイヤモンドの市場拡大

ニューヨーク、ヨハネスブルグ、ロンドン、日本

イタリアから帰国したエリザベス・テイラーとリチャード・バートンは、不倫のスリルを呼び戻そうとしているかのように惜しげもなく金を使った。バートンは法外な値段のジュエリーを躍起になって追いかけ、妻テイラーを甘やかした。一部には、不倫によって傷つけた前妻への罪悪感を振り払うため、世界一の愛妻家になろうと必死なのだ、という見方をする者もいた。結婚から四年経った一九六八年、バートンは妻テイラーに三三・一九カラットのアッシャーカットのクルップ・ダイヤモンドを贈った。元の持ち主は、ドイツの女優ヴェラ・クルップ・フォン・ボーレン・ウント・ハルバッハで、彼女は第二次世界大戦後に戦犯として有罪判決を受けた軍需物資製造の大物経営者の妻だった。テイラーはクルップ・ダイヤの指輪を自分の薬指にはめて面白がった――なんて皮肉なことでしょう、元ナチス党員の妻の指輪が選りにもよって私のような誇り高いユダヤ人女性の指におさまるなんて。(1) ちなみに、テイラーがユダヤ教に改宗したのは二十代後半のことで、ユダヤ教徒だった夫のマイク・トッド（元の名前アヴロム・ヒルシュ・ゴールドボーゲン）が亡くなった後だった。バートンはテイラーにぜいたくなプレゼントを与え

続けた。一九六九年初めには、ティアドロップ型の見事な天然パール、ラ・ペレグリナを購入した。これは、一五〇〇年代に遡るもので、発見当時は世界最大のパールだった。

当時のアメリカは、不況の真っ只中にあった。国家はベトナム戦争に多額の金をつぎ込み、失業率も上昇していた。専門家が景気後退の警鐘を鳴らし始めたばかりだった。だが、そんな状況にあってもバートンのジュエリー熱は下がらなかった。一九六九年の終わりに、その熱意を発揮する好機がやってきた。六九・四二カラットのブリリアントカットが施されたペアーシェイプ型のひときわ美しい宝石が、クルップとラ・ペレグリナを手に入れたのと同じパーキー・バーネット・ギャラリーで競売にかけられたのだ。出品者の名前は公開されなかった。出品者本人の意向で匿名にされたため、カタログには名無しのダイヤモンドとして載った。これは新規購入者が好きな名前をつけられる珍しい機会だった。が、それはともかく、ダイヤモンド購入に特に熱心なバートン夫妻には、ある特権が与えられた。オークションの数カ月前、パーキー・バーネットからスイスのグシュタードに住むバートン夫妻の住所にダイヤモンド付きの指輪が送られてきた。これは、テイラーにとって、金をかける価値のあるダイヤモンドかどうかを確かめるチャンスとなった。そして案の定、そのダイヤモンドをニューヨークに返す時、バートン夫妻は一〇〇万ドルまでは入札する用意あり、と使いの者に伝言させた。夫妻がクルップ・ダイヤに支払った三〇万六〇〇〇ドル（現在の二一〇万ドル）の三倍の額だった。

ところで、この美しいペアーシェイプ型の宝石の話題が最初に新聞の見出しを飾ったのは、数年前に二四〇・八〇カラットの巨大な原石がプレミア鉱山で採掘された時だった。相変わらず世界最大級のダイヤモンドを保有していることで有名なハリー・ウィンストンがその原石をデビアス社から買い上げた。そしてお抱えのクリーバー（原石を劈開する職人）であるパストール・コロン・ジュニアに検査させた。コロンは数週間かけて劈開の準備に集中した。その後、ハリー・ウィンストンは定例によって、報道陣を五番街の本店に招待した。緊張感でいっぱいの石の分割作業に立ちあわせ、記事にさせるためだった。一九六六年十二月二十日の午前十一時五十五分、分割の瞬間をカメラに収めようとする報道陣の目の前で、パストール・コロン・ジュニアは運命の一刀を入れた。七八カラット分の大きな塊がテーブルに落ちた。コロンがそれを拾い上げて念入りに調べる中、ハリー・ウィンストンは固唾を飲んで見守っていた。「美しい」と、コロンは思わず声をあげた。

「よくやってくれた」ウィンストンは安堵のため息を漏らした。

結果として二つの石が誕生した。七八カラットのダイヤモンドと、一六二カラットにすっきり生まれ変わったオリジナルのダイヤモンド原石の二つだ。その日、ウィンストンはダイヤモンドの形を整え、ファセットを作り、研磨したらどの程度の価値になるか予測してみた。小さい方は二四カラットになるだろう。大きい方――これがのちに名無しのダイヤモンドになるのだが――は、七五カラットぐらいか。質の良い原石なので、あわせて一〇〇万ドルの儲けになるはずだ、とあたりをつけた。

『ニューヨーク・タイムズ』紙はコロンのカットについて、「ほんのちょっとした手のすべりが一〇〇万ドルの損失につながるリスクを負っていた(2)」と報じた。

六九・二四カラットと予想よりわずかに軽い大きい方のダイヤモンドは、ハリエット・アネンバーグ・エイムズ個人の手にひそかに渡った。エイムズは七人姉妹の末娘で、その父親、モーこと、モージス・アネンバーグは新聞社を経営していたが、犯罪組織に加担していると囁《ささや》かれていた。また、アネンバーグ家唯一の男子であり、彼女の兄にあたるウォルター・アネンバーグ・エイムズは、ニクソン政権下で駐英大使を務めていた。エイムズはダイヤモンドを実際に身に着けるつもりで五〇万ドル（現在の三七〇万ドルに相当）にて購入した。[3] しかし、すぐに気づいた。こんな大きな宝石をぶらさげて歩いたらきっと強盗に狙われるだろう。さらには、周囲の目が気になって仕方なくなるにちがいない。また、ある筋からの情報によると、金庫の保管料と保険料だけで年間三万ドル（二一万二五〇〇ドル）にのぼる法外な費用がかかる。[4] こんな贅沢品のために借金を背負い込むなどばかばかしくなったエイムズは、すぐにパーキー・バーネットに連絡をとった。

オークションの当日、バートン夫妻がこの名無しのダイヤモンドに興味を示しているという噂が広まった。他に海運王アリストテレス・オナシスの名前も口の端に上がった。彼は前大統領夫人であった自分の新しい妻のために競りに出るかもしれなかった。その日売りに出されたのは一六二品目あった。競売がはじまる午後一時四十五分を迎えると、八〇〇人ほどの入札参加者が絹のひもで仕切られた向こう側の席へ急いだ。競売人はカタログを示して「希少な価値の宝石が詰まっていますよ」と叫び、[5] 客席を笑わせ、雰囲気を盛り上げた。「四分の三インチのプラチナ・ドリルビット」と呼ばれる、ドリル（工具）の先に取りつける部品が持ち込まれると、くすくす笑いながら、「すでに何もかも手に入れてしまったお方にお似合いの品物でしょうね」[6] と言った。この商品は競売にかけられ、七五ドル（四九二ドル）で落札された。

名無しのダイヤの番になると、あたりは静まり緊張が走った。最前列にいた者だけが幸運にも実物を拝めることができた。もっとも、最大の宝石といっても、ペーパーウェイトほどの大きさでしかなかった。もちろん、実際に入札に参加しているバートン夫妻のような顧客はすでに宝石をあらかじめ検めていた。入札は二〇万ドル（一三〇万ドル）から始まった。すぐに五〇万ドル（三三〇万ドル）に跳ね上がると、あたりは騒然とした。場内では、ひと握りとなった入札者に拍手と声援が起こった。入札者の中には、バートンの代理人であるダイヤモンド・ディーラーのアル・ユグラーがいて、二万五〇〇〇ドル（一六万五〇〇〇ドル）を一気に積み増した。こんな激しい競り合いは初めてだ、と長年オークションを見物してきた者ならあとで口をそろえて言っただろう。数分のうちに八五万ドル（五五〇万ドル）になり、そして一〇〇万ドル（六五〇万ドル）まで上がった。アル・ユグラーが競りをおりるように指示されていた金額だ。

落札価格は一〇五万ドル。現在価値で六九〇万ドルだった。オークションで支払われた最高額で、従来の記録の三八万五〇〇〇ドルを吹き飛ばす額だった。落札者は、他ならぬカルティエの代理人のロバート・ケンモアだった。一〇〇万ドルになればどんなに大金を賭けるギャンブラーでも手を引くだろうとカルティエは踏んでいて、その時点で残った自分たちが満を持して躍り出る、という作戦だった。ケンモアは、一九六二年にカルティエ家が会社の株を売却した時、カルティエ社の大株主になったケントン・コーポレーションの社長だった。

競売が終わるや、報道陣の関心はこのネタの空欄部分に移った。名無しのダイヤモンドとの関係を知られたくない売り手とは一体誰なのか、という点だった。

一方ケンモアは『シカゴ・トリビューン』紙の記者に対して謎めいた発言をしている。「カルティエなら難なくこの石を売るでしょうね[7]」。そして『ニューヨーク・タイムズ』紙には、次のように言っている。「私はフリーエージェントではないので[8]、自分の勝手で買主や値段を決める訳にはゆかないのです」と。

それらの発言は、一九八〇年代初めにダイヤモンドについて本を執筆した調査熱心なエドワード・ジェイ・エプスタインをはじめとするジャーナリストたちの間で話題となった、[9] バートン夫妻とカルティエ（ケンモア）の間に何らかの深い関係があるのでは、との疑念を抱いたのだ。

そしてまさにその翌日、予想通り、リチャード・バートンがその石をカルティエから購入することになった旨が公表された。しかも、価格は未公表だが、カルティエ側が得をする額だったという（テイラーはのちに、落札額にさらに五万ドルを上乗せして支払ったと暴露した）[10]。どうやらバートンは石を手に入れられなかったことにあからさまに動揺して、大慌てでカルティエに電話し、異例の条件で相対取引をする手はずを整えたらしい。交渉の結果、カルティエはダイヤモンドを十一月半ばまで手元に置けることになったようだ。ダイヤモンドはカルティエダイヤモンドと名づけられ、ニューヨークで一般公開された後、シカゴへ移されボンウィット・テラー百貨店に開店した新店舗に展示された。その後は、バートン夫妻のものになり、好きな名前がつけられる、という段取りだった。だが、このバートン夫妻とカルティエとの取引について、ジャーナリストのエドワード・ジェイ・エプスタインはすべてが計算ずくで裏取引されたものと推測した。つまり、世間の注目を一旦カルティエに集めてから、時期をみて最終的に女優の手に渡るようにすることは前もって秘密裡に約束されていたのだろう、と考えたのだ。

十月二十五日（土）、カルティエダイヤモンドが期間限定で五番街の店舗に展示され、カルティエが世間の注目を浴びたのは確かだ。広報担当者によると、午後までに七〇〇〇人の客の出入りがあったという。中には、宝石を鑑賞する栄誉に与ろうと列になって待つ者や、お返しのふりをして赤い小箱のカルティエの紙袋を持ってくる利口者もいた。「おそらく初めてのお客様も大勢いらっしゃったでしょう[11]」と、広報担当者は『ハートフォート・クーラント』紙で語っていた。五日後、ダイヤモンドの展示の人気が続く中、地方新聞各紙に掲載される「スージーがもの申す」というゴシップ欄に、ダイヤモンドの元の所有者はハリエット・アネンバーグ・エイムズだったことが素っ破抜かれた。[12] 同時に、オークションの結末の裏で何かが画策されていたかもしれない、とほのめかされていた。カルティエとバートン夫妻との共謀説は、真実か否かわからないのに、辛口の批評をずいぶんと浴びた。十一月一日付の『ニューヨーク・タイムズ』紙は異例の辛辣な論説を掲載した。「今週カルティエの店の外では、みんな列をなしてバカみたいにぽかんと口を開け、ダイヤモンドに見とれている。ゆうに一〇〇万ドル以上するダイヤモンドは、例えるならリッツ・カールトン・ホテルのように大きく見える。[13] このあとダイヤモンドは、リチャード・バートン氏の妻の首にかけられる運命にある。これがギロチンに向かう死刑囚護送車の中の人物の持ち物なら、どんなにドラマチックだっただろう、と言う者もいた」。

実際、売るタイミングについてはよく考えられていなかった。ダイヤモンドがこのように数カ月、数日、数分、あるいは数秒の間にその価値を上げるという顛末に、デビアス社の経営陣がご満悦だったのは言うまでもないが、宝飾界に何の利害関係もない人たちの目から見れば、この一九六九年の秋がはたして適切であったか、はなはだ疑問だった。

前述の『ニューヨーク・タイムズ』紙の論説は深い洞察で締めくくっている。「戦争や貧困すらが卑小なこととされるこの時期に、更に下賤《げせん》なことをさがすのは難かしい。しかし、今回のように何百万ドルもの金があればいくらでも下品な行為が出来るということが明らかになった」。

また、いつもはダイヤモンドの話題に好意的な記事を書く『ハートフォード・クーラント』紙でさえ、この取引について次のように言及した。

「バートン夫妻が稼いだ金だから、どんなものに散財しようと本人たちの勝手だろう。[14]だが、それでも、つまらない物事に大金を積むのはほとんど反道徳的と言えよう。世界にはぼろを纏い、腹をすかし、寒さに震え、貧乏に踏みつぶされて苦しんでいる人たちがたくさんいる。一〇〇万ドルもあれば、そうした多くの人が助けられるだろう。もしかしたら、安売り店で模造ダイヤモンドでも買って、もっと元気を出してもらえるかもしれない」。

当時の社会的、政治的風潮からして、富をことさらに大きく見せびらかすことに人々はいい顔をしなかった。その反応の一つは、ダイヤモンドにとって壊滅的でさえあるが、戦後長らく続いたハリウッドの魅力に、ファッション界が背を向け始めたことである。パーキー・バーネットの競売でも、参加者の話では「ニューヨークのダイヤモンド御一行様」と呼ばれる人たちの姿がまったく見当たらなかったそうだ。そして、そこを見学していた人たちも、ハリエット・アネンバーグ・エイムズと同じように、今日では宝石を身につけることは悦びというより義務感によるものと考えるようになった。それに、ダイヤモンドは最新のスタイルにはあわないと言う女性も出てきた。[15]一九六六年、デビアス社はダイヤモンドの原石の価格をおよそ七・五パーセント引き上げた。それまでも婚約指輪を買うお金をどうにか工面していた若い世代は、ダイヤモンドより低価格の養殖（人造という意味。日本のミキモトが有名）の真珠で済ませるようになった。[16]一九六〇年代の終わりから一九七〇年代初めにかけて、デイヴィット・ウェッブのような新進気鋭のデザイナーが斬新な発想の転換をしてひすい《ジェイド》のような準宝石を見出した。「ダイヤモンドに飽きた？　なら、ヒスイはいかが[17]」や「今どきの女の子なら、ヒスイが一番の友[18]」などと、新聞の見出しを飾った。ルビーとエメラルドを祖母から受け継いでもヒッピーなどの甘ちゃん連中には使い道がない。実際、エリザベス・テイラーの十九歳になる息子、マイケル・ワイルディングも、厚顔無恥な母親と義父から距離を置きたいと思っていた。

ワイルディングは、妻と幼い娘を連れてウェールズに移住して、自給自足の生活を送るつもりだと『ロサンゼルス・タイムズ』紙に語った。「みなさんと同様、僕にとっても、母の人生は奇想天外に見えるんだ[19]。僕はいつだって反抗するしかない。はっきり言って、母と同じだと思われたくないんだ」。

両親の大量消費傾向を断固として拒絶していたティーンエイジャーはマイケル・ワイルディング一人ではなかった。さて、ダイヤモンドの売り手はどういう手を打ったのか。

セシル・ローズがダイヤモンド業界の全体を手中におさめようと躍起になっていた頃から、デビアス社はありとあらゆる策を講じて発展し、創業者の夢を確実に叶えてきた。こうした独占事業がうまくいったのは、採掘作業にはじまり、流通、マーケティングまでダイヤモンド産業のすべての分野を同社が巧みに支配していたためだ。しかし、クモの巣のような支配網を維持するのは簡単ではなかった。外部からの圧力によって権力構造が脅かされたり組織が危険にさらされたりすることもあり、その都度、取締役会での迅速で戦略的な対応が求められた。

デビアス社のほとんどの鉱山は南アフリカにあったが、ハリー・オッペンハイマーが父親のサー・アーネストの鉱山事業を引き継いだ後の現地情勢はいささか問題を孕んでいた。アパルトヘイトが南アフリカで立法化されたのは一九四八年で、父親が他界した一九五七年の十年ほど前のことだった。ゆっくり時間をかけて、南アフリカの非白人たちの基本的な市民権をはじめ諸権利が剝奪されていった。遂に、一九六一年、南アフリカは人種差別政策のせいで、イギリス連邦から追放された。翌年、国際連合に反アパルトヘイト特別委員会が設置され、ダイヤモンドの輸入国といえども南アフリカの人種差別政策を支持しづらくなっていった。人間としての厳然たる道徳心と経営者としての慧眼とを合わせ持ったハリー・オッペンハイマーは、選挙の度に毎回反アパルトヘイトの政党を支持したが、デビアス社のような強力な組織をもってしても政府に保守的な政策を破棄させることはできなかった。

もとよりデビアス社が南アフリカ政府と一蓮托生の運命にあることは明らかだったが、そのことが本格的に問題になり始めたのは、一九六〇年代初頭であった。そこでデビアス社は南アフリカが内部崩壊した時に備えて、新たな鉱山の探索に乗り出すことにした。すでにタンザニア（以前のタンガニーカ）ではダイヤモンドの大鉱山を手に入れていたし、ボツワナでも、何年かの探索の末、一九七一年五月二十六日にオラパ鉱山を開坑していた。その時には、ボツワナの大統領が主宰する祝賀会も開かれた。オラパは、デビアス社が自社で発見した最初の鉱山で、キンバリーのビッグ・ホールのような従来の露天掘りの鉱坑だった。また、アフリカでは他に二つの鉱山を開坑したが、いずれも高度な採鉱技術を導入しなければならなかった[20]。その一つがナミビア沖の海底深くに埋蔵されたダイヤモンド鉱床だった。効率よく石を採取するには、大西洋の荒波を防ぐしかなかった。そのため多くの人手を要したが、結果は当初の期待を裏切らなかった。もう一つは、まわりを南アフリカに囲まれたレソトという小さな王国での採鉱だった。そこの山の奥底でキンバーライト岩筒《パイプ》を発見したが、一万フィートの採鉱には莫大な費用がかかった。しかしこのレッツェング鉱山からは、巨大な利益をもたらすひと握りの大きな石が産出された。その中に、一九六七年の新聞の見出しをにぎわした六〇一・二五カラットの原石があった。

自国以外のさまざまな地域に資源となる鉱山を分散させることで、デビアス社は南アフリカの原石が主要消費国から締め出されることがあっても対処できるようにした。しかし、同時に別の問題が派生した。従来なら、ダイヤモンドの採取量が過大になると、備蓄をすることによって供給量を調整することができた。それがセシル・ローズ以来の基本戦略だった。だが、この理念が必ずしも通用しなくなっていったのだ。なぜなら、世界の各地に散在する鉱山には、デビアス社が最初に手をつけられなかった地域の鉱山も含まれていたからだ。デビアス社の完全なコントロール下にない鉱山の場合、ロンドンが拠点の、ダイヤモンドのマーケティングと流通を担うシンジケートの中央販売機構（CSO）に諸々の交渉をゆだねるしかなかった。

つまり、ある鉱山の実際の採掘作業が何らかの理由でデビアス社の支配下になければ、それがどんな会社や国のものであれ、CSOは、その鉱山から採れる鉱石を一手に買い占め、さらにはダイヤモンド市場への供給規制を強化することによって、独占権を拡大することができた。その一例が、シベリアでの岩筒《パイプ》の発見であった。

一九六〇年代の初めに、CSOはソ連（ソビエト連邦）と協定を結んでいる。第二次世界大戦直後の冷戦勃発時から、ソ連は工業用ダイヤモンドの長期供給が確保できる新しい道を探していた（政府にとっては宝石よりも工業用ダイヤモンドのほうが重要だった。武器の製造に使えるため、国防にとってきわめて重要だからだ）。ソ連は二つの方面からこの目的を達成しようと努めた。まず、政府は採鉱者を国内各地へ派遣し、これまで発見されていなかった天然ダイヤモンド鉱床を探索することにした。また、先進科学による人工ダイヤモンドの生成に研究資金を投入し始めた。こうすることで国家の自立を図ったのである。その頃のソ連は鉄のカーテンを降ろすことにより、ますます孤立するようになっていた。

結果として、ソ連は両方で成功をおさめた。まず鉱山労働者がシベリアでキンバーライトを掘り当てた。厳しい気象条件を乗り越える方法を探りながら、長いあいだ試行錯誤を繰り返した成果だった。シベリアは一年じゅう地面が凍っていて、鋼鉄を粉砕するほど気温が低い。そのうちに、シベリアの露天掘りで宝石級の石も多く産出されるようになった。こうなるとデビアス社も無視できなくなった。結局デビアス社はCSOを通してソ連政府と取引をし、宝石用原石をすべて買い取ることにした。しかし、結果的にはシベリア全体の産出高が予想以上に多く、しかもここ数年は年々増加すると見込まれるという事態となった。

ソ連のダイヤモンドは良質だがほとんど一様に小さく、〇・一八カラット未満のメレ（小粒ダイヤモンド）と認定された。メレはN・W・エイヤーが宣伝していた類いの石ではなかった。一九三九年以降のダイヤモンド物語では、ダイヤモンドは大きければ大きいほど良く、贈り物の石の大きさと愛情の深さは比例するなどと言われていたほどだった。これはデビアス社による宣伝活動の効果で、小さなダイヤに興味を示す人々は少なかった。ここでシンジケートは二つの選択を迫られた。一つは、ソ連とのビジネス関係を終わらせることだ。そうすることで、短期的に見れば、メレの問題は解決できるかもしれない。だが、ソ連がダイヤモンドの価格を下げるか、小さいダイヤモンドの市場を見つけるかすれば、手強い競争相手になりうるという現実味のある可能性も考えられた。

特に後者のメレの新市場開拓については、小さな原石を取り扱う態勢が整い、腕の立つカット職人が急増していることを考慮する必要があった。在りし日にさかのぼれば、メレを美しい宝石に変化させるにはマイスターの目と腕が求められたが、もうそういう時代ではなかった。戦時中、ナチの支配下のアムステルダムとアントワープに住んでいたユダヤ人はヨーロッパを離れ、まもなくイスラエルとなるパレスチナに安住の地を見出した。パレスチナの都市、ネタニアの市長は新しい住民のための事業の立ち上げを特に奨励した。そのおかげで、加工センターが誕生した。職人はベルギーとアメリカの職人とは違い、メレのカットに特化した。流れ作業式を導入して技術を革新した。[21] 複数の職人が手分けして、ダイヤモンドにファセットを持たせ、研磨した。作業は迅速に進み、専門化もされた。職人は一人ですべてをやり遂げることを期待されず、パズルの一片をあてはめる作業だけに集中できた。

これによって、デビアス社はシベリアのダイヤモンドをカットする職人を探すのに何の問題もなくなった。だが、放っておけば、ソ連だって簡単に職人を見つけられるだろう。そこで、デビアス社は唯一残された選択肢を選んだ。シベリアの岩筒《パイプ》からメレがどれだけ採掘されようと供給されるだけ買い続け、その売り先を見つけることだった。実際、メレ原石は商人、卸売業者、カット職人に簡単に売れた。CSOにはシンジケートが薦めるどんな石でも買ってくれる上得意先を確保する仕組みがあった。CSOはそれをサイトホルダー・システムと呼んだ。五、六週間ごとに、特別待遇にふさわしい名のある買い手を選んで、ロンドンにあるチャーターハウス・ストリート17番地に招待する。そこで招待客は次のシーズン向けの宝石の入った小さな箱を受け取る。この集会は「サイト」と呼ばれ、入念に演出された業務だった。二、三週間前に、顧客、つまり業界用語でいうサイトホルダーは、それぞれの商売で扱いたいものをリクエストするよう勧められる。サイトホルダーの業態は、工場から高級宝石店までさまざまだった。サイトホルダーからのリクエストは、CSOが買い手に提示する宝石を決めるための参考にされた。だが、最終的な判断はCSOの手に委ねられた。もっと具体的に言えば、オッペンハイマー家の旧友である白髪混じりの紳士、アーネスト・「モンティ」・チャールズ（旧姓ヘルツォーグ）に一任された。先の戦争で捕虜経験のあるチャールズは、不気味な眼光を放つ人物として業界に知れ渡っていた。

チャールズは、友人としてはゴルフとガーデニング、そして良質のワインを愛する陽気な男だ[22]。しかし、ロンドンでの仕事面では、威圧感を漲《みなぎ》らせすぎて、一瞥しただけで顧客を黙らせることで知られていた。シャム（現在のタイ王国）での三年間の強制労働の中で、生き延びるのに必要だった鋼のような強い意志は、今のビジネスの取引においても健在だった。チャールズは依頼人のニーズを考慮した。だがいっぽうで、ダイヤモンドを最終的に販売する地域の経済と社会の状況を調べるチームからの報告にも注意を払った。そこから理想的で買い手の満足のいく宝石を集めながら、同時にデビアス社の目的も達成しようとした。もっとも、買い手の理想よりもデビアス社の目的の方を優先したが。ロンドンに到着したサイトホルダーは、警備の厳しい部屋にエスコートされる。そしてしかるべき道具が提供され、箱の中を検分する。そのあとの選択肢はただ二つ。箱ごと言い値で買いとるか、びた一文払わずに手ぶらでロンドンを去るかだった。

サイトでは、どんな種類の値切り交渉も禁じられていた。もっともチャールズは依頼人の箱をメレでいっぱいにすることもできたが、そんなことはしなかった。実際のところ、箱にはたくさんのメレと一緒に魅力的な宝石も十分入っていたはずだ。たとえば、カットすれば一カラットの婚約指輪が何個も作れる立派な大きな石など。誰だって、自分の欲しくもない石ばかり持っていやいや家に帰りたくはないだろう。ただ、サイトホルダーがチャールズからの申し出を少しでも断れば、主催者を侮辱したことになり、デビアス社から直接原石を買うという大きな利権を失いかねないというのが現実だった。厳しい条件にもかかわらず、サイトの招待制度は結局のところ人気があった。デビアスから直接石を仕入れるので、最安の差額を支払えばよかった。箱を断った顧客は、供給プロセスの中で競争力を失い、予測しがたい不安定な国際市場で翻弄される以外になかった。

今まで宝石として認められていなかったメレにもチャンスがめぐって来た。ダイヤモンドのカフスボタンやネクタイピンといった、これまで思いもよらなかった商品が、ゼールスのような宝石チェーン店で売られるようになったからである。ゼールスは一九二〇年代に創業し、一九六〇年代には人通りの多い場所に店舗を広げたチェーン店である。ゼールスの広報課長と会合したN・W・エイヤーの社員はこう報告している。「ゼールスのディレクターによれば、『安価で斬新な商品販売』というビジネスにたどりついたのは[23]、初めてデビアス社から直接購入し始めたとき、大量のメレを押しつけられたからだという。メレの処分という問題に向き合ううちに、これらの商品のアイデアが浮かんできたのだそうだ」。

◇◇◇

サイトホルダーがロンドンを後にして世界中に散らばった後、買いつけたばかりのメレの販売方法を考えるのは彼ら自身の責任でもあった。だが、この件に関しても、デビアス社は上得意の業者の自由にはさせなかった。なんといっても、デビアス社自身が一般にメレ以外に多くのダイヤモンドを売っていたからだ。ダイヤモンドの婚約指輪の宣伝で代理店が成功をおさめていた絶頂期には、メレは単なるつけたしとしかみなされなかった。そんなメレの価値を押し上げるような広告を考案するように、とのお達しを受けたN・W・エイヤーの驚きようといったらなかった。最初、広告主たちは困惑した。社内文書が飛び交い、メレという呼び方にまで議論が及んだ。ある社員は同僚に次のように言った。「メレを『ミニチュア・ダイヤモンド』と呼ぼうなんて[24]、子供を『大人のミニチュア版』と呼ぶのと同じくらいばかげているし、今風にも聞こえない。それに、宣伝のボロが出るだけだと思う」。そして、この社員は、メレを使って、写真立て、靴のバックル、ディナー・ベル、煙草入れを作ろうと提案した。藁にもすがる思いだったのだろう。

実のところ、メレにつきまとう課題は多岐に渡っていた。エイヤーは小さなダイヤモンドをどう利用するかのアイデアが浮かぶように宝石商を助けながら、同時に顧客の需要を生み出さなければならなかった。また宣伝チームは慎重にならなければならなかった。メレの宣伝が順調に行き過ぎると小さいダイヤモンドの価値が高くなりすぎて、神聖な一つはめのダイヤモンドの価値を損ねる恐れが出てくるからだ。そこでチームが下した答えは「未開拓のビジネスチャンス」を見つけ出すことだった。

エイヤーは探していた答えを、既婚女性の中に見つけた。「結婚後に新しいダイヤモンドを受け取った女性はわずか一四パーセントにとどまる[25]」と、ある内部文書にあった。「既婚女性であっても、その多くが結婚後に新たにダイヤモンドの贈り物を受け取って喜ぶのであれば、この市場に我々の商品（たいていダイヤモンドジュエリー）が合っているか調査する必要がある」。実際にこの仮定は間違っていなかった。ダイヤモンドを贈るタイミングにはクリスマスと誕生日があるが、結婚記念日もまた、小さな光るものを身につけると心が浮き浮きしてくるうってつけのお祝いの機会のように思えた。結婚五年目には五石のダイヤモンド、十周年には十石のダイヤモンドというように、宝石商は節目節目に記念になる特別な商品を作ったにちがいない[26]。とうとう、エタニティリング――全周にダイヤが留めてあり、愛に満ち溢れた人生を象徴する――との考えまでがメレを処分する巧妙な手段として生まれた。ここでついにエイヤーはダイヤモンドの大きさから質に話を移すことにし、大きさより質が良ければいいと宣伝していく方針を固めた。

このように既婚者への対策は講じられた。だがもっとほかに前途有望な市場はないのだろうか。あえて結婚という道を避けて、自分でジュエリーを買う場合もある職業婦人はどうだろうか。女性運動が勢いを増す中、エイヤー兄弟商会はこの新しい顧客にターゲットを絞った。『ヴォーグ』のような高級雑誌に、長年採用されてきた宣伝文句「さあ、ダイヤモンドを身につけよう」に巧妙な解釈を加えた斬新な広告を打ち出した。自由を求める女性は、指輪こそ要らないかもしれないが、時の人からエレガントなダイヤモンドの飾りボタンのセットを勧められたら断れるだろうか。

「古くさい女らしさの神話にピンを突き刺す方法を知っているのはあなた」、一九七三年の広告に掲載された文句だ。その広告の写真には美しく自信に満ちた女性の姿があった。ブラウスにダイヤモンドの飾りピンをつけた格好で電話で話すモデルの姿から、広告のターゲットは一目瞭然だった。

遡って一九七一年の広告は、ピル・ケースからダイヤモンドのイヤリングがころがり出るという写真だった。その時のキャッチコピーはこうだ。「すぐに安心できる。頭痛のあなた。緊張したあなた。女の子の日のあなた。さっと仕事にいける。時代遅れの治療法とは大違い。過剰投与も、すべてまるっと解決。さあ、ダイヤモンドを身につけよう」。

たとえそうだとしても、これからもそううまくいくか、やってみるしかない。シンジケートは消費者市場の反応をいつもはっきり予測できたわけではない。メレが新たに脚光を浴びたことや、オイルショックとそれに続く世界不況という社会的価値の変遷が重なった一九七〇年代初めは、デビアス社とエイヤーが恐れていたとおりのことが起こった。アメリカの婚約指輪の売り上げが急降下したのだ。一九六〇年代の絶頂期は、七五から八〇パーセントの恋人同士がダイヤを購入するものと宝石商は見込むことができた。だが、最新の調査では、購買傾向だけでなく、結婚適齢期の世代の考え方にも明らかな違いが見られた[27]。「婚約指輪なんてダサい」とか「ダイヤモンドの婚約指輪が欲しい女の子の価値観はまちがってる」とか「ダイヤモンドは古くさい」という意見に肯定的な回答の割合が上昇した。デビアス社は『ウォール・ストリート・ジャーナル』紙で、一九七五年のダイヤモンドの売り上げが前年に比べ、六・五パーセント減少したことを認めた[28]。

三十年以上に及ぶダイヤモンド・フィーバーの後、アメリカ人はテイラー・バートン・ダイヤモンドのような大きな石には大っぴらに飽きがきていた。それらの石を買える富裕層の購買意欲が落ちたことはいうまでもない。だが、デビアス社には先見の明があった。アメリカ以外の、婚約指輪を贈る伝統が育っていないか、まったく存在しない世界を攻略する路線を採用したのだ。イギリスではすでに婚約指輪の習慣が浸透してきていて、一九六六年には未来の花婿の六〇パーセント以上が宝飾店に足を運ばなければならないというプレッシャーを感じていたという[29]。一九六〇年代初め、ドロシー・ディグナムは職を退く前にフランスとドイツの結婚における指輪の役割について詳しく勉強し始め、新たに発足したコネサンス・デ・ピエール・プレシウーズ（ＧＩＡのフランス版、以下ＣＰＰ）まで出かけていった。その発足記念イベントの中で、ＣＰＰは大洋航路船で運ばれてきた宝石類を展示した。それから、パリっ子向けのファッション誌『マリ・クレール』と提携して、六カ月にわたってダイヤモンド・コンテストを開き、優勝者には三カラットのダイヤモンドの指輪が、そして入賞者二十五人には小さな飾り玉がそれぞれ贈られた。この素晴らしい仕事ぶりに刺激を受けたと、ドロシーは仕事仲間宛ての社内伝言に残していた。「ヨーロッパの宝石商は、アメリカのようにダイヤモンドを婚約と結婚の重要な要素にするための広告戦を始めている。[30] フランスのダイヤモンド商人は広報委員会を組織し、女性誌にネタを持ち込もうと、目論んでいる。こういう点については、あたしたちのほうがちょっと先輩だね」。

冗談はさておき、ドロシーは精力的に仕事に取り組んだ。エイヤーの情報誌を翻訳させる手配をしたほか、海外の人気雑誌にデビアス社の広告を載せ始めた。だが、その後数年のうちに、フランス人とドイツ人を宗旨替えさせるのは難しいことがわかった。特にドイツ人は質素なつくりの金の指輪を女性にあげるならわしで満足していた。女性は婚約の印に左手に指輪をはめ、結婚するとすぐに右手につけかえた。その他の文化にも伝統が根づき、非常に大切に育まれていることがわかった。

だが、デビアス社はあきらめなかった。広告だけでは意識を変えさせるのが不可能に思えた日本に対して、一風変わった演出を試みた。その理由の一つとして、日本人にはダイヤモンドに関する歴史がなかったことが挙げられる。王族がきらきら輝く宝石を誇らしげに愛でるヨーロッパやインドとは違って、日本の最上流の人々にはダイヤモンドを身につける習慣はなかった。さらに、ほとんどの国民が神道という日本古来の宗教を信仰していたが、この宗教は、先祖への崇拝と儀礼を重んじ、花嫁と花婿の両親が結婚の世話役を務めるという伝統を維持していた。神道の結婚式は古い歴史ゆえに尊重されており、花嫁は刺しゅうのある白い着物を羽織った。白は日本では若い娘が実家を出ていくときの悲しみの色だ。祭壇では、指輪を交換して誓いの言葉を述べるのではなく、かわりに若い二人は同じ盃で酒を飲み交わした。

デビアス社は日本への宣伝活動のために、N・W・エイヤーより国際経験が豊富なJ・ウォルター・トンプソン広告会社の力を借りた。トンプソンの戦略は、若い世代をターゲットに据え、ダイヤモンドの婚約指輪が西洋文化の中でどんなに重要な役割を担っているかを広告で全面的に押し出すことにあった。典型的な白人に近い風貌の日本人モデルを雇い、サイクリングや山登りをさせて、見る者にヨーロッパとアメリカのクールで気ままなライフスタイルを連想させようとした。広告主が日本の若者の間に見出したものは、つまりはそれがこの宣伝活動の核心になったのだが、西洋のあらゆることに対する彼らの憧れの気持ちだった。歴史的に見ると、この島国の人々は戦中戦後と欧米の文化にさらされてきた。もっと言えば、敗戦国民と見られていることを苦にしていた日本の若者たちは、その屈辱を乗り越えるため、古い世代との距離をとろうとしていた。そうすることで当世代っぽくなりたいと望んだのだ。したがって、日本にはとりたてて若者が相手にプロポーズするという習慣はなかったが、そんなことは気にする必要はない。少なくとも、アメリカ人のプロポーズの習慣がダイヤモンドという商品の成功と不可分だったことなど、どうでもよかった。日本におけるダイヤモンドの魅力は、ロマンスや社会での地位という押しつけがましい理想を超えたものだった。それは目新しさと、戦争で荒廃した過去から脱却することを意味していた。

大方の予想を裏切って、広告は意外にも功を奏した。調査によれば、デビアス社が宣伝活動をはじめた一九六〇年代の半ばまでは、日本人の花嫁がダイヤモンドの婚約指輪を受け取ったのは、わずか六パーセントだった。[31]それが一九八一年には六二パーセントに跳ね上がった。ほとんど広告のおかげで、日本は世界の宝石部門における第二位の消費国となった。日本を上回るのはアメリカだけだった。アメリカの販売が落ち込み続けて、フランスとドイツが婚約指輪を渡す習慣をまったく歓迎しなくても、デビアス社は日本に保険をかけることで自身を成功に導いた。日本では、ダイヤモンドは新鮮で目新しいものすべてを象徴していた。「ヒッピー」という言葉がまだ囁かれていなかった時期にだ。

第11章　ダイヤモンドを造り出そうとした人々

人工ダイヤモンドの製造をめぐる思惑と挑戦

パリ、ニューヨーク、ワシントンDC

残念なことに、ダイヤモンド産業のトップにとって自分たちのビジネスを脅かすのは古い世代に抵抗するアメリカの若者たちだけではなかった。デビアス社は設立当初から、意外なところからの脅威を感じていた。科学技術界だ。デビアス社の独占状態は、ダイヤモンドが自然のくれる希少な鉱物であることが前提だった。別の手段、別の経路でもダイヤモンドが十分手に入るとしたら――そしてそれが自分たちの確立したシンジケートの外にあるとしたら――セシル・ローズが築いた輝かしい砦は崩壊するしかない。

デビアス社には分の悪い話だが、科学者たちがダイヤモンドに魅せられたのは十七世紀にまで遡る。当時、ニュートンは地球上で最も硬い天然物質であるダイヤモンドを高温にさらすと燃え上がるのではないかと考えた。ニュートンの仮説は正しかったのだが、みずから試すまでには至らなかった。それでも、のちの時代の科学者たちがニュートンの後を引き継いで実験を続け、やがて思いがけない結論にたどりついた。きらめくダイヤモンドは、突き詰めれば炭素と同じだったのだ。見た目はずいぶん違うが、黒鉛（グラファイト）はダイヤモンドの親戚だった。

ダイヤモンドの成分は何ら特別なものではなかった。つまり、世界で最も貴重な宝石と、鉛筆の芯の材料である黒鉛とを隔てる魔法はどこにあるのかといえば、形成過程にあったのだ。

その過程で何が起きているのか、まだ誰も突き止めていなかった。どうしたらダイヤモンドを造り出せるのか、科学者たちは何としても知りたがった。そして一九〇五年、黒々としたあごひげを生やした若き科学者、アンリ・ルモワーヌ(1)がユリウス・ヴェルナーという人物にある話を持ちかけたとき、科学界とダイヤモンド産業界との膠着状態についに大きな一石が投じられた。ヴェルナーはドイツ生まれの実業家で、権利問題で揺れていた初期のデビアス社で競合相手のバーニー・バーナートと争ったセシル・ローズの側についていた。ヴェルナーはキンバリー鉱山をはじめ、資源の宝庫だった南アフリカの数々の鉱山に権利を有し、デビアス社の経営陣の一人としても名を連ねていた。ルモワーヌはヴェルナーにあてた手紙の中で、実験室でダイヤモンドの生成に成功し、宝石としての質を確保しただけでなく大きさが一カラットの石ができた、と記し、パリまでお越しいただければその工程をご覧に入れますよ、と言ってきた。ヴェルナーとしては見過ごせない申し出だった。最悪の状況、つまり南アフリカの小丘の地中深くで起きているダイヤモンドの形成過程を科学の力で再現できるというのなら、知っておきたい。すぐさまパリへ向かう準備をした。

パリに到着したヴェルナーは数人の同僚とともに、ボヘミアンの色濃い左岸地区のルクルブ通りにある家を訪ね、目を輝かせたルモワーヌと対面した。ルモワーヌはまだ三十歳ながら威厳ある雰囲気を漂わせ、年齢が倍ほども上のヴェルナーも自然に敬意をもって接した。ヴェルナーは相手を見てすぐに一目置いたのだ。

ところがルモワーヌは実演を始めると来客をぎょっとさせた。服を脱ぎ始めたのだ。見ていた面々がいったいどんな手法なのかと尋ねると、半裸になったルモワーヌはまじめな顔で次のように言った。

「こうしないとこれからお見せする成果が本当だと信じてもらえないからです。デビアス社のみなさんが完璧な出来ばえの石をご覧になれば、きっと本物のダイヤをどこかに用意していたんだろう、との疑念を抱くに違いありません。ですから、袖の中だのポケットの中だのにダイヤを隠していないことを最初にお示ししておこうと思いまして」。ルモワーヌは作業に取り掛かりながら言った。「何もしかけはありません。すばらしい反応が起きたんです」。

デビアス社の面々はルモワーヌの芝居をおもしろがった。まっとうな展開なら、「服を脱ぎだした一風変わった科学者は結局食わせ者だった」で終わり、ディナーに舌平目のムニエルでも味わってからヨハネスブルグへ帰るところだろう。だがルモワーヌの実演が終わり、きらめく小さな石ができあがると、この手品師がやっかいな存在になるのは明らかだった。ヴェルナーら一行はできあがった石を確かめ、そしてうなずいた。これは間違いなく本物のダイヤモンドだ。ヴェルナーはしかるべき額を提示して、造りかたを教えてほしいと頼んだ。ルモワーヌは応じなかった。

「知的好奇心は金には替えられません。これだけのことを短時間でできるのだから、次に何ができるか考えてみてくださいよ」。

可能性は無限にあった。そこをヴェルナーは恐れたのだ。最終的に、二人の交渉は次のようにまとまった。ヴェルナーは、ルモワーヌがパリ郊外にきちんとした研究所を設立する資金を提供する。対してルモワーヌは、人工ダイヤモンドの製造法を書面に記し、封をして、ロンドンのユニオンバンクに預ける。ルモワーヌが死去した際は、書面とその他もろもろの所有権はヴェルナーに、もしくはヴェルナーがすでにこの世にいなければその相続人に帰属する。完璧な条件とはいえなかったが、デビアス社としては脅威を寄せつけないためのぎりぎりの策だった。二人は契約書を交わし、また近いうちに進捗状況を知らせる、というルモワーヌの言葉を胸に、ヴェルナーは南アフリカへ帰っていった。

ルモワーヌは約束どおり、最初の二年ほどの間は、新調した設備の写真を後援者であるヴェルナーに送ってきた。ヴェルナーはその都度、資金を送った。だがやがて、自分が下した判断は正しかったのだろうかとの疑問が頭をもたげ始めた。よくわからない事態を前に不安に駆られて、性急に事を進めすぎたのではないか。ルモワーヌが研究に励んでいるというのなら、今、いったい何を造っているのか？　パリからの風の便りでは、ルモワーヌは優雅な生活を送り、派手な新車まで買って、あのムーランルージュの近くに邸宅を手に入れたようだ。さらなる不安は、ルモワーヌのダイヤモンドがキンバリー鉱山で採れたダイヤそっくりに見えたのは、実際にそうだったから、つまりフランスで業者から本物を買ったからだ、といううわさを耳にしたことだった。

ヴェルナーはルモワーヌに疑問を突きつけた。そして納得できる答えが返ってこなかったため、三二万ドル（現在の七九〇万ドル）をだまし取られたとして訴え、ルモワーヌは逮捕された。巨人ゴリアテに石を投げて倒した少年ダビデの話の変形として、新聞はこぞってこの話を取り上げた。もちろん訴えが事実であればでの話だが、強大な力をもつ巨人デビアス社が一介の狡猾なペテン師に裏をかかれた、しかも男は自身のパトロンをだましていた、ということになる。フランスの人々の反応はここで割れた。ルモワーヌのダイヤが本物だという点では一致していたが、どこかに隠していたのを取り出して見せたのかどうかについては見かたが分かれた。

一九〇八年冬、判断は法廷にゆだねられ、大衆は熱いまなざしで成り行きを見守った。一連の騒動は「ダイヤモンド事件」として新聞に報じられ、若きマルセル・プルーストはこれを題材にした作品『ルモワーヌ事件』を書いた。また同年一月末には、パリのヴァンセンヌ競馬場で開かれたレースにディアマン（フランス語でダイヤモンドの意）という名の馬が出馬し、たまたまルモワーヌという騎手が騎乗したことから、大衆にとっては自分の信じる方に賭けてみる格好の場になった。レースは裁判より早く結果が出た。ディアマン号は思わぬ勝利を収め、賭けた人々は高笑いで銀行へ向かったという。

銀行といえば、ヴェルナーの弁護士はこんな提案をしていた。さっさと決着をつけたいのなら、ルモワーヌが秘密にしているダイヤモンドの製造方法を法廷で開示して明らかにすればいい、というのだ。ルモワーヌは断固としてはねつけた。ヴェルナーとは契約を結んでいる。それに、ヴェルナーは司法の力を利用して自分が死ぬ前に製法を探り出そうとしているに違いない、という言い分だった。裁判が進むにつれ、さまざまな目撃証言が出てきた。みな、世間の人々と同じく、ルモワーヌに対してはそれぞれ明確な意見があるようだった。以前ルモワーヌから実験の見学に招かれたという科学者たちは彼を擁護した。ダイヤモンド業界の関係者はそろって疑いの目を向けた。中でも、ある一人の業者は興味深い証言をした。何年も前、ルモワーヌが人工ダイヤモンドの製造に興味を持ち始めたころ、二人はパリで知り合った。この業者によれば、ルモワーヌが人工ダイヤモンドを造りたい動機は科学的な探究心からではない。完璧な偽物があるという話を広めることで、デビアス社に対する消費者の信頼感を損なおうとしたのだという。デビアス社の株価が下がったところで、ルモワーヌはセシル・ローズ並みに計算を働かせ、大量の株を安値で買い集め、自身が後々デビアス社の共同所有者になるつもりなのだ、という話だった。

ルモワーヌが数カ月にわたり拘束されている間、フランスの裁判所が英国のユニオンバンクに対し、製造方法を記した書面を開示させられるかどうかの攻防がくりひろげられた。そして一九〇八年四月、それまでルモワーヌが預けた書面を一貫して守り通していた英国の裁判所は方針を転換し、フランスの法に従うことを認めた。封緘《ふうかん》した封筒がロンドンからパリへ運ばれ、ルモワーヌの運命はフランスの法廷に託された。秘密の製法が公になればルモワーヌは計り知れない損失を被ることを、フランスの裁判官はわかっていなかったのだろうか？　価値は一気に下がってしまう。ルモワーヌの努力は泡と消え、彼と契約を交わしたヴェルナーにもこの先恩恵はない。

ルモワーヌの訴えを聞いた裁判官は、チャンスを与えることを認めた。法廷で実演をし、ダイヤモンドを造り出せれば、それでよしとしよう。ルモワーヌが見守るなか、電気炉の設置が進められた。本物のダイヤモンドを事前にこっそりしのばせておけないよう、ルモワーヌ自身は当日まで手を触れられなかった。ダイヤモンドが生成されれば容器となる、新品のるつぼ一〇個がふたをした状態でドイツから持ち込まれた。判断が下される当日には、その中からランダムに一つが選ばれ、ルモワーヌは法廷の代理人の前で材料を混ぜ、炉に入れて、白く輝く石を造ってみせなければならない。各紙は「不正を働くのは不可能だろう[2]」と書いた。

六月、運命の日の朝。ルモワーヌは不測の事態を理由に実演の延期を求め、裁判官は認めた。六月十七日が最後のチャンスとされた。二週間を切っていた。逮捕から六カ月以上経ったその日、ディケンズの小説にも負けないほど人々の興味を引きつけてきたこの騒動に、ついに審判が下される。ある記者はこんなふうに書いた。「ダイヤモンド事件は、あのドレフュス事件をどうということのない、退屈で平凡な話と思わせるほどだった[3]」。ルモワーヌを支持する人々は彼が正しいことを立証する場が必要だと考えた。そうでない者も、結局はペテン師の勝利を願った。法的には有罪だろうが、ここまで長く策略を引き延ばした時点で事実上勝ったのと同じなのだ。

そして法廷で決着をつける日がやってきた。裁判官はルモワーヌが現れるのを待った。待ったが、なかなか現れない。結局、ルモワーヌは姿を見せなかった。思いもかけない幕切れだった。ルモワーヌはパリから逃亡していたのだ。

裁判官がロンドンから届いた封筒を開けると、ヴェルナーが恐れていた不安は動かぬ事実となった。ルモワーヌは何も発明などしていなかった。秘密の製法などありもしないうそだったのだ。ただ何十万ドルという金がペテン師のポケットに入っただけだった。ヴェルナーが出した金は一切戻ってこなかった。ただ、いい面があったとすれば、まだ誰もダイヤモンドの合成に成功してはいなかったことがわかり、ヴェルナーらデビアス社の面々は少し安堵したことだった。一九五五年まで、その状況は続いた。

◇◇◇◇◇◇◇◇◇◇◇◇◇◇◇◇◇◇◇◇◇◇◇◇◇◇◇◇◇◇◇◇◇◇

ルモワーヌの一件後も、他の科学者たちはさまざまな方法で壁を打ち破ろうと試みた。一九四六年にノーベル賞を受賞したハーバード大の物理学者パーシー・ブリッジマンが研究を進展させたが、ダイヤモンドの製造には至らなかった。ただ、実験を重ねても光り輝くダイヤを造り出すに至らなかったのは残念ではあるが、実はよかったのかもしれない。ブリッジマンは一九五五年、科学誌『サイエンティフィック・アメリカン』に語った。「この件に成功した者はデビアス社の手で命の危険にさらされるかもしれない、といううわさをたびたび耳にした[4]」。

さすがにそれは誇張だとしても、かつてのルモワーヌの件が示すとおり、ダイヤモンドを自分で造り出す人物が現れようものなら、デビアス社からしっかり目をつけられるのは大いに予測できた。それでも一九五三年、スウェーデンの有力電気メーカーＡＳＥＡの研究所が、世間に気づかれることなく、人造の工業用ダイヤモンドの製造に初めて成功していた。これがあまりに秘密裏に行われたため、競合していた米ゼネラル・エレクトリックが数年遅れて同じ手法でダイヤモンド製造を行った当初は、世界初の成功とうたわれたほどだった。ＧＥには実務上、工業用ダイヤモンドの製法をいち早く確保したい理由があった。ＧＥは電球を作るのに必要なタングステンの加工にダイヤモンドを使用しており、ダイヤモンドより適した素材は他になかった。つまり、戦時中のアメリカ政府と同様に、ＧＥの事業はデビアス社によって成り立っていたのだ。デビアス社が大多数の鉱山を抱え込んでいるかぎり、デビアス社に依存せざるを得ないＧＥの立場は弱かった。一九五〇年、ＧＥは秘密裏に独自のプロジェクト「スーパープレッシャー」に乗り出した。[5]

ＧＥは博士号をもつ専門家たちをメンバーに迎え、ニューヨーク州都オルバニーの北に位置し冬は厳しい寒さにさらされる産業都市、スケネクタディに集めた。プロジェクト立ち上げ時のメンバーは四人いて、互いに緊密な関係を築いていたため、のちにモルモン教徒の科学者Ｈ・トレイシー・ホールがユタ州からチームに加わったとき、ホールは周りから疎外されていると感じていた。それでも、例えば天然ダイヤモンドを地表まで導くキンバーライト岩筒《パイプ》の状態をどう再現するかなど、目的達成の前にたちはだかる難題を解くべく、メンバーはともに取り組んだ。プロジェクト立ち上げから四年、チームは最初の成果をあげた。メンバーは互いに競い合い、大半は同じ方向性を追求していたが、一人はみ出していたトレイシー・ホールだけは自身の直感に従い、ダイヤモンド製造装置の設計について独自の道を追求した。

一九五四年十二月八日、結成当初の四人組の一人、ハーブ・ストロングが十六時間かけて「実験151」と呼ばれる実験を行い、複雑な製法を試した。翌朝、素材の一つである鉄の溶けたかたまりが装置の中に悲しげにできているのを見て、ストロングはがっかりした。そこでできた鉄を冶金の研究室へ送り、今回の失敗から何かわかることはないかを調べてもらった。およそ一週間後、提供されたサンプルに普通は見えない透明な石が含まれているようだ、と研究室から連絡が入った。鉄のかたまりから生じたようにみえるだけでなく、非常に耐久性に優れ、研磨するのも難しいほど硬度が高いという。ストロングは驚嘆し、チームの仲間とともに果たしてこの石がダイヤモンドなのかを突き止めるための実験を始めた。

一方、トレイシー・ホールはみずから編み出した手法を使って、独自の実験を急いだ。研究グループ仲間の力を借りて勤務時間外に装置の開発に取り組み、[6]チームの他のメンバーには取りあってもらえなかった自分の直感を信じて動いた。ストロングが見つけた配合方法を携え、ホールはまだダイヤモンドを生成したことのない自身の装置で実験を行った。素材に熱を加えて三十八分待った。十二月十六日、ホールは暗い空間の中に光るものを目にした。実験はうまくいったのだ。ホールにとって、この成功は長年の科学界の課題を解明した以上の意味があった。これまでずっと追いかけてきた勝利をつかみ、みずからの正しさを立証する結果をついに手に入れたのだ。

この気持ちはやがてさらに確かなものになった。その後、ストロングの実験では同じ結果を再現できなかったが、ホールは引き続き繰り返しダイヤモンドの生成に成功した。ストロングのときと同様、ホールのダイヤモンドも質としては工業用だった。ティファニーの指輪にするレベルではなかった。だがそもそも宝石としてのダイヤモンドを造るのが目的ではなく、スーパープレッシャープロジェクトは立ち上げから四年を経て、GEが目指した成果にたどり着いたのだった。一九五五年二月十五日、プロジェクトを担ったメンバーはスケネクタディで記者会見を開き、成果を発表した。『ボルティモア・サン』紙は押せ押せの高揚した記事を書いたが、中にこんなくだりもあった。

「これまでのところ（GEの研究所が）製造したダイヤモンドは一〇ドル相当にすぎず[7]、形の上ではほぼ細かなちりと差異がない。販売価格の一〇ドルには、初の『大きな』ダイヤモンド――といってもサイズにして〇・一五ミリ余りにすぎない――を製造するのに要したコストが含まれ、これには数十万ドルに及ぶ四年間の研究費がかかっている」。

とはいえ、全体の論調は肯定的なものだった。画期的な技術が開発されたのだ。投資家もそう受け止めたらしい。発表当日、ニューヨーク株式市場でGE株はいつになく活発に取引され[8]、株価は前場引け値で前日比四・一二五ポイント高となった。一方デビアス社の株は三パーセントほど下落した。

続いてGEは米国内で特許を申請し、編み出した製法を守ろうとしたが、同じような考えを持ちながらまったく異なる戦略を政府から提案され、驚くことになった。特許を認めれば化学式もホールが製作した装置の設計図も公にされるため、特許の出願書類は伏せておいて、米国が工業用ダイヤモンドのメーカーを自国で確保できるようにしたいというのだ。最終的に特許が下りたのは一九五九年だったが、その間、スーパープレッシャーチームは製法の調整に取り組むことができた（この時、チームにホールの姿はなかった。ホールは個人としての貢献を十分に評価してもらえていないという不満から、プロジェクト成功の記者会見後まもなくGEを去っていた）。人工ダイヤモンドが販売できる状態になるころには、チームは製品に自信を持っていた。ダイヤモンドを合成して造り出し、不可能を可能にしただけでなく、ダイヤモンドの代替素材「ボラゾン」（商品名。窒化ホウ素の一種の化合物）をも生み出していたのだ。ボラゾンは非常に硬く、それまで人類が知るかぎり最も硬度の高かったダイヤモンドに傷をつけることもできた。

二つの発明は商業的に巨大な成功をもたらした。そして一九五九年夏、米国政府はそれまで伏せていたGEの研究成果の封印をついに解き、公表を許可した。GEはそのとおりにし、九月に特許の国際出願の手続きを行った。すでに十分待っていて、抜け目のない他の研究所に不意打ちで出し抜かれるのだけは避けたかったからだ。だがそのわずか数日後、GE首脳陣はもう一週間待っていたらどうなっていただろう、と複雑な思いで首を振ったに違いない。もう一つの特許申請が、地球の反対側、南アフリカで出されたのだ。

デビアス社も独自の合成ダイヤモンドを造っていた。

デビアス社が合成ダイヤモンドに力を入れ始めたのは、混乱のソ連が持っていた原石を次々に買い占めていったのとおそらく同じ理由だろう。デビアス社のビジネスモデルは、市場をすみからすみまで独占することで成り立つからだ。すでにGEが一九五五年に米国で特許を申請していたため、国内でGEと競うのはむだになる。しかし出願が数日の差なら、国際特許では優勢なGEに挑戦しようじゃないか、とデビアス社の上層部は考えたのだ。デビアス社はいくつもの訴訟を起こし、論戦は南アフリカの法廷へ持ち込まれた。そこでは、あのルモワーヌのときと同様、この行動が当初の意図から外れて独り歩きしてしまうことになった。手続きが始まったのが一九五九年、その後実に六年にわたり、論争は続いたのだった。

工業用合成ダイヤモンドの製造は、科学の世界にとっては目覚ましい進歩を意味した。市場に競争原理が働くことによって経済的メリットが得られる政府やメーカーにとっては恩恵だった。だが、ロマンをこめた贈りものとしてダイヤモンドを買う男性や、それを身につける喜びを愛してやまない女性にとっては、この偉業もたいした意味はなかった。手軽に手に入る工業用ダイヤモンドは国にとってはすばらしい発明だが、ダイヤが大好きだがなかなか手が出せなかった女性たちにとってはどうだろう？　小さな粒をきらめかせてドレスアップするのは好きだけど、外出するたびに大切な石をなくす心配はしたくない、という女性にとっては？

そんな人たちに応えたのがマダム・ウェリントンだった。いわゆる「模造ダイヤモンド」販売の草分けである。マダム・ウェリントンことヘレン・ヴェル・スタンディグはワシントンDCを拠点に宝飾品店を展開した。派手好きで煙草を手放さない、だみ声の女性である。身長一五〇センチと小柄な彼女は、それまでなかった模造品の宝石を売ることで地位を築いた。数十年にわたりウェリントン・ジュエルズという宝石ビジネスの会社を経営した彼女は、地元ではかなり名を知られ、『ワシントン・ポスト』紙の会長を務めたキャサリン・グラハムと並んでワシントンDCの著名な女性とされていた。事業に成功し財をなした彼女にはこんなエピソードがある。あるとき、ヴェル・スタンディグは再婚したばかりの友人が開いたパーティーに招かれた。友人の新しい妻はだいぶ年の離れたラスベガスの元ショーガールで、奔放に振る舞うところがあった。酒が入って上機嫌になった新妻はヴェル・スタンディグに近づくと、身につけていた宝石をほめた。「ヘレンさん、すてきな指輪をしてらっしゃるのね。本物じゃないのが残念だけど」。自社の商品をつけているのだろうと思い、からかってそう言ったのだった。同じく酒をたしなむのが好きで、自分の倍ほどの体格をした男たちが酔いつぶれるまで一緒に飲むこともあったヴェル・スタンディグは、おもむろに立ち上がり、窓辺に歩み寄った。そして窓ガラスに指輪をあて、端から端へゆっくり滑らせると、一本の直線が傷になって残った。

家の主である若い妻があっけにとられて見つめる前で、ヴェル・スタンディグは言った。「あら！　これは本物だったんだわ。ごめんなさいね(9)」。

何かと不遜なところのあった彼女を象徴するようなエピソードである。ヴェル・スタンディグはヨーロッパからアメリカへ渡ったオーストリア人の両親の下に生まれた。前夫と破局した母親が身を寄せる場所もなく食い詰めていたのが理由だった。一家はワシントンＤＣの貧民地区に身を寄せ、父親は小さな仕立て屋を開いた。ヘレンは学校から帰ると毎日店に立ったが、ある日、端正な顔立ちの青年が訪ねてきた。マックことモーリス・ベルモント・ヴェルスタンディグ†という、ボストンから来たユダヤ人の新聞記者だった。第二次大戦中に欧州から移民として渡米したかもしれないという遠い親類を探して、東海岸の町をまわっているという。当時ヘレンはまだ十代だったが、二人は出会ってすぐに互いに強く惹かれ、初めてのデートから六日後に結婚の約束をした（二人は親類関係ではなかっ

†ヘレンは「ヴェル・スタンディグ」と二語に分けてつづったが、一族の他のメンバーはみな「ヴェルスタンディグ」と一語でつづっている

たことがのちに判明した)。ヘレンが「二人とも早くベッドを共にしたかったの」と『ワシントン・ポスト』の記者に語ったのは有名な話だ。

ヘレンはマックと結婚し、父親の店に立つ生活に別れを告げた。二人はまずロードアイランド州のクランストンとサウスカロライナ州のグリアの二つの地方紙を買収した。グリアでは地元企業から広告を出してもらうのに苦労した。住人たちは二人が町にとどまる気がないのではないかと受け止めていた。推測はおそらく正しかったのだが、二人はこの町にはせいぜい一年か二年住むだけで、あとは新聞社を売り払って出て行くつもりなのだろうと考えたのだ。同じ広告を出すなら地元出身者か、少なくともここに根を下ろしてやっていくつもりの相手を選びたい、と町の人々は考えたのだ。二人は人々の意向を察知し、高校を出たばかりのヘレンはユニークな策を思いついた。地元の墓地へ行き、隣り合わせになった二人分の区画を買ったのだ。そうすれば地元の人たちは二人がここに腰を落ち着けるつもりだと思うはずだと考え、結果は狙いどおりうまくいった。

しかし結局、二人はしばらくすると故郷のワシントンDCに戻り、娘と息子をもうけた。新聞事業からは離れてM・ベルモント・ヴェルスタンディグ社という広告会社を立ち上げ、ガイコやマリオット、米軍といった有名どころを顧客に獲得していった。ヴェル・スタンディグ夫妻には力と才能を備えた多方面の人々を引きつけるカリスマ性があった。地元のグリフィス・スタジアムでフットボールの試合があったときのことだ。まだ幼い息子と娘を連れてきていたヘレンは、隣の席にいた人に二〇ドル札を渡し、子供たちにホットドッグとホットチョコレートを買ってきてくれと言いつけた。見知らぬ男性は驚き、たじろいだ。自分は試合を見にきているのであって、知らない人の注文を取りにきたのではない。だが同時に女性の堂々たる態度に感心した。この男性がワシントンDCを拠点にするギャングのボス、ジョー・ネスリンで、二人は生涯の友となった。後年、ジョーが殺人の容疑で警察に追われたとき、ヘレンとマックは躊躇せず自宅の地下にかくまった。小学生だった息子のジョンはこう振り返る。「その日学校から帰ってくると、家の前の通りに警察の車が並んでいた。ジョーおじさんがついに捕まったのかなと思いながら家に近づくと、車列の意味がだんだんわかってきた。当時副大統領だったリチャード・ニクソンが来ていて、ポーチでコーヒーを飲みながら父親と話していたのだ。同じ屋根の下の地下室では、かくまっている指名手配犯とヘレンがトランプに興じているのも知らずに」。

一九六〇年代半ば、ヴェル・スタンディグ夫妻は新たな挑戦の場を探していた。マックはホテル産業に目をつけていたが、ヘレンの方は不動産に興味があり、ひらめきは思いもよらないところからやってきた。きっかけはヘレンが一人で欧州を訪ねた船旅だった。帰国の途につく船の上でヘレンはスイスから来た大学教授と知り合い、模造ダイヤモンドの話を聞いた。知り合いの研究者がチタン酸ストロンチウムの実験をしているという。チタン酸ストロンチウムは見た目も性質もダイヤモンドによく似た化合物で、中でも分散光はかなり近い。教授はヘレンの住所を書きとめ、サンプルを送るよ、と約束した。帰宅したヘレンは夕食のテーブルで夫マックにこの話を聞かせた。ヘレンはその気になっていたし、マックも質のいい模造ダイヤモンド（あるいは偽ダイヤモンド）の販売に可能性を感じた。やがてスイスから小包が届き、きれいに磨かれカットされたいくつもの宝石を目にした二人は、賭けに出ようと決めた。息子ジョンはこう振り返る。

「これは、サーカス団リングリング・ブラザーズのオーナー、ケネス・フェルドが一角獣《ユニコーン》に偶然出会ったみたいだった。[10]両親はまったくの無知ではなかったし、模造ダイヤモンドはおおいに売る価値があるものだとわかっていた」。

宝石の知識がなかった二人は、少しずつ慎重に進めようと決め、ダイレクトメールを使った小規模な販売キャンペーンから始めた。人々の関心を見定めるべく、二流新聞の二、三紙に広告を打ち、一カラット四〇ドル（現在の三〇〇ドル）で販売する、と書いた。幸運なことに、ちょうどデビアス社がダイヤの値段を段階的に引き上げているときだった。数日で反応があり、購入率は四・五パーセントに上がった。これだけいけば成功、と考えていた数字の二倍以上だった。

この数字に気をよくした二人は、次のステップへ進んだ。ドイツから材料を仕入れ、広告会社は売却して、商品名をあれこれ考えた。有力なのは「アフリク・ダイヤモンド」と「モナリザ」だった。「モナリザ」は、本物でない宝石をほめられた女性が浮かべそうな謎めいた微笑にちなんでいたのかもしれない。だが最終的には、由緒正しく信頼のおける響きがある「ウェリントン」に決めた。ヘレンはすぐにみずから会社の宣伝モデルになり、『ニューヨーク・タイムズ』紙の風刺画家で友人のアル・ハーシュフェルドに広告用の似顔絵を描いてもらった。できあがった絵はみごとに彼女を捉えていた。ウィンクし、ジュエリーをいくつも身につけ、頭には目立つティアラをのせて、歯をむき出したどこか人を小ばかにしたような笑みを見せていた。こうして誕生したマダム・ウェリントンは（夫マックはヘレンをマダムと呼んでいた）いわばエリザベス女王と品のない夜の女を掛け合わせたようなもので、きらびやかな偽の宝飾品を売る商売にはまさにぴったりのキャラクターだった。

二人は『サンフランシスコ・エグザミナー』『ニューヨーク・タイムズ』『ウォール・ストリート・ジャーナル』『シカゴ・トリビューン』といった大手の新聞にも広告を出した。イラストには「偽造ダイヤモンド」と謳った臆面もない広告コピーを添えた。「偽造」という語を商品に冠したのは想定外かつ大胆で、同じく想定外で大胆な行動をとるヘレン自身に通じていた。マダム・ウェリントンが他とは一線を画していたのは（自分自身はいつも良質の宝石を身につけていたことを除けば）、商品が本物でないことを何よりも優れた特徴として売り込んだ点にあった。もっとも、ダイヤモンドの代わりとしての石は社交界の紳士淑女が正装して特等席に集っていた時代からあった。二十世紀初頭にはシアーズ・ローバック社が「クリスタライン・ダイヤモンド」というごく安い偽物をカタログ販売していた。他にも「ゴルコンダ・ジェムズ《宝石》」「ジェヌイン《本物の》・パリジャン・ダイヤモンド」といったあえて紛らわしい名前をつけた安物のホワイトストーンの宝石が他社から出ていた。こうした模造品ジュエリーの広告には、概して作り手が抱いている劣等感がにじみ出ているのが常だった。対してヴェル・スタンディグ夫妻は、客に向けて堂々と事実を前面に出した。一九七五年に『ニューヨーク・タイムズ』紙に掲載した広告で、マダム・ウェリントンはこんなふうに語っている。[11]

「ここで私は誰よりも先にはっきり認めてしまいましょう。きらびやかな本物のダイヤモンドは『女の一番の友』です。あるいは、かつてはそうでした。でも、良質の一カラットダイヤモンドを一粒あしらった指輪を手に入れるのに一〇〇〇ドルは下らない今、そのような友を誰が必要とするでしょう?」広告の核となる部分には、過去の広告にはなかった率直かつ威勢のいい調子で、偽造ダイヤモンドのよい面と悪い面が書かれていた。「ウェリントン偽造ダイヤモンドは、見た目では本物のダイヤモンドと変わらない輝きをもち、きらめき《ファイヤー》に至ってはそれ以上といえます……ウェリントン偽造ダイヤモンドはダイヤモンドほど硬質ではありませんので、ガラスのカッティングにご使用の方は本物をお求めください」。

ウェリントン・ジュエルズは顧客に自問してほしいと問いかけたのだ。「本物のダイヤモンドにお金を使うなんてどこのカモでしょうか？　うちの模造品だってジェイガーに負けないくらい輝いています。ウェリントンを身につけた女性はさらに輝けるといっていいくらいです。みんなが本物と見間違えるほどの模造宝石をごくわずかな金額で買えたのですから」。

このやり方は夫妻が望んだ以上にうまくいった。成功の鍵は広告コピーだけでなく、ウェリントン社の模造ダイヤモンドの扱い方にもあった。そう、確かにダイヤモンドは本物ではない。しかしその他の要素、カットやセッティング、貴金属の部分などはすべて本物だ。ウェリントンは14Kや18Kといった金に石をあしらい、ハリー・ウィンストンやヴァンクリーフ&アーペルなどの高級メーカーの芸術性くらいすぐにまねできるデザイナーチームがいるので、顧客は十分に贅沢な気分が味わえたのである。

ヘレンはよく独特の口調でメディアをからかって楽しんだ。「あのね、私は週末を安上がりにすませることにかけてはこの国のどのマダムよりも責任があるのよ」[12]。「でも客に商品を買ってもらった後は、どう使われようとご自由よ。例えば、恋人に本物のダイヤを買ったと思わせたいのなら、そうすればいい。どこかの小国で王家の宝石を新調したいがカルティエは無理というなら、王妃はウェリントンのティアラをつければいい。私は秘密を墓場まで持っていくわ」。

当初、ウェリントン・ジュエルズは通信販売の会社だったが、二、三年で実店舗を構えるようになった。ここでもまた、期待以上の成果を挙げた。ダイレクトメール商法の問題は、クリスマスが終わると、商品に関係なく一割程度が返品されてくる点にあった。つまり毎年一月はウェリントンの事務所が在庫であふれてしまった。そこでヴェル・スタンディグ夫妻は過剰在庫を取り扱う店舗を市内に開くことを思いついた。コネチカット・アベニューに手ごろな物件を見つけ、開店に向けて準備を進めた。初日に店を開けてみると、区画一帯に人の列ができ、手元の品は完売した。ほどなく、ヴァージニア州タイソンズ・コーナーとリーランド州チェビー・チェイスにも店を出した。旗艦店となるワシントンＤＣの店長にはヘレンが頼れる人物を見つけてきた。あのギャングのボス、ジョー・ネスリンの妻だった。

一九七二年に夫マックが他界した後も、ヘレンは蓄財に励んだ。ヘレンはまさにマダム・ウェリントンそのものになった。ウェリントン・ジュエルズをフランチャイズ方式にし、一九八一年には年商二〇〇〇万ドル（現在の五四〇〇万ドル）規模の企業に成長させた。[13] この恐れ知らずの企業経営者は利益の一部をラジオ局への投資の他に同性愛者の人権運動やエイズ研究といった自分の「情熱プロジェクト」に資金をつぎ込んだ。起業家として成功したヘレンはビジネススクールの名門ウォートン・スクールで講義をする機会も得た。また、プライベートでは世界中を旅してまわった。成人した二人の子の助力もあって会社は長らく家族経営を維持し、買収の申し出を受けながら何年も断り続けてきたが、一九九二年、ついにＱＶＣ社へ売却した。

「うちの商品を買った人は、それが盗まれるとうれしがるのです」[14]と、ヘレンは一九八一年の『ピープル』誌に語った。ヘレンはウェリントンの偽造ダイヤモンドがこのような世間向けの個人的ジョーク以上の何ものでもないと、買主に思ってもらいたかったのだ。本物と見まがうような、手頃な値段の偽ダイヤモンドがあれば、人は後で周囲にどう説明しようと、とにかくと買ってしまう。ウェリントン・ジュエルズはそれを証明したのだ。ヘレンはこう説明する。「誰にもピーコック《クジャク》・シンドロームがあるんです。つまり、豊かさを謳歌しているように周囲には見せたい。でもリスクやお金はかけたくない。偽物を買いたがらないのは売春婦だけです。彼女たちは本物を求めますから」。

ウェリントン偽造ダイヤと鉱山から掘り出したダイヤモンドの物理的な違いは、一般的な持ち主には必ずしも明確でなくてもよい。だが有能な宝石鑑定人なら、本物と偽物の違いははっきり見極められる。両者間にはきれいな断層ができているからだ。人造のダイヤモンドにはそれなりの利点があるが、天然のダイヤモンドに比べれば、金銭的にも、気持ちの面でも知性の面でもその価値は劣っている。本質的な価値という点で本物のダイヤモンドが最上なのは誰もが認めるところだ。もっとも、買う人がそれを気にするかどうかは別の話だが。そういう意味で、ウェリントンの宝石がどれだけ評判が良くても、ダイヤモンドを取り巻く物語を根本から揺るがす脅威にはならなかった。逆に、ウェリントン・ジュエルズのおかげで、アメリカ人がいつも美しく輝くダイヤモンドをつけていると見られたがっていることが浮かび上がり、本物のダイヤモンドの価値はさらに強固になったのである。

ただ、実験室で生成する宝石としてのダイヤモンドとなるともっと複雑だった。これは見た目にも成分の点でも鉱物としてのダイヤモンドとの区別がつかない。南アフリカで数年続いたいくつもの裁判で、GEはデビアス社との訴訟に勝訴し、デビアス社は八〇〇万ドルとも二五〇〇万ドルともうわさされる賠償金と特許権使用料の支払いを命じられた。(15) 成果を認められたと受け止めたGEのスーパープレッシャープロジェクトチームは、在籍メンバーの手でいまだに残る課題に取り組んでいた。宝石として評価に耐えるダイヤモンドは、果たして人の手で造り出せるのか？　もしそれが可能なら、二十世紀の初頭以来、採掘可能な鉱山を一有力企業が独占してきた業界の地図は書き換えられるかもしれなかった。

一九七〇年五月、科学界は答えにたどりついた。GEが透明な美しいダイヤモンドの生成に成功したのだ。一週間で一カラットと時間はかかったが、確かにできたのだった。この生成期間を縮めると、石に変色やひび割れが起きた。法外なコストがかかったが、プロジェクトチームは最新の成果を報道陣にこう指摘した。「今回できたダイヤモンドが将来、経済的に宝石市場に進出できるレベルになるかどうかはわかりません。[16]今回の会見は科学分野の業績を発表するためであり、製品の発表ではありません」。翌日、デビアス社はこれを受けて声明を出した。「弊社は今回の成果を成し遂げた彼らに祝意を表します。[17]ただし、デビアス社の今後の計画には変更はありません」。GEの成果が何らかの動揺をもたらしたとしても、それはヨハネスブルグやロンドンには影響しないことを伝えたい意図であった。

第12章　奇術師たち

マジシャンはいかにして手品のタネを守りとおしたか

アメリカおよびヨーロッパ

ゼネラル・エレクトリックのチームは初めて宝石と言えるレベルのダイヤモンドを造り出したが、その結果、業界を覆っていた科学の力に対する不安は払拭されたかに見えた。一週間に一個一カラット相当の原石しか生み出さない研究所など、世界一の生産量を誇る鉱山会社からすれば相手にならなかったからだ。ところがその数年後、別の脅威が予想外のところで生じ始めた。それは買い手そのもの、つまり普通の個人収集家だった。

一九七〇年代終盤を迎える頃には、アメリカ人は不安定な経済情勢に慣れ切っていた。景気後退、激動する株式市場、そして大量の失業者。海外のドル相場も不安定だった。普通なら、こうした環境はダイヤモンド業界にとっては逆風になる。生活が苦しくなれば、誰だって最初にぜいたく品を切り詰めるからだ。ところが今回は様子が違った。八〇年代が近づく中で、宝石商はお客の中に奇妙な傾向が生まれていることに気づいた。消費者が自分の買った宝石の価値の変動を気にするのはいつの時代も同じだが、これまでは、そうする前に宝石の美しさやロマンティックな性質をうんぬんするのが常識だった。ところが近頃は、ダイヤモンドをいきなり「投資の対象品」と考え、その価値の変動に注目するようになったのだ。投資目的のダイヤモンド記事を読み、ニュースを観るようになった。投資家が低リスクの株や債券を買うように、お金を安全な形で保管しつつ、高くなったら売る手段として、ダイヤモンドを買い求めるようになったのである。

そこには、質の高いダイヤモンドの価値は、優れた画家の作品と同じように上がり続けるという想定があった。株式市場で火傷をした一般投資家は、いつも変わらぬ魅力を放つ古風な商品に目を向けた。ダイヤモンドなどの宝石類は一般的には、貴金属と違って、投機の対象でなく、内外の金融取引所の動向に左右されなかった。宝石には安心感や暴落に強いイメージがあり、文字通り石のように堅い印象があった。

にもかかわらず、ダイヤモンドを投資の対象とする騒ぎは、人々の心に取り憑いた恐怖心の裏返しでもあった。当時、金融崩壊が起こると、ダイヤモンドが闇市の通貨になるという潜在認識があった。ちょうど第二次大戦中、ユダヤ難民がごくごく小さな持ち運びやすい資産を懐に忍ばせ、物々交換に使ったように。もちろん、ニクソンやフォードのアメリカは、ヒトラーのドイツとはまったく違った。それでも、不安を感じる人にとっては、ダイヤモンドの強さは安心の源だった。そしてその傾向は、多くのダイヤモンド商には幸運な運命のいたずらに思えた。つまり宝飾品の売上げが悲惨なほど低迷してもおかしくない、まさにその時期にあって、宝石の販売を伸ばすきっかけにしようと考えた。

しかし、この論理には問題があった。目の前の利益ばかりを見て、投資用ダイヤモンドを買った人たちが方向転換して、一気に売りに走ったら、価値が急落する点を考慮していなかったのだ。そもそもダイヤモンドの値段は投資の論理とはかけ離れた法則に基づいて決まるもので、投資用ダイヤモンドという考え方そのものに欠陥があった。

ダイヤモンドへの投資のブームは業界に深刻な危機を招きかねなかった。しかし、そのことで声を大にして訴える業界人は、ほんの一握りだった。

そうした一握りの中に、模造ダイヤモンドで有名なマダム・ウェリントンことヘレン・ヴェル・スタンディグがいた。彼女はメディアに対し、投資用ダイヤモンドは危ないと語った。ヴェル・スタンディグは面白い立場に立っていた。個人的には、「長い目で見れば本物のダイヤモンドを持っている人が有利」という考えを消費者は捨てた方が得だとする立場なのだが、同時に鉱山から掘り出した本物の宝石の人気にあやかるところもあった。ダイヤモンドを包む神秘的な雰囲気が消え去ったら、自らの模造ダイヤモンドの売上げも厳しくなることを重々承知していたのだ。そしてどちらも真実である以上、もともと人を煽る癖のある彼女が、思っていることを口に出さずにいるのは難しかった。一九七八年の『ワシントン・ポスト』紙に載った長い記事で、ヴェル・スタンディグは、ダイヤモンドとピカソの違いを次のように解説している。

「ピカソ本人が死んでいる以上、新作が世に送りだされることはなく、そこには投資が成立する。[1] しかしダイヤモンドは絶え間なく供給されていて、デビアス社は売りたいだけ売っている。まあ、今のうちに売り戻しておくことね」。数年後の『ボルティモア・サン』紙では、何が起こるかを具体的に話している。「こう考えてみるといい。宝石商が宝石を売れば、店には利益が出る。[2] しかし、買った人間が何年かして同じ石を売りに戻ってきたら、店はその利益を守らなくてはいけないから、売ったときの値段では買わない。売値の半値がいいところでしょう。ぼろい商売よ」。

ヴェル・スタンディグの皮肉には、二つの意味が込められていた。ダイヤモンドに投資したのは失敗だったと気づいた人たちは、宝石に怒り、宝石を苦々しく思うようになる。しかし同時に、店頭価格がいくら上がろうが下取り価格は常に卸値程度にしかならないと知りながら、価値は出ますよとうそぶいて売り抜けようとするのも、ひどいやり方だ。それでも多くの宝石商にとって「掌中の一羽は叢中の二羽に値」した。だから町の小さな宝石店は、仕事はすこぶる順調だと報告した。対してマダム・ウェリントンことヴェル・スタンディグのような者たちは、流行に便乗する宝石店の視野狭窄、もっと言えばあまりのお気楽ぶりに警鐘を鳴らしたのだ。

この議論に結論が出る気配はなかった。どちらの意見にも説得力があったからだ。メディアは総じて楽観的な記事を書き、『ニューズウィーク』誌は一九七八年九月に「ダイヤモンドブーム」の到来を予見する特集を組んで、投資した人たちを勇気づけた。一方ニューヨークでは、エドワード・ジェイ・エプスタインという調査報道のベテラン記者が、この議論にいつの間にか巻き込まれていた。彼はダイヤモンドを記事にした経験はなかった……というより、これ以上ないほど縁遠い分野を扱っていた。エプスタインは若いころに、冷戦中のスパイを記事にして名を上げた記者だった。それでもその数年後には、とりわけ冷戦の潮目が変わりつつあるという理由で、鞍替えを考えていた。そこで写真を中心としたドイツの雑誌で、最近アメリカへ進出してきていた『GEO』誌にいくつかアイデアを売り込み、その中で編集者の目に留まったのが、アフリカのダイヤモンド鉱山に関するものだった。

デビアス社はGEOの大広告主だった。だから雑誌も会社もエプスタインの案を大いに気に入り、すべて任せることにしたのだった。

ハリー・オッペンハイマーは、デビアス王朝の権勢をひけらかす機会が訪れたことを大いに喜び、エプスタインがアフリカを飛び回れるよう、社用機を用意し、南アフリカからナミビア、レソトへ案内する手はずを整えた。エプスタインが取材で目にしたのは、デビアス社の非常に巧みで見事な鉱山運営だった。つらい作業はほとんど機械が受け持っていて、セシル・ローズの頃には当たり前だった劣悪な労働環境とは隔世の感があった。つき添いのデビアス社の幹部たちも、エプスタインの前では気が緩みがちで、一緒に食事を取った営業部長や技師たちは、酒を何杯か引っかけながら嬉々としてエピソードを披露した。予定としては、まずエプスタインが取材を行い、そのあと『GEO』のカメラマンが鉱山の写真を撮り、記事を作る形になっていた。

ところが取材を続ける中で、エプスタインはこう思った。デビアス社はアフリカの大地を調査し、その恩恵を授かっているが、会社が探りを入れ、利用しているものは他にもあるのではないだろうか。そのための「設備」が会社に備わっているのではないだろうか。エプスタインはこう振り返った。「私は気づいた。ダイヤモンドの世界には、業界を支配する一大カルテルが存在していることに」[3]。冷戦時代のスパイの活動を暴き出すことに血道を上げてきた男は、そのとき突然、自分が以前とはまた別の、驚くほど複雑なネットワークの中にいることに気づいたのだ。ダイヤモンド業界と政治の舞台裏は大差ないことがわかった。

帰国したエプスタインはデビアス社の歴史を調べ始め、そして持ち前の粘り強さでN・W・エイヤーへたどり着いた。そして情報をつなぎ合わせ、デビアス社というダイヤモンド・シンジケートをテーマにした一万字の記事を『GEO』用に書き上げた。それはセシル・ローズから始まり、デビアス社がダイヤモンドをめぐる神話を計画的に紡いでいった経緯をさまざまな角度から明らかにするものだった。エプスタインはそのやり口を「ダイヤモンドの創作」と呼んだ。エプスタインは言う。

「デビアス社が採用している仕掛けは、私の知るあらゆる産業の中で最も見事に成功していた。ダイヤモンドの機能を人々の頭にすり込んだのだ。ダイヤモンドは女をものにし、真剣さを伝える手段に利用された。しかも石の大きさで、女の家族に自分の価値を証明することができる。彼らはそれをやってのけたんだよ！　そう、彼らはやってのけた。広告を使って。あるいは備蓄を独占し、ライバルを容赦なく蹴散らして」[4]

『GEO』の編集部は記事を封殺した。デビアス社は『GEO』の大切な広告主だった。エプスタインが一万字の記事を持ち帰り、内容を膨らませていると、やがてそれは二〇〇ページほどの本になった。『ダイヤモンドの栄光と凋落――まばゆい幻想の砕けるとき』は、サイモン&シュスター社から一九八二年五月に出版される運びとなった。その中で、エプスタインは当時の状況に合った興味深い説を打ち出した。すなわち、デビアス社はこれまで、脅したりすかしたりして、会社の覇権を脅かすものを排除してきた。そのやり方が功を奏してきた。しかし今度のダイヤモンドの投資問題は一筋縄ではいかず、ダイヤモンド市場そのものを崩壊させかねない。デビアス社ほどの有力企業でも、止められないかもしれない、というものだった。

エプスタインは、投資用ダイヤモンドが流行《はや》っていること自体が、いくつかの理由で危険だと気づいていた。その理由は、ヘレン・ヴェル・スタンディグが挙げたものとずいぶん重なっているが、中でもエプスタインが一番気にしていたのが、個々にダイヤモンドをため込んでいる一般市民に関わる問題、つまりゆっくりと、しかし確実にデビアス社が主導権を失いつつあることだった。十分な数の人間がそれぞれ一定量のダイヤモンドを保有し、自らの投資物件の価値を落としてたまるかと、ダイヤモンドの国際価格を注視するようになる。それは破滅のレシピだ。そういう状況では、ダイヤモンドの価格がほんの少しでも落ちれば、パニックを起こした所有者は必ず慌ててダイヤモンドを売ろうとする。そして十分な数の人間が同じことをするのは、個人所有者が一気に市場へ殺到することを意味する。そうなれば需要と供給のバランスが完全に崩れて価値は急落し、誰もお金を取り戻せない。その結果として起こり得ることはただ一つ、ダイヤモンドという商品への致命的な自信の喪失だ、と主張した。

これは最悪のシナリオだが、エプスタインは取材を通じて、避けられない事態だと考えるようになっていた。そのシナリオは、『アトランティック』誌一九八二年二月一日号に載った本の抜粋記事でも、中心テーマとして取り上げられた。タイトルは「ダイヤを売ろうとしたことはありますか?」だった。デビアス社の寡占と、N・W・エイヤーの販促の実態を描いたこの記事は、デビアス社が『アトランティック』誌から広告掲載を引きあげるほどの大きな波紋を呼んだ。これは今でも、ダイヤモンドをめぐる報道で一番有名な、よく引用される記事になっている。エプスタインは発表当時、多くの人が内容に「ショックを受けた」のを覚えている。ダイヤモンドの価格が人為的につり上げられているという真実を明らかにすることで、彼はアメリカ人にとっての求愛の最大の象徴に疑問符をつきつけた。これは、ダイヤモンドは株式市場のように予測がつかないとほのめかすより、はるかに過激な指摘だった。

デビアス社は激怒した。会社は、エプスタインがダイヤモンドの産出地の美しさ、そして近代鉱山の効率性と安全性を写真付きの記事で紹介するのだと思っていたからこそ、彼を歓待した。エプスタインは言う。「向こうが言ってきたのは、だいたいこういうことだ。[5]『お前の記事を読むのが、宝石商やダイヤモンド業界の人間だけなら構わない。我々の価値を示しているし、我々がいなければ業界は成り立たず、デビアス社こそがダイヤモンドビジネスだとよくわかるからだ。デビアス社を殺せばダイヤの価値は落ち、皆が路頭に迷う。その部分はよく書けている。しかし一般市民がお前の説を買えば、誰もダイヤモンドを買わなくなってしまう』」。

しかしエプスタインによると、市民は彼の説を「買わなかった」。少なくとも真に受け取らなかった。「親友の一人が、こう言ったのを覚えている。『君のダイヤモンドの本で人生が変わったよ。[6]すごい名作だ。ところで妻にダイヤモンドを買ってやらないといけないんだ。記念日なんでね。どうしたらいいかな』。そう言うから、ならあその競売へ行けばかなり安く買えるよと答えた。すると彼はこう返した。『冗談はよしてくれ、そんなことしたら妻に殺されちまう。詰まるところダイヤモンドってのは、大枚をはたくってことなんだから』」。言い換えるなら、ダイヤが創られた愛の象徴にすぎないというエプスタインの主張をアメリカ人は頭では理解し、その事実に驚き、がっかりしたかもしれないが、ロマンティックなダイヤモンドを贈るという儀式は大切にし続けたのだ。何世代もの間、ダイヤモンドはデビアス社の思惑通り、男性から愛する女性への贈り物の定番だった。エプスタインも認めざるを得なかったように、ダイヤモンドを使って愛を表現する習慣をやめさせるには、単なる客観的な背景説明だけではまるで足りなかった。多くの人にとって、何十年か前に誰かがダイヤモンドを売る仕掛けを施したことがわかったからといって、ダイヤモンドを贈り、受け取る行為が特別なのは少しも変わらなかった。

それでも投資用ダイヤモンドに関しては、「ダイヤモンドを売ろうとしたことはありますか?」の記事とその後に出版された本は一定の影響を与えた。とりわけ、不届きな輩がセールス電話をかけ、電話の向こうの信じやすい人たちにダイヤモンドを売りつける手口を明らかにしたのは大きかった。そうした連中は、有限会社デビアス・ダイヤモンド・インベストメント(デビアス社とは無関係)なるいかにもそれっぽい会社の人間を名乗り、電話を切らなかった人たちにこう請け合った。商品の価値が上がることを保証いたします……が、プラスチックの保護ケースの封を破った場合はその限りではございません。話を信じてクレジットカードの情報を提供すると、しばらくして箱が郵送で届くのだが、中は見えないようになっていて、封を切って約束を破らなければ真贋や質を確かめるすべはない。つまり石はDカラーのフローレス級だろうが、ただのゴミだろうがなんでもいい。このやり口には多くの人が引っかかったが、全員が心を動かされたわけではなく、エドワード・ジェイ・エプスタインのような熟練記者からすれば、どういう石かなど考えるまでもなかった。

最終的に、投資ダイヤモンドをめぐる狂騒は、消費者が知恵をつけ、すべての石がテイラー・バートンのような驚くほどのもうけを約束してくれるわけではないと気づく中で、次第に収まっていった。特別なダイヤモンドはとてつもなく希少で、市場の反応は正直だった。四分の一カラットの、それなりの質の婚約指輪用ダイヤモンドは、確かに花嫁になる女性の胸を打つかもしれないが、転売価値で見れば、一番安全な投資商品とはとても言えなかった。しかし、そのことがいつまでも問題になるかと言えば、そんなことはなかった。時とともに、ダイヤモンドは多くの人がふさわしいと考える評価を、すなわち高価で、ロマンティックで、輝かしく、豪華なものという評価を取り戻していった。

また一つ、ロイヤル・ウェディングが催されたことも追い風になった。メディアの環視の中でチャールズ王子とデートするという、数カ月がかりの「オーディション」を経て、十九歳のダイアナ・スペンサー嬢は王子の求婚を受け入れた。そのほとんど直後から、メディアは当初申し分ない振る舞いを見せていた控えめな若い女性について、あれこれ書き立てるようになった。ダイアナはメディアから距離を置く謎めいた存在で、記者にとっては、好きなように色を塗れる最高のキャンバスと言えた。美しく、品があり、育ちも良かったが、一番のポイントは、三十二歳の未婚の王子に身を固めようと思わせたことだった。

婚約発表では、史上まれに見るすばらしい指輪が披露された。当時もまだ王室御用達の宝石店だったガラードが作った指輪で、ダイアナは、王室のコレクションの中から迷わずそれを選んだと報じられた。一四個のダイヤモンドの環の中央に、ファセットカットの大きな楕円形のサファイア（推定九～一二カラット）を据えた指輪だった。『ロサンゼルス・タイムズ』紙は、婚約から何日かたった日の紙面で、大胆にもこう書いた。「ダイアナ・スペンサー嬢は今週、プライバシーと自立した人生、そして自由を一生あきらめるかわりに、ダイヤモンドとサファイアの婚約指輪、そして将来の王冠を手に入れた⑺」と。

指輪がオーダーメイドでないことに目をむいた者もいたが、イギリス上流階級の一部の人間だけだった。中央のサファイアは大粒で、関係各所を満足させるものだった。業界からすれば、今回のロイヤル・ウェディングは、優れた宝飾品の人気を再燃させる起爆剤だった。実際その巨大さのあまり、もうすぐ姑になるお方が、あの指輪を選ぶなんてダイアナは慎みが足りないとお考えだという噂が、ほとんど一晩で浮上したほどだった。婚約発表からほんの数週間で、スティーブン・バリーなる人物がアメリカのニュース番組「二〇/二〇」に出演し、バッキンガム宮殿のゴシップを披露した。(8) バリーはチャールズ王子の付き人を十二年務め、王子のプロポーズの前年に引退していた。王室での仕事を離れていたのだから、現場をその目で見ていた可能性は低いのだが、ともかくバリーは、ダイアナがエリザベス女王の宝石を選んで女王を仰天させたと語った。いわく、買い物が大の苦手だというチャールズ王子が、若いフィアンセのためにいくつか候補をガラードに用意させると、ダイアナは一番大きな宝石の前で立ち止まり、それを指さしたという次第だった。

真偽のほどはわからない。ただ、当時のデビアス社は、大きなダイヤモンドを安っぽく見せてメレを売る戦略が裏目に出たようだと考え始めていた。だから、派手な品を売り込む機は熟していたと言えた。ダイアナがその指輪を選んだのは、中心の宝石がダイヤではなかったとはいえ、デビアス社にとっても幸運だった。間もなく行われるロイヤル・ウェディングは、極貧の見物人さえもが、富裕層の放蕩ぶりに喝采を送る稀有な行事で、ダイアナの指輪は、ダイヤモンドの記念すべき新時代の幕開けを飾るのにうってつけだった。そこでデビアス社は業界の内輪向け、一九八一年の広告予算を二〇〇〇万ドル（現在の五四〇〇万ドル）と、前の年の六〇〇〇万ドル（現在の一六〇〇万ドル）から大幅に増やすことを発表した。(9) 販促キャンペーンでは、小さな石が必要な商品（エタニティリング†のこと）を引き続き宣伝する傍ら、非常にはっきりした目標も設定された。つまりダイヤモンド業界はダイヤモンドの婚約指輪の上に建つ家で、土台が崩れたままではいけない。再度、ダイヤモンドこそが最高なのだという印象を補強しなくてはならない。そのためにも大きな石の魔力を強調する必要があった。詰まるところ、指輪は「一生に一度」の買い物なのだし、若い男女には、チャンスは一度きりということを思い出させてやる必要があった。

そんなわけで、新広告では「ダイヤモンドに焦点を当て、[10] カップルに予算の現実的な基準を提供し、大きなダイヤモンドの購買欲を高めることに重点を置く」という方針が新たに打ち出され、そのことがチャールズとダイアナの婚約からわずか二週間後に業界誌『ナショナル・ジュエラー』の一九八一年三月十六日号で発表された。

ある調査では、女性が「ダイヤモンドの婚約指輪に求める要素で、大きさは五項目中の五番目、つまり質、セッティングの装飾、形、色よりも下に置かれている」という結果が出ていた。しかしデビアス社とN・W・エイヤーとしては、それではだめだった。だから内容を一新した誌面広告を『ヴォーグ』誌に載せ、女性を狙い撃った。広告では、きれいなモデルがヒスイ色の海をバックに、まばゆいネックレスの他は一糸まとわぬように見える姿で座っている。そこに「コートダジュールでファーコートを翻らせるなんてあり得ない[11]」というコピーがかぶさり、小さな字でこう続いた。「炎と氷の中から百年以上前に生まれたダイヤモンドは、一つ一つがどれも特別。ですが一カラット以上のダイヤモンドは、やはり特にかけがえのないものなのです」。

「一カラット以上」はデビアス社の新たな標語となり、決まり文句の「ダイヤモンドは永遠」とともに繰り返された。八〇年代に、石が大きいほどロマンスは深まるというメッセージが復権を果たしたわけだ。

† 「ダイヤモンド・アニバーサリー・リング」と名を変えたエタニティリングは、当時もソ連のメレの大半を食い尽くしながら作られていた

実際の売り場である町の宝石店との共同戦線を維持すべく、デビアス社の販売促進部である「ダイヤモンド・プロモーション・サービス」はカセットとビデオがセットになった研修キットの通信販売を始めた。三〇〇ドル（現在の八一〇ドル）を払うとキットが送られてきて、それを店員の間で回せば、利益増が約束されるのも同然の効果があった。利益が増えれば宝石店はうれしい。しかしうれしいのはデビアス社も同じで、それは何も、高価なダイヤモンドを買う人が増えるからというだけではなかった。研修キットは、一般に流す情報をコントロールする別の手段でもあった。八〇年代の初めにN・W・エイヤーが有名な「目安は給料二カ月分」の法則を思いつくと、販促部はそれを消費者へ直に宣伝するだけでなく、指輪を売る側へもせっせと教え込んだ。二十分の長さのビデオでは、ハリー・オッペンハイマーが気取った口調でダイヤモンドのパワーを力説するところから始まり、ダイヤモンドの歴史と科学の解説を経て、この新たなキャンペーンが紹介されていた。

諸君の顧客の中には、ダイヤモンドという特別な商品に自分がいくら使えるかをほとんど、あるいはまったくわかっていない人がいる。[12] その際は、その人が二十歳以下だろうと、三十五歳以上だろうと、駆け出しだろうと、すでに地位を築いた者だろうと、給与の二カ月分を目安にすれば、それが購入するダイヤモンドの価格帯を決める大枠となり、結果的には予算を引き上げることにつながる！　車やステレオを買いに行く際、予算を把握して出かけるのとまったく同じように、彼らはダイヤモンドの婚約指輪に自分がいくら使えるかを知ることになる。『目安は給料二カ月分』。ダイヤモンドの婚約指輪を売りたいのなら、これを諸君の語彙に加え、販売戦略の一環とせよ。さすれば諸君は、質の高いダイヤモンドを高値で売ることができるだろう。高く売れる可能性が、かつてなく高まるのだ！

N・W・エイヤーがマーケット調査で突き止めた事実は、チャールズとダイアナの結婚に合わせて結婚しようと考えるカップルの年齢が割合に高く（女性が平均二十三歳、男性が二十五歳）、彼らがすでに一定の成功を収め、総じて聡《さと》いということだった。N・W・エイヤーの「二カ月の給与を目安に」という考えの裏にあるのは、高年齢化しつつある結婚適齢層をターゲットに、彼らに財産を活用させることだった。ただし、あくまでも善意の体《てい》でアドバイスし、ややもするとトゲトゲしくなるお金の話をわかりやすい形に組み立てながら、しかも「ダイヤモンドは愛の象徴だ」(13)一生誇りに思える象徴を求めるのは当然だ」と思い込ませようという作戦だった。この論理には反論が難しく、同時に愛や寛大さ、自尊心といった心の琴線にことごとく触れるものだった。女性には、大きくて良い石をほしがってもいいのだという気にさせ、男性には、そうした石を買わなくてはという切羽詰まった気持ちを持たせるものだった。

時代はヒッピーからヤッピーへ。デビアス社にとって、恋人たちがパールやヒスイ、あるいは何も贈らないことを選んだ時代は、過去になりつつあった。

◇◇◇◇◇◇◇◇◇◇◇◇◇◇◇◇◇◇◇◇◇◇◇◇◇◇◇◇◇◇◇◇◇◇◇◇

一九八〇年代初頭に経済が立ち直る中、デビアス社の手品の甲斐もあって、ダイヤモンドは人気を取り戻した。

しかもただのダイヤモンドではなかった。どぎつさと紙一重の巨大なダイヤモンドは、単なる服装のおまけや見た目の彩りであることに満足せず、石自体が「私を見て」と言っているかのようだった。そうした傾向は、合成ダイヤモンド市場にとってもありがたい話であり、しかもこの頃には、ウェリントン・ジュエルズの模造ダイヤモンドがラインストーンに見えるほどの実に有望な新素材が開発されていた。それを使えば、ダイヤモンド・ディーラーズ・クラブに集う業界の古参たちの目すらもごまかし、かつてなく魅力的な、しかし同時にかつてなく物議を醸す商品が作れそうだった。

それがキュービックジルコニア、略して「CZ」だった。最初にこのCZを造ったソ連は、宝石を造ろうとしていたわけではなく、光電子工学やレーザーに使う素材の実験を行っていただけだった。しかし、偶然の発見の多くがそうであるように、今回のCZも、予想だにしなかった商業価値を秘めていた。

結局のところ、ゼネラル・エレクトリックは、宝石と呼べるレベルのダイヤモンドの造り方を見つけただけで、生産効率の悪さはデビアス社が指摘するとおりだった。この時点の合成ダイヤモンドは、GEに限らず商品としての人気が続かなかった。ヘレン・ヴェル・スタンディグのチタン酸ストロンチウムにしても、模造ダイヤモンドにしてはなかなかの出来だったが、それでも目利きが見れば違いは明らかで、放たれる虹色の光はぎらついていて節操がなかった。宝石でガラスを切るばかばかしさを指摘したマダム・ウェリントンの広告と同じ程度にはチャーミングだったが、実際には彼女の模造ダイヤモンドの石は柔らかく、すぐに傷や割れ目ができるかなりもろい代物だった。

しかし、キュービックジルコニアは違った。硬く、白く、美しく、適度にきらめいていた。本物のダイヤモンドのようにカットでき、加工が簡単だった。それに安かった。メーカーがニューヨークとニュージャージー、さらには国外のスイスと台湾にもできた。競争があるおかげで価格は低く保たれ、一九七九年には、一カラットの中程度の質のダイヤモンドが二〇〇〇ドル（現在の六八八四ドル）以上もした中で、CZは九〇ドル（現在で三一〇ドル）前後で手に入った。

もっとも懐疑派は、CZは流行《はや》りもので、一過性の商品が猛烈に売れるのは最初だけだと言い張ったが。しかし、いくつかの事実が逆を示していた。その一つが、景気が良くなったとはいえ、武装強盗の影がいまだに富裕層を悩ませていることだった。宝石好きの多くは、特に気に入っている品は一家の金庫室にしまい込んだままにしておくようになっていた。それに保険会社は、一年のうちの決められた日数を超えて宝石を外に持ち出していた場合、保険料を引き上げるようにしていて、飛び抜けて派手な品の持ち主たちは、板挟みになっていた。お金のことを考えれば身につけるのを控えた方がいいし、よろしくない連中の目に留まるのも怖い。しかし、楽しめなかったら一体何のための宝石なのか。そこで一部の人が目をつけたのが、キュービックジルコニアだった。彼らは自分のコレクションの模造品をはした金で造らせ、本当に価値のある品は銀行にずっと隠したまま、パーティーではCZ版を身にまとった。（あのウィットニー家の）マリルー・ウィットニーでさえ、そうしていたことを、(14)なんと『ウォール・ストリート・ジャーナル』紙が一面で報じた。多くの宝石店がこれと似た強盗対策を講じ、店頭には本物ではなく合成ダイヤモンドを並べるようになった。

さらに、合成ダイヤモンドに関心が集まる別のもっとわかりやすい理由があった。偽物を本物だと装うのは良くないという意識は社会に根強かったが、人々はそうするのをやめなかったのだ。本当は特売価格を払っただけなのに、大盤振る舞いをしたように見せたがる人はいつの時代にもいた。CZを買うのはたいていこの手の人だったが、彼らが市場のすべてではなかった。投資用ダイヤモンドのブームが去った後、買い手の中には、本物の宝石への自信を失いはしたが、あいかわらず石のまばゆい輝きにとりつかれた人々が少なくなかった。彼らは、新しいものを積極的に試そうとし、CZを話題にすることを怖がらなかった。CZのメーカーが一番の得意先にしたのが、こうした人たちだった。しかしながら、アメリカのCZメーカーであるシーリーズ・コーポレーションは、デビアス社と違って、商品に神秘性を持たせようなどとは、まったく考えていなかった。会社の社長は、一九八四年の『ロサンゼルス・タイムズ』紙で、こうあけすけに語っていた。「一種の肥料だと思って造っている。[15]誰もがロールスロイスを乗り回せるわけじゃない。ほとんどの人はシボレーを買う。私にとって、CZはシボレーと同じカテゴリーだ」。これは非常にすがすがしい広告戦術で、八〇年代中盤には、キュービックジルコニアはシアーズから高級百貨店のサックス・フィフス・アヴェニューまで、あらゆる店で売られるほどの人気を博した。

こうして八〇年代にはダイヤモンドの模造品が新しいレベルで受け入れられるようになった。とはいえ、宝飾品の一番手としては、まだまだ天然ダイヤモンドに分があることに異を唱える人はいなかった。CZとダイヤモンドはうり二つの双子のようなものだ。見た目はうっとりするほどよく似ているが、根本的な性格はまったく違っていたからだ。別のCZの量販業者、ウィンザー・ジュエルズの社長は『ロサンゼルス・タイムズ』紙でこう語った。「我々は楽しみに重点を置く。[16]人々がダイヤモンドに対して抱いている昔からの思い入れを、我々の商品で代用できるなどとは思っていない。ダイヤモンドは特別な出来事を記念するものだ。婚約や結婚といった出来事をね」。

そんなわけで、婚約指輪は聖域として守られ、そうではないと考える人間は非難された。デビアス社とN・W・

エイヤーには先刻承知のメッセージが、『ハートフォード・クーラント』紙の見出しを飾っていた。「作り物のダイヤモンドでは女性の心はつかめない」。ＣＺが流行《はや》るころには、この考え方は広く人々の心に根づいていて、『親愛なるアビー』のコラムで有名なアビゲイル・ヴァン・ビューレンのような公平な人物までもが、この件に関しては意見をはっきり表明していた。一九八三年八月三〇日号で、「相談者」の男性は、自分の恋人が「大きい石」を欲しがっているが、先立つものがないと告白していた。[17]「僕は裕福とはとても言えないけど、それでも最近までは、彼女に『石』を買ってあげる気でいました。だけどその後、本物にとてもよく似た合成ダイヤモンドを目にしたんです。宝石屋もみんな違いがわからないと言うし……それが三〇〇ドルで手に入るんですよ」。

この「相談者」は、彼女にほしがっているものをプレゼントできて、しかも予算はオーバーせずに済むのだから、それでいいじゃないかと考えていた。ところが「アビー」は頑としてこう言った。「本物をほしがる女性を責めちゃダメ。といっても借金はしないで。買える範囲の物を買いなさい――だけど必ず本物をね」。

第13章　支配者たち

オーストラリア人たちはどのようにして、ダイヤモンドを一般庶民のものにしたのか

オーストラリア、ベルギー、そしてインド

一九八〇年代半ばには、ダイヤモンドは安定した人気を取り戻していた。そのために新しい戦略を導入する余裕が生まれたデビアス社は、男性客をもっと取り込もうと考えた。そのころには、男性でも一部のジュエリーをおっぴらに身に着けるようになっていた。カフスボタン、時計、ネクタイピンなどの定番の装飾品に加えて、ゴールド・チェーンのブレスレットなども着けるようになっていた。宝石商の中には、男性用の婚約指輪を売り込もうとする者もわずかながらいたが、さすがに受け入れられず、新たな習慣として定着することもなかった。ともあれ、重要なのは人々が再び金銭的に豊かになり、その豊かさを見せびらかしたいと思っていることだった。デビアス社とN・W・エイヤーは、男性にダイヤを売るためのまたとない機会が到来したのを感じ取っていた。

男性が宝飾品を身に着けていたことは過去にもあった。時を「金ぴか時代」まで戻してみよう。ジェームズ・ブキャナン・ブレイディという、たたき上げの鉄道車両メーカーの営業マンは、宝飾品をやたらと好む男として仲間

うちで目立っていた。同業の男性たちが宝飾品を身に着けるとしたら、せいぜいピンキーリング一つか、シンプルな宝石のついたネクタイピンぐらいだった。けれども、ブレイディは何のためらいもなく、ダイヤモンドのついた懐中時計に、時計用のチェーン、カフスボタンやピンなどを買い込み、たくさんの宝飾品を一度に身に着けていた。宝石を見せびらかすことにかけてブレイディは、高価な宝石を一度にたくさん身につけていた当時のアメリカの女性たちに負けていなかった。ニューヨークの閉鎖的な社交界において、けばけばしい変わり者として知られていたブレイディには、「ダイヤモンド・ジム」というあだ名がつけられていた。

　ブレイディは、ニューヨークのメイデン・レーンから少し歩いたところにある、ロウアー・マンハッタン地区で育った。[1] ブレイディの貧しい子供時代には、この地域に「ダイヤモンド・ディストリクト」と呼ばれる区域があった。ブレイディの最初の仕事は、ニューヨーク・セントラル鉄道会社のメッセンジャー・ボーイだった。その後年月を経て、ブレイディは最終的にスタンダード・スティール社の副社長にまで上り詰め、当時最も有名な鉄道マンの一人になった。ブレイディはニューヨークのナイトライフをこよなく愛した。酒は飲まなかったが、驚くほどの食欲の持ち主で、手の込んだ料理から成る複数のコースを好み、どっしりした体形も気にせず、夜中までダンスを楽しんだ。ブレイディこと、ダイヤモンド・ジムは生涯独身だった。伴侶がいなかったことも、風変わりな服装センスと何等かの関わりがあったのかもしれない。

　当時、アメリカ人たちは自分が金持ちであることをしきりに見せびらかしていた。その傾向は男性よりもその妻たちの方が激しかった。女は、とことん派手にしてよいという風潮があった。しかし、こと男性について言えば、かつてインドで八面体のゴルコンダ・ダイヤモンドを最初に手にする権利を持っていたのはマハラジャたちだったし、ルイ十四世は、自分の宝石コレクションを増やすためだけにジャン＝バティスト・タヴェルニエのような探検家を雇っていた。ブレイディの時代のアメリカでは、啓蒙思想の影響で、権力を持つ男性は、軽薄で弱々しい印象を与える品を身に着けることなどまかりならんという風潮があった。

その後、時が経つにつれ、ダイヤを着けたいと切望する男性たちにとっては格好の言い訳が生まれた。自分たちはダイヤ業界で働いている、というのがそれだった。一九二一年、『ジュエラーズ・サーキュラー』誌に、南アフリカのキンバリー鉱山の技師であるウィリアム・クレイグを紹介する記事が掲載された。「裕福な宝石業者やダイヤモンド取引業者は、多くの場合、個人的な装飾品として宝石を身に着けることはほとんどしない。[2]けれども、『スパークリング・ビリー（クレイグのあだ名）』は違った。彼は行く先々で注目を集めた。いくつもの指輪、ダイヤモンドの飾りがついたシャツ、何本も留められたスカーフピン、宝石で飾られた杖など、ビリーの持ち物は否応なしに人目をひいた」。

ブレイディやクレイグのような男たちにとって、ダイヤモンドは一定の水準の名誉と実績を示すためのものだった。しかし、二十世紀の当時は、ファッションとしてダイヤモンドを着ける男性は一般には変わり者と見なされた。そのようなわけで、ジェロード・ラウックとハリー・オッペンハイマーが宝石の売上を増やすための戦略を立てるために面談したときも、二人のどちらも、男性が自身のためにダイヤモンドを買う風潮を創りだそうとは言い出さなかった。一九四〇年代に入ってダイヤモンドの売上げが非常に堅調になり、まるで「金ぴか時代」の再来のような状況になって初めて、デビアス社とN・W・エイヤー親子商会はおずおずと男性向け市場の開拓に踏み切った。そして、新商品が登場することになる。それがブラウンダイヤモンドだった。ホワイトダイヤモンドは当時最も人気の高い宝石となっていただけでなく、デビアス社とN・W・エイヤー親子商会の努力によって愛とロマンスのシンボルとして確固たる地位を築き始めていた。一方のブラウンダイヤモンドにはこれといったイメージはなかった。そろそろ、ブラウンダイヤモンドのイメージを作ってもよいころだった。もう何年も、事情通の間では、理想のホワイトダイヤモンドはジントニックのような色をしていると評されてきた。[3]これからは、「琥珀色」をキーワードに、ブラウンダイヤモンドを男性的なぜいたく品、たとえばスコッチやバーボンにたとえるのはどうだろうか。

この目的を達成するために、デビアス社は、わずか数年前に婚約指輪をうまく定着させたときの手法を応用して計画を立てた。肝心なのが、印刷媒体の広告シリーズだった。一九四一年末ごろ、デビアス社は新しい秋冬のキャンペーンを『ニューヨーカー』誌で月に一、二回実施すると発表した。『ニューヨーカー』誌なら、広告はかなり高収入の男性層の目に触れることになる。広告に写真が掲載される製品は、指輪、カフスボタン、シガレット・ケースなど。どの製品にもブラウンダイヤモンドが輝いている。N・W・エイヤーのグループが作ったコピーは、以前に女性をターゲットにしたコピーと同じような雰囲気のものだったが、華やかさはかなり抑えられていた。「ニューヨークの男性たちが再びダイヤモンドを身に着け始めています……新たなブラウンダイヤモンドです……シャンパンの軽快さからコニャックの芳醇さまで、実にさまざまな輝きを放つ魅惑の宝石……ブラウンダイヤモンドのリングは、現代の紳士たちの個性を表現する新たな手段なのです」。

こうした宣伝内容を後押しするために、デビアス社は「ノックス」という帽子のブランド、そしてニューヨークの有名な服飾店と提携することにした。ノックスも服飾店も、秋のショーウィンドウに「ダイヤモンド・ブラウン」を想起させる商品と、それらの商品と組み合わせたアクセサリーを展示することに合意した。カルティエ、ポール・フラトウ、ユードル&バルーなどのトップクラスのジュエリーメーカーも、こぞってブラウンダイヤモンドを使った商品をデザインし、広告に掲載しはじめた。ただし、各メーカーは、従来の商品ラインにいきなり加えるほど、そうした新商品に自信があるわけではなかった。広告のコピーには「ブラウンダイヤモンドのジュエリーは特注にて承りますので、担当までご相談ください[4]」と書かれていた。つまり、ブラウンダイヤモンドへの需要がはっきりするまでは、本格的な取り扱いに乗り出す気はないというのがメーカー側の本音だった。

こうしたメーカーたちは賢明だった。エイヤーとデビアス社はいわばドリーム・チームで、このチームであれば、エスキモーにただの氷を売りつけることだってできただろう。しかし、一九四一年のブラウンダイヤモンド・キャンペーンは失敗に終わった。キャンペーン終了後、酒の色をした宝石を売り込むこと、そして安定した男性顧客層をつくるというアイデアはどちらもお蔵入りになった。けれども数十年後、ロシア(当時はソ連)産の小粒ダイヤモンドの供給が増え、デビアス社によるメレの過剰供給が業界全体の問題になると、男性向けジュエリーの可能性が再び問われることになった。小売業者であるゼールスの広報責任者は、一九六二年、エイヤーに対して、ゼールスの店舗では宝石のついたネクタイピンの売上がそこそこ堅調だと報告している。

エイヤーはいつものように市場調査を行い、その結果、男性向けジュエリーの七五パーセントは、実は贈り物として女性が買っていることが明らかになった[5]。そして、残りの二五パーセントの大半は、既婚男性ではなく、独身男性が買っていることもわかった。つまりこれからは、より多くの男性たちが「自分向けの」ジュエリーを買うように仕向けなければならない。デビアス社とエイヤーの作戦は、ゴルフやテニスなどのスポーツ界のスターを起用して、ダイヤモンドを持つようにすすめてもらうことだった。狙いは、こうしたスターたちの洗練された男らしいキャラクターによって、ダイヤモンドも洗練された男らしいものというイメージを植えつけることだった。広告は、『エスクァイア』誌、『タウン&カントリー』誌、『フォーブス』誌など、高級志向の雑誌に掲載された。広告の中で、プロ・ゴルファーのベン・クレンショーは次のように述べている。

「僕は、今の自分になるために絶えず努力してきました。そして、自分の実績を忘れないようにさせてくれるものをいつも身に着けていたいと思っています……ダイヤモンドは、コースに出ていないときでも、自分が特別であることを思い出させてくれます。僕にとってダイヤモンドは、上品で控えめであると同時に、とても力強い存在なのです」。

この広告戦略は当たった。ターゲットが安定していない場合、メッセージはこれぐらい明確でないと効果がない。ところが、興味深いことに、男性の消費者に受けが良いのはブラウンダイヤモンドではなく、ホワイトダイヤモンドだとわかった。女性たちが身に着け、欲しがるのと同じダイヤモンドだ。どうやら、男たちは男性向けの特別な色合いなどは必要としておらず、白い宝石が輝いていれば満足らしかった。どうしてだろうか？　ホワイトダイヤモンドはもっぱら女性に適しているものと思われているが、それも長い年月をかけてステータスの象徴としての地位を築きあげてきたからである。ブラウンのダイヤモンドは、その深い色合いにもかかわらず、ホワイトダイヤモンドとは違う道をたどってきた。色の悪い、工業用ダイヤモンドとして扱われ、工具、工場の備品、武器用として、まとめて取引されてきた。

一九四〇年代のキャンペーン以来、デビアス社はブラウンダイヤモンドを宝石として売り込むことを止め、マーケティング活動も行わかった。けれども、これでブラウンダイヤモンドの未来が完全に絶たれたわけではなかった。

遠く離れたオーストラリア北西部にもキンバリーという名のダイヤモンドの産出地がある。このキンバリーは、急峻な山岳地帯と低い峡谷の間を縫って流れる川が特徴的な未開拓の地域だ。この地名も英領オーストラリアの初代大臣であるキンバリー伯爵に由来する。南アフリカのキンバリーは元々はヴォールイツィクトという名前で、一八七一年に英国がキンバリーに改名して以来国際的に注目を集めてきたが、オーストラリアのキンバリーの方は、命名からほぼ一世紀間、ほとんど忘れられた存在だった。一九七二年、五社からなる採掘企業のグループが各社二万オーストラリアドル（現在の約一四万八〇〇〇アメリカドル）を拠出して、ダイヤモンド鉱山の探査を開始した。[6] それまでにダイヤモンドの発見が何件か報告されていたので、未知の鉱脈が存在する可能性があった。

採掘のためのインフラがまったくない状態だったことから、地質学者たちがヘリコプターで山に入って土壌と河床を調査し、ガーネットのようなダイヤモンドがあることを示す鉱物を見つけなければならなかった、作業はなかなか進捗しなかった。季節が雨季と乾季の両極端しかないモンスーン気候には、特に悩まされた。しかし、調査結果は希望の持てるものであり、一九七六年には、コンジンク・リオティント・オブ・オーストラリア（ＣＲＡ）という別の採掘会社が加わり、グループはアシュトン・ジョイント・ベンチャーとして知られることとなった。その三年後、ジョイント・ベンチャーの拠点はキンバリーの東にあるアーガイル鉱山に移った。この鉱山はパース市から一三〇〇マイル（約二一〇〇キロ）以上離れたところにあった。アーガイル最大の鉱脈はＡＫ１と呼ばれており、この鉱脈が発見された一九七九年の秋から、採掘場の建設が開始された一九八三年まで、ジョイント・ベンチャーに参加している二社によって、プロジェクトの経済性の評価が行われた。露天掘りの鉱山を切り開くには、諸々含めて四億五〇〇〇万ドルという莫大な費用がかかるうえに[7]、鉱山設備の建設中は、労働者の居住場所を確保するために、その地域への投資も必要だった。問題はそれだけではなかった。もともと住んでいたアボリジニが土地の権利を主張していたのである。アボリジニはその土地とそこでの生態系と強いつながりを持っていた。建設を進めるのであれば、そうした環境を保護し、採掘が終わった後に再生させければならない。それでも、ジョイント・ベンチャーは採算が取れると判断し、一九八二年の初頭には、莫大な利益を見込める手つかずの採掘場所が存在するというニュースが、全世界のダイヤモンド業界に向けて発信された。

　当然のことながら、オーストラリア政府とアシュトン・ジョイント・ベンチャーはデビアス社に接触していた。建設の開始時、沖積層の採掘だけでなく、デビアス社との交渉もすでに進行していた。当時のオーストラリア首相のマルコム・フレーザーがアパルトヘイトを非難する声明を出していたが、デビアス社との交渉が成立するのは既定路線だった。人種差別政策で知られる南アフリカ政権を（税金の支払いという間接的な形であっても）支援していた企業と仕事をすることをオーストラリア国民は大いに憂慮した。けれども、ダイヤモンド産業の関係者は誰もが、ダイヤモンドの価格を安定させるには、デビアス社が単独で設計し、運営しているシステムに便乗するしかないことを理解していた。一九八三年、アシュトン・ジョイント・ベンチャーは、オッペンハイマー率いるデビアス社と確固とした、しかし型破りな契約を結んだ。その内容は、操業開始から五年間は、デビアス社の中央販売機構（CSO）がアーガイル鉱山から産出されたダイヤモンドの七五パーセント（宝石として消費者向けに売り出すことができる品質だと確認されたほぼすべてのダイヤを含む）を買い取って販売し、残りの二五パーセントをオーストラリア側が販売するというものだった。

デビアス社にとって、この契約内容は本意ではなかった。産出量の四分の一を譲らなければならなかったからというだけではない。当時、ダイヤモンドの販売は依然として低調で、二回の景気後退と、ダイヤモンドへの投資熱の減退（エドワード・ジェイ・エプスタインが警告したほどではなかったが）が影響していたのである。デビアス社とシンジケートはすでに広告予算を引き上げてはいたが、業界の状況はまだまだ不安定だった。最も価値のある財源を守ろうと、デビアス社は躍起になってダイヤモンドを備蓄した。多くの専門家が予想していたように、市場にとって最もありがたくないのは、かつてない大量のダイヤモンドを産出する巨大鉱山だ。けれども、御年七十三歳のハリー・オッペンハイマーは平静を装ってメディアに接した。一九八二年、オッペンハイマーは『ウォール・ストリート・ジャーナル』紙に次のように語った。「会社の中でも覚えているのはもう私くらいでしょうが[8]、この会社がもっとひどい苦境に陥った時代もあったのです」。おそらく、オッペンハイマーは父アーネストが大恐慌に苦しんでいた、自分の子供時代のことを思い出していたのだろう。「もし、五年も続く景気後退に直面したら、閉山や、配当の不払いなど、不本意な対策をとらなければならないでしょう……けれども私たちは潰れることなくこの市場を維持し続けるつもりです」。

オッペンハイマーは正しかった。一九八五年十二月にアーガイル鉱山が稼働するころには、状況が変わっていた。世界経済が回復したのだ。N・W・エイヤーは、アメリカ人たちに、婚約指輪には給料二カ月分の金額をかけるべきだと呼びかけていた。日本では、ジェイ・ウォルター・トンプソンが給料三カ月分という法外な金額を出せとあおっていた。

しかし、こうした中でも、アーガイル鉱山の産出量はあまりに多すぎた。一九八六年、アーガイル鉱山は二五〇〇万カラット、つまり全世界の五〇パーセントに相当する量の天然ダイヤモンドを産出すると予測された[9]。採掘量がさらに一・五倍になったらどうなるのか、誰にもわからなかった。デビアス社の広報担当者は『ナショナル・ジュエラー』誌に対して[10]、オーストラリアでのダイヤモンド産出量は確かに好調だが、豪キンバリーの大地から採掘されるダイヤモンドの多くは工業向けのグレードであり、産業用の国際市場で十分吸収可能だ、と落ち着いた口調で述べている。結局のところ、工業用合成ダイヤモンドの二大生産者がゼネラル・エレクトリックとデビアス社であったため、シンジケートとしてはアーガイル産ブラウンダイヤモンドが使用されるための余地を空けておくことができたというわけなのだ。

アーガイル鉱山から採れるダイヤモンドのうちの五〇パーセントから七〇パーセント、つまり大半がまごうことなき「ブラウン」のダイヤモンドだった[11]。しかも採掘された大半のダイヤモンドは加工すると〇・〇二カラットにも満たない小粒のものになってしまううえに、薄い黄色から茶色と、明らかに標準のホワイトダイヤモンドからは外れた色合いをしていた。そのため、デビアス社は世界のダイヤモンド市場のことを大局的に考えてはいたものの、ことブラウンダイヤモンドについては特に熱意がないことをはっきり表明していた。実際、アーガイルの採掘結果が実り多いものだとはデビアス社の誰も考えていなかった。しかしアシュトン・ジョイント・ベンチャーとしては、つぎ込んだ労働力と資金を考えれば、アーガイルから採れるダイヤモンドに宝石市場での未来はないなどと簡単に認めるわけにはいかなかった。アシュトンがいずれはデビアス社から独立したいと考えていたとすれば（考えていたのはほぼ間違いない）、そのためにはなんとかして豪キンバリー産のダイヤモンドを工業用ダイヤモンド以上に儲かる方法で売らなければならなかった。現在はリオティント・ダイヤモンド社（旧コンジンク・リオティント・オブ・オーストラリア）のコミュニケーション・マネージャーであり、当時はアシュトンでシンジケートとの契約管理担当として雇用されていたロビン・エリソンは次のように認めている。「（デビアス社との）関係は、非常にやっかいなものでした。[12]自分たちのダイヤモンドの大半を、最大の顧客にして最大の競争相手に販売していたのですから。つまり、敵とベッドを共にするようなものでした」。

ほどなく、アーガイル鉱山に関与していた人々は、自分たちの取り分の二五パーセントのダイヤモンドを有効活用するには、独自の方法を考えねばならないことに気づいた。アシュトンは、ベルギーのアントワープ（当時はまだ世界のダイヤモンド取引の中心地であった）にマーケティング事務所を開設し、ダイヤモンドをベルギーへ移し始めた。[13]けれども、ベルギーの税関は、大量のオーストラリア産ダイヤモンドを受け入れる準備ができていなかった。普通、小型の扱いやすい荷物として届く宝石が、アーガイルからはトラック単位で送られてきた。そのせいで、ベルギーの税関はパンク状態になってしまった。ベルギー側は、送られてきたダイヤモンドを受領したうえで、分類し、保管する方法を考えねばならなかった。保管場所はどこにもなかったので、アーガイルの新たな施設に早急に移す必要があった。その施設であれば、大型の金庫が用意されていたからだ。オーストラリア側の管理者も手伝いを申し出た。手押し車を持って税関にやってきて、アントワープの街中を通って数百万ドルのダイヤモンドを運んだのだ。

アーガイルのアントワープ事務所も配送を手伝いはしたが、事務所は別の差し迫った問題を抱えていた。ブラウンダイヤモンドが果たして売れるのか、売れないのか、ということだ。アメリカの保守的な市場に切り込みたいと考えていたアシュトン・ジョイント・ベンチャーは、指南役としてボストンの市場調査兼コンサルティング企業を雇用し、[14]ブラウンダイヤモンドのジュエリーを使った女性向け商品のサンプルを製作し、調査プロジェクトを開始した。どのジュエリーも琥珀色のダイヤモンドが目立つように使われていただけでなく、ホワイトダイヤモンドとブラウンダイヤモンドを組み合わせ、さらに深みと暖かさのある濃いブラウンダイヤモンドも使うことで、色の対比による美しさも強調されていた。この種のジュエリーに対する消費者の反応を見定めるため、コンサルタントたちは大規模な調査プロジェクトを開始した。そして、調査結果を携えて戻ってきたコンサルタントたちは断言した。アメリカ人たちはこのジュエリーを買うだろうと。

しかし、さらに重要なのは次の段階だった。ブラウンダイヤモンドを取り扱うよう、小売業者たちを説得しなければならなかった。そのためにアシュトン・ジョイント・ベンチャーが頼ったのが、南カリフォルニアに拠点を置くＭＶＩマーケティングだった。このマーケティング会社はジュエリーを専門としており、業界経験のある夫妻が経営していた。ＭＶＩのリズ・シャトランとマーティ・ハーウィッツ夫妻が、初めてこのクライアントに会ったのは一九八九年のことで、彼らがオーストラリアから飛行機でやってきた時だった。クライアントはマーケティングのサンプル案を用意しており、ブラウンダイヤモンドのネーミング案もすでに考えてあった。それが「シャンパンダイヤモンド」だった。シャトランは、マーケティングのコンセプトを最初に聞かされたときのことを、次のように述べている。

「夫と私は顔を見合わせて言いました。『それはかなり難しそうですね』と。[15]まず、販売業者はダイヤモンドにさまざまな色があることをまったく知りませんよ。ホープダイヤモンドが青だということは知られていましたが、色のついたダイヤモンドがこれほど大量に市場に投入されたことはありません。二つ目の問題は、これまでブラウンダイヤモンドと言えば、工業用だという小売業者たちの先入観を払拭しなければならないことです。私たちが言うのは、五番街にある高級宝飾店のことではありませんよ。地方にあるたくさんの小規模な小売業者のことです。こうした業者はブラウンダイヤモンドのことを知っていたとしても、それは標準色ではない、質の悪いダイヤモンドの例として教えられてきたのです。私たちは二〇年もの間、Bで始まる言葉は使わないようにと、冗談で言っていたものです」。「ブラウンという色はそれほどまでに大きな障壁なのです」。

MVIは結局アーガイルの出資を受けた同業組合であるシャンパンダイヤモンド・レジストリーを設立し、ブラウンダイヤモンドをライトシャンパンからミディアムシャンパンというように、色の濃さで分類するカラーチャートの紹介を始めた。MVIは、全国宝石学会(GIA)にこのチャートを認めるように促して、ブラウンダイヤモンドを色分けして表現する方法を広め、業界の誰もがブラウンダイヤモンドについて新鮮な切り口で語れるようにした。仕上げとして、MVIはデヴィッド・ヤーマンのような権威あるデザイナーにアーガイルのダイヤモンドを使ったジュエリーの製作を依頼し、できあがったサンプルを宝石商への売り込みの材料として使った。

その後二年かけて、MVIの関係者たちはアメリカ全土を回り、小売業者に会っては店でシャンパンダイヤモンドについてのイベントを開いて欲しいと申し入れた。宝石商の中には、MVIが持ってきたコレクションを見せられても、本当に売れるのかと疑う者もいた。[16] しかし、事前の調査結果を裏づけるかのように、消費者はブラウンダイヤモンドに対して非常に好意的だった。宝石学の知識などない一般の消費者には、ブラウンダイヤモンドに対する偏見などなかったのだ。MVIは、対面での販売戦略に加えて、『タウン&カントリー』や『ヴァニティフェア』などの高級誌に広告を掲載することで、製品が人々の目に触れる機会を増やした。広告には、プロフェッショナルの風格を持つさまざまな女性を起用した。ダイヤモンドのジュエリーが贈られるのを待ったりせず、自分で店に行って買う女性たちだ。どこかで聞いたような話だな、という気がするのは、ブラウンダイヤモンドに関するＭＶＩの狙いが、一九三〇年代の後半から一九四〇年代にかけてデビアス社がホワイトダイヤモンドの販促で使った作戦と非常に似通っているからだ。Ｎ・Ｗ・エイヤーの戦略と同じように、コンセプトは「ダイヤモンド全般」のマーケティングだ。ＭＶＩは、アーガイルのダイヤモンドや特定のデザイナーやブランドのダイヤモンドを売り込むのではなく、シャンパンカラーのダイヤモンドという概念全体を宣伝したのだった。

この戦略が功を奏するのに時間はかからなかった。一九九一年、シャンパンダイヤモンドは同じサイズと品質のホワイトダイヤモンドより三〇パーセント安かった[17]。つまり、シャンパンは楽しくてしゃれた雰囲気の商品を表現するのにぴったりであり、家財になるとか、投資になるとかいう言い訳など必要なかった。シャンパンダイヤモンドが小粒だったことから、宝石商たちは、セッティングに複数の色のダイヤモンドをはめ込み、明るいブラウンと暗めのブラウンのコントラストが効果を増すような使い方をするようになった。アーガイル鉱山の産出量が膨大なおかげで、ダイヤモンド業界の状況は再び変化し、高級ジュエリーやブライダル用以外の、新たなカテゴリーのマーケティングを推進する余裕が生まれた。手頃な価格で、女性が何気なく買ったり、男性がクリスマスや誕生日の贈り物として買ったりするための「ファッション・ジュエリー」というカテゴリーが生まれ、小粒で価値が低めの宝石が大いに活用されたのだった。

一九九一年には、アシュトン・ジョイント・ベンチャーはデビアス社との契約を五年間延長したが、それは一九九六年の分離独立を視野にいれたものだった。一九八六年のアーガイル鉱山の開設以来、オーストラリアのダイヤモンドは一般に低品質と見なされていたことは間違いないが、オーストラリアは自国のダイヤモンドを問題なく販売できることを証明したのだ。「これは自分の運命を自分で決めようという試みでした。そのためには、この一風変わった産出品に頼るほかなかったのです」と、ロビン・エリソンは述べている。さらに、アシュトン・ジョイント・ベンチャーはデビアス社を介さない独自の関係を世界各地で築きはじめていた。時間が経つにつれ、アシュトンはデビアス社の支配から少しずつ脱していったのである。

それでも一般にはアーガイル産ブラウンダイヤモンドの品質はいま一つと思われていた。そんなところに、希望の光が一筋差し込んできた。それは魅惑的な紅色の光だった。それまで、オーストラリアの大地からは、大量の低品質のブラウンダイヤモンドしかとれないと思われていたのが、実はそうではなかったのだ。アーガイル鉱山からは、少量だが、安定した量の美しいピンクダイヤモンドが採掘できることが明らかになった。史上初めてだった。その昔地上でダイヤモンドの採掘が始まったばかりのころ、ピンク色のダイヤモンドは非常に珍しく、その発見は、極めてめでたい出来事とみなされていた。ピンクダイヤモンドの産地と呼べる場所は世界のどこにもなく、インド、ブラジル、南アフリカなどで、ブルーのダイヤモンドや巨大ダイヤモンドと同じように時折発見されるだけだった。初期に見つかったピンクダイヤモンドとして有名なものに、「ダルヤーイェ・ヌール（光の海）」と「ヌーウル・エイン（瞳の光）」とがある。二つともイランの王冠に使われている宝石として、中東では西洋のホープダイヤモンドと同じように有名である。そしてやはりホープダイヤモンドと同じように、この相当に大きく、柔らかなピンク色の二つのダイヤモンドは、宝石業界では常に論争の的であると同時に、その来歴は科学鑑定の対象にもなっていた。鑑定の結果、二つは十七世紀にゴルコンダで採掘されたもので、どちらも原石は、タヴェルニエが『六つの航海』に記述した「グレート・テーブル」という伝説のダイヤモンドなのだそうだ。

「ヌーウル・エイン」のように謎につつまれた過去が魅力的とされるピンクダイヤモンドがある一方で、立派な由来や歴史が人々を引きつけているピンクダイヤモンドもある。一九九〇年には、ロンドンのオークション・ハウス、クリスティーズで、アグラ・ダイヤモンドという三二・二四カラットのクッションカット・ダイヤモンドが、六九五万九七八〇ドル（現在の一二八〇万ドル）という、大方の予想を超える金額で落札された。[18] 金額が驚くほど上がったのには、十六世紀のインドで王の宝物だったことに始まる驚くべき歴史にも理由があるだろう。最終的にダイヤモンドはヨーロッパに渡り、† 第二次世界大戦中にはナチスによる略奪を免れるために、当時の所有者がほかのコレクションと一緒に自宅の庭に埋めて隠していたと言われている。こうした伝説によって、アグラ・ダイヤモンドの魅力はますます高まった。もっとも、これだけ大きく、オレンジがかったバラ色の輝きを放つダイヤモンドなら、こうした物語がなくても引く手あまただったろうことは想像に難くない。

しかし、ごく普通の人々にとって最も身近な「ピンクダイヤモンド」と言えば、エリザベス・アーデンの同名の

†気の毒なことに馬に飲み込ませて輸送されたという噂もある

マニキュアや口紅の宣伝だろう。この宣伝は、一九四〇年にアーデンとハリウッドの宝石商ポール・フラトウが考案したもので、[19]当時フラトウはすでに指輪にするための非常に大きなピンクダイヤモンドを入手していた。クリスティーズでアグラ・ダイヤダイヤモンドのオークションが実施された一九九〇年までは、ピンクダイヤモンドが採掘されることは極めてまれであり、オーストラリアでも産出量は少なく、アーガイル鉱山の年間産出量のうち、ピンクダイヤモンドが占めるのはわずか〇・一パーセントだった。[20]アーガイル鉱山のピンクダイヤモンドの品質は素晴らしく、紫がかった深みのある濃い色で、蘭の花びらを思わせた。リオティントのロビン・エリソンは、これらのダイヤモンドを「自然が起こした奇跡[21]」と表現している。CSOの援助がなければ鉱山経営が立ちゆかなかったころでも、アシュトンはごくわずかであってもピンクダイヤモンドの取り分を確保しようとした。ピンクダイヤモンドがアーガイルの代名詞になるかもしれないという予感があったからだ。七年後の一九九一年のデビアス社との契約更新時、[22]アシュトンは交渉の末、採掘されたすべてのピンクダイヤモンドを自分たちの取り分とすることに成功した。

リオティントは、採掘した最高品質のピンクダイヤモンドを「テンダー」と呼ばれる年に一回の限定イベントで販売している。テンダーは、デビアス社の「サイト」のオーストラリア版のようなものだ。最初のテンダーは一九八四年に開催された。当時、アーガイル鉱山はリオティントではなく、アシュトンがまだCSOの助けを受けながら運営していた。テンダーは全世界を対象としていたが、一五〇〜二〇〇名の招待者だけが参加できるイベントである。参加者は世界中から招かれたトップクラスの宝石商、卸売業者、収集家などだ。つまり、一カラット数百万ドルで売れるような宝石を買うことが期待されている人々に限られていた。一回のテンダーに出される宝石は、普通は約五〇カラットだけで、ピンクダイヤモンドの重量は一つ一カラット程度だ。ニューヨーク、シドニー、香港、そして東京のような大都市で開催されるテンダーは、マーケティングのコンセプトであると同時に流通手段でもあった。希少なピンクダイヤモンドには、最も金持ちでかつ高名な玄人にしか手が出せず、そのために貴重だという印象がさらに高まった。

こうしてピンクダイヤモンドを採掘できるようになったことで、オーストラリアの影響力は強まった。セレブたちがピンクダイヤモンドを身に着けるようになってからはその傾向がさらに加速した。二〇〇二年にはジェニファー・ロペスにベン・アフレックが贈ったハリー・ウィンストンの婚約指輪が話題になった。六・一カラットの明るいピンク色をしたスクエアカットのダイヤモンドの両脇に、バゲットカットのホワイトダイヤモンドを一つずつ並べた指輪は、約一二〇万ドル（現在の一五八万ドル）だと推定された。

一九九六年の時点で、アーガイルはすでにデビアス社との契約を更新しないことを決定していた。つまり、採掘される小粒のブラウンダイヤモンドはすべて、アシュトン・ジョイント・ベンチャーが独占的に販売するということになっていた。オーストラリアにとって運の良いことに、シャンパンダイヤモンドの流行は勢いを増していた。さらに重要なのは、オーストラリア人たちがインドのダイヤモンド加工場に出資していたことだ。今や、ＡＫ１からは三〇〇〇万カラット、ピーク時には四三〇〇万カラットのダイヤモンドが産出されており、それらを安価に加工するための場所が必要だった。インドでは、ベルギー、ニューヨーク、イスラエルといった場所と比べると、はした金とも言える費用でダイヤモンドを加工することができた。

インドでは古くからダイヤモンドのカッティングが行われており、タヴェルニエが訪れた時代には、すでにこうした技術の存在がわかっていた。しかし、その後、その技術はアメリカやヨーロッパのようには発展しなかった。そしてオーストラリア人たちが自国のダイヤモンドをインドに送るようになると、インドの加工技術が競合する地域の標準的な技術より大幅に劣っているのが明らかになった。アシュトン・ジョイント・ベンチャーは、インド人のカッティング技術者を訓練して、国外で販売できるような製品を作る必要を感じていた。インドは、小粒で低品質のダイヤモンドを低コストで加工するのにうってつけの場所だった。インドではブラウンダイヤモンドが安くて見栄えのするアクセサリーに加工されたが、明るいシャンパン色のダイヤモンドの加工も行われており、こちらはうまくいけば素人目にはホワイトダイヤモンドと区別がつかなかった。これは、消費者をだますというのではなく、ダイヤモンドの購買層を広げるためのアイデアだった。これが当たった。一九八四年に、アメリカでのテニス・ブレスレットの価格は六〇〇〇ドル（現在の一万三八〇〇ドル）だったのが、アーガイルで採掘された膨大な量のダイヤモンドが世界市場に出回るようになって五年後には三〇〇ドル（現在の五八〇ドル）まで低下した。[23] 低品質のダイヤモンドをインドで加工することによってコストが大幅に低下したためだ。突然、アメリカのKマートやターゲット、ウォルマートのような量販店でもダイヤモンドを取り扱えるようになった。つまり、こうした店舗でしか買い物をしないような人でもダイヤモンドを買うことができるようになったのだ。

世界中のダイヤの中には、一人の職人によってカットされるもの（普通、こうした扱いを受けるのは、最も貴重な宝石だ）、複数の職人にたちによってカットされるもの、そして人と機械の組み合わせでカットされるものがある。中には、機械のみのカットで済まされるものもある。現在、ダイヤモンドの最終的な利用目的は、必ずしも原石の大きさではなく、質によって決まる傾向がある。ダイヤモンドがどの流通経路に乗るかは、潜在的な価値によって変わってくる。人を魅了するようなダイヤモンドは常に熟練の職人に託され、分割から研磨まで、加工のあらゆる段階に高度で芸術的な技術を持つ人が関与する。ここまでされるのは珍しい。婚約指輪や高級ジュエリーに使われる、平均的な大きさの高品質のダイヤモンドは、複数の熟練職人によってカットされるのが通常だ。

しかしアーガイルのダイヤモンドは別の道を歩んだ。それはアーガイルが理想的な採掘地ではないという意味ではない。それどころか、二〇〇〇年に、株式公開買いつけでデビアス社は三億八八〇〇万ドルを提示した。[24] しかし、デビアス社は規制当局の承認の遅れが原因でこの買いつけから撤退し、入札では三億七一〇〇万ドルと安値を提示していたリオティントに敗退した。こうしてデビアス社にとって初めての強力なライバルが登場することになった。つまり、今までとは状況が変わったということだ。

第14章　影響力のある人たち
屈強な男たちがダイヤモンドを身につけるようになった経緯

アメリカ

一九七九年、ＡＫ１鉱脈が発見されたのと同じ年に、ジェイコブ・アラボ(1)少年は家族と一緒にニューヨーク市へ移住した。一家はウズベキスタン（当時はソビエト連邦下の共和国）出身のブハラ・ユダヤ人*で、ごくわずかな所持金だけでアメリカへやって来た。十四歳だったアラボは高校へ入学したが、金に苦労している両親を見て、自分も力にならねばと思っていた。故郷のウズベキスタンにいたころ、アラボは有能な写真家のもとで見習いとして働いていた。その写真家には、シャッターを切るアラボ少年が生き生きしているのが見てとれた。アラボは、恰好の被写体を見つけ、それが静止画になったときにどう見えるかをイメージするこつを会得していた。そして、アメリカに来た今、このティーンエイジャーは、卒業を待たずにプロとして何らかのキャリアを積みたいと望むようになっていた。候補に挙がったのは写真家か、同じく視覚的感性を生かすことができそうな美容師だったが、政府が支援する半年間のジュエリーデザイン講座を取ることにした。今後の成長が期待できそうな業界に思えたからだ。四人の女きょうだいに囲まれて育ったアラボは、彼女たちがちょっとしたアクセサリーをつけるだけでうれしくて笑顔になるのを知っていたし、きょうだいが身につけているアクセサリーについて自分なりに思うところもあった。だから、もしそういう機会があれば、よいジュエリーをつくるのに自分が何をすべきかをよくわきまえていた。

ジュエリーの商売に必要な技量を身につけたジェイコブ・アラボは、名前の表記を「Yakov Arabov」から英国式の「Jacob Arabo」に改め、学校を退学した。そして、宝石工房での職を得て、週に一二五ドル（現在の三三八ドル）稼ぐようになった。これは十六歳の少年にしてはかなりの額と言えるが、アラボは小遣いを稼ぐために働いているわけではなかった。アラボには、家族全員を養えるだけの金を稼ぐという大きな意気込みがあった。それに、製造の仕事で雇われていたがデザインにも興味をもち、余った金属のくずを使って試作のまねごとをやらせてほしいと上司に頼み込んだ。この工房はチェーン店向けのジュエリーを製作していたため、受注数でデザイナーの評価が決まるシステムだった。アラボの上司は、やる気に満ちた少年を見て、余った在庫をいじらせてやるくらいかまわないと思った。このようにして、アラボは実際に試作をするようになり、細いチューブ状のゴールドやシルバーをひねくりまわして、めずらしいテイストのイヤリングをつくった。これがバイヤーの目に留まった。アラボのアイテムにはブランド名がついていなかった。しかし、アラボは仕事を始めて九カ月足らずで、工房で一、二を争う売れっ子デザイナーとなり、そのことを工房内の誰もが知るようになっていた。給料は週一五〇〇ドル（現在の三七〇〇ドル）に跳ね上がった。

これはとてつもない金額だったし、アラボの年齢を考えればなおさらだった。しかしアラボは、自分で会社を興

＊中央アジアに居住し、インド・イラン語派の言語の一つであるブハラ語を話すユダヤ人

すのが本物の起業家だということを本能で理解していた。本物の起業家になれば、誰かの指示に従う必要もなく、どんなに奇想天外なものでも思いつくままにつくることが許される。デザインを始めてから一年も経たない十七歳のとき、アラボは工房での仕事を辞めると言って上司を驚かせた。こんなに高い給料を毎週もらっていては、長くいればいるほど、自分がこの環境に甘えてしまうと思ったからだ。アラボは工房に勤めた短い期間で一万ドル以上の金をためていたので、それを製造施設の設立資金に充てた。しかし、大量のジュエリーを店頭に並べるには原材料の購入費と人件費が必要だった。その予算がなかったため、注文を受けて作る形にした。さまざまなブランドと接触し、「原材料を購入していただければ、製品のデザインと製造はこちらで引き受けます」と持ちかけた。これが功を奏し、設立から数カ月も経たないうちに、十名の従業員を雇えるまでになった。こうした取引で得た利益を、今度は自分のブランドづくりに費やした。アラボは百貨店のバイヤーに直接売り込みをかけた。時間を見つけては、商品をスーツケースに詰め込み、近隣の州まで車を飛ばしたのだった。

アラボは自分がおおいに影響を受けていたハリー・ウィンストンと同じように、最初は業界での人脈づくりに苦労した。浅黒い肌をした高校中退者で言葉はロシアなまりがひどいため、ほとんどまともに取り合ってもらえなかった。そうした状況をどうにかしようと、アラボは自分よりだいぶ年上のまたいとこ「ジェイコブ」を共同経営者として招き入れた。ジェイコブが二人なので、会社名を「J+Jジュエリー・カンパニー」とし、仕事の分担をはっきり分けた。いとこのジェイコブが顧客対応にあたり、アラボはその陰で、骨の折れる仕事をこなした。しかし、その数年後、アラボは製造施設を閉鎖することを決意した。クリエイティブな仕事内容ではなかったし、弱冠二十歳にして、家族に家を買ってやるという大きな目標を叶えてしまっていたからだ。両親ときょうだいを養えるようになったのだから、残った利益を別の、もっと抽象的な目標、つまり芸術家として心から満足のできる仕事に費やしてもいいだろうと考えた。

二人のジェイコブは、ニューヨークのダイヤモンド・ディストリクトの中心、六番街47丁目に小さな店舗をオープンした。ショーウィンドウに並んだアラボの作品は、大きさもデザインもめずらしいことから、同じブロックにある競合店の商品よりも明らかに目立っていた。近隣の多くの同業者とは違って、アラボには宝石業界での経験が少なかった。それはつまり、窮地に立たされたときに会社を守りぬくための業界のつても金銭面の保証もないことを意味した。ライバルたちはアラボに、ショーウィンドウに力を入れても時間の無駄だと忠告した。そんなものより、ふらっと入ってくる飛び込み客（多くは男性）が買い求める一つはめのダイヤモンドの指輪や、若いカップルが探している結婚指輪を売ったほうが儲かる。それ以外のものが売れることなどめったにない、と。しかしアラボは、自分で買いつけたホワイトダイヤモンドをティファニーの模造品につくり替えるためにここまでがんばってきたわけではなかった。それに、今までだって反対してくる人はいたが、動じなかった。アラボは思い出していた。「このビジネスを始めるときも、友人たちが忠告してきた。やめとけとか、正気かとか、サメのように人を食い物にする奴がごろごろいるぞ、とか。だから、なら俺もサメになるしかないね、なんて言ったたっけ」。

ジェイコブ・アラボはもうすっかり経験を積んでいた。次のステップは獲物を探すことだった。

アラボの店がオープンしたのは一九八六年のことだった。このときは知る由もなかったが、アラボはやがて、自分のデザインがある特定の人々におあつらえ向きなことに気づくこととなった。彼らは世間の注目を集める将来有望な存在で、宝石をこよなく愛していた。そして、47丁目のショーウィンドウに並んでいたアラボの個性的で、インパクトがあり、値の張るジュエリーを気に入ってくれた。アラボは毎晩、自宅で白い紙にダイヤモンドを並べては、次の作品のアイデアを練っていたが、彼らは、宝石を身につけるアメリカ人という意味では実に意外なカテゴリーに属していた――アフリカ系アメリカ人の男性だった。

一九九〇年代初め、ラッパーは音楽業界の一大勢力となり、それぞれが文句なしに独自のセンスを大衆に広め、文化的にも強い影響力をもつ存在になっていった。それにつれて、ダイヤモンドの位置づけすら変わっていった。値段が高く高級なダイヤモンドは、初々しい花嫁や女優、社交界を代表するような人種だけでなく、ある種の豊かさを手に入れた黒人やラテン系の男性にも好まれるようになったのだ。興味深いことに、そのときにはもう、白人男性の大多数はダイヤモンドのアクセサリーを身につけなくなっていた。ブームは一九八〇年代で終わっていたが、ダイヤモンドの流行は独自の進化を続けていた。ファッションの本流におおむね乗りながらも、それとは別の独立したものになっていったのだ。ヒップホップは一九七〇年代後半から一九八〇年代前半に誕生し、独特のサウンドを確立していたが、それだけでなく、独自のダンススタイルを生み出し、スラングを使いこなし、ビジュアルアートや服装の面でも特異なスタイルを確立していた。

あるとき、そもそもなぜアフリカ系アメリカ人の男性がダイヤモンドに魅了されたかについて、テレビ番組で議論になったことがあった。司会者として活躍するベビー・スミスは「広義のアメリカ文化において成功の証とされる多くのステータス・シンボルが、都市のコミュニティにおいても成功の証とされるのは何ら不思議ではない」と指摘した。アイザック・ヘイズやバリー・ホワイト、アイズレー・ブラザーズなど、一九七〇年代に活躍したミュージシャンたちはダイヤモンドを身につけていた。また、それ以前にも、派手なネックレスや指輪をつけたサミー・デイヴィス・ジュニアの存在があった。一九七〇年代のメンズファッションにはかつてないほどの遊び心があり男女両性的だった。しかし次世代のスリック・リックやＤＭＣの連中のような黒人アーティストが好んでジュエリーを身につけるようになったのは七〇年代ミュージシャンのレコード・ジャケットによるものだ、とスミスは言う。一九七〇年代に好まれていた貴金属といえばイエロー・ゴールドだった。一九七〇年代と一九八〇年代の貴金属市場でのとんでもない価格高騰を考えると余計にすごいことだ。スリック・リックは、どっしりしたゴールドのジュエリーを物理的に可能な限り身につけ、ボトルのフタと同じかそれ以上の大きさのリングを連ねたチェーンをいくつも首から下げ、宗教的シンボルをエンボスした大判のメダルのペンダントや腰まで届く長さの「正義の秤」まで、多種多様なものを身につけていた。パブリック・エナミーのフレイヴァー・フレイヴも派手な恰好をしていて、凝ったデザインの大きな時計を『不思議の国のアリス』の白ウサギのように首からぶら下げていることで有名だった。一方、ラン・ディーエムシーの三人は、トレードマークのゴールドの太いロープチェーンと時計を身につけ、控えめな印象があったが、それらもかなり高価なものであったと思われる。

彼らは伝統的なソウル歌手だけではなく、王《キングズ》のスタイルも参考にしていた。二十世紀の変わり目に、ニューヨークの実業家とその妻たちが海を越えたヨーロッパの王室に注目し、富を誇示するためのヒントを得ようとしたのと同じ思いをヒップホップ歌手たちも持っていた。成金趣味が横行した金ぴか時代の鉄道王と、二十世紀終わりのラッパーには、新興成金につきまとう不安感という意外な共通点があった。彼らの違いとして挙げられるのは――宝石蒐集で知られた財政家のダイヤモンド・ジムは別として――実業家たちは自分の妻や家を富の象徴とし、自分の着るものについては割とシンプルにする傾向にあった点だ。ルイ十四世やツタンカーメンのように豪華な宝石をつけたいと内心では思っていたとしても、彼らは総じて、「男たるもの重厚で威厳あるたたずまいであるべき」とする上流社会の慣習に縛られていた。それに対して、ヒップホップ歌手は独身者が多かったうえに、妻帯者でもスターであることには変わりなかった。だから、堂々と着飾ってステージに現れたり、MTVに出演したりするようになった。スリック・リックに至っては、王冠までかぶっていた。

DJでブランドマネージャーでヒップホップ音楽のプロデューサーでもあるピーター・ポール・スコットが認めているように、一九九〇年代後半以降の派手なヒップホップのスタイルは、世界的に人気を博したピアニストのリベラーチェから、都会のポン引きや麻薬密売人など底辺の人種に至るまで、さまざまな人の影響を受けて形成されたものだ。(3) 影響を与えた人々の特徴として挙げられるのは、やはり、恵まれない生い立ちの人――リベラーチェは労働者階級の移民の息子だった――が苦労を重ねた末に富を手に入れたという点だ。貧しさと豊かさという対極にある状況を経験したことで、過去と現在の自分を視覚的に区別してつり合いを取ろうとする強い欲求が生まれたわけだ。スコットは次のように指摘する。

「ポン引きや麻薬密売人といった人種は地元では名を知られている。だから、彼らが立派な車にきれいな女をのせ、おしゃれな服やジュエリーを見せびらかせたくなるのは当然で、それを見る人々、特に貧しい子供たちに強い印象を残すことになる。そうした子供たちは大人になり裕福になったときに、自分の経験してきたことをどのように示すべきか、はっきり思い描けるのだ」。

「ヒップホップのコミュニティと同じで、私たちはさまざまな物の用途をリミックスしている」[4]とベビー・スミスは言う。音楽プロデューサーは既存の楽曲をサンプリングして、そこに新しいビート、新しい意味、そして新しい命を与えた。ラッパーも同じように、メインストリームの人たちがステータス・シンボルとしていたものを取り入れ、それを自己流にアレンジしていた。一九八〇年代のニューヨーク市ハーレムには、ダッパー・ダンと名乗るテイラーがいた。彼はグッチやルイヴィトンなど高級ブランドのロゴを施した偽の生地をつくり、それらをめずらしい革ジャケットやトラックスーツなどに仕立てて販売していた。当時、派手であることは避けるべきことではなく、むしろ最重要視されていた。ハーレム地区にクラック・コカインが流入したことで、自前で服を仕立てられるくらい儲けている麻薬密売人がますます増えていた。ビズ・マーキーに至っては「スロー・バック」という曲のなかでダンの名前を挙げていたし、ヘビー級プロボクサーのマイク・タイソンもダンの顧客だった。

一九八〇年代後半、大手レコード会社がヒップホップに投資するようになった。ヒップホップという音楽がそれまでヒットチャート入りしたのは数える程しかなく、アングラ音楽とされてきた。それが一気に主流となったのだ。MTVは、MCハマーやヴァニラ・アイスなど大衆受けするラッパーを取り上げるだけでなく、ドクター・ドレーやその弟子筋のスヌープ・ドッグ、ノトーリアス・B・I・G、元N・W・Aメンバーのアイス・キューブなど、いわゆるギャングスター・ラッパーによる物議をかもす内容のミュージックビデオを流すことにも挑戦した。この一か八かの挑戦は大成功だった。[5]一九九〇年と一九九一年には、音楽業界に大幅な増益がもたらされた。その原因として、ヒップホップの人気上昇が少なからず貢献したことはまちがいない。国内の総売上高七八億ドルのうちおよそ九パーセントをヒップホップが占めていた。このことは、ヒップホップ・アーティストがかつてないほど幅広い聴衆の心をとらえ、それに応じて彼らの懐もうるおい、国全体にちょっとしたヒップホップ王朝が樹立されたことを意味する。

プロデューサーもアーティストも、自分たちの所属するレーベル（レコード会社）があたかも招待客限定のクラブや排他的なギャング組織やフランチャイズをもつスポーツチームであるかのように思い上がっていた。2パックとノトーリアス・B・I・Gが命を落としたといわれている東海岸と西海岸の「ヒップホップ抗争」の激しさは、かつてのハットフィールド家とマッコイ家、『ロミオとジュリエット』のモンタギュー家とキャピュレット家など、歴史に残る有名な対立抗争をも彷彿させるものがあった。このヒップホップ抗争では、アーティストやプロデューサーがみずからの所属する組織への忠誠心をジュエリーで示すことがめずらしくなかった。デス・ロウ・レコードのCEOのマリオン・ヒュー・シュグ・ナイト・ジュニアとラッパーの《2パック》は揃いのゴールドのチェーンネックレスをつけていた。ネックレスにぶら下がっている大きなペンダントには、電気椅子に縛りつけられた囚人がダイヤモンドで描かれていた。彼らのレコード会社の特徴を示す凶悪なデザインのロゴであった。キャッシュ・マネー・レコードの共同設立者であるバードマンことブライアン・ウィリアムズは、輝くドルマークの周囲にレコード会社名を施した、大きな長方形のペンダントを特別に注文した。しかし、ジェイ・Zとデイモン・ダッシュ、そしてビグスことカリーム・バークによって設立された、ユニバーサル・ミュージックの子会社でニューヨークを拠点とするロッカフェラ・レコードのクルーは、他の誰も扱ったことのないチェーンネックレスを用いた。ダイヤモンドがちりばめられたロッカフェラ・チェーンは、円盤のレコードに、ロッカフェラ・レコードの公式ロゴマークの大きな「R」の文字が浮かび上がっていた。これを受け取ることは、契約したてのアーティストがロッカフェラ・レコードのファミリーに加わったことを公に示す通過儀礼となった。

パフォーマーとしての活動を目指していた若きプロデューサー、カニエ・ウェストは二〇〇二年、ロッカフェラとの契約締結という念願がかない、自身のアルバムをつくることが決定した。ロッカフェラのラッパーという揺るぎないポジションを手に入れたウェストは、仲間たちから公の場で祝福された。その年の八月に開催された自身のコンサートで、ステージ上で仲間たちに囲まれ、最初のチェーンを贈呈されたのだ。ロサンゼルスの宝石商ベン・ボーラーによると、このネックレスは推定二万八〇〇〇ドルの価値があるという。[6] さながら戴冠式のようだった。そしてそれは、ウェストにとっても非常に重要な意味があった。彼はそのときの映像を、二〇〇三年に発売しソロ初のヒット作となった「スルー・ザ・ワイヤー」のミュージックビデオのクライマックスの場面に登場させていた。ロッカフェラの一員となった男にとって、このチェーンは、交際期間の終わりと結婚生活の始まりを示す婚約指輪のような意味を持ち、戦利品であり招待状でもあった。

しかし、ヒップホップ歌手のチェーンネックレスのどれもが象徴としての役割を果たしたわけではない。彼らが身につけるチェーンネックレスのなかには、ダイヤモンド業界では「自己負担」と呼ばれていたものがある。それは、自分を金持ちに見せたり、個性的に見せたり、あるいは相手を威嚇したりする目的で購入されていた。ラッパーたちは、十字架やイエス・キリストなど、ヒップホップ業界の伝統とされるシンボルだけでなく、一風変わったデザインにも魅了された。そうしたデザインには、意図的にショッキングなもの†から、プレイステーション3のコントローラーやバート・シンプソン、クレオラ製クレヨンの箱など、遊び心のあるばかげたデザインまで、さまざまなものがあった。ベビー・スミスは、若くして富を得たラッパーたちが、宝石がちりばめられたガーフィールドのペンダントなどを身につけて故郷に凱旋することになる経緯を説明している。

「彼らは皆、漫画のキャラクターを見事に自分のシンボルにしています[7]……まるでお菓子屋さんにいる子供になったみたいに。ただし、そのシンボルはペパーミント味の棒キャンディじゃなくてダイヤモンドだけれど。そういうものをつくりだすのは、想像力を自由に働かせるすばらしい機会です。ご存知のとおり、ラッパーにはすばらしい想像力があります。彼らは現代最高のストーリーテラーなのです」。

宝石店に行くのがお菓子屋さんに行くようなものだとしたら、ジェイコブ・アラボは最高の菓子職人、ウィリー・ウォンカ*といったところだ。ロシア出身のこの宝石商が生み出す自由で独特なスタイルにエンターテインメント業界が注目し始めてまもないある日、ラッパーのビズ・マーキーがアラボのもとへやってきて風変わりな注文をした。マーキーは自分のトレードマークになるようなジュエリーを求めていた。大きくて、目を引き、コスチュームのような役割を果たしてくれるもの、つまり、ステージの上に立っていてもファンの目に留まるようなジュエリーだった。アラボは喜んでこの挑戦を受けて作業に取り掛かり、ダイヤモンドをちりばめて「Ｂｉｚ（ビズ）」の文字を施した指輪《フォーフィンガーリング》をデザインした。「当時は誰もそんなデザインの指輪をつくっていなかった」とアラボは懐かしそうに振り返る。ビズ・マーキーはこれがとても気に入り、コンサートだけでなく、写真撮影やヒットシングル「ジャスト・ア・フレンド」のジャケットでも身につけていた。これをきっかけに、アラボの特別注文のビジネスは軌道に乗った。アラボは顧客を安心させることができる存在だった。アラボはきちんと仕立てたスーツに身をつつみ、ウェーブのかかった髪をポマードで後ろに流したヘアスタイルで接客し、顧客に安心感を与えていた。しかし、それとは裏腹に、心のどこかで自分はよそ者であるという感覚がうっすら残っていた。顧客のラッパーやアスリートと同じように、成功への道がぼんやりとしか照らされていなかった時代の記憶がよみがえるのだった。振り返ってみると、その歩んできた道を多少なりとも明るく照らしてくれたのが、ダイヤモンドなのだろう。

柔軟性もまた、アラボが他の宝石商より優れていた点だ。アラボは崇拝していたハリー・ウィンストンのやり方をまね、顧客が一〇〇万ドル程度の宝飾品をつけ払いで買うことを認めた。アラボは顧客に敬意を払っていたし、必ず支払ってもらえると信じていたからだ。実際、彼らは必ず支払ってくれた。また、アラボはあれこれ問いたださずに現金での払いを受けつけた。そしてさらに重要なのは、顧客が商品を下取りに出すことに寛容だった点だ。ラッパーは有名人なのだから、最新のジュエリーを身につけるのは、そのジュエリーが注目されなくなるまでの間でよいと考えたからだ。彼らがつけなくなったジュエリーを、アラボは手数料だけ取って預かった。そして彼らが新しい商品を購入するときがきたら、新しい商品のほうが高価でありさえすれば、預かっていたジュエリーの下取りを受けつけた。アラボは自分がデザインしたものを転用することはしなかった。自分がターゲットとしていた音楽業界の著名人やスポーツ界のスター選手が、その個性を表現することで高く評価されることをよく理解していた

†ショーティ・ローは、ダイヤモンドがクラック・コカインに似ている点を利用して、「クラックの入った小びん」に見せかけていた

＊ロアルド・ダール作「チャーリーとチョコレート工場」に登場する菓子職人

からだ。

一九九〇年代半ばから後半にかけて、アラボは成功の極みにあり、「ジェイコブ・ザ・ジュエラー」というインパクトのある異名を取っていた。そして、ジェイ・Zやカニエ・ウェスト、ファボラス、R・ケリーなど、最高級のアーティストが歌詞の中で感謝の言葉を述べるシャウトアウトを浴びるほど受け取った。「会ったこともないのに僕のことを歌ってくれる歌手もいたよ。とても驚いたね」とアラボは振り返る。このように名前を挙げてもらうことは、宝石商アラボの自尊心をくすぐるだけでなく、世間の関心を集めることにもつながった。アラボの名は、大金を稼げるようになったらコンタクトすべき相手として、有望なパフォーマーたちに憶えてもらえるようになった。アラボがマーケティングに投資したことは一度もなかった。これらの無料広告は他の芸能人だけでなく、そこそこお金のある一般人も魅了した。有名アーティストの楽曲が、最高の無料広告の役割を果たしてくれていた。ジェイコブの名がラジオで流れると、それを聞いた子供たちは、有名な宝石商を見てみたい、ジェイコブの店に連れていって、と両親にせがんだ。47丁目の店舗には、見覚えのある顔がひっきりなしに訪れた。子供も例外ではない。同時に、ジェイコブ・アラボ自身も世間に顔が知られるようになっていた。招待客限定のパーティーや盛大なイベントに招待され、写真を撮られる機会が増えたからだ。ピーター・ポール・スコットは回想する。「これは、ジェイコブがいかにビッグになっていったかを物語るものだ。みんな、ジェイコブのジュエリーをつけるだけでなく、ジェイコブ本人と一緒に街を歩きまわりたがった」[8]

アメリカの一般的な視聴者は、男性――それも、いかつい身体に入れ墨をした、口の悪い連中――が、ジュエリーの類《たぐい》を身につけている姿に慣れていった。しかもそのジュエリーたるや、あのエリザベス・テイラーの影が薄くなりそうなほど派手派手しいものだった。時計だけで一万ドルするゴールドのロレックスに文字盤を囲むベゼル状にダイヤモンドのリングがはめられるとその値段は跳ね上がった。ラッパーたちは、腕時計やピアス、ブレスレット、指輪などの宝飾品にとどまらず、ゴールドやプラチナの大ぶりのチェーンを首にかけることも多かった。チェーンにはたいてい、ダイヤモンドをちりばめた凝ったつくりのペンダントがついていて、独創的なデザインが施されていた。一九九〇年代後半には、こうしたタイプのジュエリーがヒップホップ界で大流行していたことから、一九九八年に「ハード・ノック・ライフ（ゲットー・アンセム）」を大ヒットさせたジェイ・Zは、「ガールズ・ベストフレンド」をリリースした。これは、ダイヤモンドに宛てた小生意気なラブレターといった曲で、何十年も前にマリリン・モンローが歌った例の「ダイヤモンドは女の一番の友」に負けないくらいに勢いがあった。ジェイ・Zはこの曲でダイヤモンドへの目利きを垣間見せ、「お前《ダイヤ》のグレードがよけりゃ、お前《ダイヤ》は赤面したって青く見える」と歌っている。彼がこの歌詞のなかで伝えているのは、女の宝石好きと同じくらい「悪党たち」も宝石にぞっこんで、そこに金をかけていることだった。宝石に夢中になれば、何人もの女性とつき合っている女たらしと同様、金はすぐに尽きてしまう。

ぜいたくなライフスタイルを誇示するやり方は、ラップの世界でよく見られるようになった。ノトーリアス・B・I・Gとパフ・ダディが組んだ「ヒプノタイズ」のミュージックビデオには、ヨットのデッキでシャンパンを飲む場面がある。また、低所得者層が暮らすコンプトンの街のようすを生々しくストレートに歌うことで有名になったドクター・ドレーまでもが、一九九七年にリリースした「ビーン・ゼア、ダン・ザット」のなかで、車や自家用ジェット機、大邸宅、ダイヤモンドなどの所有物をこれでもかと並べ立て、無一文から大金持ちになったことをひけらかしている。彼は、かつての路上生活の経験をミュージックビデオに取り入れるのをやめ、代わりにイタリアン・マフィア、さらにはそのボス的存在であるラッキー・ルチアーノのような壮大で華やかな今の生活ぶりを効果的に演出しているのだった

一九九九年三月、ニューオーリンズ出身のラッパーであるBG（ベイビー・ギャングスタ）が、同じレコード会社のバードマン、ジュヴィナイル、リル・ウェインとともに、キャッシュ・マネー・レコードと契約してシングルをリリースした。躍動感のあるアップビートの曲で、同時発売のミュージックビデオにはさまざまな小道具が使われた。それは、過去数年でこのジャンルではおなじみの飾りものとなった、若い娘や車、ヘリコプター、そしてジュエリーだった。「でっかいメダル、ダイヤモンドのベゼル付きロレックス、おれのピンキーリングはピッカピカのプラチナ」。BGは歌詞のなかで自分の持ち物をこのようにひけらかしている。同様に、男たちはラップを刻みながら、ダイヤモンドのピアスやブレスレット、グリル*などのジュエリーを指さした。彼らはジュエリーという富を身につけ、それを世界に知らしめたがった。このやり方は、ライバルのアーティストから、郊外の家でMTVを見ているにきび面の白人のティーンエイジャーに至るまで、さまざまな視聴者に対して自分たちの成功ぶりを示す効果

があった。

大勢の屈強な男たちが自分のジュエリーのことをラップで歌うのは、取り立てて新しいことではなくなっていた。「ガールズ・ベスト・フレンド」ですでに、ジェイ・Zがジュエリーをけばけばしい女主人に見立てて二拍子のラップで歌っていた。BGのミュージックビデオが人々の記憶に残った要因は、歌詞の内容でもキャッチーなビートでもなく、まったく新しい聴衆向けに取り込んだスラングの「ブリンブリン」だった。「ブリン」は元々、アニメ番組の擬音で、光がダイヤモンドに反射したときに発せられるものだった。もしダイヤモンドの輝きに音をつけるなら、それは「ブリンブリン」と聞こえるだろうということから、いろんな「輝き」を総称する二拍子の音になった。とはいえ、その意味もまた、ゆるやかに変化し得る。ダイヤモンドがちりばめられたジュエリーがそうであるように、ダイヤモンドそのものも「ブリン」なので、「おれのブリンを見てみろ」といった言い方がよくされた。

今となっては一時流行《はや》ったスラングのようだが、当時は、シェイクスピアのような創造性が感じられるとして、主流派のアメリカ人に好んで受け入れられた。この表現は、おしゃれで裕福で上昇志向の高いライフスタイルを簡潔に言い表すものとして、富裕なアフリカ系アメリカ人ラッパーだけでなく、音楽業界のエグゼクティブや俳優、一流のスポーツ選手にも使われるようになった。初めてこの表現が紙面に登場したのは二〇〇〇年の『ニューヨーク・タイムズ』紙で、ロサンゼルス・レイカーズでセンターとして活躍したバスケットボール界のスーパースター、

＊歯の上につける金属製のアクセサリーのこと

シャキール・オニールへのインタビューだった。オニールはこのインタビューのなかで「このブリンブリンが欲しい」[9]と言った。その数カ月後、同紙は元レイカーズの選手でニューヨーク・ニックスに移籍したばかりのグレン・ライスの紹介記事のなかで、この言葉を正式に定義している。記者のトーマス・ジョージは、グレン・ライスがロサンゼルス・レイカーズ時代に手に入れたチャンピオンリングについてこのように説明した。「目もくらむようなダイヤモンドがずらりと並んでいて、『ブリン！　ブリン！』の文字が添えられていた。[10]これは、最高にクールで輝きのあるダイヤモンドに使われる近頃流行《はや》りの言葉である」。

ダイヤモンドに特別な呼び名がついたのはこれが初めてではなかった。一九二〇年代のアメリカでは、自由奔放に生きる若い女性《フラッパー》たちが、自分の身につけているダイヤモンドを「アイス」と呼んでいた。ダイヤモンドのなかでも大きくて輝きがあるものは「ロック」とも呼ばれていたが、冷たくてつるつるしたものを意味する「アイス」のほうが浸透していた。ジャズ・エイジのギャングスターとその愛人たちは、そうした風変わりなスラングを好んだ。それは、警察にばれないように本当の意味をごまかすためだけではない。それも一つの理由ではあったが、スラングは当時、内部事情に通じた人間（禁酒法時代に違法なパーティーに参加する若者）と、それ以外の人間（総じて保守派や信心深い人たち）を区別する手段として支持されていた。もぐり酒場に通い慣れた若い女は、自分のつけている輝くダイヤモンドの呼び方をきちんと心得ていた。もぐり酒場で使われる言葉は、女の世界で言えばヘアスタイルやダンスの動き、ファッションと同じくらい重要な意味を持ち、常連客と一見の客を区別する役割を果たしていた。たまり場へ行くことが道徳的に、さらにいえば法律的に由々しきことであった時代に、よそ者を警戒するのは賢明なことであり、もっともだといえた。

それから数十年の月日が経ち、今度はアングラ言葉が取り入れられるようになった。黒人のラッパーたちは昔ながらのステータス・シンボルを、ベビー・スミスの言葉で言えば「リミックス」したのだった。それに白人の視聴者たちは、新しいほうの見た目や言葉の響きを好んだ。二〇〇二年にCNNは、若い視聴者の心を引きつけようとして、キャスターが「ブリンブリン」「フライ」「フレイバ」などのスラングを使うのを推奨するようになった。(11)

数十年ぶりに、ダイヤモンドは華やかでロマンティックで高級なだけでなく、とびきりクールなものと認識されるようになった。これはデビアス社の社員にとってうれしいニュースだった。それまでのデビアス社は、ダイヤモンドに関するマーケティング活動に励んできたとはいうものの、ダイヤモンドが世界中で最もタフで、時代の最先端を行き、最高にクールであると言い切るほどの大胆さは持ち合わせていなかった。つまり、ジェイコブ・アラボが著名人の顧客たちによる無料の宣伝の恩恵を受けたように、デビアス社をはじめとするダイヤモンドの売り手たちも同様の恩恵に浴したのであった。

同じ頃、アラボはキャリアを積んでいた。二〇〇一年には自身初の腕時計「ザ・ファイブ・タイム・ゾーン」を発表した。これは国際派ビジネスマンや、飛行機で各地を飛び回る実業家（またはそうなりたい人たち）のためのアクセサリーだった。メインの文字盤のなかに、四つの地域の文字盤が埋め込まれ、ローカルタイムと同時にニューヨーク、ロサンゼルス、パリ、東京の時刻が表示された。自社のブランドの腕時計をつくることをアラボはずっと夢見ていた。ニューヨークのジュエリー産業に参入するのは楽ではなかったが、それとは比較にならないほど困難なことは、スイスのジュネーブを拠点とする各時計メーカーから一目置かれる存在となり、ひいては彼らのビジネスを奪い取ることだった。ずいぶん長い間、アラボは顧客が持ち込んだ既存の腕時計をカスタマイズすることに甘んじていた。そうした腕時計にジュエリーを後づけしたり、あるいは、ベゼルに元々施されていたあまり質のよくないジュエリーを取り外して、高価で質の高いものに換えたりしていたのだ。だが、そんなあるとき、テクノマリーンという有名時計メーカーが、アラボに自社の製品に対するそうした行為の停止を求める文書を送ってきた。アラボはテクノマリーンの製品を金輪際カスタマイズしないことに同意し、「ジェイコブ」ブランドの時計をつくることを誓った。そして、それは瞬く間に、ロレックスと肩を並べるステータス・シンボルになった。

残念ながら、警察沙汰になったのはこの一件だけではなかった。二〇〇八年に、アラボはデトロイトのギャング「ブラックマフィア・ファミリー」に対する連邦政府の薬物検査に際し、記録の改ざんと虚偽の発言をしたことを認め、懲役三十カ月の刑を受けた。刑期を終えてジェイコブ社の経営に復帰したが、狙いをヒップホップ界から、高級ジュエリーや豪華なイベントなどに移していたため、アラボのかつての地位は空席になっていた。この地位を喜んで引き継いだのが、ベン・ボーラーだった。彼は、ロサンゼルスを拠点とするショップ「IF社」を設立した。この「IF」というのはダイヤモンドの透明度の国際基準で「内包物が認められない」という意味を示す「インターナリー・フローレス」の略だが、これを「アイシー・フレッシュ」というスラングに結びつける顧客もいた。とにかく、同社は「新生ジェイコブ」として広く認知されている。

ボーラーはロサンゼルスのコリアタウン（韓国人街）の生まれで、本名をベン・ヤンといった。アラボと同じ移民の息子で、一家がカリフォルニアへやって来たときの所持金は、母親のポケットに入っていた三〇〇ドルだけだった。一九八〇年代に貧しい少年時代を過ごしたベンにとって、ゴールドは特別な意味があった。ベンのおじは宝石商を営んでいたので、ベンの母は一度、少し金をもうけたときに、自分へのご褒美としてヘリンボーンとボックスリンクのゴールドのチェーンを買っていたのを覚えている。また、エジプトの伝説の君主で、黄金の石棺に埋葬されているタット王（ツタンカーメン）の展覧会が街で開催されたときには、ベン少年は二回それを見に行った。

一九九〇年代半ばに、ベンのいとこが宝石店の後を継いだ。同じ頃、ベンは大学に通い、アジア人で唯一バスケットボールが上手い男だからという理由で「ボーラー」の異名を取っていた。一方で、DJとしての活動も始めた。ボーラーにはカリスマ的な魅力があり、バスケットコートの上ではかなり虚勢を張っていた。有名になりたいという願望も強く、ナイトライフで培った人脈を利用して音楽業界に入った。そして三十歳になる前に、大手レコード会社の副社長まで登りつめた。一方で、破産を二度経験していた。ボーラーは何十万ドルも稼いでいながら、収支を合わせることができなかった。まるでおもちゃを買うみたいに、自動車やジュエリーに大金を費やしていたからだ。限定版のスニーカーにも目がなかった。そうしたものを買うために、ボーラーはあまり大事にしていないゴールドのチェーンを一ついとこのところへ持って行き、いくらで買うかと訊ねた。いとこが提示したのは一一〇〇ドルで、ボーラーにとって驚きの額だった。レコード業界で高い地位を確保していた男はハッとした——コルベットとBMWを乗り回すいとこが属しているジュエリー業界に比べれば、音楽の仕事なんて金にならない。ボーラーは退職し、それまで集めてきたレア物のスニーカーを売り払って一二〇万ドルの大金を手にすると、[12]ロサンゼルスを離れて旅に出た。

ボーラーは二〇〇四年に訪れた東京でヒップホップ・ジュエリーのディスプレイを目にすると、例のいとこに連絡を取った。二人でタッグを組めば互いに何かしらのメリットがあると思ったからだ。ボーラーは美術の学士号を持っており、刺激的な仕事を求めていた。また、音楽業界での人脈があり、そうした知り合いは皆、高価なジュエリーを購入し、身につけていた。一方、ボーラーのいとこは、店の経営には成功していたが、一流の顧客を引きつけるのに苦戦していた。ボーラーがロサンゼルスへ戻ると、二人はパートナーを組み、会社名を変更し、芸能人をターゲットにした果敢なビジネスを開始した。ボーラーは当時流行《はや》っていたソーシャル・メディア・サイト「マイスペース（MySpace）」を活用して会社を売り込み、二件の注文を獲得した。一つはブリンク182というポップ・パンク・バンドで、もう一つはファレル・ウイリアムスがプロデュースした「クリプス」というラップ・デュオだった。

ボーラーはＩＦ社を芸能人やヒップホップ歌手のご用達ブランドにすることにした。ボーラーは社交的なうえに、自身の音楽業界やナイトライフでの経験から、ブランドに関する鋭い見解を持っていた。「ジェイコブ・ザ・ジュエラー」のように、自力で名声を築くにはどうすればよいかは感覚でわかっていた。「まるで脱獄囚のようだった」とボーラーは振り返る。「ありとあらゆる手を尽くしたよ。誰彼かまわず近づいた。あるとき、マイケル・ジャクソンと知り合えた。そこから状況が変わり始めたのさ」[13]。キング・オブ・ポップの称号を持つ歌手のジュエリーをデザインすることで、ボーラーは自信をつけ、その注目度は確実に高まった。しかし、ボーラーに決定的な変化をもたらしたのは、ユーチューブで絶大な人気を得ていたティーンエイジャーのデザインを任されたことだった。スタイリッシュな髪型と、ジャクソンファイブの時代を彷彿させる声を特徴とし、若くしてソーシャル・メディアを巧みに操っていたその少年とは、ジャスティン・ビーバーのことである。超人気歌手のビーバーはボーラーと親しくなると、ボーラーの作品を最近お気に入りのジュエリーとして、自分の宣伝広告に頻繁に登場させるようになった。

それからというもの、音楽業界のあらゆる人がＩＦ社の宝飾品を求めるようになり、ボーラーはそうした有名人の意見を聞いたうえで製作するという接客スタイルをつくりあげた。たとえば、トレードマークになるようなペンダントを求めている顧客がいれば、その顧客の好みを聞き出すことから始めた。チェーンの素材はプラチナがいいか、ローズ・ゴールドがいいか、それともイエロー・ゴールドか。何か決まったロゴや紋章があるのか。用途はネックレスかブローチか、それともブレスレットなのか。接客プロセスのこの段階では、どんな思いつきでも構わないとボーラーは言う。「思いつく限りのアイデアをお話しください。[14]あなたがくだらないと思うことでも、かっこいいと思うことでも、何でも構いません。アイデアを伺ったうえで、どういうものをつくるか的を絞っていきましょう」。このようにして、顧客一人ひとりにイメージを描いてもらい、それをどうやって形にするかをともに話し合ったうえで、さまざまな――ホワイトダイヤモンド、色付きダイヤモンド、その他の宝石や準宝石などの――デザイン画を描く。デザインが完成したら、見本をつくるためにワックス原型の製作を手配する。その間に顧客はチェーンを決め、長さを選ぶ。長さは、胸の中央部からみぞおち、そしてへそまで選べる。それから、リンクの種類も選んでもらう。ワックス原型ができあがれば、顧客の最終承認を得て、鋳造の工程に入る。鋳造されたゴールドのペンダントを磨き、宝石を施して、引渡しとなる。「完成品を渡すと、『こりゃすごい。本当につくってくれちゃったよ』ってみんな目を丸くするんだ。[15]最高の気分さ」。

ジェイコブ・ザ・ジュエラーがかつてそうであったように、ベン・ボーラーもワーレイ、タイガ、プシャ・Ｔといった有名ラッパーらに、歌のなかでボーラーの名前をあげて感謝の気持ちをあらわしてもらえるようになった。このような有名人から信頼を得ているニッチな宝石商は、ヒップホップ界の若者にとって、とても魅力的な存在だった。一つには、ラッパーという人種はブランド志向が極端に強く、高級車から高級ブランドのアパレル、上等な酒に至るまで、あらゆるブランドをひけらかす傾向がある。しかし、そうは言っても、自分にとって心地よい相手と手を組みたい気持ちも強い。その点では、ジェイコブとベン・ボーラーは秀でていた。ボーラーは極度の貧困と裕福な暮らしの両方を知っていた。今や数十万ドルものジュエリーを当たり前のように毎日身につけているが、そのボーラーでも、カルティエのような高級宝石店に客として行くのは居心地が悪いという。一流のヒップホップ・ジュエラーの場合、才能があり、高品質の素材を扱っている点では高級宝石店と同じだが、それにくわえて、派手なものやばかげたものを好む顧客ともうまくやれる。おそらくそれと同じくらい重要なのは、高級宝石店よりも安価な点だ。ベン・ボーラーは自分を「コンシェルジュ」だと考えており、顧客の希望があればいつでも自宅まで出向くという。「当社が顧客に届けているのは、独自のヒップホップのアクセントを少し加えたカルティエなのだ[16]」と語っている。

今よりも多様な価値観やライフスタイルをもつ新しい世代の消費者がまもなく大人になる。彼らは、華やかなミュージックビデオや、かつての人気テレビ番組「裕福な有名人のライフスタイル」の音楽業界版と言えるＭＴＶの番組「クリプス」を見て育った世代だ。「クリプス」では、ヒットチャートの上位をにぎわす歌手が暮らす数百万ドルの豪邸にカメラを潜入させ、彼らのジュエリーボックスの中身まで公開した。この番組で取り上げられることは、ダイヤモンド業界にとって、少なくとも表向きはすばらしいニュースだった。しかしその後、ニューヨークやロサンゼルスではなく、アンゴラやシエラレオネのようなはるかな異国から、ダイヤモンド業界を圧倒するニュースが入ってくることになる。

第15章　批判者たち

世界的危機によって「永遠」の意味はどのように変わったか

世界各地

ＢＧがニューオーリンズで『ブリンブリン』をリリースする一年前の一九九八年に戻ろう。グローバル・ウィットネスという比較的新しいＮＧＯ（非政府組織）が、『ラフ・トレード――企業と政府がアンゴラ内戦で果たした役割』と題した一五ページのレポートを発表した。「ラフ」には、「原石」と「乱暴」の二つの意味が込められている。このレポートをきっかけに、セシル・ローズ以来のダイヤモンドの取引形態に大変革が起こった。

『ラフ・トレード』が主に取り上げたのはアンゴラだった。アフリカ南西部に位置する大きな国で、ポルトガルに対する独立戦争が一九六一年に始まってから長い間、暴力的紛争の泥沼に陥っていた。一九七五年に宗主国が撤退すると、権力の空白が生じ、ほどなく二つの勢力の間に血まみれの紛争が勃発した。ソ連が支援するアンゴラ解放人民運動（ＭＰＬＡ）と、アメリカと中国が支援するアンゴラ全面独立民族同盟（ＵＮＩＴＡ）である。のちに二つの戦争を起こし、数十万人の戦死者を出すことになる冷酷なＵＮＩＴＡは、国政選挙でＭＰＬＡに敗北したにもかかわらず、民間人を標的にした自国民への残虐なテロ行為を続けた。その後、ＵＮＩＴＡは反乱を続ける資金を稼ぐため、アンゴラの主だった漂砂鉱床のうち推定六〇から七〇パーセントを制圧した[1]。漂砂鉱床では、地中数フィートまで掘削してから洗浄してふるいにかける、という原始的で安価な方法を用いて、高品質の石を採ることができた。こうして、アンゴラで盗掘されたダイヤモンドの売却利益が、UNITAが続けるテロの資金源になった。

一九九四年には、国際連合の介入によりルサカ議定書が締結された。それによると、国連と正当なアンゴラ政府の残存勢力、さらにはUNITAの代表までが参加するアンゴラ共同委員会が設立されることとなった。ただし、反乱軍に武装解除させることが条件だった。しかし、三年たっても戦闘は停止されなかった。そのため、国連安全保障理事会は、停戦命令に繰り返し違反したことを理由に、UNITAに第一弾の経済制裁を課した。それでもUNITAが戦闘を続けると、安保理は、経済制裁を拡大してダイヤモンドも対象にした決議1173と1176を全会一致で採択した。新たな決議では、国連加盟国に対し、アンゴラで採掘されたダイヤモンドのうち、政府が認定したもの(正当な政府が統治している地域の原産であることが明確なもの)以外の輸入が禁じられた。もちろん、ダイヤモンドの取引を活発に行っているベルギー、イスラエル、インド、アメリカといった国連加盟国も例外ではなかった。UNITAへの国際的な闇資金の血流を止め、封じ込めるのが狙いだった。

しかし、反乱軍は制裁に対し、きわめてしぶとく持ちこたえた。ロンドンに本部を置くNGOのグローバル・ウィットネスは、政情不安定な地域における天然資源の存在と、国土を荒廃させる戦闘の関係を調査していたが、今回特にアンゴラのダイヤモンドに照準を合わせ、アンゴラ産ダイヤモンドが世界規模での人権侵害の資金源になっていないかどうか、さらには人権侵害そのものを引き起こしていないかどうかを独自に調査した。『ラフ・トレード』というタイトルで発表された調査結果では、次のように断言された。

「長年繰り返された内戦を生き延びた数百万人のアンゴラ人にとっても、一九九二年末から一九九五年までに無残にも亡くなった推定三〇万人のアンゴラ人にとっても、ダイヤモンドの国際的な闇取引が果たす役割はいま一つ実感できなかったかもしれない。しかし、ＵＮＩＴＡがダイヤモンドの闇取引で得た収益と、その収益が及ぼした直接間接の影響は確かに現実のものであった」。さらに、「安保理決議１１７３と１１７６だけでは不十分である。なぜなら、国際的なダイヤモンド・コミュニティは国連によるあらゆる制裁を何とかして回避しようとしているのだから」とも述べていた。[2]

有効な規制がないままあまりに長く機能してきたダイヤモンド業界は、デビアス社などの大手によって完全に牛耳られてきた、とグローバル・ウィットネスはレポートした。資本主義企業が、自らの経済的利益に反してでも国民の安全を守ろうと進んで行動を取るなどと考えるのは、どう見ても楽観的過ぎるだろう。そう考えたグローバル・ウィットネスは、多くの取材を行い、デビアス社自身の年次報告書などを読み込んで、アンゴラのダイヤモンドがシンジケートに大いに利益をもたらしていることを明らかにした。そして、経済制裁を回避するために採用してきたあの手この手の手法を示した。

最初の手法は、デビアス社の国外買いつけ事務所を通じたものであった。同社が宝石を入手するルートは三つあった。一つ目は南アフリカやナミビアなどでの自社採掘、二つ目は当時ソ連やオーストラリアなどと締結していた、ＣＳＯや政府を通じたダイヤモンド売買の協定、そして三つ目が、世界各国に散在する取引所機能をもつ買いつけ事務所であった。この最後の手法は売り手たちが来歴の怪しい石を持参することから、最も監視が難しかった。それらの石の原産地を追跡するのは極端に難しくなっていたのだ。こうして、国連安保理がアンゴラに関する決議を行った後も、UNITAはディーラーの複雑なネットワークを通じてダイヤモンドの密輸出を続けることができた。しかし、そんな違法のダイヤモンドには、その所有者遍歴も含めて歴然とした特徴があることをグローバル・ウィットネスは指摘した。問題は、違法なアンゴラ産ダイヤモンドを扱っている可能性があっても、公開市場の取引所の関係者が見て見ぬふりをすることにある、と主張したのである。

また、『ラフ・トレード』は、ダイヤモンド取引の中心地であるベルギーのアントワープ市を名指しして、不正輸入品の取り締まりに極めてずさんであると批判した。ベルギー経由で流通するUNITAのダイヤモンドには、原産地証明書が不完全であったり、まったくの偽造であったりするものが大量に存在したという。グローバル・ウィットネスによると、アンゴラの隣接国で、しかも天然のダイヤモンド鉱山が一つもない国が原産国として記載されていても、税関職員は誰一人として摘発しようとしない、と指摘した。また、「ベルギー経済省の専門職員は……ゼネラリストであり、(原石の表面的な特徴では)アンゴラ産ダイヤモンドを特定できるとは限らない」[3]と、一定の理解を示したものの、「ベルギー経済にとってのダイヤモンド産業の重要性は、禁輸措置の厳格な適用に対する負のインセンティブとなっている」とも強調した。

ベルギーなどのダイヤモンド取引中心地での水際作戦の強化が特に重要とされる理由がもう一つあった。それは、原石には産地を識別できる特徴が残っているが、研磨してしまうと、その特徴の追跡はほぼ不可能になるということだ。つまり、アンゴラ産を隔離できるのは、カットと研磨が施される前だけであり、いったんカットと研磨が済んでしまうと、他の高品質ダイヤモンドと見分けがつかないため、他地域のダイヤモンドと混ぜて売られることが大いに懸念された。

『ラフ・トレード』は絶妙なタイミングで出版された。すでに国連安保理が国際社会に対して問題への注意を喚起していたが、グローバル・ウィットネスはもう一歩踏み込んで、ダイヤモンドとUNITAのつながりをはっきりと説明したのである。広報キャンペーンのなかでグローバル・ウィットネスが接触したのが、マーティン・ラパポートだった。ちなみに、彼は業界の第一人者であると同時に有名な反逆児でもあった。一九七〇年代のダイヤモンド投資ブームのなかで、ホワイトダイヤモンドの週刊価格表『ラパポート・ダイヤモンド・レポート』の公開を始めたことで知名度を上げた男だった。そもそもこのようなレポートが刊行されたのは史上初めてのことであり、多くの業界関係者の反対にあった。価格をコントロールする力を卸売業者から事実上奪うからだった。しかし、一九九九年までにはラパポートとその価格表は定番になり、ラパポート自身もダイヤモンド業界において尊敬される（ただし、無遠慮な）意見発信者としての地位を確立していた。

ホロコーストの生存者の息子であるラパポートは、天職の宝石取引が、世界中で人間を苦しませている可能性があるという指摘を受けて、本能的かつ情緒的に反応した。(4) ラパポートはグローバル・ウィットネスに同行して、ダイヤモンドを多く産出する西アフリカのシエラレオネ共和国を視察した。同国の政治的状況はアンゴラに似ていた。一九九〇年代前半、ＲＵＦ（統一革命戦線）という名前の反乱軍がリベリア国境から侵入し、国民の間に従来の政府への反感を煽った。ＲＵＦのメンバーは解放軍を名乗り、ダイヤモンド鉱山に狙いを定めた。鉱山は、湿気が多くこんもりと茂るジャングルに囲まれ、多くの人が住むコノ地区にあった。ＲＵＦが到着するはるか前から、シエラレオネ国民とダイヤモンドとの間には必然的に複雑な関係ができあがっていた。ダイヤモンドは、金、ルチル、鉄など天然資源の豊富なシエラレオネでもとりわけ大量に産出される資源だった。一九三〇年代にイギリスの植民者たちが発見して以来、ダイヤモンドはあらゆる関係者を豊かにしているように思われていたが、実際は、一般国民にはさっぱり恩恵がなかった。RUFが鉱山を占領するのは、シエラレオネの恵まれない一般国民のためである、というイメージを演出していた。

しかし、それはまやかしだった。RUFがシエラレオネのダイヤモンドを狙った理由はただ一つ、自らの戦闘資金にすることだった。RUFは資金と銃（主にAK47）を必要としていたが、ダイヤモンドさえあればどちらも豊富に手に入った。RUFは、シエラレオネの政界に入り込んでいき、ついには政権を握ると同時に、国民を裏切り、暴力をもって反対派を鎮圧していった。コノ地区で略奪をはたらき、男性はそのまま殺し、女性はレイプしてから殺した。子供を誘拐し、麻薬などの洗脳手段で少年兵に仕立て、冷酷で忠実な子供たちの軍を作って浄化や皆殺しなど数々の虐殺作戦に従事させた。たとえば、大勢の民間人の手足を次々と切断するという背筋が凍るようなことを実習させたのだ。(5) これは、一説によれば、シエラレオネ大統領による「平和のために手をつなごう」という善意で弱気なアピールに触発された行為だと言う者もいるが、実際は、政府に楯突こうとする人々へのみせしめ行為となった。

コノ地区を訪れたラパポートは、RUFによる破壊行為を自らの目でしっかり見た。手足を切断された人々が、愛する者と死に別れ、あるいは生き別れて、難民キャンプで生活していた。かつてにぎやかだったコノは、生活必需品もインフラもないゴースト・タウンになり果てていた。愕然とし、大きな衝撃を受けたラパポートは、帰国するとすぐに、グローバル・ウィットネスへの支持に回った。ダイヤモンド業界の反発を覚悟のうえだった。二〇〇〇年四月七日、ラパポートは自らの雑誌に、『罪悪感を抱いての旅』という真情あふれる記事を寄せた。これは、感動的な一人称の旅行記であるとともに、アフリカでの戦争や紛争に対する関心をダイヤモンド業者たちに呼びかける嘆願書だった。

「ダイヤモンド業界は、シエラレオネなどの紛争地域で産出する違法ダイヤモンドが、実際には、どのようにして世界市場に出回っているのか、現実を直視し、具体的に対処しなければならない」。「マンハッタンの47丁目に集まるダイヤモンド業者たちは窃盗の疑いのあるダイヤモンドの購入を避けようとするのに、紛争ダイヤモンドについてはどうして無関心のベールを被ろうとするのか？　紛争ダイヤモンドの取引は規制されるべきである。正当な原産地のダイヤモンドは盗品ダイヤモンドよりも高い価格で取引されるのが当然である」。最後に、「ダイヤモンド資源は、採掘する国民を直接助け、豊かにするべきである」と締めくくったラパポートの主張は宗主国の力を基に築き上げられた業界にとっては、ことさらに重要な意味を持った。

紛争ダイヤモンドの問題は、世界中の関心を集めた。アメリカの下院では、民主共和両党の議員から、ダイヤモンドの適正輸入を規定する法案が提出された。二〇〇〇年一月には、別のNGOであるパートナーシップ・アフリカ・カナダ（PAC）が独自のレポート『問題の中心――シエラレオネ、ダイヤモンド、人々の安全』を発行した。ちなみに、このPACは、暴力的紛争に対する天然資源、特に鉱物の果たす役割についての調査研究を続けている団体である。

その夏、ダイヤモンド業界の指導者たちが南アフリカ共和国のキンバリーに集まって、問題の総合的対処策を検討した。具体的には、紛争地域で採れたダイヤモンドが世界の正式な供給販売ルート《サプライチェーン》に乗らないようにするための戦略会議だった。集まったなかにはマーティン・ラパポートに加え、南アフリカ、ナミビア、ベルギーなどのダイヤモンド生産国や加工国の政府代表者、そしてグローバル・ウィットネスとPACの運動家が含まれていた。当然ながら、デビアス社もこの問題に関わっていた。コリンナ・ギルフィランは二〇〇二年にグローバル・ウィットネスのチームに参加し、以後五年近く紛争ダイヤモンドの問題に関わってきた。が、ダイヤモンドと虐殺との忌まわしい結びつきがダイヤモンドのイメージを永遠に汚すのではないかと恐れ、同じ恐れを抱く業界関係者のパニック状態を振り返っている。それまでの業界は全体として、過剰供給を避けて価格の安定を目標に運営されてきたが、過剰供給のリスクよりも、紛争ダイヤモンドにつけられた観念的な汚点によって、永遠に癒えない傷を負うかもしれない、というリスクの方がはるかに大きいと感じていたのである。どこの花嫁が、手を切断されたアフリカの父親の悲しみを思い起こす指輪をするだろうか。

この問題は、別のぜいたく品部門から得られた教訓も連想させた。ギルフィランは回想する。「業界関係者や政府関係者の中には、毛皮取引のことを連想した人が多かったと思います。[6] 私たちが足しげく業界や政府関係者に働きかけたのは、毛皮取引の際と同じ恐怖を覚えていたからです。そして、ダイヤモンド業界と政府を行動へ駆り立てることに成功しました。ダイヤモンドが毛皮取引のようなイメージ悪化につながったら、消費者の巨大な反発を受けるだろうということです」。変化を公然と否定する人物は、小さなダイヤモンドを追跡するのは不可能だと主張する人々も含め、世界中で悪役として扱われるリスクを負ったのである。

二〇〇〇年七月、ワールド・ダイヤモンド・カウンシル（WDC）が新たに結成され、グローバル・ウィットネスやアムネスティ・インターナショナルなどのNGOの賛同を得て一連の予防措置を提案した。ダイヤモンド原石に適用されるこの新たなルールによれば、石は混合やすり替えを防ぐために密封したパッケージで輸送され、輸入証明書には輸出地だけではなく、原産地の鉱山の場所を記載しなければならないというものだった。これにより、卸売業者を使ってリベリア経由でダイヤモンドを流していたRUFのようなやり方で、隣接国を通じて石を輸出することが難しくなった。この規定は良いスタートラインとなった。将来のイメージダウンの恐怖に突き動かされたからとはいえ、業界側が進んで協力する姿勢を示したからだ。アントワープのダイヤモンド取引所を統括する公益法人、HRDの会長は『ニューヨーク・タイムズ』紙に「違法ダイヤモンドを取引した者は業界から排除される」[7]と請け合った。しかし、そうは言っても、ダイヤモンド業界は、ダイヤモンドの取引規制に関するすべての責任を単純に引き受けることはできなかった。自主規制は賞賛されたものの、コンプライアンスを保証するための最も確実な方法とはいえなかった。アンゴラ、シエラレオネ、さらにはコンゴ民主共和国やコートジボワールの人々を考えると、世界は、紛争ダイヤモンドを扱うためのもっと包括的で拘束力のある計画を必要としていた。二〇〇〇年十二月、国連総会はダイヤモンド原石の国際的な認定スキームを支持する決議を採択した。

そして、次に来るのは起草だった。

◇◇◇◇◇◇◇◇◇◇◇◇◇◇◇◇◇◇◇◇◇◇◇◇◇◇◇

紛争ダイヤモンド危機が最も深刻だった時期に行われた推定では、供給販売網《サプライチェーン》全体の四パーセントから一五パーセントのダイヤモンドが紛争地域産とされた[8]。前者の数値はダイヤモンド業界、後者はグローバル・ウィットネスの概算によるものである。残念ながら、美しく輝くクリーンなダイヤモンドを汚れたものと区別する明確な方法はなかったので、国連、NGO、およびダイヤモンド業界の利害関係者は、「キンバリー・プロセス」という認定スキームを考え出した。これは、二〇〇二年十一月にスイスで調印され、二〇〇三年一月一日から正式に施行された。「キンバリー・プロセス」は、紛争ダイヤモンドを「反乱軍が正当な政府を転覆するために用いる原石」と明確に定義した。そして既存の輸出入法を強化し、すべてのパッケージを改ざん不能な容器に入れて輸送し、有効な原産地証明書を添付することという基本義務に加えてキンバリー・プロセス参加国は、それ以外の国との取引ではキンバリー・プロセスの最低要件の遵守を誓った国としか取引できないと定めた。参加国には、アンゴラ、オーストラリア、ボツワナ、カナダ、ナミビア、ロシア、シエラレオネ、南アフリカなどの主要ダイヤモンド生産国に加え、EU全体、インド、イスラエル、アメリカなどの主要ダイヤモンド取引地域も名を連ねていた。これらの国は、世界中のダイヤモンドの動きを監視するための各種の慣行を支持する義務を負った。たとえば、参加国は、詳細な統計記録をとり、監査を受けることとされた。これは、新しいダイヤモンドの発見が知られていないのに輸出が急増している国など、疑わしい異常データを見つけ出すための措置であった。

グローバル・ウィットネスのコリンナ・ギルフィランによると、キンバリー・プロセスをまとめるための長期間の交渉と、その初期の導入過程は、さまざまな異なる利害関係者で「ごった返していた」という。すなわち、政府だけではなく、ダイヤモンド業界や、グローバル・ウィットネスやPACなどのNGOの代表も含まれていた。「このスキームが直面する現実的な大問題の一つは……スキームをどのように施行し、効力を発揮させるかだった」[9]。最終的に、キンバリー・プロセスが持つことになった強制力は経済的なものになった。これは、プロセスが必ずしも機能するとは限らない、ということをも意味した。理論的には、合意に参加しない国や合意の条項に著しく違反した国が輸入するダイヤモンドは違法な品またはブラックマーケット産とみなされ、それゆえに輸入国の総収入は減少するはずだった。しかし、このような仮定は、各参加政府が、自国における規制を確実に実行するのはもちろん、外交関係を危険にしてでも他の政府の責任を追及できることを前提にしていた。(10) これは今でも、キンバリー・プロセスの実効性を疑問視する重要な根拠となっている。

大手メディアがキンバリー・プロセスの交渉について初めて記事にしたのは二〇〇一年のことだった。しかし、紛争ダイヤモンドの問題が一般大衆《ポップカルチャー》の注目を広く浴びるのにはさらに年月を要した。問題解決のためのスキームが導入されて数年後、ようやく、人々の認識も高まり、怒りが表面化してきた。人々は違法ダイヤモンドを「紛争ダイヤモンド」と呼び、さらには「ブラッド（血まみれの）・ダイヤモンド」という禍々しい同義語も併用した（キンバリー・プロセスの文書でもこの呼び方が用いられた）。

二〇〇二年九月、認定スキームが完成して発効する二カ月前、ジャーナリストのグレッグ・キャンベルが、シエラレオネでの暴力を描いた『ブラッド・ダイヤモンド』という本を出版した。キャンベルはコノ地区の現地に赴き、実際の取材を通して、邪悪なＲＵＦの指導者と少年兵、そして手足を切断された人々に関するマーティン・ラパポートやパートナーシップ・アフリカ・カナダの話を裏づけた。キャンベルが立てた仮説は、ＮＧＯ諸団体の論点とも一致していた。ＲＵＦを率いるフォディ・サンコーが、ダイヤモンド鉱山の権利を掌握するために自ら戦争を起こしたというのである。キャンベルは次のように記している。「（少年兵による）恐ろしい『殲滅作戦』を一九九六年に遂行して以来、(11) ＲＵＦの反乱軍は数百万ドル相当のコノ地区のダイヤモンドを世界中の流通経路に売りさばいた。そのダイヤモンドは間違いなく、血塗られた原産地のことをまったく知らない夫婦たちによって大切にされ、愛されている」。

同書は高い評価を得たが、二〇〇六年に同書を原作とした大予算のハリウッド映画が制作されたことで、きわめて多くの人々の知るところとなった。映画版『ブラッド・ダイヤモンド』では、特に正義漢というわけではない主人公、架空のダイヤモンドブローカー（レオナルド・ディカプリオ）が、RUFに誘拐された幼い息子を探すシエラレオネ人の父親（ジャイモン・フンスー）に出会って、良心を揺さぶられることになる。映画は、同書の最もぞっとするイメージを人々の目にさらした。また、きらきらした指輪に恋い焦がれる愚かなアメリカ人女性と対比しようとするかのように、ジェニファー・コネリーが怖れ知らずの調査報道記者の役を演じている。

映画が封切られたときにはすでに、英語圏の一般視聴者は「ブラッド・ダイヤモンド」という言葉になじみつつあった。多少はキャンベルの本のおかげだったが、カニエ・ウェストの歌『ダイヤモンズ・フロム・シエラレオネ』のミュージックビデオによる効果も大きかった。もっとも、この歌は、一九七一年に発売されたシャーリー・バッシーの『ダイヤモンドは永遠』をサンプリングしたもので、実際にはシエラレオネ共和国との関連は薄く、音楽賞の表彰式などでのウェスト自身の態度の悪さや、所属していたレコード会社のロッカフェラ・レコーズのトラブルの噂などを題材にしていた。ウェストは、自分が短気なのを認める一方、レコード会社のトラブルもまったくの嘘だとは言い切れないと思っていたようだ。「ダイヤモンドを空に放り投げろ」という歌詞は、ロッカフェラ・レコーズの非公式のシンボルとなっていた、親指と人差し指をダイヤモンドの形に曲げるポーズを指していた。

しかし、最初のバージョンの歌をレコーディングしてからしばらくたって、ウェストはシエラレオネ国民の悲惨な状況に強く関心を抱くようになった。そして、問題に直接言及した歌詞（「これは紛争ダイヤじゃないよな、ジェイコブ?」など）を追加したリミックス版を発表した。この新しい歌詞では、紛争ダイヤモンドの問題を、紛れもない人種問題として位置づけ、麻薬取引の犠牲になっているアフリカ系アメリカ人を、ダイヤモンドの名のもとに多くのアフリカ人が耐え忍んだ苦痛になぞらえた。ウェストにとって皮肉だったのは、彼のような一部のアメリカ黒人が、自らダイヤモンドを買うだけでなく、きらきら光る「アイス」*を成功と結びつけるような言葉を広めることで、知らないうちに、シエラレオネのような場所での暴力を可能にしてしまっていたことだ。ハイプ・ウィリアムズ監督による『ダイヤモンズ・フロム・シエラレオネ』リミックス版のミュージックビデオは、少年兵による血も凍る証言で始まる。証言は、やせ細った潤んだ目の子供たちが地下鉱山でツルハシを振るう映像と対比される。ビデオの最後では、ウェストが遠くに歩み去るイメージの上に字幕が載る。「紛争とはまったく縁のないダイヤモンドを買ってください」。

ヒップホップ界にとって、『ダイヤモンズ・フロム・シエラレオネ』は、紛争ダイヤモンドの恐ろしい真実を認める最初の一歩となった。多くのラッパーは、何事もなかったかのように自分たちのジュエリーを歌詞に乗せていたが、カニエ・ウェストなど一部のアーティストは、同業者だけではなくファンをも啓発するための活動に参加した。二〇〇五年、パブリック・エナミーのメンバーのチャック・Dは、十一分間の短編ドキュメンタリー『ブリン――その結果と影響』のナレーターを務めた。数年後、ケーブルテレビ局VH1のドキュメンタリーシリーズ「ロック・ドック」の一篇として、『ブリン――血とダイヤモンドとヒップホップ』が放映された。この番組では、

＊「アイス」はダイヤモンドの別名

レイクウォン（ウータン・クランのメンバー）、ポール・ウォール、テゴ・カルデロンの三人が、シエラレオネの惨状をこの目で見るため、実際に現地へ飛んだ。メッセージははっきりしていた。「ブリン」を買う者は、原産地を知らなければならない。理屈からすれば、宝石商にいくつかの簡単な質問をすることで、重要な倫理的・心理的重荷を下ろせるはずである。

裕福なアメリカ白人に比べ、黒人主体のヒップホップ・コミュニティがダイヤモンドを着けるようになった歴史はごく浅い。それでも、社会的意識の高い黒人ミュージシャンたちは、ラッパーたちと、アンゴラやシエラレオネなどの国々の犠牲者との人種的な結びつきにつき、白人とは比べものにならない大きな責任感を抱いた。ファッション・ジャーナリストで『ハロー・ナイジェリア』誌編集長のザンディ・ブレイは次のように指摘する。

私たちには、大西洋を結ぶ血まみれのつながりがあるのです[12]。それは病んでいて、皮肉で、悲しく、汚く、奇妙なつながりです。ダイヤモンドのチェーンネックレスを巻いてポーズを取っている黒人ラッパーの同胞は……つながりをたどってみれば、手足を切断された親戚かもしれない。そのおかげで自分がこのダイヤモンドを着けられているのかもしれない。ただ、ただ、重いんです。

ヒップホップ界はダイヤモンドの輝きを強めるために大いに貢献したが、ブレイも示唆しているように、アフリカ系アメリカ人のなかにラッパーが占める割合はごく小さい。普通の白人消費者がテイラー・バートン・ダイヤモンドのような常識外れの高額宝飾品を買わないように、大半の黒人アメリカ人もダイヤモンドをあしらったチェーンなど買わない。ただ、違いが一つある。黒人社会は、デビアス社による数十年にわたる広告戦略のターゲットにされてこなかったことだ。かつて『バイブ』誌の美容広告ディレクターを務めていたベビー・スミスはこう指摘する。「ダイヤモンドのマーケティングが黒人コミュニティを対象にした覚えはありません。[13]ティファニーは『エッセンス』誌に広告を出していましたが、黒人雑誌にダイヤモンド業界の広告が載ったのを見たことはありません。少なくとも『バイブ』の広告部門に声がかかったことはない。これは何か大切なことを物語っています」。

デビアス社が『バイブ』の広告スペースを買ったことはなかったが、同社のダイヤモンドはヒップホップ界の写真入り記事に大きく掲載された。紛争ダイヤモンド危機を尻目に、こうした草の根の有機的なマーケティングは、時代が進むにつれてますます影響力を強めていった。

◇◇◇

グローバル・ウィットネスが最初のレポートを発行した一九九八年以来、デビアス社は自らのビジネスモデルの劇的な変革を余儀なくされてきた。それは生き残りをかけた戦いだった。紛争ダイヤモンド危機は業界に大いに悪影響を与えた。なかでも、半世紀以上の間、ダイヤモンドの広告展開を担い、業界で最高の知名度を誇ってきたデビアス社は、攻撃の矢面に立たされた。映画『ブラッド・ダイヤモンド』では、国連と協力しつつ、公開市場で血塗られたダイヤモンドを買い続けていた強欲で嘘つきのカルテルのことを「ファンデカープ・ダイヤモンド」という架空の南アフリカ企業としているが、デビアス社を揶揄していることは明らかだった。

デビアス社が採掘から販売までの生産販売網全体を支配していた「良き時代」は、終わりを告げようとしていたのだ。実は、紛争ダイヤモンド危機が発生する前からその徴候はあった。オーストラリアのアーガイル鉱山がシンジケートとの契約を断って独自の流通経路を確立しただけでも、パワーバランスは大幅に乱れていた。さらに、カナダのノーザンテリトリーでも、極寒のなか、二つの鉱山が操業を開始した。北極圏のすぐ南にあり、結氷した道を通らないとたどり着けないような場所だったが、高品質のダイヤモンドが一貫して産出されたため、十分に採算がとれた。どちらの鉱山もデビアス社の所有・操業ではなかった。

問題はこれだけではなかった。もっとも、他の諸問題いずれも本質的には政治色を帯びていたが。その一つはソ連が崩壊した後、ロシア政府は国内の鉱業会社と提携し、ダイヤモンドを扱う独占企業、アルローサ社を設立したことである。アルローサ社は最大の競合相手であるデビアス社と積極的に協力関係を模索したものの、協力の範囲は限定的だった。一方、南アフリカでは、きわめて大きな社会的変化が進行していた。悪名高かったアパルトヘイト政策が一九九〇年代半ばに廃止され、ＢＥＥ（黒人経済力強化政策）が始まった。そこには、有色人種の市民が、他の諸権利とともに、天然資源の恩恵を得られる権利が規定されていた。隣接するナミビアとボツワナにもデビアス社の重要な拠点があったが、両国の政府からも、社会を豊かにし、それぞれの国民の利益を増進せよという圧力が高まっていた。

デビアス社は、自らの立場とともに、世界におけるかつての巨大な交渉力も地位も失いつつあった。シンジケートによる世界のダイヤモンド供給のコントロール率は、アンゴラとシエラレオネに関する不穏な話がニュース記事になるにつれて、ピーク時の八〇パーセントとも九〇パーセントともいわれたのが六五パーセントにまで低下していた。[14] 二〇〇〇年には、ハリー・オッペンハイマーが九十一歳で亡くなり、息子のニコラス・オッペンハイマーが後を継いだ。ニコラスはすぐに動いた。二〇〇一年にはコンソーシアムを結成してデビアス社の株を買い上げ、上場を廃止した。新たな所有者はオッペンハイマー家、アングロ・アメリカン社（ニコラスの祖父アーネストが創業した会社）、そしてデビアス社とボツワナ政府が共同所有するベンチャー企業、デブスワナであった。

　これは、より大きな総合的戦略の一環だった。なぜなら、数カ月後、デビアス社は衝撃の発表を行ったからだ。セシル・ローズが苦労して築いた独占体制を解体し、自社で採掘した原石の販売に専念するというのである。表面上は紛争ダイヤモンドをめぐるメディアの批判をかわすのが目的だったが、このニュースには、業界全体に及ぼす別の影響があった。そう。ダイヤモンドの供給を自社採掘に限定すれば原石が暴力によって採掘されていないことを効果的に証明できる。しかし、これは、同社が業界と一体となって、あるいは業界のチャンピオンとなることへの関心を、創業以来初めて放棄したことを意味する。つまり新たな目標はより限定的で、一九三九年以来の広告活動の特徴となってきたダイヤモンド販売全般を考慮するのではなく、もっぱら自社製品のブランド作りに努めることにしたのだ。同社は業界全体のPRを行う代わりに、見込みのある顧客と一層緊密な関係を築くことに注力していった。アメリカ、ヨーロッパ、アジア各国の消費者はぜいたくなブランド物に惹かれていて、社名とロゴマークに対して上乗せ価格《プレミアム》を喜んで支払うという調査結果も出ていた。シンジケートは長い間ダイヤモンド業界の世話役を引き受けながら、競合と戦いつつ宝石商を支援しなければならなかったが、今回の方針転換で、事情がガラッと変わった。デビアス社は下流での活動を増やし、ティファニーやハリー・ウィンストンなどと軒を並べ、消費者に直接販売するようになったのである。

しかしデビアス社には、その前に対応すべきもう一つの問題があった。第二次世界大戦時、シンジケートは工業用ダイヤモンドをめぐってルーズベルト政権と争った。政権は、カルテルがシャーマン反トラスト法違反の営業を行ったとして告発する報復措置をとった。これにより、デビアス社はアメリカの消費者にダイヤモンドを直接売ることを禁じられた。告発は一九四八年に取り下げられたが、関係が修復されることはなく、一九九四年にも、アメリカ司法省から、ほかでもないかつての競合相手、ゼネラル・エレクトリック（GE）社と共謀して工業用ダイヤモンドの価格を固定したという罪状で告発された。GEに対する告発は裁判官より証拠不十分と扱かわれたが、デビアス社の経営幹部は、自社に対する政府の告発も同様に証拠力が弱いとして和解を拒否した。しかし十年後の二〇〇四年七月、デビアス社は原石をめぐる反トラスト訴訟での和解に応じた[15]。こうして未決着のシャーマン法違反の問題は終結し、ルーズベルト政権の時代から六十年近くを経て、デビアス社初の試みがついに可能になった。つまり、自社の直営店で直接アメリカの買い手に自社製品を公然と売れるようになったのだ。

現在、デビアス社がコントロールしているのは世界のダイヤモンドの三〇から三五パーセントで、それらについても、鉱山が実際に所在する国の政府と所有権を分け合っている。二〇一一年十一月に、ニコラス・オッペンハイマー会長は、一家が所有する四〇パーセントの株式をアングロ・アメリカン社に約五一億ドルで売却し、同社におけるオッペンハイマー家の権利関係を実質的に引き揚げた。デビアス社は引き続き、自社のダイヤモンドをダイヤモンド・トレーディング・カンパニー（DTC）という会社を通じて販売している。かつては中央販売機構（CSO）という名前で原石の流通を牛耳っていたが、より親しみ易く控えめな社名に変えたのだ。主な販売手法はいまだに、選ばれた少数の企業に対して、デビアス社のダイヤモンドを箱単位で買い取る権利を与えるサイトホルダー制度である。

しかしDTCは、CSOの時代と比べて、表向き大きく変化した。まず、サイトがイギリスではなくボツワナで行われるようになった。二〇一三年十一月以降、サイトホルダーはボツワナの首都ハボローネに年六回赴き、翌シーズンの石を受け取ることになった。八十年以上ロンドンで行われてきた主催地を変えることは、特に移動時間が倍以上になったアメリカ人の間でひと騒ぎになった。「少なくとも当初は、あまり気乗りしないお客様もいらっしゃいました[16]」とデビアス社のスポークスマン、デイヴィッド・ジョンソンは振り返る。実際、この主催地移転は、サイトに来る買い手のことを考えて行われたわけではなかった。デビアス社が意図したのはボツワナ国への貢献であった。GDPの約三分の一をダイヤモンドに依存するボツワナ国の大統領は、国民のため大きな経済効果をもたらすように、ビジネスパートナーのデビアス社に圧力をかけた。当時すでに進行中の改革もあった。たとえば、鉱業の他に製造業の基盤も整備され、カットと研磨で推定四〇〇〇人の雇用が新たに創出されていた。しかし、サイトの開催は、インフラ、ホテル、レストラン、インターネットアクセス、ワイヤレスなどの面でさらなる発展のチャンスになった。二〇一一年にデビアス社がサイトの移転に合意したことによって、同社は顧客が安心し魅力を感じる街になるように、ハボローネ市に数百万ドルを投資するほかなかった。

現在のサイトは、当初のシステムが確立された厳格なモンティ・チャールズの時代よりも柔軟に運営されている。十二カ月の期間の最初に、サイトホルダーは来る一年間に取引したい石の種類や数量などの要望書を提出し、デビアス社と割り当てについて細かく打ち合わせる。ハボローネに到着した時点で、買い手は箱の中身をほぼ把握していると、ジョンソンは説明する。その後、コーヒーを飲み、多少雑談してから、サイトホルダーは専用の部屋に入り、割り当てられた石を検分する。箱は小さなパッケージに分割されており、いずれかのパッケージがニーズに合わない場合、サイトホルダーはその部分の引き取りを拒否し「買い戻し」を要求することができる。デビアス社はそれに応えて、合計金額を調整する。

しかし、デビアス社がダイヤモンドの原石の分配プロセスでこのように融通を利かせるようになったものの、サイトホルダーの選定条件は厳しくなる一方だった。ジョンソンによれば、サイトに申し込んだ顧客のうち、実際にハボローネを訪問するのは約半分にすぎないそうだ。実際に選定されたサイトホルダーは、概して、市場における地位、技術力、財務状況、販売計画などの面で複合して傑出しているという。また、サイトホルダーは「ベスト・プラクティス原則」という倫理規定への署名も求められる。この原則には、キンバリー・プロセスの遵守はもちろん、財務上の透明性、環境責任、労働基準なども定められているという。

顧客がデビアス社から直接原石を購入することには、依然として多くの経済的利益《メリット》があった。多くの鉱山から採掘しているため、他の供給元と比べて商品の種類が多様で、品質が一貫しているからだ。また、倫理的な規範への明らかな違反を犯すことなく、まっとうな仕入れができるという利点もあった。しかし、当のデビアス社はその後、従来のサイトホルダーに対する卸売業の枠にこだわることなく小売業にも注力することになったため、サイトホルダーにとっては明確な競合相手にもなった訳である。

その一方で、デビアス社は従来の悪役イメージを払拭して、正反対にポジティブな顔を公開するようになった。つまり二十一世紀のダイヤモンド業界をプラスの方向に導く存在になろうとしていたのである。この意図は、高級ブランドを扱う二つの子会社、デビアス・ジュエリー社とフォーエバーマーク社のマーケティング計画に反映された。前者は最高級の宝石商で、倫理的に調達された最高品質のダイヤモンドを最大の売りにしていた。そのウェブサイトのコピーは、デビアス社の初期の広告をほうふつとさせるもので、自らを「ジュエラー・オブ・ライト（光の宝石商）」と呼び、ダイヤモンドは「最も精巧なすばらしい自然の恵み[17]」であるとしている。しかしながら、デビアス社とそのカルテルに関しては、過去からの負の遺産を誰もが見て見ぬふりをしていたため、「（新生デビアス社初の）よりクリーンな」イメージをあっさり受け入れたわけではなかった。二〇〇二年、ロンドンでデビアス社初の直営店が開店したときには、シンジケートが新たな鉱山を開発するためにボツワナ政府と手を結んで中央カラハリ動物保護区から先住民族を追い出したとして、デモ隊が集まって抗議した[18]。「ブッシュマンは永遠に輝かない」などと皮肉ったプラカードが掲げられた。ボツワナ大統領はデビアス社を擁護し、移住はすべての国民が学校などのインフラにアクセスできるようにする国の政策の一環で、ダイヤモンドとは一切関係ない、と説明したが、デビアス社の波乱の歴史が落とした影は、新しい高潔なイメージに対する脅威であり続けた。

それでも、デビアス社は自社のイメージアップへの挑戦を繰り返している。紛争ダイヤモンド問題への直接の対応として二〇〇〇年に行った大規模な企業再編とイメージチェンジ作戦では、「フォーエバーマーク」というダイヤモンド形のロゴが誕生し、広告戦略の中心的イメージとなった。左右対称な四つの描写は、もはや古典となったゲレティのスローガン「ダイヤモンドは永遠」を表している。新会社として「フォーエバーマーク社」は、二〇〇八年にアジア、二〇一一年にアメリカでそれぞれ設立された。デビアス社の子会社でありながら、中立的な名前という有利な条件を持つ同社は、ダイヤモンドの原産地に強い関心を抱く顧客に対し、デビアス・ジュエリー社よりもずっと率直な姿勢でアピールできた。「フォーエバーマーク社の基準を満たすダイヤモンドは世界のダイヤモンドのわずか一パーセント未満にすぎません」と、同社は資料で主張した。それは、高品質で宝石にふさわしいグレードのダイヤモンドであるだけでなく、原産地での鉱業は現地の生活に貢献し、しかも環境に十分な配慮がなされているからだという。すると消費者は、フォーエバーマーク社のみならず、デビアス・ジュエリー社でもこのことが守られていると期待するようになる。その一方で、フォーエバーマーク社は最善実施《ベスト・プラクティス》の原則をブランドのアイデンティティに採用した。フォーエバーマーク社の石の内部には、実際に、合格品であることを示す企業ロゴとID番号が彫られていた。裸眼では見えないが、そのダイヤモンドが合法でクリーンであるという偽造不可能な証拠となるように意図されていたのである。

デビアス・ジュエリー社とフォーエバーマーク社に、ティファニー社やフレッド・レイトン社ほどの知名度があったかどうかはともかく、これらの店には単なるダイヤモンド販売以上の特別な目的があった。デビアス社が人権問題に配慮しており、地球の健全性に投資しているというメッセージを消費者に直接伝えるということだ。デビアス社は、ダイヤモンド危機に屈するどころか、優れたマーケティング戦略によって、問題への世界的関心を自社企業グループの優位性に変えることでさらなる飛躍を遂げた。ハリウッドはシンジケートを言語道断の暴力を続ける強欲な存在として描いたが、デビアス社は会社の構造を抜本的に見直して、調達方法の倫理性と透明性を志すコミュニティのリーダーとして、新たなアイデンティティに適合させたのだ。その役割は不思議にも、デビアス社によく似合った。

そこで、懐疑論者たちは反論する。いやいや、そううまくはごまかされないぞ、と。

二〇〇二年八月、『ニューヨーク・タイムズ』紙は、「ダイヤモンドをめぐる論争をデビアス社が美徳にすりかえている」という記事を掲載した。この記事で扱った疑問はまさに、デビアス社がグローバル・ウィットネスと協調路線を取る動機となったのは何かという点であった。ジャック・ジョリスは、もっと多くの人々がこの疑問を自分の頭で考えてほしいと願っていた。ジョリスは、四〇年の業界経験を持つダイヤモンド原石のディーラー兼専門家兼コンサルタントで、彼の祖父は一九三〇年代にデビアス社のディレクターとしてロンドンで勤務してからアメリカで独立した起業家であった。ジョリスによれば、祖父が創立した会社の目的は、バミューダのペーパー・カンパニーを通じてデビアス社の石を輸入して、ルーズベルト大統領の反トラスト法の規制を回避することだった[19]。ジョリス家は、この仕事によって莫大な富を得た。それ以来、デビアス社に「好かれたり嫌われたり」（ジョリス）の関係、つまり時に好かれ、時にうるさがられる関係を保ってきたという。サイトで自分に割り当てられたダイヤモンドの箱を検分すると、自分が今どんな立場にあるのかがわかるんだ、とジョリスは冗談めかして語っていた。

ジョリスは一九九〇年代後半に、グローバル・ウィットネスの創始者であるチャーミアン・グーチをオフィスから追い出したのは自分だと公言して以来、多くの人々の怒りを買っている。ジョリスの見方では、ダイヤモンド危機は「インチキ」、「巨大な詐欺」、「つくられた対立」であるという。こうした発言を決して恥じておらず、『ナショナル・レビュー』誌編集長への長文の手紙や『ウォール・ストリート・ジャーナル』紙の特集ページで主張しただけでなく、二〇〇〇年に、まだキンバリー・プロセスが検討中だったときに、下院で証言まで行った。このような意見が不人気で、人々から強欲で冷酷だと非難されるのは明らかだった。それでもジョリスが主張し続けたのは、認定制度が皮肉にも、当初の導入意図とは逆の効果を生むのではないか、実際にはデビアス社を喜ばせ[20]、制度が守るはずのアフリカの現地採掘者に害をなすのではないかと考えたからだった。

でも、どうしてそうなるのか。まず、ジョリスは、危機そのものが存在するかどうかは、視点によって異なると考えた。アフリカの特定の地域に恐ろしい暴力があることは否定しない。しかし、いかなる理由であれ、ともかくダイヤモンドとそれを買う人間が悪いのだという見解には猛然と反発する。「紛争ダイヤモンドの持つ欺瞞性は、それがもっともらしくみえるところに問題がある。それはたしかにもっともらしい。特に、人が過ちを犯したとき、犯人が悪いのではなく道具が悪いと決めつけるような人には、もっともらしくみえるだろう。言い換えれば、何者かが銃を持ってセブンイレブンに強盗に押し入ったときに、その人間でなく銃のせいにするような人ならね。つまり、そういうものの見方しかできない人たちなのだ」。ジョリスはこのように語り、自らの保守的な立場を鮮明にした。ジョリスの考えでは、紛争地域にたまたまダイヤモンド鉱山があることと、武装グループ同士がダイヤモンドをめぐって争っていることとは同じ意味ではない。ましてや、ダイヤモンドがなければ反乱軍が破産するなどというのは、まったく無意味なことだ。彼の意見が正しいか否かはともかく――マーティン・ラパポートやグローバル・ウィットネスの人々は間違いなく否定するだろうが――ジョリスはキンバリー・プロセスが何の役にも立っていないことを人々に知らせたいのだ。ジョリスの主張は次のようなものである。キンバリー・プロセスは取引を実質的に改善することのない、むだな官僚的システムである。むしろ、事務処理を増やし、闇市場をはびこらせ、さらにその他の目に見えない悪影響を及ぼしている。キンバリー・プロセスには、認定を取っていないダイヤモンドを抑制する働きがあるが、これは、競争相手をつぶすというデビアス社の長期戦略と合致する。新しいシステムでは、遠方の独立した小規模生産者は石を市場に送り込めず、それが「デビアス社を喜ばせ、市場に出回るデビアス社以外のダイヤモンドを減らしている」(ジョリス)。キンバリー・プロセスを支持することで、デビアス社はEUとアメリカの税関職員を、自らの実質的な取り巻きとして自らに有利に働かせている。

ジョリスはさらに言う。認定スキームはダイヤモンドの密輸の撲滅にすら効果がなく、むしろ、地下の運び屋への需要がこれまでにないくらい高まって活気づいている。中央アフリカ共和国など、ダイヤモンドの輸出が公式に禁止されている国の貧しい採掘者からダイヤモンドを購入する違法トレーダーは、以前よりも買い取り価格を下げている。アメリカやEUへの輸出が合法なカメルーンやチャドなどの国に違法ダイヤモンドを運ぶ難易度とコストが上昇したためだ。一方で、自分たちでダイヤモンドを運び出して輸出するだけの供給源のない現地の業者は、経済的に困窮している。彼らの生活は、ダイヤモンドを売ってお金に換えるというシンプルな取引に依存しているからだ。それなのに、抽象的な概念であるキンバリー・プロセスのせいで、商品の価値が抑えられてしまったのだ。

ジョリスに言わせれば、これが現行システムの悲しい現実であるにもかかわらず、業界でそれを認める人間がほとんどいないのは、紛争ダイヤモンド問題の解決策をキンバリー・プロセスに求めるのがいかにもたやすい方法だからだ。つまり、キンバリー・プロセスさえ実施されていれば表向きの危機は去ったことになるので、一向にやめられないのだ。しかし、それは「倫理上のごまかしであって、一大隠蔽工作に他ならない」とジョリスは主張する。まったく驚くべきことだが、この点では、ジョリスとNGOの意見は一致している。つまり、「紛争ダイヤモンドが『ダイヤモンドは永遠』と同じくらいインチキだ」という持論で業界の鼻つまみ者とみられているジャック・ジョリスと、この問題を早くから記事にしてきた各ＮＧＯとの間で、この点こそが確実に意見の一致しているところであった。

二〇一一年十二月、グローバル・ウィットネスはキンバリー・プロセスから公式に手を引いた。[21] グローバル・ウィットネスはしばらく前からキンバリー・プロセスに不満を募らせていたが、ジンバブエ政府によるマランゲ鉱山産のダイヤモンドの輸出を引き続き許可することが多数決で決定された件で我慢の限界に達した。マランゲでの人権侵害は、アンゴラやシエラレオネのケースと似ていたが、国が正式に容認しているからという理由で許可されたのだ。しかも、この鉱山は、当時多数議席を維持していた政府が選挙民をおどして暴力的に掌握したものだった。キンバリー・プロセスでは、このような状況を正しくコントロールする方法が確立されていなかった。設立時の文書の文言は、反乱軍を止めることにしか言及していなかったのである。

キンバリー・プロセスの制度設計者たちは、次第にこのプロセスに背を向けるようになった。たとえば、パートナーシップ・アフリカ・カナダのイアン・スミリーとかマーティン・ラパポートがそうである。両者とも、キンバリー・プロセスが煙幕となって、ダイヤモンドを購入しても安心だという誤った感覚に消費者を誘導してしまう、と主張した。そこで「公正取引《フェアトレード》」という考え方を推進する政策提言運動が、日増しに勢いを増してきた。他の分野の公正取引《フェアトレード》製品と同様に、フェアトレード・ダイヤモンドは環境に配慮した安全な鉱山から採掘され、実際に採掘している人々の利益になり、うまくいけば発展途上国を豊かにするはずだという主張である。ワシントンＤＣに本部を置き、スミリーを会長とするＮＰＯのＤＤＩ（ダイヤモンド開発イニシアティブ）は、キンバリー・プロセスと似ているが、より広範囲の人道的なゴールを目指す、新たな世界的パートナーシップを導入しようと模索している。

ところで、以上述べてきたような大きな社会問題を一人一人の問題としてとらえ、各人がダイヤモンドについてよく研究し、クレジットカードを安易に差し出す前に適切な注意を払うことは購入者の責任ではないだろうか。「私たちはダイヤモンドの禁止を主張しているわけではありません」と、グローバル・ウィットネスのコリーナ・ギルフィランは語る。この言葉は、心に葛藤をかかえる多くの若者たちにとって慰めになるかもしれないし、ならないかもしれない。いずれにしても、彼らは、本書の第八章で紹介したあのハリウッド映画の『ダイヤモンドは危険』という（没になった）タイトルに頷き、ダイヤモンドが危険であるかもしれないという思いを抱いているだろう。しかし、同時にダイヤモンドが魅惑的でロマンティックであるという、心の奥深くまで浸透したメッセージをも捨てきれずにいる。二十一世紀の恋人たちの多くはたくさんの情報を得ながらもダイヤモンド本来の輝きに憧れ、長い伝統のある儀式を行いたがるのである。こうした消費者に対して、ギルフィランは、次のことを守れば良心に従った買い物ができる、と提案する。「店頭で質問をしてみることです。そして、その質問に対して明確な方針を持ってきちんと答え、しっかりと保証してくれる会社だけから買うようにしなさい[22]。ジンバブエ原産の石を仕入れていないことをどのようにして示していただけますか、あるいは、実際の原産地を教えていただけますか、といった質問は基本的なことです。これらに対し、適切な対応を期待する消費者は増え続けていると思います」。

第16章　**革新者たち**

情報化社会でのダイヤモンド販売

ロサンゼルス、ニューヨーク

二〇一二年二月二十六日、有名な若手女優ミシェル・ウィリアムズが第八四回アカデミー賞のレッドカーペット上に姿を現した。その年の最優秀女優賞にノミネートされたのだ。彼女の女優人生で三度目のノミネートだ。作品賞を争う他の映画――『アーティスト』や『マネーボール』、それに『ヘルプ（心がつなぐストーリー）』など――に比べると彼女の映画の前評判はそれほど高くなかったが、それでも評価の高い作品をいくつも送り出しているワインスタイン・ブラザーズ社が制作配給していた。この映画は伝記もので、ミシェル・ウィリアムズ自身が自らを変身させる機会となった作品でもある。歴史上最も有名な女性の一人を題材にしたもので、すでに幾度となく映画の題材にされ、神格化されているといってもよい女性を演じることは、ミシェルにとってもより大きな挑戦だった。マリリン・モンローのような偉大なカリスマ性や映画映えするスターを演じるには、やはり特別な女優が必要なのだ。声の話ではない。マリリン・モンローの有名なかすれ声を真似するのは簡単だ。しかし、ただの物まねでは映画が台無しになるか、パロディ化してしまうかだろう。抑制された、しかし見るものを強く揺さぶる演技に定評のあるミシェル・ウィリアムズは、『マリリン七日間の恋』でそんな間違いはしなかった。アカデミー賞の会場に着く前に、彼女はすでにゴールデン・グローブ賞を受賞しており、メリル・ストリープ、グレン・クロース、ヴィオラ・デイヴィスといった高名な実力派女優と主演女優賞を争う有力候補と目されていた。

このことは言うまでもなく、世界の一流ファッションデザイナーやジュエリーデザイナーが最大限に注目するところであった。彼らはすでに、ミシェル・ウィリアムズに対して、アカデミー賞授賞式には自分たちのドレスやアクセサリーを身に着けてリムジンから降り立ってもらおうと、懸命に働きかけていたのである。授賞式に出席するスターたちがドレスアップする慣習は、ハリウッド・ルーズベルト・ホテルで一九二九年に行われた最初の授賞式以来ずいぶんと変化してきている。一九八〇年代から一九九〇年代初頭までは、スターたちは自分の衣装を自分で選ぶのが普通だったがその後の二十年間に、スターたちのドレスアップをまるごと請け負う産業が生まれてきた。トップクラスの女優たち、なかでも清純派にとって、特にアカデミー賞は脚光を浴びる最高のイベントであった。同時に、彼女のマネージャーやスタイリストたちにとっても最高の目標であったのは言うまでもない。そんな授賞式に出かける前に自宅で準備したこと、当日経験したこと、終わってからの数週間のできごと、どれもこれもが女優とそのとりまきの人たちにとってきわめて大きな意味を持つことだった。

それは、とりもなおさず、関連のあるファッションデザイナーや宝飾店の経歴にも大きな影響を及ぼした。もし宝飾店が自らのブランドの魅力を短期間で広める機会を求めるのであれば、その広告担当チームは次のアカデミー賞授賞式の日取りを調べることから始めなければならない。アカデミー賞授賞式こそ、メディアの注目を大量に引きつけるのにうってつけの機会だからだ。

当日の夜、リムジンから降り立ったミシェルが着ていたのは、シルクのストラップレスドレスだった。シフォンを重ねたコーラルオレンジのロングドレスで、ウェストがフレアに広がるペプラムをあしらっているのが特徴だ。デザインはルイ・ヴィトンだった。ブロンド髪をふんわりしたピクシーカットにしたミシェルは、スクリーンから離れると、今演じているマリリン・モンローよりむしろミア・ファローやジーン・セバーグに似ていた。ミシェルの整った目鼻立ちと小柄な身体付きは年齢よりも若い印象を与え、彼女の複雑な演技にプラス効果をもたらしていた。それにしても、小柄なミシェルがあの威圧感を覚えるほど重そうな宝石を着けているのはどうしたことか、少々腑に落ちないものがあった。彼女にとって望ましいアクセサリーとは彼女を引き立てる何かであっても、逆に彼女をみじめに見せたり、劣って見せるようなものであってはならない。その点、二〇〇六年のアカデミー賞授賞式で身に着けていたのは、フレッド・レイトンの手になるすばらしい不朽の名作のダイヤモンドネックレスとヴェラ・ウォンのデザインしたマスタードイエローのドレスで、赤い口紅の彼女をよく引き立てていた。ちなみに、そのときの衣装は、かつて彼女が『ブロークバック・マウンテン』で初めてアカデミー助演女優賞にノミネートされ、それをきっかけに映画界にデビューした時に着ていたものと同じであった。それまではティーンエイジャー向けテレビドラマ『ドーソンズ・クリーク』のスターだったミシェルが、その装いをきっかけにハリウッドスターの道を歩むことになり、その後、何度もベストドレッサー賞のトップリストに名を連ね、実際にベストドレッサー賞をいくつも受賞している。これは、関係者にも大きな励みとなった。

六年後、フレッド・レイトンが再びミシェルのコーディネートを任されたとき、ベストドレッサー賞受賞のチャンス到来とチームスタッフが意気込んだのは当然だろう。アカデミー賞のレッドカーペットがどんなものか、それがどんなにすばらしいブランド効果をもたらすものか、スタッフたちは十分に承知していた。近年でこそ、フレッド・レイトンは世界最高峰の宝飾品ブランドのデザイナーとみなされているが、その出自は実際のところ質素なものだった。グリニッジ・ビレッジの人通りの少ない通りのブティックから身を起こしたのは一九六〇年代のこと。タクシー運転手の息子でニューヨーク生まれのマレー・モーントシャインが、第三世界からの輸入品を扱う店を買収したのが始まりで、その店の名前がフレッド・レイトンだった。マレーは元々軍人だったが柔軟な性格の一面も持ち合わせていた。民族衣装に関心があり、一風変わった貴重品、例えばメキシコ産の手芸品やレースのドレスなどを売る場所を探していたのだった。間もなく、彼は特別な布地を輸入して自分自身でデザインした衣装を販売するようになった。これら骨董品各種に加えて、宝石類の取引も増えていった。生まれながらのセールスマンだったマレーは、顧客と世間話をするのが得意だったし、新しいドレスと一緒に宝石類を買うように説得するのも簡単だった。やがて、年代物のエステートジュエリーが事業の中心となっていき、マレーは店舗をアッパーイーストサイドに移転した。そのころから、彼は別の名前で呼ばれるようになった。フレッド・レイトンだ。マレーが買い取った店の名前だが、その後も看板を変えなかったため、訪ねて来る客は店の看板の名前が店主の名前だと思ったためだ。前のオーナーから名前ごと商売を引き継いだのだと説明していたが、そのわずらわしさにうんざりしてきたマレーは、手っ取り早い解決法を選んだ。つまり、正式にフレッド・レイトンに改名したのだ。

マレー、すなわち後のフレッド・レイトンは宝石の黄金時代の品々を集めだした。一九三〇年代、四〇年代、そして五〇年代に作られた比較的安価なもので、ブルガリやショパール、ヴァンクリーフ&アーペルやカルティエ製だったが、時には大物アーティスト、たとえばジャンヌ・トゥーサンやジャン・シュランバージェの手によるものもあった。当時、エステートジュエリーは大人気というほどではなく、マレーはそれほど高額を払わずにニューヨークに持ち帰ることができた。そして裕福なパトロンたちに対しては、美しいだけでなく独特の来歴を持つエステートジュエリーがいつかは驚くほど価値が上がるでしょうと約束して売った。マレーはまったく正しかった。そして、九〇年代初頭になって、セレブたちを相手に仕事を始めたフレッド・レイトン社は、アメリカ合衆国でエステートジュエリーを扱う最高位の宝石商の一つとされるまでになっていた。

フレッド・レイトン社のチーフ・クリエイティブ・オフィサー兼PRディレクターの職を二十年以上務めているベテランのレベッカ・セルバは、アカデミー賞のレッドカーペット自体が一つの産業の舞台に変化した時期の前後で宝飾業界がいかに大きく変身したかについてよく覚えている。

「私はここに一九九二年に来ました。当時私たちはファッション写真用品の貸し出し業をしていましたが、セレブ達との取引はありませんでした。たとえば、ある高名な女性が結婚することになったのでティアラを貸してほしいと頼まれたこともありましたが、まったく議論の余地がなく、結局はティアラの貸し出しはしませんでした」。

だが、その後に転機が訪れた。ファッション界の最先端を行く大御所、ミウッチャ・プラダから予期せぬ依頼が舞い込んできたのである。そのとき、彼らフレッド・レイトンのチームはその好機を何とかものにしようと決心したのだ。

それは、一九九六年のことだった。ミウッチャはニコール・キッドマン――当時まだトム・クルーズと夫婦だった――のアカデミー賞授賞式の衣装の準備をしていた。ミウッチャは、まるで古代の彫刻のように優美なニコールがシンプルなラベンダー色のエンパイア・ウエストドレスを着て、シンプルなオパールを身に着けることを想定していた。意外な選択かもしれないが、当時まだダイヤモンドは正装行事に使うものとみなされていて、アカデミー賞の授賞式は正装行事とはみなされていなかったためだ。オパールはダイヤモンドより明らかに希少性が低い。幾度か検討を重ねた結果、フレッド・レイトンのチームは珍しいオパールの多連ネックレスを貸し出すことにした。ニコールの白鳥のような首やシンプルなドレス、そして乱れ髪を低い位置でまとめたローバンヘアーを引き立たせるためだ。ニコールがレッドカーペットに降り立った夜は、彼女のコーディネートにかかわったすべての人たちにとってとてもスリリングな時間だったが、その一晩でハリウッドが変わりはしなかった。レベッカは回想する。彼女はチームメイトと一緒にこの小さな偉業を祝いあったが[1]、新聞発表すらしなかった。どうすればいいのか、わからなかったからだが、当時まだエンターテイメント専門のテレビ局『E!』もなければベストドレッサー賞受賞者の果てしないリストもなかった。代わりにレベッカはあちこちのデザイナーやスタイリストからたくさんの問い合わせ電話を受けた。頭の先からつま先までのコーディネートに関する助言を求める電話だった。レベッカは言う。「それほど多くの人たちが（セレブたちの衣装に）かかわっていたわけではありません[2]。皆、（楽しむ）ためだけにやっていたのだと思います。ただ、すごい宣伝になるとは思っていましたが、それがもとで何が生まれてくるのか、誰も想像していませんでした。ましてや、一つの産業が生まれつつあるなんて」。

レベッカはさらに別のアカデミー賞授賞式のハイライトシーンも話題にした。やはり主役はニコール・キッドマンだった。当時は、ハリウッドスターの衣装に人々がようやく注目し始めたころで、授賞式が一人のデザイナーのキャリアに大きな影響を与えることに関係者が気づきはじめたときであった。一九九七年、アカデミー賞の授賞式に現れたニコールの身を包んでいたのは刺繍飾りが施された黄色いサテンのドレスだった。デザイナーはジョン・

ガリアーノ。彼がクリスチャン・ディオールに勤めて最初の飛躍を遂げることになった年のことだった。それまでのジョンはクリスチャン・ディオールと雇用契約を結んで以来かんばしい成果をあげることができず、果たしてクリスチャン・ディオールにふさわしい人材なのかと懐疑的な視線を受けていた。そういった批判のすべてに対して、目も覚めるような答えを出したのが、息を飲むようなニコールのドレスだった。その夜、ニコールはジョン・ガリアーノのドレスを着て、フレッド・レイトンが用意した玉状のシャンデリアイアリングのペアと二つのきらびやかな色合いのインディアンジュエリーのバングルを身に着けていた。バングルはエナメルとイエローゴールド製で、丸い宝石がいくつもちりばめられていた。昨年ニコールが身に着けていたオパールの後継にうってつけのこのバングルは、豪華なだけでなく、周りのスターたちのものとはまったく異なっていた。ちなみに、ニコール以外の人たちは自身のイメージを覆い隠してしまうほど大きな宝石を身に着けていたのだ。「彼女たちが身につけている宝石はまるで借り物のようでした[3]。そこに突然、インディアンジュエリーとイヤリングを身に着けたニコールが現れたのです。人々は皆そちらを向き、そして言いました。『わあ、彼女すごく素敵。でもやっぱりニコール・キッドマンに変わりないよね』と」。

二〇一二年のアカデミー賞のころには、フレッド・レイトンはアカデミー賞授賞式における自らの存在を確固たるものにしていた。すなわち、サラ・ジェシカ・パーカーやシャーリーズ・セロン、それにマドンナなどのコーディネートを引き受けていた。そのうちに、フレッド・レイトンのスタッフたちはあることに気づいた。たとえ小物でも、フレッド・レイトン製の宝石がアカデミー賞のような世間の耳目を集めるイベントで使われれば、多くのマスコミを招く以上の効果が期待できるということだ。しかも、この広報効果と同時に財政的支えを得ることもできる。つまり、高価な宝飾品を有名な女性に貸し出すと、そのすぐ次の数週間のうちに同じ品が売れる。しかも、セレブとはいえないような顧客にも売れる、という現象がしばしば見られるようになった。授賞式が顧客を店内に呼び込んでくれるというわけだ。二〇一一年のゴールデン・グローブ賞授賞式でクレア・デインズがピンクと黒のドレスと一緒に金のブレスレットを着けたときは、[4] ある一人の顧客が店にやってきて同じものをほしがった。女性客はデインズのインタビューを見て、そのブレスレッドがフレッド・レイトン製と知ったのだそうだ。こうして、レッドカーペットは宣伝効果の大きいプロダクト・プレイスメント*の創作現場となったのである。これは、デビアス社やN・W・エイヤー親子商会、ポール・フラットやハリー・ウィンストンらが第二次大戦後にハリウッドにラブ・コールを送り始めたころに思い描いていたことと同じである。今や宝飾品ビジネスでは、多くのデザイナーは新製品をプレス公開する際にモデルになってくれるセレブに報酬を払うのが不可欠になっている。

実際、二〇一二年のアカデミー賞授賞式に出席するミシェル・ウィリアムズの衣装に、デビアス社の売り出したばかりの小売ブランドの「フォーエバーマーク」をコーディネートしてはどうか、とフレッド・レイトンに提案したのはデビアス社の社員だった。この「フォーエバーマーク」はその後代々のレッドカーペットスターによって大々的に宣伝されるようになったが、そもそも最初に身に着けたのは、誰あろう、二〇〇八年のアカデミー賞授賞式に出席したニコール・キッドマンだった。赤味がかった金髪で彫像のように美しいニコールは、シンプルな黒の

＊埋め込みマーケティングの一種で、映画などの小道具として目立つように商品を配置することで商品の露出を高める効果を出す広告手段のこと

ドレスに幾重にも連なる白いダイヤモンドのソトワール・ダイヤモンド・ネックレスを着けて、人々を唖然とさせた。[5] デザイナーのローレン・スコットは、七六四五個のダイヤモンドを、まるで小さなつららが滴り落ちるようにネックレスに吊り下げたのである。

デビアス社はフレッド・レイトンに、ミシェル・ウィリアムズのためにコラボレーション企画をやらないか、持ちかけた。それは、ダイヤモンドを使ってフォーエバーマークを象徴するアクセサリーを創ろうというものだった。しかし、いくつかの試作品のなかで、実際にミシェルがルイ・ヴィトン製ドレスを着てレッドカーペットに立ったときに身に着けたのは二つだけだった。形をそろえたたくさんのダイヤモンドを、合計一〇・六九カラット分並べたエレガントなリビエール・ネックレスと、腰に着けた左右非対称で真ん中にフォーエバーマークの商標を付し、一一カラットのダイヤモンドをあしらったアンティークボウブローチだった。全体的にエレガントで、洗練されて気取らない印象を与えていた。残念ながらミシェルはその夜、オスカー像を持ち帰れなかったが、レッドカーペットの上の彼女の装いは全世界から賞賛を受けた。別の意味での勝利だったと言える。ミシェルだけでなく、ルイ・ヴィトンの、フレッド・レイトンの、そしてフォーエバーマークの勝利だった。

◇◇◇

「紛争ダイヤモンド問題」の陰に隠れながらも、アカデミー賞にまつわるダイヤモンドの話題が大きくマスコミに取り上げられてきたことは、いくら血まみれのダイヤモンドをめぐる悪い報道が流されても、従来のダイヤモンドにまつわる魅力、ロマンス、ステータス、愛という、今やクラシック化した考え方を流し去ることができないことを物語っている。ただ言えることは、現代のダイヤモンドに対する考え方の中には少しずつ政治的・倫理的な課題や情報が浸透してきていて、ちょっぴり苦い後味を添えているということだ。ただし、それだけで我々の今の考え方が根幹から変わるものでは決してない。百年の歴史を有するクウィアット宝石商会のオーナーであるグレッグ・クウィアットは次のように語っている（ちなみに、この会社は最近引退したマレー・モーントシャインからフレッド・レイトン社を買収している）。彼は、紛争ダイヤモンド問題でダイヤモンドの原産地についての認識が最近では一般の人々にも浸透していることに鑑み、それが販売時点で人々の会話にどのような影響を与えているかについて語っている。「お客様が（ダイヤモンドの原産地を）気になさるのはある限度までだと思います[6]。周囲の人たちと意見がほどほどに折り合えば、お客様は次の問題、わたしに言わせればもっと重要な問題に焦点を当てることになります。つまり、人々は宝石全体をどう考えているのか、そして個々の宝石に何を望んでいるのか、といったことです」。

人々は通常、何を望んでいるのか、という疑問に対する答えは、我々の母親や祖母の世代からまったく変わっていない。輝くダイヤモンドに対して人々が望んでいるのは、まず婚約者や配偶者の存在を周囲に知らせること、それから相手への深い愛を象徴することである。有名なウェブサイト『ザ・ノット』の婚約と結婚に関する二〇一三年の調査によると、花婿の八六パーセントがプロポーズに指輪を贈り、その平均価格は五五九八ドルだった。これは前年度の平均五四三一ドルより上昇している。中央に置く宝石は平均一・一カラットだった。一万三〇〇〇人の花嫁と花婿の調査でわかったことは、一緒に買い物をするカップルがますます増えていること、そして多くの女性はどんなスタイルの指輪にするかを決める前にインターネットで検索する、ということだ。とはいえ、あるカップルが最終的に量販店のお手頃価格の指輪を買うにせよ、伝統ある高級ブランドを選ぶにせよ、確かなことが一つある。ダイヤモンドの婚約指輪――業界内ではDERと略されることもある――は、売り手側から見て最も重要な宝飾品だということだ。グレッグ・クウィアットは認める。「わが社の最も重要な戦略の一つです。[7]と申しますのも、宝石商の視点で申し上げますと、どなたかのご婚約の際に居合わせるということは、その店とそのコレクションをご紹介するまたとない機会なのです。そして、もしもその方々が婚約指輪をお気に召してくださったなら、その宝石商は生涯にわたる誠実な友人と、一生ご贔屓してくださるお客様を同時に得ることになるのです」。これは、百年以上前にダイヤモンド産業の基礎を打ち建てたときにセシル・ローズが気づいていたことだ。婚約の記憶は忘れがたいもので、それがダイヤモンドと結びついたとき、その瞬間の輝きは永遠に揺らめくことになる。

婚約指輪を贈ったり受け取ったりする儀式からは、深い伝統と同時に最先端の流行をも感じとることができる。婚約は、人生の他の節目と同じように、個人的であると同時に普遍的なものでもある。ダイヤモンドのテレビコマーシャルは古典的なプロポーズを反復して強調する。十五秒か三十秒の広告が切り取って見せるのは、広告主の国籍に関係なく、いつも同じパターンだ。男性がひざまずき、小さな箱を捧げ持つ。女性が大きく目を見開き、幸せの涙を流す。口づけをして、男性が女性の指に指輪をはめる。視聴者がすっかり見慣れているシーンだ。にもかかわらず、この業界はもう何年も繰り返しこの手のコマーシャルに大金を投じ続けている。改良してそれ以上のものを生み出そうとはしない。そこで、こんな疑問が浮かぶのも当然だろう――この種のストーリーがいつも同じなのはそれが現実世界で日常的に起きているからなのか？　然り、一九九五年にデビアス社がN・W・エイヤー親子商会を永遠に手放したにもかかわらず、N・W・エイヤー親子商会が多くの信用を得続けることができたのもまさにそれが理由だった。プロポーズはどのような形式で行われるべきか、そしてその際どのようにふるまうべきか、という点について、ダイヤモンド業界は無数の広告やパンフレットやハリウッド映画を通じて根気よく、かつ、システマティックに語り続けてきたのだから。

しかし同時に、今現在、巷《ちまた》で語られている婚約指輪の物語には、デビアス社の関与がまったく見られないものもある。例えば、ビヨンセのまるで聖歌のような「シングル・レディース」だ。これはかつて流行《はや》った「ダイヤモンドは女の一番の友」の現代版で、今の女性の拡大された権利と生意気な口ぶりが加味されているだけだ。いずれにせよ、指輪はいまだに世間でトロフィー扱いをされている。そのせいか、婚約したあと一晩を過ごした独身女性は、新しい指輪をはめた左手の写真をわざわざフェイスブックやインスタグラムに投稿してお祝いのメッセージにしている。婚約指輪のイメージがソーシャルメディアによって普遍化された今日、どんな世代の女性にも、また人種や経済的背景の違う女性たちにも共通して自明なことは、結婚に同意すれば次に続くのは何か、ということだ。また、「指輪の自撮り写真」の流行はダイヤモンド業界が仕掛けたものではないが、業界の歓迎するところである。というのも、第五章と第七章で紹介した「旅するダイヤモンドレディ、グラディス・B・ハンナフォード」が果たした役割を自撮り写真が代行してくれるからだ。往年の眼鏡をかけたチャーミングな女性教師ハンナフォードは、全国の学校を回りながら、デリケートで細やかな宝石の取り扱い方を生徒たちの手を取って指導していた。それが六十年後の今日では、若い女性たちは自撮り写真を利用して自分たちが模範とするモデルを教師にすることができるようになった。上記の他にも、ダイヤモンドは人々のさまざまな功績をたたえる際に利用される――個人的な成功であっても、家族の喜びであっても――それはあたかも「一人でやるオリンピックみたいなもの」とザンディリ・ブレイは皮肉って言う。ただし、正式オリンピックの金メダルと違って、ダイヤモンドの指輪は誰でも自分の力で、いつでも勝ち取ることができる。

ダイヤモンド業界は近年目覚ましい変化を遂げているが、これは、紛争ダイヤモンド問題が新たな国際貿易規制の導入につながったからだけではない。むしろ、消費者側の優先順位の変化やそれに伴う売り手側の対応課題などが重要な問題として浮上したことが、ダイヤモンド業界の景観を一変させるまでになったと言えよう。例えば婚約指輪に関して言えば、宝石商たちの話では、指輪を一緒に買いに来るカップルがますます増えているそうだ。婚約指輪はほとんどのカップルにとって今でも極めて重要だが、驚くべきことに、かつてそれがプロポーズの一里塚とされていたほどには決定的なものではなくなっている、というのだ。「ほとんどのお客様はもうすでに一緒に暮らしていたり(8)、もうずっと長い間一緒だったりして、普段から共同で物事を決めてらっしゃるではありませんか。大事なことについては特にそうですね。それに、結婚前にすでに所帯を一緒にしている方もいらっしゃるかもしれません」と説明するのは、ニューヨークでアンティーク宝石店「ドイル&ドイル」を姉妹で経営しているエリザベス・ドイルだ。彼女は、自分の店に来る女性が「予行購入」、つまり候補の指輪をいくつかとりあげ、そのなかから男性が最終的に決断を下すのが最近の潮流だと気がついたそうだ。今日のロマンスは二つの顔を持っているのかもしれない、と言う。女性が自分の意見を表明する機会を手に入れた一方で、指輪の入った箱をプレゼントするという伝統的な行事を行う機会はまだ男性側に残されているということだ。

今日、多くの花嫁にとって重要なのは、自分の指輪が唯一無二のものである、という自覚である。シンプルなティファニー・セッティングを選ぶ女性が減っているのは、一つには皆が同じスタイルの指輪を選んだら、比較のポイントがなくなり、セットされたダイヤモンドのカラット数だけで価値が判断されてしまうからだ。そこがいいのだ、という女性もいまだにいるにはいるが、あまりいい気持ちがしない、という女性の方が増えている。場合によっては、ほんとうの一品物を求めてビンテージ物やアンティークジュエリーに手を出すカップルもいる。さらには、モダンな外見が好きな人は手軽にオーダーメイドしてくれる店にひきつけられるようだ。ブルーナイルのようなインターネット小売企業の成功の秘訣がこれだ。ブルーナイルは実店舗を持たない非常にまれな宝石店である。ブルーナイルを利用するカップルは、買う前に指輪をその場で直接触れる体験はできないが、それと引き換えに、ずっと昔のシアーズ・ローバックのカタログ通信販売と同様の利点が得られる。つまり、オンライン上で、サイズ、形、ダイヤモンドの品質、予算、それに自分の好みにぴったりのセッティングなどあらゆることが選べるのだ。このようなダイヤモンドのオンラインショッピングは必ずしも艶やかである必要はない。十九世紀のようにわざわざパリへ旅行する必要はなく、夕食に中華料理のテイクアウトをオーダーする感覚でいいのだ。しかも、オンラインダイヤモンドショッピングの本当の魅力はもっと別のところにある。つまり、値段が手ごろなうえに、主導権が顧客の手に戻ってくる点だ。例えば、直立不動の姿勢で客の予算を脹れあがらせるのに熱心なセールスマンを相手にする必要もなく、顧客はいわゆる「月給二カ月分のガイドライン」内で無理のない買い物ができる。

ダイヤモンド業界の近年の変化は別の面にも現れている。それは、よく話題にのぼる五番街の宝石商たちの変貌ぶりに見ることができる。ティファニーは今や株式公開企業であり、カルティエとヴァンクリーフ&アーペルの両社は巨大宝石商グループのリシュモンの傘下に入り、ブルガリは持ち株会社LVMHの傘下企業となった。ハリー・ウィンストンの会社は二人の息子の時代になって、ドミニオン・ダイヤモンド・コーポレーションに買収されてしまった。ちなみに、ドミニオン社というのは、カナダで莫大な生産量を誇る巨大鉱山の株式の過半数の他に、別の鉱山の四〇パーセントの株式をも保有している大手の鉱山会社である。さて、以上のような宝石業界の大きな流れは、元々は自国内で独自の商売展開をしていればよかった個々の宝石商が、今や世界的規模で最高級の宝石作りを目指し、単に家名に磨きをかけるだけでなく、企業や商品の枠を超えた合従連衡を模索しながらはるかな上方を目ざして動いていることを意味するのである。たとえばカルティエの製品のうち平均的な買い物客の目を惹くのは宝石ではなく香水だとか、チェーンストア式デパートはサングラスから浴用石鹸までブルガリ製品を取り揃えているとか、といった具合である。高級品市場はこれまで、多角化によって莫大な利益を生み出してきたが、この業界全体にかかったコストもばかにならないと一部の懐疑論者は批判する。この点について、ブチェラッティ・ファミリーの三世代目で、今はブチェラッティ社の社長でもあるアンドレア・ブチェラッティは、親会社が所有する世界最高の宝石店の例をあげてその効果について、次のように語ってくれた。「そういった宝石店はかつては家族が支配していたか、あるいは会社のなかのまとまった一組織として家族的団結を維持していました[9]。そうすることで彼ら独自の伝統を守っていたのです。好むと好まざるとにかかわらず、そういった家族は自分たちのスタイルのなかに一つのアイデンティティを確立していたのです。さて、そこへ大資本がやってきます。当然、家族とは異なる関心を抱いています。家族は通常、金銭よりも会社の伝統と一体性を重んじ、そのイメージを高めることに関心を持つものです。金銭に興味がないなどと言うつもりはありません。しかし、会社の威信を保つことの方を優先していました。一方、大資本はというと、彼らも同じ関心を持っていますが、金銭の方により多くの関心を払っています。一日の終わりに投資家にいくら儲かったか報告しなければなりませんからね。その結果、時として、企業イメージを殺してしまうこともあります。会社の心臓とも言える部分を、ですよ」。もちろん、ブチェラッティといえども本来の特別高級志向を堅持するのにかなりの経済的重圧から逃れることはできなかった。そこで、外部からの支援を得ようとして、二〇一三年に過半数の株式を売り出し、投資者を募った次第だ。もっとも、家族は従来どおり役員会のメンバーに残り、ブランド全体のビジョンとデザイン作成に積極的な役割を果たしているのである。

高級品を扱う企業がグループ化することで、かつては確たる個性を誇っていた個々の有名宝石店が、どれもこれも均質化されてしまったと、批評家は言う。ビバリーヒルズに拠点を置き、四代続く同族会社でエステートジュエリー専門の宝石商カザンジャンブラザーズ社のCEOダグラス・カザンジャンは、ダイヤモンド業界の均質化という問題はもっと根深いところまで進んでいると示唆している。もっと根深い部分とは、ダイヤモンドのカット技法のことだ。二〇〇六年一月、米国宝石学会が新しいカット評価システムを導入した。これは、ラウンドブリリアントカットされたすべてのホワイトダイヤモンドをカットの質に応じて分類するもので、言い換えると、光の分散効率を測定して評価するものだ。ダグラスの見解では、これは芸術を科学に縛りつける行為であり、極めて複雑な過程を極度に簡略化しているのだそうだ。主としてアンティークダイヤモンドを取り扱う他の専門家たちと同様、ダグラスもアンティークダイヤモンドは近年のダイヤモンドに比べてずっと美しく、その美をあらわす抽象概念を具体的な形にして捉えたり数値にしてあらわしたりしようとするのは間違った試みだと信じている。現代の潮流は、米国宝石学会の新しい評価システムからもわかるとおり、白い光を生み出すためのカッティングの追求であり、エリザベス・ドイルの言葉を借りれば「あの氷のように輝く白さ[10]」を求めている。アンティークダイヤモンドの場合はもっと暖かく、七色の虹のようにきらめいている。ダグラスは言う。「アンティークダイヤモンドを手にいれて、近年のエクセレントグレードのダイヤモンドと比べてみてください[11]。その夜、より美しくきらめくのは近年のものではなくアンティークダイヤモンドの方です。部屋の端から見てみれば、より明るく輝いているのがよくわかります。近年のものよりずっと魅力的なきらめきをその周囲に纏っているからです。小さな切り子面《ファセット》をたくさん作ることによって、できるだけ多くの色の光を反射させているのです。（米国宝石学会が）完全に間違っているのはこの点です。近年のダイヤモンドの方がアンティークダイヤモンドより良いと言っているのですから」。

　結局のところ、アンティークダイヤモンドと近年のダイヤモンドを比べてどちらが美しいかは、意見の相違の問題である。何世代にもわたってダイヤモンド産業にかかわってきた人たちは主題についてそれぞれに情熱的な思いを抱いているはずである。しかしダグラスは、ダイヤモンド産業がさらに前進するために、痛烈なある問いかけをしている。つまり、「あなたがダイヤモンドを選ぶとしたら、研究室で美しく輝くダイヤモンドですか[12]、それとも夜中に美しくきらめくダイヤモンドですか？」

ダグラス・カザンジャンが批判する米国宝石学会の評価システムはさて置き、それ以外でも、単に科学的な研究成果について話をしただけでダイヤモンド業界の怒りを買うケースがある。一九七〇年、ゼネラル・エレクトリック社は、初めて宝石と言える質のダイヤモンドの合成に成功した。一カラット当たり一週間かかるとはいえ、科学者がついに美しいダイヤモンドを効果的に造り出す可能性を手に入れたことにダイヤモンド業界は神経をとがらせた。二十一世紀の今、恐怖は現実となった。消費者は、化学的にも光学的にも天然ものと同質のダイヤモンドを研究室で作ることができるようになった。関係者のなかには研究室のことを「机上の鉱山*」と好んで呼ぶ者もいる。言うまでもなく、これらのダイヤモンドはウェリントン・ジュエルズの扱う模造品とは違うし、キュービックジルコニアですらない。しかし、はたしてこれを本当に「ダイヤモンド」と呼んでもいいのだろうか。この疑問に、ダイヤモンド業界の権威者たちは頭を悩まし、答えを出しかねている。

　業界を二分するこの議論は、人間の魂に関する議論と多くの共通点がある。例えばこんな風になる——もし科学者がいつか人間とまったく区別のつかないサイボーグを作り出すことに成功し、それがどんな場合でも容易に魅力的な人間の身代わり役をこなすようになるとすれば、人間の生存そのものが大混乱状態に陥ることになる——と言えば十分だろう。大袈裟に聞こえるかもしれないが、人工ダイヤモンドに対する不安もこれと同じだ。ゼネラル・エレクトリック社のダイヤモンド合成計画から今日までずいぶん長い間、宝石業界の人々は、人工宝石が工業用である限り鉱山から掘り出された天然宝石と同等に扱うことをいとわなかった。しかし研究室製のダイヤモンドが宝

*原文では研究室《labo》のことを「アバヴグラウンド・マインズ（地上の鉱山）」と比喩しているが、ここでは「地上の鉱山」という奇妙な訳語に代わって「机上の鉱山」という造語を採用した

石として扱われるとなると、そうはいかない。それらは本来のダイヤモンド市場を侵害するだけでなく、そもそもダイヤモンドを特別な存在にしている特質、つまり、ダイヤモンドにかかわる神話や本質を危機にさらすのではないかと危惧されるからだ。

長くダイヤモンド業界で企業経営に携わってきたリサ・ビッセルは、二〇一四年五月にジェメシスという人工ダイヤモンドの会社を引き継いだ。それ以来、人工ダイヤモンドに対する偏見と悪戦苦闘してきた。ジェメシスは人工ダイヤモンドを直接買い手に売り込んだ最初の会社で、それなりの成功を収めると同時に、伝統的なダイヤモンド業界からの反発もかなり受けた。ジェメシスの歴史は一九九五年に始まる。第二の人生としてデパート警備会社のCEOを務めていたアメリカ合衆国の退役准将カーター・クラークがロシアを旅行した時のことだった。モスクワに着いたカーターは、肉眼では見えないが、店を出る前に拭き取らないと確実に警報装置を作動させるインクの新商品を買うつもりでいた。(13) そこで取引相手から意外なことを聞かれた。ダイヤモンドの合成に興味はないか、というのだった。気がつくとカーターはモスクワから遠く離れた町へ車を走らせ、五万七〇〇〇ドル（現在の価格で約八万八〇〇〇ドル）で売られているダイヤモンド合成装置を見に出かけていた。カーターは感銘を受けたが購入はしなかった。しかし、ニューヨークに戻った後もロシア製のダイヤモンド合成装置のイメージを頭から振り払うことができず、カーターは相手先と連絡を取りながら、フロリダ州サラソタの倉庫でジェメシスの操業にとりかかった。ジェメシスが軌道に乗るには十年かかった。窒素不純物を含むため黄色みを帯びた人工の石を宝石として売り出したのだが、これがカーターには幸いした。シャンパンダイヤモンドやカナリーダイヤモンドにはまだまだ人気があった。伝統的な天然ダイヤモンド市場に対抗するため、ジェメシスは価格を天然ダイヤモンドの五〇パーセントに設定した。ジェメシスの商品はあまりにもよくできていたため、シミ一つない包装紙に包まれた六〇〇個の人工ダイヤモンドがアントワープの市場に現れたとき、デビアス社によって、天然ダイヤモンドに成りすまそうとしているという実にあからさまな告発を受けた。この種の出来事こそが天然ダイヤモンド業界が恐れていたものであり、同時に、業界にパニックを引き起こす新しいネタになった。ジェメシスはもちろん一切の関与を否定したけれども、内部の関係者が指摘するとおり、それはこの人工ダイヤモンドにかかわっただれにも責任がないということではなかった。

いわゆる偽造ダイヤモンドが見つかったというのならいざ知らず、ジェメシスのような純粋な人工ダイヤモンドが天然ダイヤモンドになりすまそうとしているのではないかとの嫌疑をかけられ、この種の話がダイヤモンド業界の怒りに火をつけたというのだ。その根底には、人工ダイヤモンドがダイヤモンド本来の「知覚価値」や「品位」を傷つけるのではないかという恐れがあったからだろう。ここ十年以上に渡って、宝石のカテゴリーにはさまざまなアイテムが参入し、入り乱れて混雑してきた。デビアス社のデビッド・ジョンソンが言うように、「もし消費者が本当に買いたいものを自信をもって見つけることができないなら(14)、おそらく彼は別のカテゴリーの中からこれと思われるものを買うことになるでしょう」。とは言え、人工ダイヤモンドの席はダイヤモンドのカテゴリーのなかに厳としてあるものだと、リサ・ビッセルは固く信じていた。本書の第十一章で紹介したヘレン・ヴェル・スタンディグのようにずるいやり方で自分たちの商品を売るつもりなどリサにはさらさらなかった。それどころか、天然ダイヤモンド業界がこれまで声高に要求してきたことを正面から受け止め、果敢に実行することを約したのである。情報公開である。

リサが取締役に就任して何よりもまず先にしたことは、社名をジェメシスからピュア・グロウン・ダイヤモンズに変更することだった。この決定は、最近のジェメシスにまつわる論争に何かしら関連していたかもしれないが、最近の一連の全面的な企業再編成にも関連していたようだ。リサは、カーター・クラークや彼のフロリダの工場とは縁を切った。ピュア・グロウン・ダイヤモンズ社はニューヨークに本社を置き、シンガポールの「Ⅱａテクノロジーズ」という研究所から人工ダイヤモンドを調達して市場に提供することにした。もっとも、リサも認めるように、ジェメシスという名前には別の制約もあった。買い手に商品情報を十分与えられないことだった。「ピュア・グロウン・ダイヤモンズという名前は『スナップ写真』のようなものです[15]」とリサは言う。そして「グロウン」という単語を真ん中正面に置いたのもまた、リサのマーケティングビジョンに合致していた。

合成ダイヤモンドはいまだに宝石のなかでは新しいカテゴリーである。しかし、「机上の鉱山」の表看板であるピュア・グロウン・ダイヤモンズ社がやっていることは、デビアス社とリオ・ティント社が過去に極めてうまくやり遂げていたことに他ならなかった。まずは、広範囲の市場調査であった。その結果は肯定的で、しかも極めて明確なものだった。人工ダイヤモンド販売の最大の障害は消費者の知識不足であった。消費者は人工ダイヤモンドを、キュービックジルコニアやモアッサナイト（これもダイヤモンドの代用品として有名）といった模造ダイヤモンドと混同し、人工ダイヤモンドが天然ダイヤモンドより劣っているとみなしてしまうことだった。しかし、「机上の鉱山」でとれたダイヤモンドが化学的に天然ダイヤモンドとまったく同質であることが知れ渡ることで[16]、消費者の意識は徐々に変わっていった。

Ⅱａテクノロジーズは、同社の研究所が作り出す最高級品質のダイヤモンドから命名されたものだ。「タイプⅡ

aダイヤモンド」は窒素のような不純物を一切含まないダイヤモンドであり、自然界には二パーセント未満の確率でしか存在しない。素人の言葉でいえば「すごくすごく白い」ダイヤモンドだ。リサは言う。ピュア・グロウン・ダイヤモンズ社はⅡaテクノロジーズ社が合成したなかでも最良のものを受け取っているが、この「机上の鉱山」産のダイヤモンドは地球が生み出すそれとほとんど変わらない。さまざまな品質のダイヤモンドが生まれる場所は「温室のなかです」と、リサは説明する。「種を入れれば確実にたくさん出来るポップコーンマシーンとはちがうのです。プロセスを始めるのは人間ですが、あとは自然が引き継ぎます。人間のすることといえば、完成品を見て驚きや喜びの声を上げることくらいですね」。

この最も美しい宝石になる石がカットされ研磨される場所は、天然ダイヤモンドが頻繁に持ち込まれるところと同じで、大抵はインドと中国である。そして宝石としての体裁を整えると、天然ダイヤモンドより二五パーセントほど安い値段で消費者に売られる。低価格と併せてセールスポイントになっているのは、Ⅱaテクノロジーズ社が従来の鉱山に比べて地球環境に与えるダメージをずっと低く抑えることができる、という点である。Ⅱaテクノロジーズ社のウェブサイトは、同社の人工ダイヤモンドが持続可能《サステーナブル》なものであることを伝え、それに反してあらゆる種類の貴金属採掘が地球環境を悪化させ、その地域一帯の人口を変動させていることを指摘している。また、人工ダイヤモンドが紛争ダイヤモンドでないことは言うまでもない。私生活では蜂の保護活動家としての顔も持つリサ・ビッセルは、人間が環境に及ぼす影響について、ことの他強い意識を持っているのであろう。また、彼女はミレニアム世代に大きな顧客基盤を築けるものと期待し、彼らをターゲットにしている。この世代は、婚約するカップルが増え、より多くダイヤモンドの婚約指輪が売れるからである。リサは言う。「（ミレニアム世代にとって）重要なのは、もう人々が手足を切り落としたり、切り落とされたりするような時代ではないということです[17]。地球を破壊してしまったら、土くれの一握りも手に入らなくなることを（彼らミレニアム世代はよく理解しています）……。そこで、誰かが人工ダイヤモンドのことをしゃべったとしましょう。（人工ダイヤモンドは）汚染のまったくない完全雇用の工場でつくられ、そこでは誰も傷つかず、地球はダメージを受けないのだ、と。すると、彼らミレニアム世代は『それだ、やったぜ！』と反応してくれるでしょう」。リサはさらに言う。「しかし、これらの利点はそれなりに魅力的ではあっても、人工ダイヤモンドの特徴の一面にすぎません。消費者にとって一番のメリットは、高品質のわりに低価格であるという点なのです」。

彼女の言うとおり、それは単なる「特徴」の一つにすぎないかもしれない。しかし、大きな特徴であることに違いない。特に目下のようなご時世では、クリーンなことが保証されているダイヤモンドを売りに出せば、それこそ大当たりである。鉱山で採掘された原石がいまだに「血のダイヤモンド」の影をひきずり、業界大手企業とＮＧＯの双方がキンバリー・プロセスとその有効性を厳しく批判している最中にである。だからこそ、ダイヤモンド業界が人工ダイヤモンドを厄介者とみなす理由もここにあるのではないだろうか。人工ダイヤモンドは、ダイヤモンド業界が注意深く作り上げてきた神話を崩壊させてしまう。ダイヤモンドは地の底からとれる不思議な宝物でものすごく貴重なもの、という神話を台無しにする。その一方で、人工ダイヤモンドは、ダイヤモンド業界が長年消し去ろうと悪戦苦闘しながらどこまでもつきまとわれる紛争ダイヤモンド問題とは無縁なのだ。その傍らで、人工ダイヤモンドの新しい呼び方や、人工ダイヤモンドと天然ダイヤモンドを見分ける方法についての議論が続いている。ダイヤモンド業界内では「合成ダイヤモンド」という呼び方が多く支持されているが、新規参入組の人工ダイヤモンドメーカーは反対している。消費者は「合成」という単語から偽物を連想するので、キュービックジルコニアのような模造品にこそふさわしい、という主張だ。人工ダイヤモンドメーカーが対抗馬として推すのは、広く名の知れたミキモト真珠にあやかった「養殖ダイヤモンド」という呼称だ。だが、既存のダイヤモンド業界はこの名前では天然採取されたダイヤモンドと化学的に育成されたダイヤモンドとの違いを十分に表現できていないとしている。現在、連邦取引委員会のガイドラインでは、すべての人工ダイヤモンドは適切かつ正確な表示が義務づけられているが、メーカーも代理店も「合成された」と表示することは義務づけられていない。しかしながら、他の表現、たとえば「人造」あるいは「ラボ・グロウン」といった但し書きなしで、単に「養殖」と記すのは許されていない。

人工ダイヤモンドの供給量が増えたことで、白色ダイヤモンドは少なくとも三種に分類することができる。模造品（モアッサナイトやキュービックジルコニアなど）、人工ダイヤモンド、そしていまだに最も高価な天然ダイヤモンドである。人工ダイヤモンドと天然ダイヤモンドの境界が揺らいでいくなか、欠陥のあるダイヤモンドの品質を改善するための新しい手法がいくつも生み出された。発色の良くないダイヤモンドは放射線照射や加熱によって全体の見栄えを良くし、斑点のあるダイヤモンドはレーザーによる穿孔あるいは漂白剤や酸の注入によって斑点の原因である含有物を取り除いている。ひびや羽根状の傷はガラスやシリコンを注入することで均一で安定した外見にしている。こういった修復工程は美容整形と似たようなもので、必ずしも問題にはならないが、ダイヤモンドに限っては違う。ここでも売り手は、典型的な成形工程以外に人手による「オペ」が加えられたかどうかを公表する義務があるのだ。しかしながら、実際には、常に公表されているとは言えない。売り手に誠意がない場合もあれば、流通中にいつの間にか紛れ込んできた修復済みダイヤモンドを、それと知らずに扱う場合もある。ここで重要なのは、修復されたダイヤモンドはまっさらなダイヤモンドより価値が低いだけでなく、時として構造上に問題がある可能性があるということだ。

米国宝石学会のような評価機関は、いかなる「オペ」も見逃すまいと懸命になっている。人工ダイヤモンドの場合、変更を見分ける装置はすでにある。いくつかはデビアス社が開発したものだ。ピュア・グロウン・ダイヤモンズ社は、ダイヤモンドの内部に識別番号と一緒に「ラボ・グロウン」あるいは「LG」と書き込んでいるが、売り手が自らの利益のためにその表記を変えて天然ダイヤモンドとして販売する可能性があるとの懸念は尽きない。これについてはリサも認めている。「起こりうることです。正気を失った人はいますからね……。刑務所に入れられればいいのですけど」。しかし、偽装の可能性があるからといって、人工ダイヤモンドの販売が禁じられてもいいのだろうか。技術が発展する限り、人工ダイヤモンドが天然ダイヤモンドのシェアを侵食し続ける恐れはなくならないだろう。しかし、世界は同時に、この地球とそこに住む人々を永久に傷つけることのない持続可能《サステーナブル》なダイヤモンドの供給源を確保することにもなる。専門家が言うように、地球の豊富な埋蔵量を誇る鉱石も結局は有限であり、いつかは枯渇するであろうと思われる今日、人工ダイヤモンドこそが考慮に値するものではなかろうか。

◇◇◇◇◇◇◇◇◇◇◇◇◇◇◇◇◇◇◇◇◇◇◇◇◇◇◇◇◇◇◇◇◇

ダイヤモンド業界が、ダイヤモンドを異なるタイプごとに分類してそれぞれを分離して取り扱うことに決めたのは、煎じ詰めれば二つの関連する命題を追求するためである。ひとつはダイヤモンドの商品価値を守ることで、もう一つはダイヤモンドが生来的に特別な存在であるという基本概念を維持することである。そして、後者の概念が伝統として生き生きと根づいているのは、インドや中国のような人々が富を得る機会が増えた国や、新興の中産階級が新たに手にした富を享受している国々であることは明白である。その結果、中国やインドは今や、単なるダイヤモンドのカッティングの拠点であるだけでなく、まったく新しいダイヤモンドの消費市場をつくりだした主催国でもある。エステートジュエリーを専門に扱う事業家ダグラス・カザンジャンは、この展開に詩的なものを感じている。「宝石は富をめぐって世界中を旅します。数百年前、インドには素晴らしい宝石のコレクションがありました。宝石をなによりも愛したインド人たちは、エメラルドを買いにコロンビアまで旅をし、香辛料の取引をして、素晴らしい宝石を残らず買ってきました。最初の巨大ダイヤモンド、ゴルコンダ・ダイヤモンドを手に入れたのも彼らです。それは世界最大のダイヤモンドで、とても鮮明な色をしていました。それからヨーロッパ人が続々とインドにやって来て、宝石を買っていったのです……。一九〇〇年から第二次世界大戦までは、ヨーロッパ諸国は素晴らしい宝石をたくさん保有していました。戦後はアメリカ合衆国が大国となったので、宝石はアメリカ合衆国に集まりました。今や再び中国やインドに回帰しつつあるのです」。

　エネルギッシュなアジアの買い手は、ヨーロッパ人やアメリカ人がかつて一時期抱いていた信条をそのまま吸収したようだ。つまり、ダイヤモンドは単に美しく輝く石ではなく、愛と欲望と富の象徴でもあると信じたのである。何よりも、このことが市場を動かし続ける要因となったことは疑いない。すなわち、それはデビアス社のデイヴィッド・ジョンソンがダイヤモンドを究極の得難いぜいたく品とみなし「ダイヤモンドドリーム」と呼んだ概念である。しかし、この概念は明らかに「二十世紀の物語」なのである。確かに、古代インドのマハラジャが身に着けていた巨大な原石や中世ヨーロッパの女帝たちが身に纏ったバプストの素晴らしいコレクションなど、歴史上のイメージに依拠する面はあるが、二十世紀以降とみに力強く成長し続けている概念に他ならない。このことは、ダイヤモンドが依然として中流階級の憧れの的であり、ハリウッドスターの魅力の象徴であることからもわかる（もっとも、ハリウッドスターの魅力などは、社会でのステータスへの強い願望のあらわれであることに違いないが）。それでも、世界は変わり続ける。二十世紀が終わり二十一世紀の初めが過ぎた今、ダイヤモンド業界はどう対応しようとしているのか、時の試練を受けた伝統がこれからも効力を持ちつづけるのか、あるいは時と共に進化し順応していくのか、という疑問がある。模造ダイヤモンドと人工ダイヤモンドと紛争ダイヤモンド、これらは、迫りくる正体不明の脅威をそれぞれ別の側面から示しているに過ぎない。

しかしながら、ダイヤモンドドリームの概念が今でも鮮明に生きていることには理由がある。二〇一三年、世界的マネージメント・コンサルティング会社のバイン＆カンパニーは、その第三次年次報告でダイヤモンド業界について次のように述べている。「原石や研磨済みダイヤモンドの需要は、インドや中国などの新興国市場の隆盛のおかげで二〇二三年まで上昇し続けるだろう。もちろんアメリカ合衆国からの需要も引き続き強いだろう」。「価値連鎖の旅」と副題をつけられたこの報告書は、今後十年以上にわたり、アメリカ合衆国で婚約の際にダイヤモンド指輪を選ぶカップルの割合は八〇パーセント以上で安定的に推移するだろうと述べている。さらに、西洋の指輪の伝統がインドでも勢いを増してきている、とバイン＆カンパニーは見ている。二〇一一年に日本を抜いて世界第二位のダイヤモンド消費国となった中国は[18]、都市化の波と共に中産階級の人口比が今日の一九パーセントから急速に拡大して、二〇二三年には四四パーセントになるだろうと予想されている[19]。これはつまり、宝石などを購入するのに十分な可処分所得のある洗練された消費者グループが今後も増え続けるだろう、ということだ。

ダイヤモンド業界にとって良いニュースはまだある。右記の内容報告書がさらに述べているところによると、ダイヤモンド業界は二〇一八年まではバランスを保っているが、同年を臨界点にして以後は需要が供給を上回り、ダイヤモンドの国際価格が跳ね上がる、というのである。バイン&カンパニーはさらに予測する。もしこれからの十年間、鉱山をめぐる現状が変わらないままだったら……すでに進行中のカナダ、ロシアそしてインドでの新たなプロジェクトも勘定にいれての話だが……「ダイヤモンド原石の供給は二〇一八年をピークに低下していく[20]。なぜなら既存の鉱山が枯渇していくからだ」。これは、一八九〇年代以降初めて、ダイヤモンドがセシル・ローズ風の人為的に操作された欠乏状態ではなく、正当な過程を経て希少化していくことを意味している。南アフリカの鉱山の支配権をデビアス社が握った時以来、ダイヤモンドのいわゆる内在価値を支えてきたのは、ダイヤモンドがとても入手しにくいものだという幻想だった。しかしそれがにわかに、幻想ではなく真実だとわかったら、どうなるのだろう。「当面は何も手をくださなくても自然に目的が達成されるだろう」という自己達成型の予言を信頼した売り手たちは記録的な利益を享受するだろう。

皮肉なことだが、ダイヤモンド業界は近視眼的に、ダイヤモンド価格の高騰を望むことになるだろう。というのも、ダイヤモンドの取引は結局のところ、右の仮説のとおりに推移し需給のバランスがひっ迫して価格の上昇を抑えられなくなるだろうからだ。しかし、リサ・ビッセルは言う。「天然ダイヤモンドの世界的な供給が尽きた場合、我が社が利益を得ることはわかっています。しかし、そんな日が来ることを私は望んでいません。もし、そんなことになればそれは誰にとっても損です。なぜならこれは経済の話だからです[21]。たとえばボツワナに住んでいる人を考えてみましょう。これは悲劇です。家族を養えない人たちが出てくるということですから。私は誰かの悲劇を犠牲にして暮らしたいとは思いません」。そして、彼女は続ける。「とは言え、それが現実なのでしょう。そしてもっと悪くなるかもしれないのです。これは鉱山の話ですが、つまるところ資源の話です。そして資源には限りがあるのです」。一方、デビアス社は、彼女の話に少なくとも部分的にはうなずきながらも、積極的に新しい鉱山を探していた。しかし、本書の第十三章で紹介したMVIマーケティング社のリズ・シャトラン†によれば、たとえキンバーライトの鉱脈を探し当てたとしても、それを立ち上げて稼働させるには多くの面倒な問題に遭遇するだろうという。「天然ダイヤモンドの不足は確かに進行していくでしょう。[22] しかも、未開発地帯はそんなに多くはありません……。しかも、たとえ新鉱山を見つけたとしても、賭けてもいいですが、そこはほぼ間違いなく問題の多い地帯なのです」。

長期にわたってダイヤモンドが欠乏すると、ダイヤモンドに対する人々の見方がどう変わっていくのか、予測することはできない。たとえば、ダイヤモンドは「過去の大いなる無駄遣いの痕跡」にすぎない、とみなされる日がやってくるかもしれない。反対に、その希少性から価値が見直され、かつてのゴルコンダやヨーロッパの宮廷でしか見られなかった宝石のように扱われるかもしれない。ただ、人工ダイヤモンドと天然ダイヤモンドのかい離は今よりさらに広がっていくものと思われる。安定的に供給される人工ダイヤモンドが大衆のものになる一方で、天然ダイヤモンドは最高級のエリートのものとされるだろう。組織性を欠くダイヤモンドの先物売買市場では、実在の鉱山会社は敗北を認めて脇に退き、つかみどころのない商品を扱う専門ディーラーやエステートジュエリー業者のネットワークを使って裕福な収集家や目利きの玄人が天然ダイヤモンドの取引をすることになるだろう。しかし、ここで再度言えることは、グローバル経済が安定し、ダイヤモンドの価値が維持される限り、金持ちも貧乏人も、普遍性と携帯性を兼ね備え、通貨としての可能性を持つダイヤモンドに惹かれるのは間違いないだろう。

いずれにせよ、時が経てばおのずとわかってくることだ。とにもかくにも、この透明でキラキラ輝く石には人々をとりこにする何かがある。憧れや感謝や強欲を混ぜ合わせたじれったくなるような思いにわれわれを縛りつけ、法外な対価を払ってでも身に着ける特権を味わいたいという思いを駆り立てるのだ。「ダイヤモンドは永遠」と、デビアス社は主張し続けている。それが一種の「金言」であるかどうかはともかく、磨き抜かれたダイヤモンドのなかを覗き込むと、そこには地球と人間の職人技が共演する目もくらむばかりのマジックショーを見ることができる。それは、この地球上の他の美しいものとは別格であることを主張しているようにも見える。ことほどさように、ダイヤモンドは崇高なまでも神秘的で不可思議な自然と我々人間の間のコラボレーションを可能にするものである。人間は自然の中から何とかして原石を掘り出す方法を見つけ、それを精密に装飾加工し、さらには崇拝と愛情という極めて抽象的な欲求を象徴するものにまで仕立て上げているのである。

しかしながら、今日、伝統的な白いダイヤモンドは矛盾の塊でもある。無色、空洞、そして純粋という、炭素の原子構造がもたらす特性を持ちながら、同時に複雑怪奇な意味あいを内包している――すなわち、ダイヤモンドは、流血や暴力からロマンスや胸を躍らせる可能性まで、ありとあらゆるものを人々に連想させる。ダイヤモンドは古

†ＭＶＩマーケティング社のリズ・シャトランは、オーストラリア産の茶色のダイヤモンドを「シャンパンダイヤモンド」のブランドで世界的にマーケティングした

くて新しく、無価値でありながら極めて高価な品物である。ダイヤモンドは生命であり、同時に死でもある。

そしておそらく、これらの矛盾こそ、ダイヤモンドの魅力が長続きしている秘密を解く重要な手掛かりになるだろう。ダイヤモンドは完璧に空っぽな入れ物であるにもかかわらず、豪奢にカットされ研磨されると名画モナリザのように魅力的になる。そこには人間の理解の及ばない味わいがあり、それはまた多くの理想的な商品の特徴でもある。ダイヤモンドには、消費者が別のものととり換えたり使いものにならなくなるまで使用するといった実用的な機能がまったく備わっていない。つまり、われわれが最終的に拒絶しなければならないようなメッセージなどまったく持ち合わせていないのである。逆説的に言えば、この「意味のなさ」こそが、ダイヤモンドをこれほどまで強烈に意味深いものにした要因なのかもしれない。というのは、ダイヤモンドは人間が自らの姿を投影するのにとても都合の良い媒体になったからであり、デビアス社やN・W・エイヤー親子商会やジェイ・ウォルター・トンプソン社の人々が時をおかず学んだように、マーケティングにおいて強い説得力を発揮したからである。

ここに至って、宝石類がプロダクト・プレイスメントの最初期に大きな刺激を与えたことが納得できる。宝石類には、ただ日光の下にじっと座って瞬いているだけで自分たちの伝えたいことを見物客に想像させる効果がある。ダイヤモンドが尊ばれている地域でその強靭さが証明されてきたのは、まさしくそのために具体的に言動しなくてもよかったからである。ステータスやロマンスに対する人々の意識が時とともに変わってきた今日でも、ダイヤモンドがステータスやロマンスの典型的象徴であることに変わりない。工具としてのダイヤモンドの最も優れた点は間違いなくその硬度にあるが、工業製品としての特質となると別だ。つまり、可変性である。

ダイヤモンドは輝く水晶球だ。もちろん預言者のそれのように未来を見通すものではなく、いわば我々が知りたいと思っている一人ひとりの要求や深い欲望を映像にして見せてくれるものである。それは、例えば、輝かしい夜会のための壮麗な衣装であったり、夜会の場で交わす魅力的な外国人との素早い目配せであったり、その後に味わう幸せな気分であったり、数しれない「もしも」の会話を楽しみながら右往左往する自分の姿であったりする。そうすることでこの小さな石ころは力強く見えてくる。それは一つの美しい石ころにすぎないが、その美しさが我々の想像力を刺激し、将来のあらゆる可能性をプリズムにして見せてくれるのだ。ダイヤモンドの真実の姿について何を学ぼうとも、我々は結局のところ、心の奥底では、我を忘れて内省に没頭していきたいのだ。ダイヤモンドは、我々がそうしたいと思っていることを手助けしてくれる小さな鏡なのだ。

謝辞

最後になりましたが、これまで述べてきたダイヤモンドの話が単なる興味本位の洒落話でないことを証明する重大責任が私にはあります。本書を上梓するにあたり種々な形で私をサポートして下さった皆様に、ここで心からの謝辞を述べることで、このことを明らかにしたいと思います。

私には、宝石のように貴重なデイヴィッド・ハルパーンというエージェントがいます。彼と私がずっと長い間友人づきあいをしてきているのは、私の誇りとするところです。その間に彼から得たものは、私が過去十年間に求め得たどんな贈り物よりもすばらしいものです。彼は私に、人々の生活（暮らし）について多くの本を書く機会を与えてくれました。それがどんな企画であれ、彼のサポートと創意工夫と熱意がなければ、そして「静かに、落ち着いて」という彼独特の声を聴くことなしには取り組むことができなかったと思います。私の子供たちが彼と親しくなり、一緒に本を読む（ただ、あまり読みすぎない）のを見ると、いつも気分が高まるのを覚えます。さらには、私をジェニファー・バースの手にゆだねてくださった宇宙の神さまに感謝しております。ジェニファーは優しくて、冷静で、反応がはやく、たえず私を励ましてくれたすばらしい編集者です。彼女からまとまった通知を受け取ると、読書と編集に関するマスタークラスを受講しているような気分になったものです。彼女がいなければ、この本の値打ち《う》は今の半分もなく、また長さも今の倍以上になっていたことでしょう。そして、エリン・ウィックスにも感謝しています。彼女は、編集の全過程を通して、洞察力のあるコメントを提供してくれ、特に最終章における難問についても賢明な解決策を示してくれました。しかも、本書に写真を挿入するにあたって、私と一緒に長時間の骨の折れる作業を――積極的に！――やってくれました。いまだに私からの電子メールを読んでくれるのは、彼女の我慢強さの証です。さて、キャシー・ロビンスは、今度も良いタイミングで気軽に事務所へやって来ては、手の込んだ手書き原稿の解読を手伝ってくれました。この体験は、作家が原稿を見直す際に経験する至福のひと時であり、私が大切にしているところです。キャシーとは十年来、個人的にも仕事上でもつき合ってきましたが、それは私の幸運さを物語る一つの証でもあります。

　私が素人の立場で、一世紀も前の産業についてうきうきしながら夢中になって執筆できたのは、私の電子メールに対して返事をし、自分たちについて語り、有益な情報の断片を提供してくださった公文書管理人や作家、専門家、歴史家、宝石商などの人たちのおかげと思い、恩義以上のものを感じています。なかでも、多忙な時間を割いて私とのインタビューに応じてくださった人たちにはいくら感謝しても感謝し尽せない思いです。すなわち、ジェイコブ社のジェイコブ・アラボ、IF社のベン・ボーラー、ピュア・グロウン・ダイヤモンズ社のリサ・ビッセル、ザンディレイ・ブレイ、ブチェラッティ社のアンドレア・ブチェラッティとシモナ・メッチ、デ・ヤング美術館のマーチン・チャップマン、MVIマーケティングのリズ・シャトラン、ドイル&ドイルのエリザベス・ドイル、リオティント・ダイヤモンズ社のロビン・エリソン、エドワード・ジェイ・エプスタイン、「ウィング」ことユーイング・エヴァンス、グローバル・ウィットネスのコリンナ・ギルフィラン、カーネギー研究所のロバート・ハザン、デビアス社のデイヴィッド・ジョンソンとジャック・ジョリス、カザンジャンブラザーズ社のダグラス・カザンジャン、フレッド・レイトン社のグレッグ・クウィアットとレベッカ・セルバ、米国宝石学会（ＧＩＡ）の前身である米国宝石査定研究所のジョシュア・レンツ、ヘリテージ・オークションのカレン・サンピエリ、ピーター・ポール・スコット、シャーマン・シャッツ、ベビー・スミス、スコット・サッチャー、ジョン・ヴェルスタンディグと「マック」ことモーリス・ヴェルスタンディグの皆さんです。また、私からの電子メールによる最初の問い合わせに回答をしていただき、その後もしばしば面談をして協力してくださった以下の人たちにも厚く御礼申し上げます。すなわち、シャミン・アバス・パブリック・リレイションズのシャミン・アバスとナターシャ・バーグ、リオ・ティント・ダイヤモンズのブランディー・ダロウとシルヴィア・チャップマン、ティファニー社のリナ・ゴットリーブ、デ・ヤング美術館のクラ・ハッチャー、ＩＦ社のジェイムズ・ハー、そしてフレッド・レイトン社のリンゼイ・リデルの皆さんです。

つらつら思うに、私にとって公文書保管人や図書館員の方々は、世間でいうところの名士《セレブリティー》と何ら変わるところがありません。ティファニー社でアンナマリー・センダツキにお会いした時は、まるで熟練のロックスターと一緒に時間をすごしているような気がしました。そして、いろいろとお世話をしてくださった次の方々にも心より感謝申し上げます。ティファニー社のアミー・メヒューとクリスチーナ・ヴィニョン、ウォルドルフ＝アストリアのエリン・オールソップ、サウザンド・オークス図書館のジャネット・ベラール、デューク大学図書館のハートマン・センター・フォア・セイルス・マーケティング・アンド・アドバータイジング・ヒストリーのリン・イートンとジョシュア・ラーキン・ローレイ、フランクリン・Ｄ・ルーズベルト大統領図書館のミシェル・フラウエンバーガー、スミソニアン博物館のジョー・ハーシーとウェンディ・シェイ、国立公文書館のジーン・モリス、スコット・アンド・ゼルダ・フィッツジェラルド博物館のウィリー・トンプソンの皆さんです。そしてシラキュース大学図書館のスペシャル・リサーチ・センターおよびニューヨーク公共図書館のマニュスクリプト・アンド・アーカイヴズ・ディヴィジョンの皆さまにも感謝申し上げます。ニューヨーク公共図書館のスティーヴン・A・シュワルツマン・ビルディングは今でも行ってみたい大好きな場所の一つです。

私が特別に恩義を感じているのは、米国宝石学会（GIA）のクリスチン・マハンならびにGIAのリチャード・T・リッディコート・ジェモロジカル・ライブラリーおよびインフォメーション・センターのオーガスタス・プリチャートのお二人で、両氏とも私のために任務の範囲を超えて務めてくださいました。また、撮影許可の段取りをするという大抵の場合は報われない仕事の手伝いをしてくださった以下の人たちの好意にも厚く感謝しております。二十世紀フォックス映画のアンディ・バンディット、スミソニアン博物館のタッド・ベンニコフとキーリー・ゴードン、ゲッティイメージズのピート・ベレンク、コービスイメージズのティム・デイヴィス、ニューヨーク・ヒストリカル・ソサイエティのロブ・デラップ、フォーサイス郡公共図書館のモリー・ロール、ウェーバー・シャンドウィックのメリサ・スミスとモニカ・ホワイトハースト、そしてピュア・グロウン・ダイヤモンズ社のローレン・スポトたちです。そして、自らの作家活動のほかに他の作家の手助けをしている作家の方々には大いに敬服しています。彼らには、きっと、天国で特別席が用意されているはずです。これに該当する人たちの名前を挙げると、サマンサ・バーバス、ザンディレイ・ブレイ、ロバート・ベイツ、シェリー・ベネット、エドワード・ジェイ・エプスタイン、ヴィクトリア・フィンレイ、トム・ゼルナーなどで、いずれも脇役を立派にこなしておられます。また、せっかく成功のきっかけを作っておきながら、みずから身を引いた新旧の友人たちも忘れることができません。ニコール・フォークス、マーク・フォスター、サラー・ゴーリー、ケヴィン・クリーサー、ヨベ・オリバー、マイケル・パッラディーノ、CK・スウェットの面々です。その他にも、さまざまな提案書を読み、それらに対して賢明で役立つ批評を加えながら、私の背中を押してくれたニール・ドセドーやルイス・クウェイルにも同様のことが言えます。

ロビン・オフィスの友人や同僚の皆さんは、私の家業兼務の作家活動をいつも応援してくれました。また、私の遠い親戚にあたるリチャード・コーヘンとルシンダ・ブルーメンフェルド・ハルパーンの二人はそれぞれの独力で本の専門家になり、時を失せずに私とのブレーンストーミングに加わり、鋭いアドバイスや温かく心のこもった励ましをしてくれました。そして、ハーパーコリンズ社のプロダクションチームの皆さんには、私の産休に合わせてわざわざスケジュールを組みなおしていただいた格別なるご好意に厚く感謝する次第です。

私は、大勢の情熱あふれる家族にめぐまれています。名前を挙げると、母親のアネット・ベルグスタインと父親のジェイ・ベルグスタインの他、姉妹たちのポーリーン・ベルグスタイン、ジェフ・ウィルソン、ディアンナ・ベルグスタイン、アリソン・ベルグスタインです。義理の両親はハーブ・ローゼンバーグとジャン・ローゼンバーグです。義理の兄弟姉妹は、名前を挙げればきりがないほど多くいます。全国に散らばっているものの、それが誰であれ、思い出すたびに私を思いきり笑わせてくれる人たちです。その人たちと知り合ったことで、私はバカみたいに幸運な気分になれます。私の両親たちは私に、それはそれはたくさんの贈り物をしてくれましたが、なかでも最も重要なのは、自分の愛することをし続ける自信と決意です。がんばれば報われるということ、そして、自分の心に従っていけば間違いないことを例でもって示してくれました。私も是非、同じメッセージを息子に伝えたいと願ってやみません。

アンドルー・ローゼンバーグは、私に初めてのロマンティックなダイヤモンドをくれた人です。その結果、私は婚約指輪について皮肉な考えを抱くのが困難になったのです。もっとも、婚約指輪には私を皮肉にさせるものがたくさんあることには気づいていたのですが。何と言えばいいのかしら？　私がうつむいてこの指輪を見るたびに思うのは、あの才気あふれ、意思堅固で、我慢強く、心の優しい、私の結婚相手である男性のことです。ほんとうにありがとう。あなたが私と共に喜びあふれる人生を築いてくださったおかげで、私はこの素晴らしい仕事をやり遂げることができました。そして、ここ八カ月間ずっと私に付き合ってくれた私たちのちびっ子ちゃんへも、ありがとう。まだまだ謎に満ちてはいるが、それでもとても可愛くなっているよ。もっとも、次の章を書き始めるのは、きみのことをもっと良く知ってからにしたいのだが、今は待ちきれない気持ちでいっぱいなの。

訳者あとがき

本書は、二〇一六年に出版された Rachelle Bergstein の *Brilliance and Fire*（*A Biography of Diamonds*）を全訳したものです。いわば、ダイヤモンドを主役とする大河ドラマで、私はこれを「人間の欲望とダイヤモンドのしがらみをひもとく読み物」と考えています。

内容は決して難しいものではなく、世間にあまり知られていないエピソードの数々を紹介するドキュメンタリーですが、よくある興味本位の読み物ではなく、きわめてまじめかつ几帳面に書かれているのが特徴です。中にはすでにご存じの話も含まれていますが、これは初耳だ、こんなことがあったのかと驚かれるような話が少なくなかったと思います。また、各章ごとに違ったテーマで違った視点から話をしているので、本書のどの章からでも、お気の召すまま気楽にお読みいただけたのではないでしょうか。

ところで、この膨大な物語には膨大な資料の裏づけが必要です。それらを丁寧にしかも具体的に蒐集し、細かな解釈を加えられた著書に心からの敬意を表すものです。本書の価値は、正にこの点にあると言えます。そして、私がまず苦労したのは、このように膨大な史実の裏づけをとることでした。それを可能にしてくれたのは、私の属する「翻訳勉強会（たかさきグループ）」の皆さんでした。高崎拓哉さん、石垣賀子さん、岸本智恵さん、五月女彰さん、二木夢子さん、花田由紀さん、若松陽子さんには、下訳を含め、訳文の細かなチェックまで大変お世話になりました。本書の上梓は、皆さんのヘルプなしにはなしえなかったことを申し添え、感謝の意を表します。

また、私の地元のさいたま市岩槻の「小説を書こう会」を主宰されている亀井隆氏と宝珠山敬彬氏には、本稿の最終段階で、より読みやすい文章にするべく、様々なご指導と細かな校正をしていただき、まことにありがとうございました。

最後になりましたが、本書の原書を紹介してくださった日本ユニ・エージェンシーの小山猛氏と栗岡ゆき子さまには改めて厚く御礼申しあげる次第です。また、本翻訳を出版するという大決断をしていただいた国書刊行会の中川原徹氏には、何と言ってお礼を申し上げればいいのかわからないほどです。

二〇一九年五月

下 隆全

DJ to RB, 8/26/14.

⒂「ピュア・グロウン・ダイヤモンズという名前は『スナップ写真』のようなものです」

In-person interview with Lisa Bissel（LB）in New York City, 8/7/14.

⒃「『机上の鉱山』でとれたダイヤモンドが化学的に天然ダイヤモンドとまったく同質であることが知れ渡ることで」

Frost & Sullivan, *The Diamond Growing Greenhouses: Grown Diamonds in the Gems & Jewelry Industry*（March, 2014）.

⒄「（ミレニアム世代にとって）重要なのは、もう人々が手足を切り落としたり、切り落とされたりするような時代ではないということです」

LB to RB, 8/714.

⒅「二〇一一年に日本を抜いて世界第二位のダイヤモンド消費国となった中国は」

Thomas Biesheuvel, "China Affair with Cheap Diamonds Heats Mass Market: Commodities,"Bloomsberg.com. May 1, 2013, http://www.bloomsberg.com/news/2013-04-30/china-affair-with-cheap-diamonds-heats-mass-market-commodities.html.

⒆「都市化の波と共に中産階級の人口比が……急速に拡大して……予想されている」

Bain & Company, *The Global Diamond Repott 2013: Journey Through the Value Chain*（2013）, 53.

⒇「ダイヤモンド原石の供給は二〇一八年をピークに低下していく」

Bain & Company, *The Global Diamond Repott 2013: Journey Through the Value Chain*（2013）, 58.

(21)「もし、そんなことになればそれは誰にとっても損です。なぜならこれは経済の話だからです」

LB to RB, 8/7/14.

(22)「天然ダイヤモンドの不足は確かに進行していくでしょう」

LC to RB, 10/6/14.

画像のクレジット

画像の使用に心よく許可してくださった以下の方々に感謝申し上げます。

Cornelia Bradley-Martin: The Album File PR2, New-York Historical Society, © New-York Historical Society.

The 260-carat Billionaire watch: Courtesy of Jacob & Co.

Charles Lewis Tiffany: Irma and Paul Milstein Division of United States History, Local History and Genealogy, The New

York Public Library. "Charles Louis Tiffany," The New York Public Library Digital Collections, 1899–1899, http://digitalcollections.nypl.org/items/54d6e150-86d6-0131-f846-58d385a7b928.

Maiden Lane: The Miriam and Ira D. Wallach Division of Art, Prints and Photographs: Print Collection, The New York Public Library. "South St. from Maiden Lane 1828," The New York Public Library Digital Collections, http://digitalcollections. nypl.org/items/510d47da-25f2-a3d9-e040-e00a18064a99.

Cecil Rhodes: The Miriam and Ira D. Wallach Division of Art, Prints and Photographs: Print Collection, The New York Public Library. "Portraits," The New York Public Library Digital Collections, http://digitalcollections.nypl.org/items/99a6ed7e-0d02-0e0d-e040-e00a18061e25.

The Premier mine in South Africa: Carpenter Collection, Prints & Photographs Division, Library of Congress, LOT 11356-39.

Eleanor Roosevelt's engagement ring: Courtesy of Franklin D. Roosevelt Presidential Library, Hyde Park, New York.

Jean Fouquet's Virgin and Child Surrounded by Angels [public domain], via Wikimedia Commons.

Evalyn Walsh McLean: Harris & Ewing collection, Prints & Photographs Division, Library of Congress, LC-H25-18444-FB.

The Hope Diamond: Courtesy of the Smithsonian Institution.

Pierre Cartier: Manuscripts and Archives Division, The New York Public Library. "Jewels—Pierre Cartier and woman with ring,"The New York Public Library Digital Collections, 1935–1945, http://digitalcollections.nypl.org/items/5e-66b3e8-99fd-d471-e040-e00a180654d7.

Shirley Temple: Keystone-France/Getty Images.

Marilyn Monroe: From Gentlemen Prefer Blondes, ©1953 Twentieth Century Fox. All rights reserved.

The House of Jewels: Manuscripts and Archives Division, The New York Public

Library. "Jewels—House of Jewels Building."The New York Public Library Digital Collections, 1935–1945, http://digitalcollections.nypl.org/items/5e-66b3e8-6f8a-d471-e040-e00a180654d7.

Pond's Cold Cream ad: Courtesy of Unilever.

Gladys B. Hannaford: Courtesy of Forsyth County Public Library Photograph Collection, Winston-Salem, North Carolina.

Audrey Hepburn: © Bettmann/CORBIS.

Elizabeth Taylor in the Taylor-Burton Diamond: © Bettmann/CORBIS.

Elizabeth Taylor's necklace from Bulgari: © Axel Koester/Corbis.

European diamond cutters: Matson (G. Eric and Edith) Collection, Prints & Photographs Division, Library of Congress, LC-M33-10542.

Madame Wellington: Courtesy of John VerStandig.

James Buchanan Brady: Manuscripts and Archives Division, The New York Public Library. "Amusements—Performers and Personalities—Bergen, Edgar—With Charlie McCarthy, Diamond Jim Brady and Lillian Russell." The New York Public Library Digital Collections, 1935–1945, http://digitalcollections.nypl.org/items/5e66b3e9-0ac2-d471-e040-e00a180654d7.

Diana, Princess of Wales: © Quadrillion/CORBIS.

Argyle colored diamonds: Courtesy of Rio Tinto Diamonds.

Argyle pink diamond: Courtesy of Rio Tinto Diamonds.

Jacob Arabo: Courtesy of Jacob & Co.

Forevermark diamond suite: Courtesy of Fred Leighton.

Ben Baller custom pendant: Courtesy of IF & Co.

Ben Baller Rolex: Courtesy of IF & Co.

Radiant-cut yellow diamond: Courtesy of Pure Grown Diamonds.

Pure Grown Diamonds' 3.04-carat stone: Courtesy of Pure Grown Diamonds.

参考文献

序文

(1)「平均的な女性の薬指のサイズは一六・五ミリメートル（米国の標準サイズで六号の指輪の大きさ）なので」

Blue Nile, "How to Determine Your Ring Size,"

http://w.w.w.bluenile.com/assets/chrome/pdf/ring_sizing_guide_0610-CA.pdf.

第１章　ダイヤモンドを買う人たち

(1)「ブラッドレー＝マーチン夫妻の舞踏会」の詳細は次の資料を参考にしました。

Albin Pasteur Dearing, *The Elegant Inn* (Secaucus, NJ: L. Stuart,1986)

James Remington McCarthy, *Peacock Alley: The Romance of the Waldorf–Astoria* (New York: Harper & Brothers, 1931)

Penny Proddow and Marion Fasel, *Diamonds: A Century of Spectacular Jewels* (New York: Harry M. Abrams, 1996).

"New York Fashions: Dress at the Bradley Martin Ball," *Harper's Bazaar,* February 20,1897.

"The Bradley Martin Ball: A Wealth of Heirlooms, in Antique Jewels and Rare Old Laces, to be shown," *New York Times*, February 9, 1897, 3.

"Wore Crown Jewels: Mrs. Bradley-Martin Replendent in a Bower of Beauty." *Boston Daily Globe,* February 11,1897.

Records from the Waldorf Astoria archives, furnished by Erin Allsop, in-house archivist,by e-mail of 8/7/13.

(2)「税関で七万五〇〇〇ドル（今日の約二〇〇万ドル）の港湾史上最高額の申告をしたらしい」

Shelley M. Bennett, *The Art of Wealth: The Huntingtons in the Gilded Age* (San Marino, CA: Huntington Library, 2013), 133.

(3)「チャールズ・ルイス・ティファニー」の伝記は次の資料を参考にしました。

Clare Phillips, *Bejeweled by Tiffany: 1837–1987* (New Haven: Yale University Press,2007)

George Frederic Heydt, *Charles L. Tiffany and the House of Tiffany & Co.* (New York: Tiffany & Co., 1893). Available via Tiffany & Co. on Google Play,

https://play.google.com/store/books/author?id=Tiffany%20Company.

The Story of Charles Lewis Tiffany," CBS Radio, original air date March 4, 1937. Found on Youtube (accessed before 12/13, link no longer available).

"The Tiffanys: The Mark of Excellence," A&E *Biography*, DVD release date September 26, 2006.

⑷「私たちは選りすぐりのフランス宝石を皆様の前に提供することができるようになりました」

"Catalogue of Useful and Fancy Articles," Tiffany, Young & Ellis, 25. Found in the Tiffany & Co. archives in Parsippany, New Jersey, visited 5/15/2014.

⑸「ロット番号二十五の『コサージュ・ブーケ』は二六三七個のブリリアントカット・ダイヤモンド（合計一三二と一六分の五カラット）と八六〇個のローズカット・ダイヤモンドからなっており」

"Crown Jewels of France: An Official Catalogue of the Collection," *New York Times*, April 24,1887, 11.

⑹「ご当地フランスよりもアメリカの方が沸いていたようだ」

"The French Crown Jewels: Opening of the Auction Sale in Paris," *New York Times*, May 13, 1887, 1.

⑺「『クラウンジュエル（王冠用宝石）』として個人バイヤー間で流通すること」

"The French Crown Jewels: Opening of the Auction Sale in Paris," *New York Times*, May 13, 1887, 1.

⑻「それらのコピー品を作成する不真面目な業者が続出したのである」

Proddow and Fasel, *Diamonds,* 16.

⑼「その名前を公表すれば、人々の興味を惹くニュースになることはよくわかっています」

"The Crown Jewel Sale Ended: More Purchases by New Yorkers—The Criers Dissatisfied," *New York Times,* May 24, 1887, 1.

⑽「今日、招待客が黒の蝶ネクタイの着用を求められるように」

Joan Younger Dickinson, *The Books of Diamonds: Their History and Romance from Ancient India to Modern Times* (New York: Avenel Books, 1965), 143.

⑾「この種の頭飾りは、ティファニー社で一五〇ドル（今日の四一二三ドル）以上の値段がついていた」

From the 1895 Tiffany & Co. Blue Book, 215. Found in the Tiffany & Co. archives.

⑿「舞踏会で身に着ける古くて珍しい宝石の価格は見積もり不能なほど高騰している」

"The Bradley Martin Ball: A Wealth of Heirlooms," 3.

⒀「今回のような歴史的イベントにわざわざ偽の装飾品を身につけて参加することなど想像するだけでもばかげた話だ」

"The Bradley Martin Ball: A Wealth of Heirlooms," 3.

⒁「ウォルドルフ・ホテルに支払った九〇三六ドル四五セント」

As enumerated on the bill in the Waldorf Astoria's archives, furnished by Erin Allsop, inhouse archivist, by e-mail on 8/7/13.

第2章　ダイヤモンドの原石を探す人たち

⑴「うまくいきそうだと感じた羊飼いは、思い切って、五〇〇匹の羊と一〇頭の牡牛、それに馬を一頭要求した」

Stefan Kanfer, *The Last Empire: De Beers, Diamonds and the World* (New York: Farrar, Straus & Giroux, 1993), 26.

⑵「ダイヤモンド探鉱は決して退屈な重労働ではない」

Gardner Fred Williams, *The Diamond Mines of South Africa* (London: Macmillan

Company,1902), 154 (page number refers to a digitized version available for B&N Nook).
⑶ 「本物のダイヤモンドをハンマーでたたき割ることもあった」
Kanfer, *The Last Empire,* 29.
⑷ 「一八七〇年には三万英ポンド相当のダイヤモンドが採れた」
Kanfer, *The Last Empire,* 30–31.
⑸ 「二平方フィートの土地を掘削する権利を月二ポンドで探鉱者に与えた」
Kanfer, *The Last Empire,* 32.
⑹ 「コールズバーグ小丘は豊かなダイヤモンド鉱床として世間に知れ渡ることとなった」
Williams, *The Diamond Mines,* 173–75
⑺ 「その土地を投資家グループにわずか六〇〇〇ギニーで売却してしまった」
Kanfer, *The Last Empire,* 34.
⑻ 「いつの日かきっと、世界をあっと驚かせるダイヤモンドを見つけられる」
Kanfer, *The Last Empire*, 60.
⑼ 「われわれが領土を一エーカー増やすごとに、将来そこで生活する新しいイギリス人種が生まれてくる」
James Leasor, *Rhodes and Barnato: The Premier and the Prancer* (Smashwords, 2011), 99.
⑽ 「キンバリー鉱床には九十八人の掘削権保持者が個別に営業していた」
Williams, *The Diamond Mines,* 278.
⑾ 「奴がギリシア語を話しているのを聞いて、奴の頭がどうかしているのがわかったよ」
Leasor, *Rhodes and Barnato,* 152.
⑿ 「先住民はしょせん『子供』にすぎない、それも『野蛮の申し子』だと考えていた」
Leasor, *Rhodes and Barnato,* 217.
⒀ 「穏やかな刺激」
Leasor, *Rhodes and Barnato,* 217.
⒁ 「かの偉大なる王が土に戻りしとき／あるいは自ら帝王と任ずる人が土に戻りしとき／悲しみに満ちた一日が訪れる」
"Kipling's Tribute to Cecil Rhodes," *New York Times,* April 9, 1902, 1.
⒂ 「一八九八年から一九〇二年までに、アメリカの宝石輸入額は二倍以上に増えた」
"Enormous Diamond Importations," *Keystone* (February, 1903)

第３章　恋人たち
⑴ 「一九〇二年、総額二五四一万二七七五ドル七二セントにものぼる高価なダイヤモンドやその他の宝石」
"Enormous Diamond Importations,"
⑵ ダイヤモンドのカットの歴史に関する情報は、次の資料を参考にしました。
Joan Younger Dickinson, *The Book of Diamonds: Their History and Romance from Ancient India to Modern Times* (New York: Avenel Books, 1965).
Glenn Klein, *Faceting History: Cutting Diamonds and Colored Stones* (Bloomington,

IN; Xlibris Corporation, 2005).
Available on Google Books, https://books.google.com/books?id=AoZ2fb2-xZ8C.
Diamonds: Myth, Magic and Reality: ed. Jacques Legrand (New York: Crown Publishers, 1980).

(3) 「ダイヤモンドは古代から親しまれてきたとは思えない」
George Frederick Kunz, *The Curious Lore of Precious Stones* (Philadelphia: J. B. Lippincott Co., 1913), 321.

(4) 「最近の婚約指輪の流行に異論を唱える運動が起こり始めた」
"Engagement Ring Trophies," *New York Times,* August 8,1894, 4.

(5) 「結婚指輪の在庫はそこにある五、六個だけ？」
"Trade Secret," *New York Times,* February 24, 1904, 8.

(6) 「エレノアが二十歳の誕生日を迎える十月十一日に、ようやく婚約が成立した」
Hazel Rowley, *Franklin and Eleanor: An Extraordinary Marrage* (New York: Farrar, Straus & Giroux, 2010), 37.

(7) 「指輪の中央の大きなダイヤモンドは、クッションカット（丸みを帯びた四角形）で、八つのプラチナプロング（爪）で留めてある」
Details about the ring supplied by Michelle Frauenberger at the Franklin D. Roosevelt Presidential Library and Museum, via e-mail on 7/23/13.

(8) 「今日では、婚約指輪は婚約に欠かせない存在になっている」
"Price of Engagement Ring Has Risen Forty Per Cent in the Last Three Years" *Chicago Daily Tribune,* November 27, 1904, F4.

(9) 「かのダイヤモンドはペルシアにはなく、アフガニスタンにあることがわかる」
Ian Balfour, *Famous Diamonds* (Suffolk, UK: Antique Collectors's Club, 2009), 176.

(10) 「クールはソレルが二十代で器量も良く、ミューズめいた雰囲気があるのを見抜く」
Dickinson, *The Book of Diamonds,* 52.

(11) 「ほぼ十年後の一九〇八年になると一番安価なものでも二〇ドル（現在の五四〇ドル）へと基準ラインが倍になった」
1894 Blue Book, 28, and 1908 Blue Book, 235, both available via Tiffany & Co..on Google Play.

(12) 百貨店『シアーズ』の歴史の詳細はそのホームページを参照し、リチャード・ウォーレン・シアーズ氏個人のプロフィールは次の文献を参考にしました。
G. R. Clarke, "Dazzling and Sudden Success Not So Accidental as It Seems," *Chicago Daily Tribune,* June 10, 1906, E3.

(13) 「ワナメーカーの広告文の愚かしさについては何も申し上げることはないが」
"Department Store Jewelry Advertising," *Keystone* 9 (October 1807), NYPL bound edition, 822-23.

(14) 「彼らが一月には昇進してネクタイやグローブ部門へ移るだろうという人もいるが、ほんとうにそうなるのだろうか、はなはだ疑問である」
"Department Store Jewelry Advertising," *Keystone* 9 (October 1807), NYPL bound edition, 822-23.

第4章　ホープダイヤモンド

(1) 「プラチナをつないだ四角いチェーンにダイヤモンドの虹色のきらめきが連な

り」

Evaliyn Walsh Mclean, *Queen of Diamonds: The Fabled Legacy of Evalyn Walsh McLean,* a commemorative edition of *Father Struck It Rich* (Franklin, TN: Hilsboro Press, 2000), 154.

(2) 「ピエールはアメリカ人実業家の娘エルマ・ラムジーと知り合い、恋に落ちた」

"Heiress to Wed Foreigner," *New York Times,* December 22, 1907, 1.

(3) 「四五・五二カラット、クッションカットの見事なブルーダイヤモンド」

Specifications of the Hope Diamond as per the GIA Colored Diamond Grading Report on the gem, posted on the Smithsonian's website,

http://mineralsciences.si.edu/collections/hope/HopeGIAreport.pdfa

(4) 「価格は一一万ドル（現在の価値でおよそ二七〇万ドル）」

Richard Kurin, *Hope Diamond: The Legendary History of a Cursed Gem* (New York: HarperCollins/Smithsonian Books, 2006), 197.

(5) 「取引は成立しなかった。魔法は解けたのだ」

Story and dialogue quotations from Mclean, *Queen of Diamonds,* 167-73.

Additional details sourced from Kurin, *Hope Diamond* and Victoria Finlay, *Jewels: A Secrete History* (New York: Random House Trade Paperbacks, 2007).

(6) 「すぐさまプラチナをあしらった時代の先端をいくスタイルに作り直し」

Kurin, *Hope Diamond,* 205-6.

(7) 「さらに記事は『呪いを呼ぶダイヤモンド』の『不吉な歴史』として、……来歴を紹介した」

"J. R. M'Lean's Son Buys Hope Diamond," *New York Times,* January 29, 1911, 1.

(8) 「六カ月以内にエドワード・マクリーン氏の親族に死者が出た場合」

"Says M'Lean Drank Hope DiamondToast," *New York Times,* March 10, 1911, 7.

(9) 「筆者は二〇年近く宝石業界誌に関係し、世界の優れたダイヤモンドの歴史にとりわけ関心をもってきたが、一九〇一年にホープダイヤモンドがわが国へ持ち込まれてまもなくセンセーショナルな記事が書きたてられるまでは、このダイヤモンドにまつわる話など一切耳にしたことがなかった」

T. Edgar Willson, letter to the editor, "The Hope Diamond: Editor Jewelers' Circular Writes of the Stories of Misfortunes," *New York Times,* February 9,1911, 6.

(10) 「エヴェリンはことあるごとにホープを身につけた」

McLean, *Queen of Diamonds,* 174.

(11) 「呪いと祝福とを互いに戦わせる」

McLean, *Queen of Diamonds,* xviii

(12) 「宝石の歴史を研究しているイアン・バルフォーは、当時、金羊毛勲章は「男性のみに与えられる勲章」だったことから、王妃マリー・アントワネットがこの青いダイヤモンドを身につけたという説に反論している」

Balfour, *Famous Diamonds,* 131.

(13) 「ある宝石商が英国王ジョージ四世にこの青いダイヤモンドを売ろうとしたとき、ヘンリー・フィリップの叔父にあたる人物が同席していた、とする興味深い説もある」

Balfour, *Famous Diamonds,* 133.

(14) 「ここでも新聞は二人が主催した途方もない贅をつくした宴の詳細を伝えている」

“M'Leans to Keep the Hope Diamond,” *New York Times,* February 2, 1912, 1.

(15) 「ある年、ワシントンDCの邸宅で新年を迎えるパーティーを開いたとき、エヴェリンはホープダイヤモンドのほかはごくわずかのものしか身にまとわず、肌もあらわな姿で招待客を迎え、パーティーの注目を一身に集めたという」
Finlay *Jewels,* 329.

(16) 「すでに経済的に困窮していたエヴェリンはニューヨークへ赴き、ホープダイヤモンドを三万七五〇〇ドル（現在の五九万八〇〇〇ドル相当）で質に入れていた」
McLean, *Queen of Diamonds,* 295.

(17) 「私が宝石を好むのをとがめる人がいても、それは無意味なことよ」
McLean, *Queen of Diamonds,* 290.

以上の他に、ホープダイヤモンドにかかわる様々な情報を、ダイヤモンド・カッターであり、歴史家、調査員でもあるスコット・サッチャー氏との電話インタビュー（10/30/13）や同氏のウェブサイト（www.museumdiamonds.com）から得ています。

第5章　楽天家たち

(1) 「まるでそれがお洒落だとでもいうように、ダイヤモンドを足首に巻き、鼻に刺している」
Lillian Ross, “The Big Stone II,” *New Yorker,* May 15, 1954, 45.

(2) 「僕と結婚してくれないか」
Lillian Ross, “The Big Stone II,” *New Yorker,* May 15, 1954, 54.

(3) 「事務所を借りたのは五番街の535番地。理由は、街のダイヤモンド地区が風光明媚なメイデン・レーンから最近47丁目へ移ってきていたからだった。そこならグランド・セントラル駅やペンシルベニア駅といった列車の駅にも近いし、ホテルやデパートの集まるミッドタウンにも歩いて行けた」
“Uptown Trade Movement: Diamond Merchants Desert Maiden Lane District for Midtown Section,” *New York Times,* February 19, 1924, 31.

(4) 「経済の独裁者たるドイツは食料消費の制限を強化し」
“Diamonds and Food,” *New York Times,* March 23, 1916, 10.

(5) 「一方でメレと呼ばれる白い小粒のダイヤモンドは一カラット分の値段が四五〇ドルから五〇〇ドル（およそ六七〇〇ドル）にまで上昇した」
“As to the Cost of Diamonds,” *New York Times,* August 13, 1919, 17.

(6) 「会長のジョゼフ・メイザーは、宝石には確かな未来が待っていると予測した」
“Prohibition Helps Jeweler, Says Mazer,” *Keystone* (October 1919), 131.

(7) 「貴重な黒真珠を連ねた有名なネックレスは、前の持ち主のハミルトン公爵夫人から一〇万フランで買い取ったものだった」
Details furnished from a visit to the Arabella Huntington Papers collection at Syracuse University, 9/23/13-9/25/13.

(8) 「ハンチントンの息子と義理の娘は、こうした遺産のほとんどすべてを競売で整理できて喜んだ」
Bennett, The Art of Wealth, 271.

(9) 「そのための資金として、ウィンストンは、ニューヨークのニューネーデルラ

ンド銀行から一五〇万ドル（現在で二〇二〇万ドル）もの多額の融資を受けた」
Lillian Ross, “The Big Stone,” *New Yorker*, May 8, 1954, 42.
(10)「ダイヤモンド業界を『シンデレラの世界』とまで豪語するまでになった」
Lillian Ross, “The Big Stone,” *New Yorker*, May 8, 1954, 45.
(11)「やったぞ、旦那、ついにみっけた！」
“Poor Prospector Finds, 726-Carat Diamond Near the Site of the Cullinan Discovery in 1905,” *New York Times*, January 18, 1934, 1.
(12)「その晩は妻が石をくるんだ布を首に巻いて眠り、ヨンカーと息子たちが銃に弾を込め、交代で番をした」
“Jonker's Diamond Is Sold for ￡63,000,” *New York Times*, January 19, 1934, 9.
(13)「そしてもう一人のヨハネス、つまり実際に石を見つけた作業員については、農場でも雇って『十分な贈り物をする』と約束した」
“Jonker's Diamond Is Sold for ￡63,000,” *New York Times*, January 19, 1934.
(14)「その間にダイヤモンド社が払った保険料は年間一万五〇〇〇ドル（現在で二六万五〇〇〇ドル）と言われている」
“$500,000 Bid for Diamond,” *New York Times,* March 30, 1935, 8.
(15)「どう見ても、昔よく主婦が洗面所に常備していた軟膏の塊にしか思えなかった」
“Jonker Diamond Shown at Museum”, *New York Times,* June 12, 1935, 23.
(16)「キャプランは、後日認めているが、すでに欧州の職人が予備調査を終わらせている以上、これは割合に楽な仕事だろうと高をくくっていた」
Murray Schumach, “Lazare Kaplan, Diamond Dealer, Dies at 102,” *New York Times,* February 14,1986.
(17)「完璧だよ、父さん！」
“Jonker Diamond Is Cut in 3 Pieces,” *New York Times*, April 29, 1936, 23.
(18)「子煩悩なパパであるウィンストンは、一人の買い手がまとめて買ってくれればいいんだが、そうすればこれからもみんな一緒でいられると、心の内を打ち明けていた」
“Jonker Diamond Cut into 12 Perfect Gems: Set, Now for Sale, Valued at $2,000,000,” *New York Times*, January 13, 1937.
(19)「キャプランは、ウィンストンの手腕ばかりが称賛されるのは納得できないとこぼし」
Ross, “The Big Stone,” 36.
(20)「農業を営む平凡な日々は性に合わず」
Balfour, *Famous Diamonds*, 152.
(21)「一九三二年号では経済状況を鑑みて『一ドルからの贈り物』を特集した」
Judie Rudoe, *Cartier: 1900–1939* (New York: Harry N. Abrams, 1997), 38.
(22)「宝石はまとうだけのものにあらず」
New York Public Library World's Fair archives box 2129.
(23)「ぞろぞろ入ってくるお客を迎え」
Description from NYPL World's Fair archives box 443.
(24)「中でもティファニー社は目を見張る品々を出した」
“Articles of Jewelry to Be Exhibited by Tiffany & Co. at Their Exhibit in the House of Jewels, New York World's Fair,” 1939, New York World's Fair Scrapbook: found in

the Tiffany & Co. Archives.
(25) 「一九三九年の万国博覧会は、大変な人気を博した」
"1939 Fair Closes: Seen by 26,000,000; Plans Laid for '40," *New York Times*, November 1, 1939, 1.

「宝石館の開館時間」にかかわる詳細情報は NYPL World's Fair archives より入手しました。
「ラザール・キャプランとヨンカー」に関する上記以外の詳細情報は、Lazare Diamonds のウェブサイト（www.lazarediamond.com/AboutUs/OurHistory）より入手できます。

第６章　ダイヤモンドを売る人たち

(1) 「ダイヤモンドは永遠」（日本版コピーは「ダイヤモンドは永遠のかがやき」）というキャッチコピーを生み出した制作過程の逸話は、デューク大学図書館の J. Walter Thompson collection の記録およびスミソニアン研究所に保管されている N・W・エイヤー広告代理店の記録（1849-1851, 1896-1996）を再編したものです。特に役にたったのはフランシス・ゲレティとのインタビューでした。このインタビューを行ったのはハワード・デイビスという男性で、彼は N・W・エイヤー（親子商会）の歴史を口頭でつづる仕事をしていましたが、その記録が出版されることはありませんでした。
(2) 「エイヤーにおけるキャリアの中で最も重要な出来事」
As quoted in an unpublished interview with Paul Darrow. Found in the Smithsonian's N. W. Ayer & Son archives, visited 2/27-2/28/13.
(3) 「担当者たちは広告の目的を四つにまとめあげた」
"Art and Ayer: A Tribute to Excellence," *Diamond Line,* Christmas issue 1986.
Found in the Smithsonian's Ayer & Son archives.
(4) 「今では男性が一人で買いに来ることが多い」
According to an N. W. Ayer & Son press release, "Mr. Cupid Now Buying the Diamond 'Solo.'" Found in the Duke University Libraries's J. Walter Thompson（JWT）archives, visited 2/21-2/23/13.
(5) 「費用節約のために二色刷りの誌面にした」
"Art and Ayer: A Tribute to Excellence."
(6) 「将来を決めるかもしれないアクセサリーに払う金額は平均で八〇ドル以下だった」
Edward Jay Epstein, *The Rise and Fall of Diamonds: The Shattering of a Brilliant Illusion,* ebook edition（New York: Simon & Schuster, 1982; Smashwords, 2011）, 147. Citations refer to the 2011 ebook edition.
(7) 「ダイヤモンドの売り上げは五五パーセント増加していた」
Edward Jay Epstein, *The Rise and Fall of Diamonds: The Shattering of a Brilliant Illusion,* ebook edition（New York: Simon & Schuster, 1982; Smashwords, 2011）, 76.
(8) 「女性たちはもはや、男性が兵役を終えるのを待ったりはしない」
"People and Ideas: Accelerated Wedding Plans," *Vogue* 101（1943）, 62.
(9) 「婚約指輪としてまずおすすめするのは、ゴールドの指輪で大きな養殖真珠を置き、その周囲に小さな天然真珠をあしらったものです」

"Hound, Penny-wise," *Vogue* 99, no.7 (April 1,1942, 33.
⑽ 「ある結婚指輪のメーカーは、結婚指輪の売り上げが、現時点で昨年の二・五倍になっていると報告しています」
Found in the Duke JWT archives.
⑾ 「大地は隆起し、星は墜ち、月は欠けるだろう」
"Diamonds Remain Symbol of Man's Ideal of Romance," *Atlanta Constitution*, March 9, 1940, 14.
⑿ 「シンプルなデザインに良質なダイヤを一粒配置した婚約指輪が再び流行」
"Solitaire Returns to Favor for Engagement Rings," *Washington Post,* February 15, 1941, 13.
⒀ 「左手に指輪を着けることは、必ずしも婚約を意味するものではありません」
Emily Post, "Solitaire Would Suggest an Engagement," *Daily Boston Globe*, October 27, 1940. B51
⒁ 「自分好みの指輪を選ぶのは、花嫁の権利です！」
Emily Post, "Are Conventions Superficial," *Daily Boston Globe,* September 12, 1940, 24.
⒂ 「ジョージ・D・スキナーは『残念ながらエミリー・ポストは買収できなかった』という内部メモを残していた」
Memo from George D. Skinner to Dorothy Dignam, "Etiquette Brochure on Engagement Ring," dated August 14, 1959. Found in the Duke JWT archives.
⒃ 「彼女の宝石箱の中、繻子のクッションの上に置かれているのは、単なる宝石やアクセサリーを超えるものです」
De Beers ad. *Vogue* 98, no. 8 (1941).
⒄ 「時間と状況、そして数千マイルの距離」
De Beers ad. *Vogue* 99, no.8 (1942).
⒅ 「もっと良いコピーが要求されていたらどうなっていたかと思うとぞっとします」
Letter from Frances Gerety to Mr. F. Bradley Lynch, dated October 20, 1987. Found in the Smithsonian's Ayer & Son archives.
⒆ 「パリにあったダリの自宅をコイナーが訪れたときには、ダリの具合が悪いと言っていったんは追い返された（当時ダリは奇妙な食事法を実践しており、食べるべきものの中に人間の髪の毛が含まれていた）」
From an interview with Charles Coiner in his personal life. Found in the Smithsonian's Ayer & Son archives.

第７章　王妃たちのダイヤモンド

⑴ 「あの方に会うことに決めました」
Michael Bloch, ed., *Wallis and Edward: Letters 1931–1937* (New York: Simon & Schuster, 1992), 33.
⑵ 「照明をどうにかしないといけませんね」
Michael Bloch, ed., *Wallis and Edward: Letters 1931–1937* (New York: Simon & Schuster, 1992), 46.
⑶ 「ウォリスに『王子のお世話』をお願いした」
Michael Bloch, ed., *Wallis and Edward: Letters 1931–1937* (New York: Simon &

Schuster, 1992), 89.

(4)「ケープタウンは人種差別制度の解釈が国内で最もリベラルだ」

G. H. Archambault, "South Africa Roars a Welcome to the Royal Family of Britain," *New York Times*, February 18, 1947, 1, 22.

(5)「徐々に批判的な論調が強まる中」

"Elizabeth Will Not Get Gift of 400 Diamonds——Only 21," *Los Angeles Times*, January 30, 1947.

(6)「まあ、なんてすてきなプレゼントでしょう、うれしいわ！」

"South Africa Rains Diamonds on Royal Family," *Chicago Tribune*, April 19, 1947, 1.

(7)「まるでおとぎ話のように魅惑的な（エリザベス王女の）結婚式には、堅苦しい儀式を、おしゃれで身の丈に合ったものに見せる一面もあった」

Proddow and Fasel, *Diamonds*, 97.

(8)「ウォリスのいかにもお金のかかっていそうな身なりはたちまちロンドン社交界の話題をさらった」

Anne Sebba, *That Woman: The Life of Wallis Simpson, Duchess of Windsor* (New York: St. Martin's Griffin, 2013), 112.

(9)「私は明らかに美人ではなかった」

Bloch, *Wallis and Edward*, 102.

(10)「正直に申し上げて、わたくしどもは貧しいがゆえに、わたくしが本当にこよなく愛し、好むような魅力的で愉快なことはできずにおります」

Bloch, *Wallis and Edward*, 179.

(11)「エドワード自身がアーネストに連絡を取り、国王エドワード八世としての権力を使ってアーネストに別れを迫った、と見る向きもある」

Bloch, *Wallis and Edward*, 154-56. This refers to the account of Ernest Simpson's friend Bernard Rickatson-Hatt, who said he witnessed a confrontation between the two men.

(12)「エドワード八世とウォリスにはもはや手の届かないものとなった王冠の実物」

"Edward Gives Up Crowns Noted in British History," *Chicago Tribune*, December 11,1936, 9.

(13)「イギリス上流階級をいらつかせている苦々しい疑問」

"Other Women Envy Wally's Jewels," *Daily Boston Globe*, December 20, 1936, C3.

(14)「ウィンザー公爵夫人が『最もおしゃれな人物』ランキングを総なめするのはなぜか」

"Duchess of Windsor Sets Her Own Style Barometer," *Daily Boston Globe*,April 25, 1948, A2.

(15)「ヴァンクリーフ&アーペルからはもう一点が、ウォリスの四十歳の誕生日に届いた」

From the Van Cleef & Arpels website, http://www.vancleefarpels.com/ww/en/la-maison/icons/Iconic-clients/the-duchess-of-windsor.html

(16)「実業家モートン・F・プラントにわずか一〇〇ドルの金銭を支払い、最高級の天然真珠で仕立てた二重のネックレスをプラントの妻に贈って手に入れた店舗だった」

Martin Chapman, *Cartier and America* (New York: Prestel Publishing, 2009), 23.

(17)「パリでは、アーティスティック・ディレクターのジャンヌ・トゥーサンと協

力して仕事を進めた」
Jane Barry, "Parisian Designs Unusual Settings for Jewels," *Christian Science Monitor,* May 17, 1951, 14.
(18)「ナチスの占領時には、愛国的な表現をそれとなく取り入れたモチーフを製作したことがある」
Chapman, *Cartier and America,* 100.
(19)「アン・セッバによると、二人の女性は必ずしも政治的思想が一致しているわけではなかったが、それでも互いを理解していたという」
That Woman, 270.
(20)「こちらは伝統のダイヤモンドとオニキスを毛皮に見立てたブレスレットだった」
Details about panther skin and the panthers from Rudoe, *Cartier 1900–1939,* and Chapman, *Cartier and America.*
(21)「一九四六年にイギリスの別荘に泥棒が入ったことがあるが」
"Part of Wally's Stolen Jewels Found on Links," *Chicago Daily Tribune,* October 18, 1946, 3.
(22)「ウォリスの死後、二〇一〇年にサザビーズ・ロンドンが行ったオークションでは……当時の最高値のブレスレットとなった」
Tamara Cohen, "Is Madonna the New Owner? Mrs. Simpson's Panther bracelet Sells for a Record Breaking £4.5m," *Daily Mail,* December 1, 2010, http://www.dailymail.co.uk/femail/article-1334499/Is-Madonna-new-owner-Wallis-Simpsons-4-5m-panther-bracelet.html.
(23)「きらめく半マイルの中で最も異色の企業の一つ」
"Fifth Avenue: A Jeweler's Showcase," *Washington Post,* March 6, 1953, 48.
(24)「ホワイトハウスへのロビー活動を行い、……ジュエリーのナショナル・コレクションの整備を訴えたこともあった」
Kurin, *Hope Diamond,* 247.
(25)「購入を検討した買い手は多かったが、ハリー・ウィンストンがさっと割り込み、一括で買い取った」
Balfour, *Famous Diamonds,* 141.
(26)「ホープを入手してまもなく、ハリー・ウィンストンと妻エドナは、リスボンからニューヨークへ別々の飛行機で帰宅することにした」
Balfour, *Famous Diamonds,* 142.
(27)「ほとんどの人が驚いたのは、(ホープが)白ではなくダークブルーだったことだ」
"Hope Jewel Displayed in Public Cause: Famed Blue Diamond Shines for New York United Hospital Fund," *Hartford Courant,* November 25, 1949, 15.

第8章　スターたちの力

(1)「フラトウのイヤリングをじゃらつかせたり、……」
From Cole Porter's "Yes Yes Yes," in *The Complete Lyrics of Cole Porter,* ed. Robert Kimball (New York: Da Capo Press, 1983), via Google Books.
(2)「MGMでキャリアをスタートさせ、取引先であった意欲的なフィルム処理会社を、カラー映画彩色技術の開発会社として再生させた手腕の持ち主だ」

Sheila Weller, *Dancing at Ciro's: A Family's Love, Loss, and Scandal on the Sunset Strip* (New York: St. Martin's Press, 2003), p. 98.

(3) 「『結婚指輪とダイヤの婚約指輪をはめて』戦線からの夫の帰りを涙しながら待っていた」

Louella Parsons, "Screen Snapshots," *Washington Post,* February 4, 1940.

(4) 「ジェフリー・リンがダナ・デールに贈った婚約指輪は、ダイヤモンドがあしらわれたスターサファイアだった」

Louella O. Parsons, "Close Ups and Long-Shots of the Motion Picture Screen," *Washington Post,* October 10, 1940.

(5) 「マギー・エッティンガーへの支払い小切手にサインした人は誰であれ、きっとそう思ったことだろう」

Janine Roberts, *Glitter and Greed: The Secret World of the Diamond Cartel* (New York: Disinformation Company, 2003), 350.

(6) 「夫のミッキー（ハージティ）が、愛をこめてダイヤモンドをプレゼントしてくれたの」

"The Day I Got My Diamond," *Motion Picture,* April 1959, 68.

(7) 「そのギフトとは、エイヤーでの勤続二十五年祝いに同僚たちから贈られた、『仕事大好き人間』の彼女にぴったりのプレゼント」

From a letter found in the Smithsonian's Ayer & Son archives.

(8) 「ケリーは『ふた目』惚れでした、と愛きょうたっぷりにおどけてみせた」

"Grace Glows: 'Love Was Never Like This,'" *Newsday,* January 9, 1956, 4.

(9) 「一年も経たないうちに、レーニエ大公はカルティエを『モナコ公国の公認宝石商』に任命し」

From the Van Cleef & Arpels website, http://www.vancleefarpels.com/ww/en/la-maison/icons/iconic-clients/hsh-princess-grace-of-monaco.html

(10) 「この作品のよい評判を耳にすると『この映画は、低迷にあえいでいたティファニーの評判を高めてくれる、ケリーからのはなむけだ』と称えた」

"Grace Kelly's Last Fling in Movie High Society," *New York Herald Tribune,* April, 8, 1956.

(11) 「この二十七分間のカラー映画は同年、コロンビア・ピクチャーズの配給によって三五〇〇館で上映され」

Vicki Howard, *Bridges, Inc.: American Weddings and the Business of Tradition* (Philadelphia: University of Pennsylvania Press, 2008), 58.

(12) 「ダイヤモンドは人を幸せにする——メアリーがそう日記に記すところから、この映画は始まる。メアリーは『自分の人生で一番幸せな日』についてどう書き表せばよいのか悩んだすえ」

Loland Baxter, "A Diamond Is Forever," shooting script, September, 1952.

Found in the Duke JWT archives, sent by Joshua Larkin Rowley via e-mail on 6/12/14.

(13) 「ハンナフォードはキャリアウーマンと呼ばれ、一九五一年に『ブルックリン・イーグル』紙の『四十代以降の美しさ』で取り上げられたこともあるが、そうなることをいつも夢見ていたわけではない」

Edyth Thornton McLeod, "Poise and Personality Aid in Career After Forty,"*Brooklyn Eagle,* September 19, 1951, 17.

⒁「観客に向けられた最初の質問は『ダイヤモンドを買うことはよい投資になると思いますか？』というすごいものだった」
"Is a diamond a good investment?": "Is Investment in Diamonds Worthwhile?" *Chubbs Repoter,* July 16,1952, 1.
⒂「ビンガムトンで開催された第五十二回ニューヨーク州宝石小売商会議のセッションで」
Marilyn Young, "'Diamond Girl's Best Friend' Is Opinion of Gem Lecturer," *Birghamton* (NY) *Press,* May 8,1961.
⒃「一番価値のあるダイヤモンドは、アメリカの女の子の左手薬指に光るダイヤモンドです」
"Hannaford Speaks on Famous Gems," *Benson High News,* October 21, 1949,1 http:// bhs.stparchive.com/Archive/BHS/BHS10211949poi.php.
⒄「結婚するときにダイヤモンドの婚約指輪をもらわなかった女性の特徴」
From a report, "The Gem Diamond Consumer Research." Found in the Duke JWT archives.
⒅「戦後のベビーブーマー世代が一九六三年に高校卒業の年齢に達し」
Stewart Kampel, "Jewelers Expect Improvement to Pave Way for Glittering '63," *New York Times,* January 8, 1962, 86.
⒆「ティファニー社はこの映画における自社の役割を喜んで受け入れ、パラマウントと協力して初の映画撮影を実現させた」
Aubry D'Arminio, "Audrey Hepburn Accessorizes with the 128.54 Carat Tiffany Diamond in 1960," *JCK,* April 2013, http://www.jconline.com/2013/03/25/audrey-hepburn-accessorizes-12854-carat-tiffany-diamond-in-1960.
⒇「パラマウントはそのことに感謝の気持ちを込めて、『ティファニーで朝食を』の劇場公開に先立ち、ティファニー社の従業員のために特別上映会を開いた」
Memo from W. F. Stanton dated July 19,1961, from Tiffany & Co. notices, volume 6, 1959-1961. Found in the Tiffany & Co. archives.
(21)「一九五六年十一月、『ヴォーグ』十月号で表紙モデルがシュランバージェのピンを身につけて登場してからわずか一カ月後」
"Fashion: The Tiffany Diamond and Its Wardrobe of Settings," *Vogue,* November 15, 1956, 92-93.
(22)「シュランバージェのネックレスは、すらりとしたエレガントなたたずまいのヘプバーンにぴったりだった。ヘプバーンは『ティファニーで朝食を』のオープニングシーンの撮影後、宣伝写真用にこれを身につけていた」
D'Arminio, "Audrey Hepburn Accessories."
(23)「若い女性が身につけたほうがもっと魅力的だったでしょうね」
Nan Robertson, "Diamond Worth $583,000 Is 'comfortable' to Wear," *New York Times,* July 17,1957, 43.
(24)「当社は男性用のダイヤモンドの指輪を好ましいと考えていないため、販売いたしません」
Lisa Hammel, "10 Years as Tiffany's Alarm Clock," *New York Times*, September 10, 1965, 43.
(25)「若いお客様の審美眼が養われてきています」
David Kahn, "Wider Price Range Broadens Tiffany's Net," *Newsday,* July 5, 1960,

16C.

(26) 「その結果、これまでとまったく違う、セクシーで大胆なものができあがった」
Advertising Collection, 1963 and 1965. Found in the Tiffany & Co. archives.

(27) 「ウィンストンはヨンカーのときと同じように、ホープを郵便で寄贈した」
Milton Bracker, "The Hope Diamond Is Off in the Mail," *New York Times,* November 9,1958, 56.

第9章　勝利者たち

(1) エリザベス・テイラーの生涯に関する情報は、次の文献を参考にしました。
"Elizabeth Tailor: Facets," A&E *Biography,* original air date March 16,2003.

(2) 「一九四九年、ファッション誌『ヴォーグ』は、『イタリア・ハンドブック』の中でブルガリを『イタリアのカルティエ』と紹介した」
"Italian Handbook," *Vogue,* May 15, 1949, 69.

(3) 「彼が新たにそれまでより大きな店舗を開いた時、『S・ブルガリ』という従来の名前に『骨董屋』というラベルをつけた」
Daniela Mascetti and Amanda Triossi, *Bulgari* (New York: Abbeville Press, 1996), 15.

(4) 「母国イタリアで『王の宝石商』に指定されるまでに成功した」
Daniela Mascetti and Amanda Triossi, *Bulgari* (New York: Abbeville Press, 1996), 22.

(5) 「『ブルガリの小さな素敵なお店』」
Elizabeth Tailor, *My Love Affair with Jewelry* (New York: Simon & Schuster, 2002), 56.

(6) 「店頭では、ジャンニがエメラルドとルビーとダイヤモンドからなる『緑色の炎』というネックレスを披露し」
Elizabeth Tailor, *My Love Affair with Jewelry* (New York: Simon & Schuster, 2002), 58-59.

(7) 「二つのものがみごとに合体したようね」
Elizabeth Tailor, *My Love Affair with Jewelry* (New York: Simon & Schuster, 2002), 59.

(8) 「この取り外し可能なペンダントは二三・四四カラットだった」
From the Bulgari website, http://www.bulgari.com/en-us/heritage_starring_piecesdiscover.

(9) 「一九四四年の初めにウィンストンはMGMのプロデューサー、デーヴィッド・O・セルズニックから招待を受けた」
Harry Winston, *Harry Winston* (New York: Rizzoli, 2012), foreword by Andre Leon Talley, 13.

(10) 「ジャンニが未婚であることを『ヴォーグ』誌が報じたすぐ後、ジャンニは『ボストン・グローブ』紙に『ブロンドの方が好きなんだ』と語った」
Marian Christy, "Bulgari: Jewel of a Bachelor," *Boston Globe,* August 14,1960, 30.

(11) 「私は（ブルガリがニューヨークに来てくれたのが）うれしくてたまらない」
Judy Kremesrud, "Bulgari Opens Jewelry Boutique with Lunch, Tea or Dinner,"*New York Times,* December 14, 1971, 58.

(12) 「われわれは宝石を芸術と考えたい」

Judy Kremesrud, "Bulgari Opens Jewelry Boutique with Lunch, Tea or Dinner,"*New York Times,* December 14, 1971, 58.

第10章　干渉する人たち

(1)「テイラーはクルップ・ダイヤの指輪を自分の薬指にはめて面白がった――なんて皮肉なことでしょう、元ナチス党員の妻の指輪が選りにもよって私のような誇り高いユダヤ人女性の指におさまるなんて」

Tailor, *My Love Affair with Jewelry,* 49

(2)「ほんのちょっとした手のすべりが一〇〇万ドル損失のリスクになる」

This and other details from an article by Murray Schumach,"Tools and Skill Cleave a Diamond,"*New York Times,* December 21,1966, 41.

Additional details about the Tailor-Burton Diamond come from Balfour, *Famous Diamonds*,and Tailor,*My Love Affair with Jewelry.*

(3)「エイムズはダイヤモンドを実際に身に着けるつもりで五〇万ドル（現在の三七〇万ドルに相当）にて購入した」

Kenneth Schwartz and F.Peter Model,"Diamonds Are a Girl's Best Friend,"*Washingtonian,* January 1980, 72-77. I was pointed toward thisarticle by reference in Epstein, *The Rise and Fall of Diamonds.*

(4)「金庫の保管料と保険料だけで年間三万ドル（二一万二五〇〇ドル）にのぼる法外な費用がかかる」

Epstein, *The Rise and Fall of Diamonds,* 147.

(5)「競売人はカタログを示して『希少価値の宝石が詰まっていますよ』と叫び」

Charlotte Curtis, "Cartier Pays a Record $1,050,000 for Somebody's Diamond," *New York Times,* October 24, 1969, 50.

(6)「すでに何もかも手に入れてしまったお方にお似合いの品物でしょうね」

Charlotte Curtis, "Cartier Pays a Record $1,050,000 for Somebody's Diamond," *New York Times,* October 24, 1969, 50.

(7)「カルティエなら難なくこの石売るでしょうね」

Joseph Zullo, "69.42 Carat Diamond Sold for $1,050,000,": *Chicago Tribune,* October 24, 1969. 1

(8)「『私はフリーエージェントではない』」

Curtis, "Cartier Pays a Record $1,050,000," 50.

(9)「一九八〇年代初めにダイヤモンドについて本を執筆した調査熱心なエドワード・ジェイ・エプスタインをはじめとするジャーナリストたちの間で話題となった」

Epstein, *The Rise and Fall of Diamonds,* 148.

(10)「テイラ　はのちに、落札額にさらに五万ドルを上乗せして支払ったと暴露した」

Taylor, *My Love Affair with Jewelry,* 93.

(11)「おそらく初めてのお客様も大勢いらっしゃったでしょう」

"Thousands Jump at Chance to See Expensive Gem," *Hartford Courant,* October 26, 1969, 4B1.

(12)「地方新聞各紙に掲載される『スージーがもの申す』というゴシップ欄に、ダイヤモンドの元の所有者はハリエット・アネンバーグ・エイムズだったことが

素っ破抜かれた」

"Suzy Says," *Chicago Tribune,* October 30, 1960, B1.

⒀ 「今週カルティエの店の外では、みんな列をなしてバカみたいにぽかんと口を開け、ダイヤモンドに見とれている。ゆうに一〇〇万ドル以上するダイヤモンドは、例えるならリッツ・カールトン・ホテルのように大きく見える」

"The Million-Dollar Diamond," *New York Times,* November 1, 1969, 32.

⒁ 「バートン夫妻が稼いだ金だから、どんなものに散財しようと本人たちの勝手だろう」

"Gee, It's Be-Yoo-Titful!" *Hartford Courant,* October 28, 1969, 26.

⒂ 「ダイヤモンドは最新のスタイルにはあわないと言う女性も出てきた」

Curtis, "Cartier Pays a Record $1,050,000," 50.

⒃ 「婚約指輪を買うお金をどうにか工面していた若い世代は、ダイヤモンドより低価格の養殖（人造という意味。日本のミキモトが有名）の真珠で済ませるようになった」

"Pearly Ring Seals Romance," *Hartford Courant,* June 11, 1964.

⒄ 「ダイヤモンドに飽きた？　なら、ヒスイはいかが」

Patricial Peterson, *New York Times,* February 6, 1972

⒅ 「今どきの女の子なら、ヒスイが一番の友」

Angela Taylor, New York Times, November 22, 1971, 42.

⒆ 「みなさんと同様、僕にとっても、母の人生は奇想天外に見えるんだ」

"Diamonds are for Never: Liz's Son Takes to the Hills," *Los Angeles Times,* May 8, 1972, 2.

⒇ 「アフリカでは他に二つの鉱山を開坑したが、いずれも高度な採鉱技術を導入しなければならなかった」

Details about Namibian and Lesotho mines from Epstein, *The Rise and Fall of Diamonds.*

㉑ 「流れ作業式を導入して技術を革新した」

"Diamonds—An Export Success," *Jerusalem Post,* October 18, 1966, vii.

㉒ 「チャールズは、友人としてはゴルフとガーデニング、そして良質のワインを愛する陽気な男だ」

"Monty Charles," obituary, *Telegraph,* September 6, 2004. http://www.telegraph.co.uk/news/obituaries/1471059/Monty-Charles.html.

㉓ 「『安価で斬新な商品販売』というビジネスにたどりついたのは」

Memo from Don Thompson to Clem Kressler, dated October 18, 1962. Found in the Duke JWT archives.

㉔ 「メレを『ミニチュア・ダイヤモンド』と呼ぼうなんて」

Memo from Kathie Horan to George Skinner dated June 12, 1962. Found in the Duke JWT archives.

㉕ 「結婚後に新しいダイヤモンドを受け取った女性は、わずか一四パーセントにとどまる」

N. W. Ayer memo, "A Program to Increase the Consumption of Small Melee in the U.S. Market," undated. Found in the Duke JWT archives.

㉖ 「宝石商は節目節目に記念になる特別な商品を作ったにちがいない」

Memo from Mildred Kosick to Donald C. Thompson, "Comments on Melee Report

from Plans Dept." dated January 16, 1963. Found in the Duke JWT archives.
(27) 「最新の調査では、購買傾向だけでなく、結婚適齢期の世代の考え方にも明らかな違いが見られた」
Report for N. W. Ayer, "The Market for Diamond Jewelry, United States," dated 1982.
Survey eredited to Karl H. Tietjen Research Associates. Found in Duke University's Jeffrey Collection of Diamond Promotional Materials.
(28) 「デビアス社は『ウォール・ストリート・ジャーナル』紙で、一九七五年のダイヤモンドの売り上げが前年に比べ、六・五パーセント減少したことを認めた」
"De Beers Diamond Sales Declined 6.5% Last Year," *Wall Street Journal*, January 13, 1976, 33.
(29) 「イギリスではすでに婚約指輪の習慣が浸透してきていて、一九六六年には未来の花婿の六〇パーセント以上が宝飾店に足を運ばなければならないというプレッシャーを感じていたという」
"De Beers Aims Campaign at Japanese Brides," *Chicago Tribune,* December 30, 1966, B8.
(30) 「ヨーロッパの宝石商は、アメリカのようにダイヤモンドを婚約と結婚の重要な要素にするための広告戦を始めている」
Memo from Dorothy Dignam, dated May 22, 1961. Found in the Duke JWT archives.
(31) 「調査によれば、デビアス社が宣伝活動をはじめた一九六〇年代の半ばまでは、日本人の花嫁がダイヤモンドの婚約指輪を受け取ったのは、わずか六パーセントだった」
From a 1982 presentation to the US Carat Club. Found in the Duke JWT archives

第11章　ダイヤモンドを造り出そうとした人々

(1) ルモワーヌ事件についての詳細は当時の様々な記事に書かれていますが、私が主に内々の情報を知り得たのは Robert M. Hazen 著 *The Diamond Makers: A Compelling Drama of Scientific Discovery* (Cambridge: Cambridge University Press, 1999) と Kanfer 著 *The Last Empire* からです。
(2) 「不正を働くのは不可能だろう」
"Lemoine Prepares to Make Diamonds," *New York Times,* May 31, 1908, 16.
(3) 「ダイヤモンド事件は、あのドレフュス事件をどうということのない、退屈で平凡な話と思わせるほどだった」
"Is Lemoine the King of Knave of Diamonds?" *New York Times*, February 2, 1908.
(4) 「この件に成功した者はデビアス社の手で命の危険にさらされるかもしれない、といううわさをたびたび耳にした」
As quoted in Hazen, *The Diamond Makers,* 56.
(5) 「一九五〇年、GE は秘密裏に独自のプロジェクト『スーパープレッシャー』に乗り出した」
Hazen, *The Diamond Makers,* 97.
(6) 「研究グループ仲間の力を借りて勤務時間外に装置の開発に取り組み」
Hazen, *The Diamond Makers*, 118.
(7) 「これまでのところ (GE の研究所が) 製造したダイヤモンドは一〇ドル相当

にすぎず」

"Giant General Electric Press Turning Out Real Diamonds," *Baltimore Sun,* February 16, 1955, 3.

⑻「ニューヨーク株式市場でGE株はいつになく活発に取引され」

William Laurence, "Diamond is Created by G. E. Scientists," *New York Times,* February 16, 1955, 32.

⑼「あら！　これは本物だったんだわ。ごめんなさいね」

Telephone interview with John VerStandig (JVS), Helen VerStandig's son, 3/4/15.

⑽「これは、サーカス団リングリング・ブラザーズのオーナー、ケネス・フェルドが一角獣に偶然出会ったみたいだった」

JVS to BB, 2/24/15.

⑾「一九七五年に『ニューヨーク・タイムズ』紙に掲載した広告で、マダム・ウェリントンはこんなふうに語っている」

Wellington Jewels ad ("There Ain't No Depression") *New York Times,* January 12, 1975, 37.

⑿「あのね、私は週末を安上がりにすませることにかけてはこの国のどのマダムよりも責任があるのよ」

Stephanie Mansfield, "Ersatz Diamonds Are This Girl's Best Friend," *Washington Post,* December 12, 1981, 16.

⒀「年商二〇〇〇万ドル（現在の五四〇〇万ドル）規模の企業に成長させた」

JVS to BB, 4/19/15

⒁「うちの商品を買った人は、それが盗まれるとうれしがるのです」

Lee Wohlfert-Wihlborg, "Diamonds (Fake Ones) Are This Girl's Best Friend—Just Call her Madame Wellington," *People,* November 23, 1981,http://www.people.com/people/archive/article/0..20080751,00.html

⒂「デビアス社は八〇〇万ドルとも二五〇〇万ドルともうわさされる賠償金と特許権使用料の支払いを命じられた」

Epstein, *The Rise and Fall of Diamonds* ,101. Hazen, *The Diamond Makers,* 180.

⒃「今回できたダイヤモンドが将来、経済的に宝石市場に進出できるレベルになるかどうかはわかりません」

Gene Smith, "Laboratory-Produced Diamond of Gem Quality Made by G.E.," *New York Times,* May 29, 1970, 36.

⒄「弊社は今回の成果を成し遂げた彼らに祝意を表します」

Reuters, "De Beers Sees No Threat in G.E. Diamond Discovery," *New York Times,* May 30m 1970, 23.

第12章　奇術師たち

⑴「ピカソ本人が死んでいる以上、新作が世に送りだされることはなく、そこには投資が成立する」

William H. Jones, "A Free Spirit, a Counterfeiter: Madame Wellington's Gift for Self-Promotion," *Washington Post,* April 30, 1978, F1.

⑵「こう考えてみるといい。宝石商が宝石を売れば、店には利益が出る」

Lori Grey, "Is a Real Diamond Also a Girl's Best Investment?" *Baltimore Sun,* December 5, 1982, 78.

(3)「私は気づいた。ダイヤモンドの世界には、業界を支配する一大カルテルが存在していることに」
In-person interview with Edward Jay Epstein in New York City, 7/10/14.
(4)「デビアス社が採用している仕掛けは、私の知るあらゆる産業の中で最も見事に成功していた」
In-person interview with Edward Jay Epstein in New York City, 7/10/14.
(5)「向こうが言ってきたのは、だいたいこういうことだ」
In-person interview with Edward Jay Epstein in New York City, 7/10/14
(6)「親友の一人が、こう言ったのを覚えている。『君のダイヤモンドの本で人生が変わったよ』」
In-person interview with Edward Jay Epstein in New York City, 7/10/14
(7)「ダイアナ・スペンサー嬢は今週、プライバシーと自立した人生、そして自由を一生あきらめるかわりに、ダイヤモンドとサファイアの婚約指輪、そして将来の王冠を手に入れた」
Jane Ellison, "Lady Diana Spencer: From the Silver Spoon to the Royal Crown," *Los Angeles Times,* March 1, 1981, F1.
(8)「スティーブン・バリーなる人物がアメリカのニュース番組「二〇／二〇」に出演し、バッキンガム宮殿のゴシップを披露した」
Alex Brummer, "Why Diana's Ring 'Made the Queen's Eyes Pop," *Guardian,* March 18, 1983, 6.
(9)「そこでデビアス社は業界の内輪に向け、一九八一年の広告予算を二〇〇〇万ドル（現在の五四〇〇万ドル）と、前の年の六〇〇万ドル（現在の一六〇〇万ドル）から大幅に増やすことを発表した」
Small Stones Get Push," *National Jeweler,* February 1, 1981, 1.
(10)「ダイヤモンドに焦点を当て」
"De Beers Aims to Upgrade Engagement Ring Caratage," *National Jeweler,* March 16, 1981, 81.
(11)「コートダジュールでファーコートを翻らせるなんてあり得ない」
De Beers ad. Vogue 172, no. 6 (1982)
(12)「諸君の顧客の中には、ダイヤモンドという特別な商品に自分がいくら使えるかをほとんど、あるいはまったくわかっていない人がいる」
"The Diamond Engagement Ring," video, Diamond Promotion Service, 1989s (exact date unknown). Found in Duke University's Jeffrey Collection of Diamond Promotional Materials, box 2.
(13)「ダイヤモンドは愛の象徴だ」
"The Diamond Engagement Ring," video, Diamond Promotion Service, 1989s (exact date unknown). Found in Duke University's Jeffrey Collection of Diamond Promotional Materials, box 2.
(14)「(あのウィットニー家の) マリルー・ウィットニーでさえ、そうしていたことを」
Joan Kron, "If Diamonds Are Girl's Best Friend, CZs Are Good Pals," *Wall Street Journal*, June 15, 1984, 1.
(15)「一種の肥料だと思って造っている」
United Press International, "Cubic Zirconia Booming: Look-Alike Sells at Only

Fraction of Diamond Cost," *Los Angeles Times,* April 1, 1986, OC_C12.

(16) 「我々は楽しみに重点を置く」

"Diamond-Duplicates Hard to Distinguish," *Los Angeles Times,* May 10, 1979, WS12.

(17) 「『相談者』の男性は、自分の恋人が『大きい石』を欲しがっているが、先立つものがないと告白していた」

Abigail Van Buren, "Don't Let Gems Put Engagement on the Rocks," *Chicago Tribune.* August 30, 1983, B4.

第13章　支配者たち

(1) 「ブレイディは、ニューヨークのメイデン・レーンから少し歩いたところにある、ロウアー・マンハッタン地区で育った」

"Times Topics: Diamond Jim Brady," *New York Times,* http://topics.nytimes.com/top/reference/timestopics/people/b/diamond_jim_brady/index.html.

(2) 「裕福な宝石業者やダイヤモンド取引業者は、多くの場合、個人的な装飾品として宝石を身に着けることはほとんどしない」

"'Sparkling Billy' Craig," *Jeweler's Circular* 83, no 1 (October 19, 1921), 99.

(3) 「事情通の間では、理想のホワイトダイヤモンドはジントニックのような色をしていると評されてきた」

Telephone interview with Robyn Ellison (RE), communications manager for Rio Tinto Diamonds, 10/23/14.

(4) 「ブラウンダイヤモンドのジュエリーは特注にて承りますので、担当までご相談ください」

"Brown Diamonds a Keynote in Men's fairashions," *National Jeweler,* October 1941, 144-45.

(5) 「エイヤーはいつものように市場調査を行い、その結果、男性向けジュエリーの七五パーセントは、実は贈り物として女性が買っていることが明らかになった」

Jeffrey J. Csatari, "De Beers, Intergold Expand Men's Jewelry Promos," *National Jeweler,* April 16, 1984, 79-81.

(6) 「一九七二年、五社からなる採掘企業のグループが各社二万オーストラリア・ドル（現在の約一四万八〇〇〇アメリカドル）を拠出して、ダイヤモンド鉱山の探査を開始した」

Rio Tinto Mining Company of Australia, *Barramundi Dreaming, The Argyle Diamonds Story* (2012), 17.

(7) 「諸々含めて四億五〇〇〇万ドルという莫大な費用がかかるうえに」

From the Argyle mine website, http://www.argylediamonds.com.au/argyle_history.html (accessed before 11/14, link no longer valid).

(8) 「会社の中でも覚えているのはもう私くらいでしょうが」

Robert L. Muller, "De Beers Says It Can Survive Without Having to Cut Diamond Prices," *Wall Street Journal,* May 11, 1982, 35.

(9) 「一九八六年、アーガイル鉱山は二五〇〇万カラット、つまり全世界の五〇パーセントに相当する量の天然ダイヤモンドを産出すると予測された」

Mark A. Klionsky, "Argyle Mine to Expand World Diamond Output 50%," *National*

Jeweler, April 16, 1984, 49,56.
⑽「デビアス社の広報担当者は『ナショナル・ジュエラー』誌に対して」
Mark A. Klionsky, "Argyle Mine to Expand World Diamond Output 50%," *National Jeweler,* April 16, 1984, 49,56.
⑾「つまり大半がまごうことなき『ブラウン』のダイヤモンドだった」
Telephone interview with Liz Chatelain (LC), president of MVI Marketing, 10/6/14.
⑿「(デビアス社との)関係は、非常にやっかいなものでした」
RE to RB. 10/23/14
⒀「けれども、ベルギーの税関は、大量のオーストラリア産ダイヤモンドを受け入れる準備ができていなかった」
RE to RB. 10/23/14
⒁「指南役としてボストンの市場調査兼コンサルティング企業を雇用し」
LC to RP, 10/6/14.
⒂「夫と私は顔を見合わせて言いました。『それはかなり難しそうですね』と」
LC to RP, 10/6/14
⒃「宝石商の中には、MVIが持ってきたコレクションを見せられても、本当に売れるのかと疑う者もいた」
LC to RP, 10/6/14
⒄「一九九一年、シャンパンダイヤモンドは同じサイズと品質のホワイトダイヤモンドより三〇パーセント安かった」
Michael Richardson, "Australian Miners Peddle a Browner Shade of Sparkle," *New York Times,* December 23, 1991.
⒅「一九九〇年には、……アグラ・ダイヤモンドという三二・二四カラットのクッションカット・ダイヤモンドが……落札された」
Christie's Hong Kong, "The Perfect Pink: An Extremely Rare 14.23 Carat Pink Diamond Leads Christie's Jewels Sale in Hong Kong on 29 November," news release, September 16, 2010, http://www.christies.com/presscenter/pdf/2010/JLS_HK_291110.pdf.
⒆「この宣伝は、一九四〇年にアーデンとハリウッドの宝石商ポール・フラトウが考案したもので」
Elizabeth Irvine Bray, *Paul Flato: Jeweler to the Stars* (Saffolk, UK: Antique Collectors's Club, 2010), 40.
⒇「アーガイル鉱山の年間産出量のうち、ピンクダイヤモンドが占めるのはわずか〇・一パーセントだった」
Rio Tinto, *Barramundi Dreaming,* 121.
(21)「自然が起こした奇跡」
RE to BB, 10/23/14.
(22)「七年後の一九九一年のデビアス社との契約更新時」
RE to BB, 10/23/14.
(23)「三〇〇ドル(現在の五八〇ドル)まで低下した」
LC to RB, 10/6/14.
(24)「それどころか、二〇〇〇年に、株式公開買いつけでデビアス社は三億八八〇〇万ドルを提示した」

"De Beers Gives Up on Ashton," *New York Times,* November 15, 2000.

第14章　影響力のある人たち

(1)「ジェイコブ・アラボ」の生い立ちと経歴は、4/6/15にニューヨークのジェイコブ社で行われた本人への直接インタビューで得られた情報を基にして記述したものです。

(2)「広義のアメリカ文化において成功の証とされる多くのステータス・シンボルが、都市のコミュニティにおいても成功の証とされるのは何ら不思議ではない」
Telephone interview with Bevy Smith (BV), 8/11/14.

(3)「DJでブランドマネージャーでヒップホップ音楽のプロデューサーでもあるピーター・ポール・スコットが認めているように、……さまざまな人の影響を受けて形成されたものだ」
Telephone interview with Peter Paul Scott (PPS), 8/11/14.

(4)「ヒップホップのコミュニティと同じで、私たちはさまざまな物の用途をリミックスしている」
BS to BB, 8/11/14.

(5)「この一か八かの挑戦は大成功だった」
Chuck Philips, "The Uncivil War: The Battle Between Establishment and Supporters of Rap Music Reopens Old Wounds of Race and Class," *Los Angeles Times,* July 19, 1992.

(6)「ロサンゼルスの宝石商ベン・ボーラーによると、このネックレスは推定二万八〇〇〇ドルの価値があるという」
Ben Baller, "The 50 Greatest Chains in Hip Hop," *Complex,* December 5, 2011.

(7)「彼らは皆、漫画のキャラクターを見事に自分のシンボルにしています」
BS to RB, 8/11/14.

(8)「これは、ジェイコブがいかにビッグになっていったかを物語るものだ」
PPS to RB, 8/11/14.

(9)「このブリンブリンが欲しい」
Mike Wise, "It's Time to Chase the Moment in the Sun," *New York Times,* April 22, 2000.

(10)「目もくらむようなダイヤモンドがずらりと並んでいて、『ブリン！　ブリン！』の文字が添えられていた」
Thomas George, "Rice Hoping to Come Full Circle," *New York Times,* November 10, 2000.

(11)「二〇〇二年にCNNは、若い視聴者の心を引きつけようとして、キャスターが『ブリンブリン』『フライ』『フレイバ』などのスラングを使うのを推奨するようになった」
Jim Rutenberg, " A New Vocabulary at Headline News," *New York Times,* October 7, 2002.

(12)「ボーラーは退職し、それまで集めてきたレア物のスニーカーを売り払って一二〇万ドルの大金を手にすると」
In-person interview with Ben Baller in Los Angeles, 9/24/14.

(13)「まるで脱獄囚のようだった」
In-person interview with Ben Baller in Los Angeles, 9/24/14.

⒁ 「思いつく限りのアイデアをお話しください」
In-person interview with Ben Baller in Los Angeles, 9/24/14.
⒂ 「『こりゃすごい。本当につくってくれちゃったよ』ってみんな目を丸くするんだ」
In-person interview with Ben Baller in Los Angeles, 9/24/14.
⒃ 「当社が顧客に届けているのは、独自のヒップホップのアクセントを少し加えたカルティエなのだ」
In-person interview with Ben Baller in Los Angeles, 9/24/14.

第15章　批判者たち

(1) 「その後、UNITAは反乱を続ける資金を稼ぐため、アンゴラの主だった漂砂鉱床のうち推定六〇から七〇パーセントを制圧した」
Global Witness, *A Rough Trade: The Role of Companies and Governments in the Angola Conflict* (London: December 1, 1998), 3.
(2) 「長年繰り返された内戦を生き延びた数百万人のアンゴラ人にとっても」
Global Witness, *A Rough Trade: The Role of Companies and Governments in the Angola Conflict* (London: December 1, 1998), 4.
(3) 「ベルギー経済省の専門職員は……ゼネラリストであり、(原石の表面的な特徴では) アンゴラ産ダイヤモンドを特定できるとは限らない」
Global Witness, *A Rough Trade: The Role of Companies and Governments in the Angola Conflict* (London: December 1, 1998), 10.
(4) 「ホロコーストの生存者の息子であるラパポートは、天職の宝石取引が、世界中で人間を苦しませている可能性があるという指摘を受けて、本能的かつ情緒的に反応した」
For a more comprehensive account of Rapaport's role in the conflict diamond issue, see Alicia Oltuski, *Precious Objects: A Story of Diamonds, Family, and a Way of Life* (New York: Scribner, 2011).
(5) 「背筋が凍るようなことを実習させたのだ」
Greg Campbell, *Blood Diamonds: Tracing the Deadly Path of the World's Most Precious Stones* (Boulder, CO: Westview Press, 2992), 15.
(6) 「業界関係者や政府関係者の中には、毛皮取引のことを連想した人が多かったと思います」
Telephone interview with Corinna Gilfillan (CG), 7/11/14.
(7) 「違法ダイヤモンドを取引した者は業界から排除される」
"Diamond Industry Acts to Halt Trade I Illicit Gems from Africa," *New York Times*, July 20, 2000.
(8) 「紛争ダイヤモンド危機が最も深刻だった時期に行われた推定では、供給販売網全体の四パーセントから一五パーセントのダイヤモンドが紛争地域産とされた」
Global Witness, *The Truth About Diamonds* (London: November 15, 2006), 2.
(9) 「このスキームが直面する現実的な大問題の一つは」
CG to RB, 7/11/14.
⑽ 「このような仮定は、各参加政府が、自国における規制を確実に実行するのはもちろん、外交関係を危険にしてでも他の政府の責任を追及できることを前提に

していた」
CG to RB, 7/11/14.
⑾「(少年兵による) 恐ろしい『殲滅作戦』を一九九六年に遂行して以来」
Campbell, *Blood Diamonds,* xviii.
⑿「私たちには、大西洋を結ぶ血まみれのつながりがあるのです」
In-person interview with Zandile Blay in New York City, 7/16/14.
⒀「ダイヤモンドのマーケティングが黒人コミュニティを対象にした覚えはありません」
BS to RB, 8/11/14.
⒁「シンジケートによる世界のダイヤモンド供給のコントロール率は、……六五パーセントにまで低下していた」
From GIA education materials, "Diamond & Diamond Grading: The Modern Diamond Market 3," ©GIA 2002, updated in 2008. に
⒂「しかし十年後の二〇〇四年七月、デビアス社は原石をめぐる反トラスト訴訟での和解に応じた」
Stephen Labaton, "De Beers Agrees to Guilty Plea to Re-Enter the U.S. Market," *New York Times,* July 10,2004.
⒃「少なくとも当初は、あまり気乗りしないお客様もいらっしゃいました」
Telephone interview with David Johnson (DJ), 8/26/14.
⒄「ダイヤモンドは『最も精巧なすばらしい自然の恵み』」
From the De Beers Commercial website, http://www/debeers.com.
⒅「二〇〇二年、ロンドンでデビアス社初の直営店が開店したときには、……、デモ隊が集まって抗議した」
Sally Pook, "'Save Bushmen' Protest Targets De Beers Store," *Telegraph,* November 22, 2002.
⒆「祖父が創立した会社の目的は、……ルーズベルト大統領の反トラスト法の規制を回避することだった」
In-person interview with Jack Jolis in New York City, 8/11/14.
⒇「デビアス社を喜ばせ」
In-person interview with Jack Jolis in New York City, 8/11/14.
(21)「二〇一一年十二月、グローバル・ウィットネスはキンバリー・プロセスから公式に手を引いた」
"Why We Are Leaving the Kimberley Process—A Message from Global Witness Founding Director Chairman Gooch," December 5, 2001, http://www.globalwitness.org/library/why-we-are-leaving-kimberley-process-message-global-witness-founding-director-chairman-gooch.
(22)「店頭で質問をしてみることです。そして、その質問に対して明確な方針を持ってきちんと答え、しっかりと保証してくれる会社だけから買うようにしなさい」
CG to RB, 7/11/14.

第16章　革新者たち

⑴「レベッカは回想する。彼女はチームメイトと一緒にこの小さな偉業を祝いあったが」

In-person interview with Rebeca Selva in New York City, 4/22/14.
(2)「それほど多くの人たちが（セレブたちの衣装に）かかわっていたわけではありません」
In-person interview with Rebeca Selva in New York City, 4/22/14
(3)「彼女たちが身につけている宝石はまるで借り物のようでした」
In-person interview with Rebeca Selva in New York City, 4/22/14
(4)「二〇一一年のゴールデン・グローブ賞授賞式でクレア・デインズがピンクと黒のドレスと一緒に金のブレスレットを着けたときは」
In-person interview with Greg Kwiat (GK), CEO of Fred Leighton, in New York City, 4/22/14
(5)「赤味がかった金髪で彫像のように美しいニコールは、シンプルな黒のドレスに幾重にも連なる白いダイヤモンドのソトワール・ダイヤモンド・ネックレスを着けて、人々を唖然とさせた」
Diamond Information Center, "Oscar Presenter Nicole Kidman Wears 1399 Carat Rough and Polished Diamond Sautour Designed by L'Wren Scott to 80th Annual Academy Awards," PR Newswire, February 24, 2008, http://www.prnewswire.com/news-release/oscar-presenter-nocole-kidman-wears-1399-carat-rough-and-polished-diamond-sautoir-designed-by-lwren-scott-to-80th-annual-academy-awards-57109802.html.
(6)「お客様が（ダイヤモンドの原産地を）気になさるのはある限度までだと思います」
GK to BB, 4/22/14.
(7)「わが社の最も重要な戦略の一つです」
GK to BB, 4/22/14.
(8)「ほとんどのお客様はもうすでに一緒に暮らしていたり」
In-person interview with Elizabeth Doyle (ED) in New York City, 1/16/14.
(9)「そういった宝石店はかつては家族が支配していたか、あるいは会社のなかのまとまった一組織として家族的団結を維持していました」
In-person interview with Andrea Buccellati in Milan, 3/10/14.
(10)「あの氷のように輝く白さ」
ED to RB, 1/16/14.
(11)「アンティークダイヤモンドを手にいれて、近年のエクセレントグレードのダイヤモンドと比べてみてください」
In-person interview with Douglas Kazanjian in Los Angeles, 9/22/14.
(12)「あなたがダイヤモンドを選ぶとしたら、研究室で美しく輝くダイヤモンドですか」
In-person interview with Douglas Kazanjian in Los Angeles, 9/22/14.
(13)「モスクワに着いたカーターは、肉眼では見えないが、店を出る前に拭き取らないと確実に警報装置を作動させるインクの新商品を買うつもりでいた」
Carter Clarke's history comes from Tom Zoellner, *The Heartless Stone: A Journey Through the World of Diamonds, Deceit, and Desire* (New York: Picador, 2006), 258-61.
(14)「もし消費者が本当に買いたいものを自信をもって見つけることができないなら」

訳者略歴

下　隆全（しも　たかまさ）

兵庫県出身、1965年に京都大学英文科を卒業、同年に総合商社「江商」（現在の「兼松」）に入社、大阪本社・福井支店勤務を経て、ドイツ、ビルマ（現ミャンマー）、インドなどの海外駐在の経験を重ねた。1999年の退社後、翻訳会社「ジェックス」で実務翻訳の経験を積んだ後、出版翻訳に転じた。主な訳書に、『ジェントルマン』、『地球のすばらしき樹木たち』、『エコデザイン・ハンドブック』、『ジョン・ディクスン・カーの世界』、『ミケランジェロの暗号』など（以上、すべて共訳）がある。単独の訳書としては、『世界陰謀史事典』、『HELP』、『解毒剤』を上梓している。

ダイヤモンドの語《かた》られざる歴史《れきし》
——輝《かがや》きときらめきの魅惑《みわく》

2019年5月24日　初版第1刷発行

著者　ラシェル・ベルグスタイン
訳者　下　隆全
発行者　佐藤今朝夫
発行所　株式会社国書刊行会
〒174-0056　東京都板橋区志村1-13-15
TEL 03（5970）7421　FAX 03（5970）7427
http://www.kokusho.co.jp
印刷・製本　三松堂株式会社
装幀　真志田桐子
カバー画像　shutterstock
ISBN 978-4-336-06335-9